싱글커스텀스로 가는

관세경영의 길

손병조 저

**끊임없이 미래와 소통하는
관세인 이야기**

현재를 직시하고
과거의 역사를 돌아보는 것은 쉽지 않다.

SINGLE CUSTOMS로 가는 KOREA CUSTOMS WAY
더 이상 꿈과 이상이 아니다.

SEIN Books
세인북스

CONTENTS

➤ 첫 걸음을 시작하며
지난 세월의 혼과 정신을 돌아보다.
page 11

세계가 보이는가 12 / 훕스(Hoops)의 TIP 15 / 어두운 수출선진화의 길 19 /
권불십년 새마을 중고선 22 / 88비행선과 올림픽 25 /
성화봉송과 Astrovision Car 28 / 올림픽 메뉴얼과 경험전수 31 /
KBS 방송 출연료 유감 35 / 세관 제복과 흉장의 정신 438 /
관세국경의 계급장 이야기 41 / 홀로이 세관가 아리랑 44

➤ 두 번째 가는 길
산업화와 관세, 인프라를 생각하다.
page 49

한국의 공·항만 터미널 역사 50 / 수도권 항공화물터미널의 꿈 53 /
Again 1969. 항만운영관리개선 56 / 금싸라기땅 양산. 위험물창고 이전 59 /
10일 1기수제와 국가물류체계 62 / 몹쓸 Abandoned goods 65 /
논현동 이권 카르텔 68 / 사라진 보세협회. 그 후 71 /
황금알 낳는 면세점 일화 74 / 컨테이너의 숨은 내막 78 /
COCOM 전략물자 수출통제 82

➤ 세 번째 가는 길
개방화의 빛과 그림자를 만나다.
page 87

수출도 좋고 수입도 좋다 88 / m&m과 통상이슈 92 /
난수표검사를 아십니까 96 / 포설용 선박과 세금 100 / 꼬리날개 해석 104 /
원산지제도의 뒷이야기 107 / SONY TV와 충무로 물주 111 /
참치머리와 식용논란 114 / 소뼈와 우지파동 117 /
개고기 문화 해프닝 120 / 쇠고기 광우병사태 123

> ▶ 네 번째 가는 길
> ## 국력신장의 도전과 모험을 시작하다.
> page 129

미래정책의 산실. 와룡동 130 / 관세제도 선진화의 몸부림 134 /
지역균형개발단과 청사이전 138 / 국력신장의 마중물. SOC기획단 141 /
국제자유도시를 꿈꾸다 144 / 일장춘몽, 홍가포르 구상 147 /
신공항과 김포공항 역할분담 150 / 김해공항 활주로 확장과 쓰레기 154 /
어공, 늘공 그리고 산따로 157 / 쌀시장 개방, 금융실명제 비화 160 /
공단부지의 선점경쟁 163

> ▶ 다섯 번째 가는 길
> ## 물류 허브화의 오랜 숙제를 풀다.
> page 167

국가물류체계의 최대고민 168 / 물거품이 된 TWO PORT시스템 172 /
신선대 부두와 2.12총선 176 / 컨테이너세와 항만배후도로 179 /
부두직통관제와 화장실 이슈 182 / 그린벨트 해제와 ICD 185 /
국제적인 THC 요금 논란 189 / 탈도 많은 세관창고 192 /
종합보세구역제도의 좌절 196 / 중계무역과 면세산업의 길 201 /
제주도 내국인면세점의 모순 205

> ▶ 여섯 번째 가는 길
> ## 무역 선진화와 UNIPASS를 꿈꾸다.
> page 209

수출입 물류표준화 도전 210 / 무역서류 절반을 줄이다 214 /
수출입승인제 폐지 218 / 실망스러운 무역자동화추진단 221 /
실패한 중심VAN 전략 225 / 때늦은 uTradeHub 229 /
디딤돌이 된 CAWIS 232 / 하늘이 주신 Computer NO 236 /
MFCS 경쟁과 게임의 룰 240 / 물류종합전산망의 태동 244 /
UNIPASS가 가야할 길 248

CONTENTS

➤ 일곱 번째 가는 길
뉴밀레니엄의 조직구조와 혁신을 고민하다.   page 253

설레임 속의 뉴밀레니엄 254 / 조직구조 리엔지니어링 258 /
페이퍼리스 오피스 262 / 갈 곳이 없구나. 관우빌라 266 /
역마살의 이삿짐 통관 269 / 관세국경관리연수원의 비화 273 /
씁쓸한 지방세관 이전 277 / 특수조사조직의 존재이유 281 /
Third Party로서 관세사 285 / 관세사 자격제도의 소회 290 /
유명무실한 FTA 글로벌센터 294

➤ 여덟 번째 가는 길
공항만감시와 북방교류의 현실을 마주하다.   page 299

9.11테러와 부산항 25시 300 / 올바른 항만감시기법 선택 304 /
보이지 않는 공항감시비법 308 / 선진형 CIQ 통합시스템 구현 312 /
세관신고서와 Free Pass 카드 316 / 휴대반출확인제 고찰 320 /
숨어버린 SEX Shop 324 / 살아있네 보따리상 327 /
몰수품 처분의 역사와 실상 330 / 7.7 선언과 북한산 석탄 333 /
남북경제협력 3통 협상 336

➤ 아홉 번째 가는 길
세계화와 국제화, 정보화의 위기를 접하다.   page 341

수출입신고제의 파장 342 / 좌초된 세관절차 선진화 347 /
무역수지 적자와 대기업 조사 351 / 편법적인 무역금융의 종말 355 /
IMF와 한보철강의 법정관리 358 / 시장개방과 한국적 고민 361 /
성철스님과 품목분류의 모순 365 / 다국적기업의 절세이기주의 369 /
영원한 숙제, 데이터 정제 373 / 빅데이터 검증사업자 출현 377 /
반쪽짜리 CUPIA의 미래 381

➤ 열 번째 가는 길
「신 관세경영학」의 배움을 체득하다.
page 387

신 관세경영이론 388 / 프로세스를 재설계하라 393 /
파트너쉽을 복원하자 397 / 실종된 자율심사제도 402 /
Post Audit 정책을 조율하라 408 / AEO 사후관리의 성패 413 /
Manpower를 키워라 418 / Hometax의 철학을 생각한다 422 /
가상세관 프로젝트 426 / Customs Bond의 변화모색 430 /
쇼윈도 위험관리시스템 434

➤ 발걸음을 멈추면서
모든 기억을 담아 싱글커스텀스로 간다.
page 439

변화의 역사는 흐른다 440 / 너무 앞서갑니다. 미래혁신 444 /
5번의 도전. 세관현대화법 448 / 표준화된 단일신고서 453 /
글로벌 싱글윈도우로 가는길 457 / 올바른 무역통계의 활용 462 /
불편한 동거의 극복 466 / 리더의 성공스토리 470 /
생각하는 소통학 개론 474 / 굿 파트너와의 동행 478 /
싱글커스텀스로 가는 길 482

PREFACE

Single Customs Way!
I'm afraid to take a way that no one has ever taken,
but I challenge New Customs Management

최근 미국을 비롯한 여러 나라가 '관세'를 국가경영의 중요 수단으로 삼고 있어 세계가 긴장하고 있다. 그들은 국경보호, 마약 단속, 지재권 단속이 미흡한 국가를 상대로 관세율 인상 등 세관 통제를 강화하고 있다. 우리 또한 개방화 과정에서 사회 곳곳에 부작용이 있음에도 세관 통제의 전문성과 통제력은 계속 약화되어 가고 있다. 과연 국가경영 차원에서 바람직한 것인지 정치권을 포함해 우리 모두 새로운 관세경영 전략을 되짚어 볼 필요가 있다.

나는 이 글을 왜 쓰는지 스스로 수십 번 반문했다. 누군가에게 이 글을 쓰고 싶다고 했더니 자서전인지 전문 서적인지를 묻곤 했다. 그러나 이 글의 성격이 무엇이든 1980년대 이후 지속적인 경제성장 과정에서 「무역입국」을 국정 어젠다로 삼고 많은 이들이 노력해 왔지만, 특히 그 최일선에서 땀 흘리고 수고했던 관세인의 얘기를 담아보는 것도 결코 무의미한 일은 아니라고 생각했다.

그런 의미에서 이글은 지난날의 기억과 추억을 되살려 다시 한번 생각해 보는 「관세 경영에 관한 비망록」이다.

이 글을 쓰면서 관세인 모두의 공감대하에 정책을 유지 발전시켜나가는 것이 얼마나 힘든 여정이었는지를 새삼 느낄 수 있었다.

나 스스로 식견이 충분하지 못해 일을 성공으로 이끌지 못한 때도 있었다. 어떤 것은 너무 의욕이 앞선 나머지 일선 행정이 뒤따라오지 못하는데도 그냥 지나쳐 버리거나, 바쁘다는 이유로 그 세밀한 과정과 결과를 챙겨보지 못한 경우도 있었다. 그렇게 애정이 많았으면 현직에 있을 때 잘 마무리하지 왜 지금에 와서 이런 글을 남기느냐고 질책할 수도 있다. 그러나 일이란 시기도 맞아야 하고 팀웍도 잘 갖추어져야 성공할 수 있다. 후회스러운 마음도 있지만, 다음 세대에 비슷한 시행착오를 겪지 않도록 한 줄기의 빛을 바라보는 순수한 심정으로 이 글을 남긴다.

이글은 1980년대 중반에 있었던 일화를 일부 소개하면서 시작한다. 권위주의 경제구조하에서 세관의 혼과 정신을 잠시나마 생각했다. 수출 선진화와 서울올림픽 등의 에피소드를 돌아보면서 개방화의 빛과 그림자를 봤다. 그 과정에서 다양한 통상 이슈와 우리의 인식 변화도 있었다. 그리고 1990년대 들어 국제화, 세계화의 진전과정에서 공·항만 터미널 등 하드웨어 시설의 확충과 이의 효율적 운영을 위한 물류체계 소프트웨어 개선이 얼마나 중요한지도 깨달았다.

또한 새천년을 전후로 촉발된 정보기술의 급속한 발전이 관세행정 전반의 구조개혁에 미친 영향을 돌아보면서 기술적인 측면만 고려하고 철학적 가치를 깊이 생각하지 못했던 부족함을 아쉬워했다. 우여곡절 끝에 완성된 UNIPASS 종합전산망은 WCO에서 권고한 싱글윈도우 방식으로서 국내뿐만 아니라 남미, 아프리카 그리고 아시아 등 여러 후발개도국에 전수되었지만, 해결해야 할 과제가 아직도 많이 남아있다.

PREFACE

특히 프로세스 정보화에는 성공했는지 몰라도 WCO, 미국, EU 처럼 축적된 정보를 물품의 이동통제와 심사통제에 활용하는 기법은 충분히 고려하지 못했다. WCO의 교토협약과 미국 관세청의 「신 관세경영이론」, 그리고 EU의 Blue Print에서는 고객(Peoples)이 누구이며, 그들과 왜 굿 파트너로서 동행(Partnerships)해야만 하는지, 그리고 이들과 동행하려면 프로세스(Processes)는 어떻게 해야 하는지를 배웠다. 이 모든 것이 체계적으로 잘 설계되지 않으면 관세행정의 법규준수도 100%, 고객만족도 100%라는 비전과 미션은 결코 달성할 수 없음도 알았다.

여기서 이글의 부제목인 「싱글 커스텀스(Single Customs)」는 학문적으로나 실제적으로 존재하는 용어가 아니다. 관세경영의 새로운 길을 모색하는 차원에서 필자가 명명한 용어에 불과하다. 왜 국제사회에서는 세관 프로세스를 Virtual Customs의 Single Window 체제로 일원화하고 위험관리는 다층구조로 설계하여 파트너쉽에 의한 Compliance 체제로 운영하려 했을까?

후술하겠지만 우리나라의 무역규모는 이미 1조 불을 넘어선 지 오래다. 우리의 파트너인 무역업체와 해외공급자는 거의 120만여 개 업체를 초과한다. 그런데 관세청은 세관 혼자만의 힘으로 대외거래 질서유지를 모두다 잘 할 수 있다고 자신하는가? WCO를 비롯해 세계 각국은 이러한 질문에 답하기 위해 오랫동안 고심했다. 「싱글커스텀스」 이론은 바로 이러한 질문에 우리도 답하기 위해 그동안 관세청이 공들여 왔던 다양한 시스템의 운영실태를 WCO의 교토협약과 「신 관세경영이론」에 따라 평가해보고 한 단계 더 업그레이드하거나 체계화하고자 하는 이론이다.

이제 한국도 「굿 파트너」의 도움이 필요하다. 그들과 동행하면서 정보기술을 활용해 화물의 이동단계와 심사단계의 자율심사 등 세관 통제가 올바르게 행사될 수 있도록 세관현대화 요소를 재정비해야 한다. 이것이 선결되면 간소화된 세관절차는 아무런 의미가 없다. 그리고 미래에는 CIQ 국경관리 조직도 세관 중심으로 Single Authority화 하여 단일화되어야 하며, 관세청의 주요 미션도 국경보호기능이 보다 더 확대되어야 할 것이다.

'기록이 역사를 지배한다'는 말이 있다. 여기서 소개한 역사적 개별 사안과 경험담, 그리고 백 스토리 등은 일부 내용이 시대에 맞지 않거나 더 이상 활용 가치가 없다고 폄하할 수도 있다. 하지만 그러한 얘기들 또한 오늘의 우리를 있게 한 하나의 역사이기에 그동안 배우고 느꼈던 수많은 경험과 사례를 용기있게 전달해 보려 한다. 그 대신 여러 에피소드를 다소 두서없이 나열했기 때문에 전문 서적에서나 볼 수 있었던 이론의 깊이와 세밀함은 부족함이 있다. 특히 일부 내용은 세월의 흐름과 읽는 사람의 주관에 따라 숫자적 의문이나 이해하기 쉽지 않은 표현이 있을 수 있다. 아무쪼록 부족한 점이 있더라도 많은 성원과 이해를 부탁드린다.

그리고 역사의 현장에서 관세 경영의 길을 함께 걸었던 여러 선·후배 동료와 오늘의 저를 있게 해준 Constance Hoops께 깊은 애정을 담아 이글을 바친다.

2025년 어느 날
지은이

첫걸음을 시작하며...

싱글커스텀스로 가는 **관세경영의 길**

지난 세월의 혼과 정신을 돌아보다.

" 세계가 보이는가

" 훕스(Hoops)의 TIP

" 어두운 수출선진화의 길

" 권불십년. 새마을중고선

" 88비행선과 올림픽

" 성화봉송과 Astrovision Car

" 올림픽 메뉴얼과 경험전수

" KBS 방송 출연료 유감

" 세관제복과 흉장의 정신

" 관세국경의 계급장 이야기

" 홀로이 세관가 아리랑

 세계가 보이는가.

"부산을 가면 일본이 보이고, 인천을 가면 중국이 보이며, 서울을 가면 세계가 보인다."고 했다. 대전을 가면 무엇이 보일까?

1998년 8월 어느 날. 우리는 정든 서울 논현동 청사를 떠나 대전 둔산동 정부청사로 이전을 했다. 그 당시의 애환은 이루 말로 표현하기 어렵다. 관세청은 우리나라의 수출입무역 관련기관으로서 무역업체와 각종 유관 단체의 70% 이상이 서울에 상주하고 있는 상황에서 왜 대전으로 내려와야 하는지 그 이유를 알기 어려웠다. 세계 10위권의 무역 강국으로서 무역하기 좋은 환경을 만들기 위해 할 일이 많은데 정치적인 이유 땜에 이전을 해야 하는 상황이 야속하기 짝이 없었다.

둔산동에서의 생활은 고달팠다. 2004년부터는 KTX가 서울, 대전 간을 50분 내외로 다니지만, 당시에는 새마을 열차로 1시간 45분이나 걸렸다. 대전에서 KBS 등 공중파 뉴스는 15분만 지나면 대전·충남권 지방 뉴스로 바뀌어 우리가 수행한 일은 아무리 보도를 해도 볼 수가 없었다. 세상이 어떻게 돌아가는지도 알 수 없었다. 누군가가 "재무부가 과천으로 이전한 후 우리나라 금융이 보이지 않는다."고 했다. 우리도 둔산동으로 이전한 후 무역이 보이지 않았다.

이전 후 크게 달라진 점은 그 많던 무역업체 등 파트너들의 발길이 잦아들고 2~3년 후에는 아예 뚝 끊어져 버렸다는 점이다. 관세청은 무역업체뿐만 아니라 외국인의 방문도 많은 곳인데 어느 날 갑자기 적막강산이 되어버렸다. 점차 무역 현안으로부터 멀어지고, 주

1/
지난 세월의 혼과 정신을 돌보다.

요 교역국과의 세관협력회의, 대사관과의 접촉 또한 서울이 아닌 대전에서 치르기가 쉽지 않았다. 게다가 실무자들 또한 시간이 지날수록 현안을 잘 모르니 간부들이 국회 또는 관계기관 회의 후 사무실로 복귀해서 지침을 내려도 올바른 정책 판단을 하는 데 한계가 있었다. 보고서는 점차 두꺼워지고, 그 내용 중 피부에 와닿는 핵심은 없고, 야근은 불필요하게 많아지는 악순환이 반복되었다. 정책도 늘 뒷북이었다. 일이 터지고 나서야 대책이 나올 수밖에 없었다.

또한 국회를 상대하는 일은 최악이었다. 국정감사가 대전에서 1박 2일로 열리면 회의 준비는 기본이고 숙소와 식사, 교통 문제까지 지원해야 했다. 그들이 국회 예산으로 지불하는 비용은 턱없이 부족했다. 국회 상임위라도 있는 날은 이른 아침 새벽에 각자 올라갈 수 없으니 버스로 단체이동을 해야 했다. 밤늦게 마치거나 차수 변경이라도 있는 날은 여의도 주변에서 하룻밤을 자거나 그렇지 않으면 단체버스로 대전에 내려와서 새벽에 다시 그 버스로 올라가야 했다.

이런 상황에서 2012년에 중앙부처가 또다시 세종시로 이전을 했다. 정말로 필요하다면 입법, 사법, 행정부가 동시에 이전을 해야 했다. 다행스럽게 KTX 개통 후 이전을 했지만, 적어도 노선만큼은 세종시를 거쳐 가야1) 했다. 세종시를 국제회의를 할 수 있는 호텔과 전시관, 컨퍼런스룸 등을 갖춘 도시로 만들었어야 했다. 각종 경제단체와 유관기관도 함께 이전해야 했다. 언제까지 세종시는 잠깐 머무르는 곳이고, 일은 서울을 오가며 처리하는 원격시

---

1) 2020. 7. 9 조선일보 보도에 의하면 "세종시가 KTX 세종역 신설 재추진 가능성을 밝혔지만, 국토교통부는 지역갈등 등 여러 요소를 고려해 불가하다는 입장을 밝혔다"고 했다. 현재 세종역 신설은 지역 국회의원과 세종시, 대전시에서 찬성하고 있지만, 이미 역사를 확보한 오송과 공주 지역의 반발이 있다.

스템으로 운영해야 할까. 세종시에는 주말에 문을 열지 않는 식당이 많다. 한때 '신행정수도 건설 특별법2)'에 따른 수도 이전을 반대했던 사람들이 지금은 세종시 이전을 주도하거나 동조한 집단이 되어버렸다. 국가의 백년대계보다는 정치적 이해관계에 따라 주장과 이념을 바꿔버린다.

 정치권 사람들. 그들은 과거 정부대전청사에 근무했던 공직자가 어떤 심정으로 살았고 어떤 고생까지 했는지 모를 것이다. 그래서 세종시를 만들어 중앙부처를 또 이전시켰는지 모르겠다. 그들은 지역균형 발전 차원에서 참 잘된 일이라고 치부할지도 모르겠다. 요즘과 같은 인터넷 시대에 정부청사가 지방에 가 있으면 무엇이 문제냐고 생각할 것 같다. 그러나 국민과의 접촉은 인터넷만으로 되는 것이 아니다. 국회도 세종시로 이전하면 어떤 일이 벌어질지 여러 가지 상상이 간다. 참으로 문제는 중앙부처가 대부분 지방에 있다 보니 세계가 돌아가는 정보 입수도 늦고 민생에 대한 감도 떨어진다는 점이다. 행정부의 힘과 역할이 나날이 쇠약해지는 이유도 바로 여기에 있다.

 이런 관점에서 보면 국가적으로 행정부 소속 정부 기관의 지방 이전은 참으로 신중해야 한다고 생각한다. 국가안보 전략상의 방어선 개념뿐만 아니라 국제관계 그리고 국가와 공직의 경쟁력 향상과 복지측면도 함께 살펴봐야 한다. 언제부턴가 우리는 금과옥조(金科玉條)처럼 여겼던 글로벌 스탠다드(global standard)를 애써 무시하거나 외면하면서 일을 보고 있는지도 모르겠다. 과연 그들에게 세계는 보이기나 하는 걸까?

---

2) 2004. 10. 21 헌법재판소는 "불문헌법인 대한민국 수도이전 문제에 대해 헌법상 보장된 국민투표권을 침해했다."는 등의 이유로 '신행정수도 건설 특별법'에 대해 위헌결정을 내렸다.

1/
지난 세월의 혼과 정신을 돌보다.

 흡스(Hoops)의 TIP

경제개발 5개년 계획으로 「무역 입국」을 정책 모토로 삼은 우리나라는 1980년대 중반부터 수출입 물동량이 급증하고 주변 환경이 변화함에 따라 당시의 관세 제도[3])가 지나치게 규제적이고 형식적이라 우리 몸에 잘 맞지 않는다는 생각을 하게 되었다.

그 당시는 미국, 유럽 등 여러 나라와 세관협력회의를 하면서 급격히 늘어나는 수출입 물동량을 어떻게 신속성과 정확성을 함께 유지하면서 효과적으로 처리할 수 있느냐 하는 논의가 국제적인 현안 과제였다. 당시 관세청장(김욱태)을 비롯해 많은 간부들이 이제는 미국 등 서구식 제도를 연구해서 대비해야 할 때가 되었다고 생각했던 것 같다. 이에 따라 한·미 간에는 매년 미국 관세청 시스템을 벤치마킹하는 프로그램을 운영하게 되었다.

나 역시 1986년 7월 '전자통관시스템(ACS[4]) 운영현황'을 살펴보기 위해 미국에 갔다. 그때 Georgia에서 만난 '흡스(Constance Hoops)'는 정말로 나에겐 귀인이었다. 아직도 난 그를 마음속의 영원한 스승으로 존경한다. 지난 2008년 주미 한국대사관을 통해 연락해보려 했지만, 이미 퇴직했다는 소식과 함께 개인정보보호를 이유로 연락처를 확인할 수 없었다. 그가 알려준 몇 가지 Tip은 우리나라 관세행정을 선진화해 나가는 데 큰 도움이 되었다. 그동안의 변화과정을 알려주고 싶었는데 매우 아쉬운 마음이 들었다.

---

3) 1980년대 관세 제도는 해방 후 일본의 관세법 체계를 이어받은 것이었다.
4) ACS : Automated Commercial System

사실 우리나라 관세 제도는 1980년대까지만 하더라도 선진 외국에 비해 매우 낙후되어 있었다. 해방 후 약 30년 이상 시행해 온 관세 제도는 모든 수출입화물을 절차 위주로 일일이 통제하는 방식이라 급격히 늘어나는 물동량을 관리하기가 어려울 뿐만 아니라 무역업체, 운송업체, 보세창고, 관세사들조차도 지키기 어렵고 세관이 직접 감독하기에도 쉽지 않았다. 때로는 세관 묵인에 따른 부조리도 유발되어 서정쇄신의 대상이 되기도 했다. 일본식 세관 통제 방식은 이미 우리 몸에 맞지 않는 유행 지난 어색한 옷에 불과했다.

우리가 정말로 희망하는 선진국 대열에 들어서기 위해서는 여러 분야에 걸쳐 정치, 행정의 선진화가 필요했지만, 특히 무역으로 먹고사는 현실 속에서는 관세와 무역제도의 선진화가 필수적이었다. 미국은 그런 면에서 이미 1930년대부터 LA항와 뉴욕항을 중심으로 활발하게 자유무역을 실현한 국가이었기에 벤치마킹 대상이 되기에 충분한 여건을 갖추고 있었다.

나는 조지아 글린코(Glinco)에 있는 미국 재무성 연방공무원 교육원(FLETC)[5]의 Customs Inspector Basic Course에 입교해서 실무와 이론교육을 받았는데 그 교육과정에서 강력한 의문이 생겼다. 미국도 그 당시의 세관시스템이 1774년 미국 독립 이후부터 계속 운영된 것이 아니라 200년 이상 운영해 오는 과정에서 꾸준한 변화와 혁신을 통해 오늘에 이르렀다고 판단했다. 그래서 시대별 변천 과정과 그 과정에서 어떤 경험을 했는지를 알고 싶어 했다. 그러나 아무도 이러한 질문에 답해주는 이가 없었다.

---

5) FLETC : Federal Law Enforcement Training Center

그러던 차에 Import Specialist인 '훕스(Hoops)'를 만났다. 나는 그와 Brunswick 세관 현장을 방문해서 ACS 통관시스템을 견학하고 토의는 강의실보다는 주변 Jackson Island를 다니면서 많은 질문과 대화를 나눴다. 그리고 며칠 뒤, 그는 아주 피곤한 모습으로 나타나 이에 관한 충분한 설명과 답을 해줬다. 그는 이틀 밤새다시피 하면서 미국의 세관 역사와 변천 과정을 다시 살펴봤다고 했다.

그의 설명에 의하면, 미국은 1968년 이전까지 한국의 면허제와 유사하다고 했다. 그러나 무역량이 급증하면서 일일이 세관통제가 힘들었기 때문에 불가피하게 제도개선을 했으며, 1968년부터는 신고를 받더라도 물품검사는 선별검사방식으로 약 20% 정도만 하고 신고납부한 세금에 대한 세액심사는 면허 후에 하는 것으로 변경했다고 했다. 이 때문에 Back Up 차원에서 세관공무원의 전문화(검사, 심사, 조사요원)도 함께 추진했다고 했다. 그러나 이 또한 얼마 가지 않아 세관통제의 효율성에 한계가 있다고 판단되어 1978년부터는 수입신고(Entry)와 납세신고(Entry Summary) 절차를 아예 분리하고 담당 부서도 검사와 심사부서로 이원화하여 신속성과 정확성을 함께 배가시키는 체제로 전환했다고 했다. 그 후 1994년까지 모든 세관절차를 전산화하기 위해 16개 프로그램을 선정하고 ACS 시스템을 단계별로 개발 및 구축하는 사업을 추진하고 있다고 했다.[6]

그 당시 한국은 외형적으로 수입 검사비율 100%, 수출 검사비율 77%의 과도한 규제를 하고 있었고 수입 자유화율도 68%로 후

---

6) 관세청 지도과, 「우리나라 관세행정의 발전방향(미국 통관제도 중심으로 검토)」. 1986. pp 4-9.

발개도국 수준에 불과하였다. 다소 성급하다는 생각도 했지만, 그 후 우리에게는 한·미 간 관세 제도의 비교연구를 시작하는 계기가 되었다. 1987년부터 1999년까지 약 12년의 세월을 통해 우리의 관세행정을 선진화시키는 많은 노력을 했었다. 1987년은 수출분야 선별검사제 도입, 1989년은 수입분야 선별검사제와 즉시반출제 도입, 1992년은 관세행정 전산화 개시, 1994년은 무역서류의 절반 축소와 무역자동화사업 착수, 1998년은 UNIPASS 완성, 1999년은 새천년을 대비한 관세행정 조직의 전면 개편 등 일일이 손꼽기 어려울 정도로 급속한 변화가 있었다. 유관 부처들이 보조를 맞추기가 급급하다고 불평할 정도였다.

아직도 훕스(Hoops)와의 추억은 가슴 속에 남아있다. 그때 그가 알려준 미국의 변화는 한국도 변화할 수 있고 성공할 수 있다는 자신감을 주었으며, 급기야 세계 속의 관세 제도로 선진화할 수 있는 계기가 되었다. 어쩌면 ACS 시스템을 열성적으로 알려 주었던 훕스(Hoops) 덕분에 오늘의 UNIPASS가 제자리를 잡는데 도움이 되었는지도 모른다.

조지아의 Jacksonville 공항에서 환송의 눈물을 나누며 아쉬워하던 훕스(Hoops). 언젠가 한국을 꼭 한번 와보고 싶다고 하던 훕스(Hoops). 그는 언제나 나의 앞길을 밝혀주는 등불이자 나침반이었다.

1/
지난 세월의 혼과 정신을 돌보다.

 어두운 수출 선진화의 길

 1985년 겨울. 우리나라 수출제도를 변모시키는 큰 사건[7]이 있었다. 서울세관 수출과에서 급행료(Speed Money)를 상습적으로 받은 혐의로 여러 명이 구속되고 수배되는 일명 '곱하기 사건'이 있었다. 이는 수출이 몇십 배 급격히 늘어나고 있는데도 우리의 수출제도가 과거의 무리한 검사 관행을 답습하고 시대변화를 효과적으로 뒤따라가지 못한 것이 주요 원인이었다.

 우리나라 수출산업은 과거부터 다단계 임가공 하청산업구조가 주를 이루고 있었다. 예를 들어 해외 바이어로부터 와이셔츠 1만 벌 주문을 받더라도 주문받은 한 공장에서 전부 제조하지 못하고 서울, 구로, 구미, 사상 등 여러 곳의 하청 공장에서 제품을 만들고 선적은 부산항에 가서 한 컨테이너에 집하한 후 수출하는 형태를 띄고 있었다. 종합무역상사, 무역대리점에 의한 수출은 대부분이 이러했다.

 특히 수출드라이브 정책이 시행된 1970년대 중반에는 무역 역사에 기록될만한 크고 작은 부정수출 사건이 꽤나 있었다고 한다. 수입이 제한된 견사를 수출용 원재료로 수입해다가 시중에 팔아버리고 수출은 다른 물건으로 허위 수출하다가 적발된 업체도 있었다. 수출용원재료에 대한 「사전면세제도」가 「관세환급제도」로 변

---

[7] 1985년 12월 13일 자 동아일보 보도에 의하면 "서울세관 대규모 부정, 수출 민원 급행료 상납받아"라는 헤드라인 기사에 자세한 내용이 있다.

경된 것도 이러한 이유라 했다. 그래서 수출이 대폭 늘어난 1980년대 중반까지 세관에 수출신고를 하면 전부검사가 원칙이었다. 다단계 하청 임가공방식 수출업체는 공장에 세관검사를 가면 물건이 한 곳에 없는 경우가 허다했고 수출품이 제조되어 있다 하더라도 선적 때문에 이미 부산항으로 출발하고 난 뒤라 없는 경우가 다반사였다8). 불행히도 세관직원은 물건이 없는 데도 있는 것처럼 묵인해 주고 수출면장을 찍어줄 수밖에 없었다. 이렇게 해서 눈감아주는 대가로 금품을 받는 일이 생겼다. 어차피 현장에 가봐야 물건은 없는데, '수출은 하는 것 같고, 면장을 안 찍어줄 수는 없고', 그래서 현장 확인 없이 그냥 면장을 발급해 주는 일이 습관처럼 되어버렸다.

그 일이 있은 후, 수출검사제도는 1987년에 선별검사제로 일대 혁신을 했다. 누군가는 혁명이라고 했고 또 누군가는 현장을 모르는 본청의 젊은 사무관이 책상머리에서 위험한 제도개선을 한다고 비난했다. 당시 검사생략 지정물품을 제외하고는 전부 검사를 했는데 미국식의 'Cargo Selectivity' 방식을 도입한 이후 수출검사 비율(77%)은 급속히 하락했다. 지금은 전략물자, 환급물품 등 주요 감시품목에 한해 1% 미만의 소수만 검사하고 있으며 이미 한 해 수출이 6천억 불을 넘어선 상황이라 과거와 같은 무리한 검사는 불가능한 것이 당연하다.

이같이 서울세관 수출과 사건은 우리나라 무역제도를 선진화시키는 큰 계기가 되었다. 그리고 1990년대 들어서는 수출품이 없더라도 미리 신고가 가능한 「제조전 수출신고제도」가 현실화되었

---

8) 수출업체는 수출면장을 받아야 은행에서 조기 대금수령이 가능하므로, 수출물품이 한곳에 집하되기 전에, 본사와 가까운 곳에 위치한 세관을 통해 미리 수출면장을 받는 관행이 있었다.

으며, 수출 이행관리는 수출신고 수리 후 30일 내 선적 여부를 확인하는 방식으로 개선되었다.

역사적으로 보면 수출 선진화의 길은 결코 쉽지 않았다. 우리나라와 같이 수출용원재료를 수입하여 완제품 또는 반제품을 제조 후 수출하는 위탁가공 무역국가는 소요 원재료에 대한 관세환급 등 세수관리를 위해 지나치게 간소화할 수도 없고 그렇다고 과거와 같이 일일이 수출과정에서 확인할 수도 없다. 수출물량이 일정 규모를 벗어나면 과거와 같은 사전통제(Pre-Shipment Control) 방식보다 지금처럼 수출신고는 미리 받되, 수출이행 여부는 선적 후에 사후통제(Post-Shipment Control) 방식이 오히려 더 적합하다. 소요 원재료에 대한 사후관리 또한, 자율관리[9] 방식에 의하되, 파트너쉽에 의한 자율심사 후 관세환급 등 사후정산하는 방식으로 시스템을 보강하는 것이 바람직하다.

특히 수출 후 잦은 신고사항 정정 등 오류발생 부분은 법규준수도 관리 차원에서 철저한 사후관리가 필요하며, 자율심사 후에도 빈번한 오류발생은 그 원인을 파악해서 재발하지 않도록 필요시 관세조사(Post Audit) 등의 보완책이 강구되어야 한다.

---

[9] 흔히 '자율관리'는 세관이 업계에 대단한 특혜를 주는 것처럼 잘못 이해할 수 있다. 파트너쉽에 의한 자율관리는 업체 스스로 자율심사를 한 후 그 결과를 세관에 보고해야 하며, 세관은 보고받은 결과를 심사해서 이상 유무에 따라 사후관리를 종결할 것인지, 추가 관세조사를 할 것인지를 결정해야 한다. 그래야만 자율관리의 효과가 있다.

권불십년. 새마을 중고선

세상의 변화는 빨랐다. 6.29 선언 이후 민주화 열풍이 몰아치면서 정치 판도는 급격한 변화를 겪었다. 1988년에는 6공화국이 들어섰고 국회 내에 '5공 비리특위'가 설치되었으며 지난 정부에 대한 전방위적 조사가 이루어졌다. 그야말로 권불십년(權不十年)의 교훈이 시작되었다.

그중 하나가 전임 대통령의 친척이 책임자로 있던 「새마을운동중앙본부」에서 수입한 중고선박이 문제가 되었다. 「새마을운동중앙본부」는 그 당시 청소년 수련용 숙소로 사용하기 위한 시설이 필요했고 이를 건축하는 데에는 많은 비용이 소요되므로 대형 중고선박을 수입해서 숙소용으로 개조 후 사용할 생각이었다. 그러나 당시 무역거래법상으로는 중고선박의 수입이 금지되어 있었으며, 고철 원료로 사용되는 중고선박만 해체용 조건으로 수입할 수 있었다. 해체용 중고선박은 통관 전에 해체. 절단 작업을 통해 원형파쇄가 된 후, 고철로만 통관되는 물건이었다. 그러나 「새마을운동중앙본부」는 당해 선박을 해체하지 않고 청소년 수련용 숙소로 용도를 변경한 후 개조하여 사용하고자 하였다.

프로펠러가 잘린 해체용 선박은 선박인가, 아닌가. 해체용으로 수입승인된 선박이 청소년수련용으로 사용 가능한가. 수입승인번호를 근거로 한 용도변경 요청은 승인사항의 변경인가?

여러 가지 의문이 제기되었다. 그럼에도 당시 내무부는 「새마을운동중앙본부」의 사업목적과 특수성을 감안하여 건의 사항을 수용

1/
지난 세월의 혼과 정신을 돌보다.

함이 타당하다고 통관 협조 요청을 해왔다. 상공부는 당초 해체용 선박으로 수입 승인한 내역을 근거로 통관업무는 자기 소관이 아니니 내무부 등 관련기관의 의견을 참작하여 관세청이 통관에 협조해 주도록 요청하는 공문을 보내왔다. 관세청은 이러한 사실을 통관지 세관에 전달하였고 세관에서는 이를 상공부 장관의 수입승인사항 변경승인(해체용 선박을 숙소용 선박으로 변경)으로 보아 당해 물품에 대한 관세율 차이(0.5%)만큼 세액추징을 한 후 통관을 마무리 지었다.

아마 요즘 같았으면 부당한 처사라고 큰 소란이 났을 것이다. 물론 그 당시에도 「5공 비리」 조사 차원에서 각종 유력 언론이 특혜시비를 주장하였고, 검찰이 당해 사건을 주요 사건으로 분류하여 집중 조사를 한 바 있다. 관세청, 상공부, 항만청 등 유관기관 간부들이 모두 검찰과 국회에 해명하느라 큰 곤욕을 치렀다.

그러나 이 사건은 소리만 요란했을 뿐, 수습은 아주 묘하게 마무리되었다. 내무부와 상공부는 해당 기관의 요청사항을 단순 협조 사항으로 전달했을 뿐이라고 했으며, 세관은 수입승인번호를 근거로 상공부가 협조 요청을 했기에 이를 수입승인사항 변경으로 보아 중고선박에 해당하는 세율(2.5%)만큼 관세 추징을 했다고 버텼다. 더더욱 황당한 것은 항만청 입장이었다. 항만청은 당해 선박이 이미 해체를 위해 프로펠러를 없앤 상태에서 수입된 것이기 때문에 선박으로서 요건을 갖추지 못했으므로 운항허가 대상이 아니며 자기 부처 소관사항도 아니라고 주장했다. 그러면 바지선은 선박이 아닌가?

하여튼 그해 여름. 그 일에 관여했던 관세청의 주요 간부가 걱정을 너무 많이 한 나머지 몸져눕는 해프닝이 있었다. 그는 이 일의 진행 과정에서 통관지 세관장으로 있으면서, 관계부처의 협조 요청을 수용함이 옳다고 판단하여 중고선박으로의 용도변경과 추징 결정을 주도했던 분이기도 했다. 그러나 다행스럽게도 막상 중고선박에 대한 용도변경 조치를 하던 당일에는 본청으로 인사발령이 나서 정작 결재는 후임자가 세관장으로 와서 조치한 것이었다. 그는 이 사실을 뒤늦게 알고 가슴을 쓸어내렸다. 결국 검찰 조사는 후임자가 받았다. 부임한 지 채 일주일도 되지 않아 관세를 추징하는 건이라 별다른 의심 없이 처리할 수밖에 없었다고 진술했다고 한다. 그래서 공직자에게는 인사발령 날짜가 중요하다. 전임도 잘 만나야 하고 후임도 잘 만나야 한다.

당초 검찰에서는 관세청과 세관에서 부당하게 통관 편의를 봐주려 한 것이 아니냐는 오해를 했었다. 국회의 '5공 비리특위'에서도 같은 시각이었다. 그러나 그 당시 관세청의 입장은 확고했다. 상공부가 수입승인번호를 근거로 협조 요청을 하지 않았으면 숙소용 선박으로 용도변경을 하지 못했을 것이라고 주장했다. 검찰에서도 특이점을 발견하지 못하자 사건은 일단락되었다.

"호랑이굴에 들어가도 정신을 바짝 차리면 산다."는 말이 있다. 그 뒤로 관세청은 관계부처의 그 어떤 협조 요청이 있더라도 논리적으로 분명하지 않고 법적으로도 모호하면 절대로 임의 처리해서는 안 된다는 교훈을 얻었다. 그리고 개인적으로도 이 일을 처리하면서 '매사 생각은 깊이 하고, 논리는 분명해야 하며, 결단은 단호히 해야 한다' 그래야만 실수에 의한 후회가 남지 않는다는 명언을 알게 되었다.

1/
지난 세월의 혼과 정신을 돌보다.

88 비행선과 올림픽

이제는 말해도 될 것 같다. 1988년 서울에서 개최된 올림픽은 반만년 역사상 우리 민족에게는 가장 큰 축제이자 위대한 사건이었다. 그러나 이러한 역사적인 큰 행사 뒤에는 항상 빛과 그림자가 뒤따르기 마련이다.

우리 모두 비행선이 하늘을 날아다니는 광경을 목격한 것은 1984년 LA 올림픽 개막식 때였던 것 같다. 1987년 신년을 맞이하여 청와대에서 개최된 「안보관계 장관회의」에서 우리도 서울올림픽 때 경호목적으로 비행선을 도입하는 것이 어떻겠느냐는 논의가 있었다고 한다. 1983년 대한항공 007편 격추사건과 북한 소행에 의한 아웅산 폭탄테러 사건. 그리고 1986년 아세안게임 개최 직전 김포공항 폭발물 사고가 있었기 때문에 서울올림픽 때도 엄중한 경호 조치가 필요하다고 생각했던 것 같다. 그 후로 안보 관련기관의 협조하에 '치안본부'가 주관이 되어 비행선 도입을 추진하게 되었다. 그러나 사업 경험이 충분하지 않은 '치안본부'가 비행선 도입사업에 관여되면서 여러 가지 정치적인 의혹사건으로 비화되었다. 이 사건과 관련하여 일부 관계기관의 고위직은 사법처리되는 불운까지 겪었다.

어느 날, 우리 부서로 '치안본부'와 수입업체 사람들이 찾아오기 시작했다. 서울올림픽을 대비해서 경호목적으로 약 600만 불 상당의 비행선을 도입하는데 관련 세금 약 20억여 원을 감면해 달라는 내용이었다. 나중에 안 사실이지만, 당시 수입자는 올림픽 때

경호용으로 사용이 끝나면 그 후 광고용으로 용도를 변경해서 비행선 사업을 인수할 생각이었다. 그 대신 경호용으로 기증하는 대가로 '치안본부'에 비행선을 세금없이 수입할 수 있도록 요청하였다. 급기야 둘 사이에 체결된 약정서에는 비행선 도입과 관련한 관세 등 세금 면제 지원에 관한 내용이 일부 포함되어 있었다고 한다. 그러나 당시 관세법상 기증물품 관세감면은 해외에서 국내 정부 기관에 직접 기증되는 해외 기증만 가능하고, 국내 기증은 관세 면제가 불가하다는 지침10)이 버젓이 시행되고 있었다.

그들에게 이러한 내용을 수도 없이 설명했지만, 막무가내였다. 우리를 무수히 찾아왔던 수많은 사람이 점차 당혹스러워하고 힘들어했다. 솔직히 그들이 무슨 죄가 있는가. 결국 이 사건은 6공화국이 출범하자마자 과세 처리로 결론을 맺었다. 그 후에도 관세 면제를 위한 관련 규정 개정 요청, 관세 분할납부 지원 요청 등 관련기관의 요구는 지속되었지만, 재무부에서조차도 큰 도움을 받지는 못했다.

이 사건 역시 올림픽을 앞두고 1987년 중반부터 새 정부가 들어선 1988년 초까지 관계부처 간 협의와 줄 달리기가 계속되었던 사안이다. 마무리되기까지 실무담당 간부들이 서로 자리를 비워가면서까지 결정을 미루었고, 시간을 버는 사이 정권은 교체되었다. 관계부처의 많은 책임자가 새로운 인물로 교체되었다.

결국 그 후 비행선은 세금을 완납하고 부산의 용당세관 창고에서 조립이 된 후 김포공항에서 시험비행을 하였으며, 올림픽 기간 중 기업 광고용으로 서울 상공을 잠깐 떠다녔다. 한때 신기하게만

---

10) 재무부 관세국, 제도 1265-749('83.9.6) "보세구역에서 기증하는 경우 관세면제대상이 아님"

1/
지난 세월의 혼과 정신을 돌보다.

바라봤던 비행선은 당초 기대했던 경호용 장비로 활용되지 못하고 어느 날 우리의 시야에서 사라졌다. 국민체육진흥공단은 광고대행사를 통해 1988년 9월부터 상업광고 사업을 시작하였으나 계류장 확보가 제대로 되지 않아 파행을 거듭하다가 결국「미운 오리새끼」가 되어 1990년 운항을 중단[11])하게 되었다고 한다.

그해 '신동아' 월간지 기자가 찾아와서 인터뷰를 요청한 적이 있다. 그 기자는 취재 과정에서 "비행선 도입과 관련된 여러 정부 부처 중 관세청만 불편한 강요와 압박, 그리고 여러 가지 의혹에서 벗어날 수 있었다."고 했다. 자칫하면 관세청이 올림픽이라는 큰 행사를 치르면서 쓸데없는 불명예를 떠안을 수도 있었다.

올림픽뿐만 아니라 각종 국제 대회 등 큰 행사를 하고 나면, 항상 한 구석에는 빛과 어두운 그림자가 자리 잡고 있다. 정부 재정이 튼튼하지 못하던 시절, 올림픽과 같은 세계적인 행사를 국내에서 치르려면 여러 가지 혼선이 있을 수 있다. 특히 비행선같이 임시방편으로 긴급 조치해야 할 사항도 분명히 있었을 것이다. 그러나 그럴수록 냉정해져야 한다. 아무리 올림픽에 사용될 물품이라 하더라도 정부가 필요한 물품은 정부예산으로 준비해야 하고 민간이 상업용으로 필요한 물품은 민간 그들의 자금으로 추진해야 한다.

한때 개발연대 시절, 우리가 올림픽이라는 큰 행사를 치르면서 이제는 추억 속에 남아있는 그런 혼선을 겪었던 시절이 있었다.

---

11) 중앙일보, 1990년 12월 14일자 보도, "말썽 비행선 계류장 마련"

성화봉송과 Astrovision Car

서울올림픽 성화봉송 행사는 개막식 전, 제주에서부터 시작되었다. 올림픽조직위에서는 협력업체로 하여금 「Astrovision Car」가 전국을 다니면서 성화봉송 장면을 실황 중계하도록 지원하였으며 이를 위해 해당 중계방송 차량이 제주에 반입되어 있었다.

그러나 올림픽조직위가 직접 사용하기 위해 수입하는 물품이 아니고 일반 업체에서 일시 수입을 해서 성화봉송 중계과정에서 간간이 기업 광고를 할 목적으로 도입된 차량이었다. 내일 아침이면 성화 봉송이 시작되는데, 관세 등 세금 면제 여부에 관한 논란으로 통관이 되지 않아 올림픽조직위, 관세청, 제주세관에 비상이 걸렸다.

「Astrovision Car」는 당시 관세법과 내국세법상 '국제경기대회에 사용되는 물품'으로 신고되어 엄격히 관세법을 적용하면 관세는 면제되나, 방송 중계과정에서 상업용으로 일부 사용되어 광고의 부가가치가 발생되는 물품이라 내국세 면제가 불가능하다는 논란이 있었다.

한 통의 전화! 정부 내에서는 이럴 때일수록 긴급한 연락이 온다. 요즘은 정부 내 차관급 등 고위직이 이러한 문제에 잘 관여하지 않지만, 당시만 하더라도 올림픽 등 특수상황에 대한 세법 체제의 정비가 완벽하지 못해 고위직들이 나서는 경우가 간혹 있었다. 그는 자기 신분과 직책을 정확히 밝혔다. 자기가 책임질 테니

1/
지난 세월의 혼과 정신을 돌보다.

성화봉송에 차질이 없도록 조속히 「Astrovision Car」 통관을 해주도록 요청하였다. 내국세 관련 세금 면제에 관한 지침은 내일 중에 유권해석을 해서 반드시 시달하겠다고 했다. 제주에서 시작된 성화 봉송은 그렇게 시작되었다. 그러나 그러한 지침은 올림픽이 끝난 후 오랜 시간이 지나도록 시달되지 않았다.

과거 정부에서 시행한 문서를 보다 보면 특정 업무를 지시하거나 연락했던 사람의 직위와 이름이 적혀있는 것을 종종 발견할 수 있다. 이는 씁쓸하지만 대부분 책임지지 않는 위치에 있는 사람들이 주로 편법적인 요구로 일 처리를 하려고 할 때의 흔적들이다. 처분청의 담당자는 나중에 책임 문제를 의식하여 연락을 준 사람의 직책, 성명과 요청 내용을 기록하는 습관이 있었다.

「Astrovision Car!」 요즘은 마라톤 대회 등 국제경기에서 가끔 볼 수 있는 물품이지만, 그때만 해도 신기한 물건이었다. 그해 성화 봉송 중계용 「Astrovision Car」는 관세법상 '국제경기대회에 사용되는 물품'에 적용하는 규정만으로는 세금 면제 여부에 대한 논란을 피할 수가 없었다. 결국 서울올림픽을 준비하는 과정에서 미리 만들어 두었던 매뉴얼에 따라 해외 방송사의 보도용구, 방송장비 일시 수입과 같은 경우로 준용하여 「직업용구의 일시수입에 관한 관세협약12)」 규정을 적용하여 재수출 조건부 일시 수입을 허용하면서 내국세 면제에 관한 문제를 해결한 기억이 있다. 그 대신 성화 봉송 행사 이후 지정된 기한 내 재수출하는 조건과 국내 광고를 더이상 하지 않는 조건13)을 부과했던 기억이 있다.

---

12) Customs convention on the temporary importation of professional equipment, 1962년 3월 23일 동 협약은 발효되었으며, 우리나라는 1978년 7월 3일 조약 제642호로 발효되었다.
13) 일시수입이 허가된 물품은 허가된 용도에 한하여 사용되어야 하며, 수입국 내

사실 「도로교통에 관한 협약14)」과 관세법에도 차량 일시 수출입과 관련한 제도적 장치가 있지만 국제간 일관운송 차량 등 주로 수송목적에 제한적으로 적용했으며 방송용 보도차량과 같은 폭넓은 범위로 확대 적용하는 것에 대해서는 이론이 있었다. 그러나 이를 계기로 올림픽이 끝난 후 우리나라에서는 차량의 일시 수출입 대상이 대폭 확대15)되는 결과를 가져왔다.

에서 사실상 수입과 같은 부가가치가 발생되는 Home use 용(국내수송, 포장, 건축, 수리, 공사 등)으로 사용해서는 안 된다는 것이 국제협약의 취지이다.
14) Convention on road traffic, Geneva, 1949년 9월 19일
15) 관광객 등 일시 출입국자가 본인이 사용할 목적으로 반출입하는 승용차, 캠핑카뿐만 아니라 수출입 물품을 연계 내륙운송하기 위한 냉동차 등 특수차량과 상호운행에 관한 양해각서를 체결한 국가의 환적차량, 복합운송차량 그리고 국제관세협약에서 일시수입이 허용되는 차량, 장비까지 적용 가능하게 되었다.

1/
지난 세월의 혼과 정신을 돌보다.

 올림픽 메뉴얼과 경험전수

올림픽은 4년마다 열리는 세계인의 축제라 했다. 스포츠 경기뿐만 아니라 국가별로 다양한 문화와 이념이 교차하는 페스티벌 성격의 큰 행사이다.

우리나라도 서울올림픽 이후 인적, 물적 교류의 확대로 급속한 성장을 이룩했으며, 선진국의 대열에 합류할 수 있는 큰 토대를 마련한 바 있다. 한국은 반만년 역사상 처음으로 올림픽이라는 세계적 행사를 개최하는 관계로 정부 차원에서 참으로 많은 긴장과 준비를 했었다. 특히 세관은 참가국 모두에게 한국의 첫인상을 느끼게 하는 관문이기 때문에 신경을 쓰지 않을 수 없었다. 1986년 아세안게임을 시범연습 차원에서 준비했다면, 올림픽은 대회 규모와 참가국의 수, 선수단 인원 및 각종 물자 반입 규모가 상상을 초월할 정도로 큰 차이가 있었다. 그 당시 나는 거의 약 80여 쪽에 달하는 다양한 올림픽 매뉴얼16)을 준비했던 기억이 있다.

우선은 첫째 올림픽 시즌에 입출국하는 선수단과 여행자의 흐름을 체크하고 관리하는 일이었다. 올림픽 개최 전에는 개별 입국선수단이 소수에 불과했지만, 개막식 일주일 전부터는 매일 약 2,000여 명의 선수단과 9,000여 명의 관광객이 한꺼번에 밀려 들어왔다. 그리고 폐막식 이전에 참가자의 관심있는 경기가 종료되

---

16) 서울올림픽 매뉴얼(관세청, 총괄징수과 제작)은 LA올림픽 등 과거의 올림픽 사례를 참고하여 선수단 용품, IOC용품, 광고용품, 방송용품, 기타 식자재 등 다양한 물품의 통관지침과 선수단 입출국에 따른 사전 안내와 수속절차에 관한 내용으로서 현재 '정부기록물보관소'에 이관되어있다.

면 전체의 약 40%가 한국을 빠져나갔으며, 폐막식 종료 다음 날은 선수단을 포함하여 약 22,000여 명이 한꺼번에 항공편으로 돌아갔다. 그중 약 0.5%는 소련, 동구권 선수단처럼 인천항과 부산항을 통해 선편을 이용하기도 했다. 당시 관세청 자료에 의하면 선수단은 약 26,000여 명, 관광객은 약 240,000여 명이 올림픽 시즌 중 한국을 다녀갔다.

둘째는 이 많은 참가자를 짧은 기간 안에 관세청이 어떻게 공항에서 신속히 입출국처리를 했을까. 그 당시 전 세계는 미국과 소련이 각자 1980년 모스크바올림픽과 1984년 LA올림픽을 보이콧하면서 냉전체제가 고착화되어가고 있었다. 동서 화합을 위해 서울올림픽만큼은 전 세계가 모두 참여하는 평화의 장을 만들자고 했다. 올림픽 주제가로 '코리아나'의 "손에 손잡고"를 선정하기도 했다. 전 세계 160여 개국의 참가선수단과 관광객 그리고 유관 방문객을 합하면 거의 방대한 수준이었다. 그중에는 국가원수급도 있고 IOC 위원 등 118명의 VIP가 있어 별도 입국 수속도 병행해야만 했다. 영국 왕실의 Anne 공주와 스페인의 Sofia 여왕도 있었다. 김포공항 제2청사는 그때 새롭게 건립된 것이었다. 비수교국인 중국과 소련 등 공산권 국가를 포함한 참가국 모두에게 ID 카드를 보내서 입국장 영접 센타에서 X-Ray 검색을 통한 특별수속과 함께 신속한 선수촌 입촌을 도왔다.

셋째는 선수단 경기용품과 각종 장비가 약 4,000여 톤에 달할 정도로 엄청난 수준이었다. 미리 올림픽조직위를 통해 sticker와 tag을 보내서 각 나라별로 분산 반입되는 물자들에 대해 통일된 매뉴얼을 적용하는 것이 필요했다. 모든 물자는 여의도에 소재한 '올림픽물자 집중관리센터(OCDC17))'로 도착과 동시에 배송하였으

1/
지난 세월의 혼과 정신을 돌보다.

며, CNN, NBC 등 각종 방송사 장비는 IBC 프레스센터로 직배송되어 통관절차를 밟았다. 올림픽 반입물자는 참으로 다양하고 그 종류도 많았다. 예를 들면, 독일은 선수단 이동 버스와 벤츠 승용차를 따로 반입했다. 프랑스는 꽤 많은 식자재와 음료를 갖고 왔으며, 술이나 기념품을 대량 반입한 국가도 있었다.

이에 반해 국내 세법은 올림픽을 대비해서 여러 가지 입법 준비를 했지만, 개정된 세법만으로 이 모든 상황을 적용하기에는 한계가 있었다. 평소 수입 규제에 익숙한 세관도 문화적 경험의 부족으로 인한 일부 혼선이 예상되었다. 따라서 모든 선수단 장비와 승용차 등 올림픽 경기에 일시 사용될 것이 분명한 물품은 재수출 조건부로 면세통관 처리가 되었으며, 보도 및 중계 장비와 음료, 술, 기념품 등 소비용 품목은 일시수입에 관한 국제관세협약(직업용구, 전시회용품, 주요 행사용품)을 최대한 광범위하게 적용하여 면세 처리되었다. 그러나 정작 골칫거리는 각종 문화행사를 빙자한 상업용 물자의 반입이었다. 앞서 언급한 비행선 이외에도 레이저쇼 광고용 장비 등 그 종류와 숫자는 많았다. 그중에는 세금을 납부해야만 통관이 가능한 물자도 섞여 있었다.

특히 서울올림픽은 각종 테러 위협으로부터의 안전을 지키기 위해 고강도의 긴장감 속에 진행됐었다. 한국에서는 1986년 김포공항 폭발물 사고와 1987년 11월 대한항공 여객기 폭파 사건이 있었다. 연이은 사건으로 인해 참가국들이 불안해하지 않도록 많은 대비를 해야만 하는 상황이었다. 세관은 약 681대의 X-Ray기를 전국의 입국장에 설치하고 안전요원 700여 명을 배치했다. 그리고 관세법상 '보세사'제도를 그때 처음으로 신설해서 안전관리 전문

---
17) OCDC : Olympic Cargo Distribution Center

요원으로 자격제도화 했다. 서울올림픽은 이렇듯 범정부적인 노력 끝에 성공리에 마무리된 행사였다. 관세청과 세관 직원들의 노고 또한 대단한 것이었다.

그 후, 1995년에 호주 관세청으로부터 긴급히 연락이 왔다. 2000년 시드니 올림픽을 대비해서 서울올림픽의 세관 경험을 전수해주면 좋겠다는 요청이었다. 그들은 1956년에 올림픽(멜브런)을 이미 개최한 경험이 있는 나라인데 무슨 필요가 있냐는 의문이 들었다. 그러나 그들은 40여 년이 지난 새천년에 개최하는 올림픽은 그 의미나 준비 면에서 자세가 다르다고 했다. 국제 정세도 구소련 해체, 독일 통일 등 비교적 평온한 분위기이지만, 또 다른 한편으로는 미국 오클라호마 연방정부청사 폭발사건, 도쿄 지하철 독가스 사건 등 각종 테러 위협으로부터 안전을 지키는 것이 현안이라고 했다. 특히 이전의 바로셀로나, 아틀란타 올림픽 경험도 중요하지만, 처음으로 올림픽 준비를 했던 한국 세관의 경험이 오히려 자기들에게 더 큰 도움이 될 것 같다는 의견이었다.

그해 시드니에서 한·호주 세관협력회의가 열렸고 그 자리에서 우리는 서울올림픽 때의 참가선수단 흐름과 테러방지를 위한 집중관리시스템에 대해 충분한 설명을 해준 적이 있다. 특히 올림픽 개최 전 일자별 선수단 입국 동향과 물자반입 동향 그리고 그동안 준비되었던 올림픽 매뉴얼과 백서 등은 큰 도움이 된다고 고마워했다.

우리는 과거부터 큰 행사를 하고 나면, 세세한 진행 과정과 그 당시의 잘된 점, 잘못된 점을 백서로 기록하는 습관이 있다. 나중에 시행착오를 겪지 않기 위해서 좋은 뜻으로 많은 자료를 남기는 데 서울올림픽의 경험과 기록을 관리하는 한국의 자세가 그들에게는 매우 인상적이었던 것 같다.

1/
지난 세월의 혼과 정신을 돌보다.

KBS 방송 출연료 유감

　옛날에는 공영방송 라디오 프로그램에서 시청자 궁금증을 풀어주는 코너가 자주 있었다. '무엇을 도와드릴까요?' 주로 세무, 병역, 의료 상담 등이 주류였다.

　1985년 어느 날부터 나는 매주 토요일 오후 5시부터 6시까지 KBS 라디오 방송의 묻고답하기 '관세상담 진행자'로 출연하였다. 특별한 조건없이 위에서부터 출연 지시가 내려왔고 나를 포함해 2명이 차출되어 격주로 KBS 라디오 방송 '관세상담 진행자'로 활동했다. 그 후 토요일만 되면 방송 준비를 해야 했다. 대충 내용은 해외여행 후 귀국 시 휴대품 통관 상담, 이삿짐 통관 상담, 일반 무역 상담 등에 관한 것이었다. 왜냐하면 그 당시만 해도 격세지감이 있지만, 수입 자유화율이 70%에도 미치지 못하고 컬러 TV, 캠코더, 워크맨, 전자계산기, 버버리 의류 등 일부 소비재 물품들은 여행자 휴대품이나 이사화물로 인정받지 못하고 유치되는 경우가 다반사였다. 그래서 일반 시중에서는 이에 대해 궁금해하는 사람들이 있었던 것 같다.

　그 당시 논현동 사무실에서 여의도 KBS 방송국까지 오가는 것은 쉽지 않았다. 특히 토요일 주말의 붐비는 시간에는 여의도까지 약 1시간 이상을 이동해야 했다. 게다가 1시간 생방송 출연료가 12,000원 정도였던 것으로 기억하는데 직접 현금으로 주지 않았다. KBS에서 발급한 출연료 지급요청서(분홍색)를 KBS 구내 지정은행에 제출해야만 돈을 받을 수 있었다. 토요일 오후에 은행은 문을 닫기 때문에 방송 후 출연료를 받을 길이 없었다. 그렇다고 평일에 사무실 일을 제쳐놓고 출연료를 받기 위해 여의도까지 다녀오는 것은 더더욱 불가능한 일이었다. 당시 공직자 봉급 수준을 생각하면 출연료는 큰돈이었는데 찾을 방법이 없었다. 분홍색 용지 밑에는 "6개월 이상 돈을 찾아가지 않으면 당해 출연료는 국고에 귀속됨을 알려드립니다"라고 표시되어 있었다. 나는 수개월 KBS 방송국을 다니면서 결국 한 푼도 출연료를 받지 못했다. 왜 그들은 KBS가 아닌 다른 지역에 소재하는 은행에서 출연료 지급 요청을 하지 못하도록 하였을까. 무통장 입금도 가능했을 텐데... 지금도 그 부분은 이해가 되지 않는다.

나는 방송 진행을 하면서 매번 송해 선생님을 만났다. 아마 뒷시간이 송해 선생님께서 진행하는 교통방송이 있어 그와 늘 앞뒤로 방송교대를 하곤 했다. 인기 연예인과 눈인사를 주고받고 그를 바라보는 신기함은 새로운 즐거움이었다.

그러나 내가 진행하는 관세상담 프로그램은 실제 궁금해하는 사람은 많아도 방송에까지 출연해서 물어볼 정도로 호응은 높지 않았다. 특히 질문자 개인의 사생활이 노출되는 불편도 있었기에 그랬던 것으로 추측된다. 그래서 방송을 준비하는 날이면 늘 질문이 부족할까 봐 전전긍긍했다. 방송 중 질문 대기자가 있으면 편안한데, 대기자가 없으면 늘 불안했다. 그래서 생각했던 것이 우스운 얘기지만, 제가 방송하는 시간에는 우리 부서 직원들이 질문지를 몇 개 들고 대기해야만 했다. 요즘 같으면 가짜 방송이라고 비난받을 법도 한데 그때는 생방송 프로그램 진행상 어쩔 수가 없었다. 라디오 방송 진행 중 대기자가 없을 만하면 우리 직원이 방송

1/
지난 세월의 혼과 정신을 돌보다.

국에 전화해서 질문을 했다. 나는 목소리를 들으면 우리 직원인 줄 금새 알아챌 수 있었다. 요즘은 이러한 세무, 병무 상담 방송이 프로그램에서 많이 없어졌지만, 만일 있다면 비슷한 일이 일어나지 않을까 염려된다.

그리고 녹초가 되어 집에 돌아오면, 제 사투리 때문에 한바탕 웃음꽃이 가득했다. 지금도 그때를 생각하면 봉급은 충분하지 않고 힘들었지만, 그 기분으로 살았던 것 같다. 지금은 작고하고 안 계시지만 나는 그 당시 감히 송해 선생님과 눈인사를 나누는 사이였다. 그래도 KBS로부터 결국 받을 수 없었던 출연료는 지금 생각해봐도 유감이다.

세관 제복과 흉장의 정신

제복은 무엇을 의미할까? 군인은 피·아 구분을 위해 착용하지만, 공무원은 왜 제복을 착용하는 사람이 있을까. 멋있게 보이기 위해서일까 아니면 그들 나름대로 부여된 큰 의미가 있는 것일까. 경찰은 「경찰관직무집행법」에 의해서 불특정 다수에 대한 임검 또는 동행 요구 등 신변 제약을 할 수 있기 때문에 신분을 나타내는 제복을 입는다고 본다. 출입국관리사무소 직원 또한 여행자의 여권 확인 등 출입국 허가업무를 담당하기에 제복을 착용한다.

그러면 세관직원은 왜 제복을 착용하는가? 세관직원은 관세법에 의해 압수수색 영장 없이도 남의 물건, 장소, 서류를 검사하거나 운송수단의 출발을 정지할 수 있는 권한[18]이 있기 때문에 반드시 세관직원임을 나타내는 제복을 착용해야만 한다. 특히 CIQ 내에서는 필수적이다. 이 같은 세관의 제복은 오래전부터 동정복은 청색, 하정복은 흰색으로 만들었으며, 1960년대 한 때 공항 입국장은 흰색 제복의 세관직원들로 인해 시대를 앞서가는 패션을 보여주기도 했다. 1980년대 들어 하절기 간편복은 카키색으로서 해군 제복 색상과 매우 유사하기도 했다. 한때 검정색 '세관 순찰차'를 타고 지나가면 해군들이 부동자세로 경례를 붙이던 해프닝도 있어 매우 어색했던 기억이 있다.

---

18) 관세법 제262조(운송수단의 출발정지), 제263조(서류의 제출 또는 보고 등의 명령)내지 제267조의 2(물품 도는 운송수단 등에 대한 검사 등)

1/
지난 세월의 혼과 정신을 돌보다.

거기다가 세관 제복에는 가슴에 다는 흉장이 있다.19) 이는 또 무엇을 의미하나? 흉장은 나라마다 보는 시각이 약간씩 다른 것 같다. 미국 세관은 가슴에 다는 흉장이 신분증 역할을 한다. 사복을 입을 때에는 바지 혁대에 차거나 가죽 지갑에 넣어 다니면서 업무를 수행한다. 가끔씩 미국영화를 보면 경찰이나 세관직원이 직무 정지가 되는 경우 뱃지를 상관에게 반납하는 장면이 나오는데 그때 제시하는 뱃지가 제복의 가슴에 다는 바로 그 흉장이다. 그래서 흉장에는 세관 직원임을 표시하는 문양과 직원부호, 성명 등이 함께 표시되어 있다.

통상은 모든 나라에서 헌법상 영장없이 남의 물건, 장소, 서류를 수색, 검사할 수 없으며, 임의 신변검사도 불가능하다. 그럼에도 유독 관세법에서는 세관직원이 보세구역 내에서 수출입 물품을 밀수단속 차원에서 영장없이 검사할 수 있고 장소 검색도 가능하다. 특히 입국장 보세구역에서 여행자 휴대품이나 기탁화물은 세관 직원이 언제든지 신변을 수색하거나 검사할 수 있다. Body Scan 장비의 활용도 그러한 과학적 검사방법 중의 하나이다. 따라서 물품검사를 하는 세관직원은 상대방이 자기 신분을 명확히 알 수 있도록 해야 하며, 그러한 수단의 하나로 제복을 입고 흉장을 달거나 제시할 수 있어야 한다. 특히 사복을 착용한 때에는 세관 흉장 등 신분증표를 반드시 소지하고 있어야 한다.

그런데 지금 우리의 세관 흉장은 뱃지 형태이면서도 그냥 세관 문양 그림만 있을 뿐 자기 신분을 나타내는 그 어떤 표시도 없다. 한때 세관 흉장에는 직원 고유부호와 성명을 표시한 적이 있었다. 그러나 1986년 이후, 삭제되어 버렸다. 왜냐하면 세관 단속과정에

---

19) 관세청, '사진으로 보는 한국세관 130년', 2008.12. pp.541-544.

서 불편을 느낀 민원인이 흉장에 있는 직원 신상정보를 보고 항의하는 등 문제 제기를 하기 시작했기 때문이다. 정당한 권한 행사를 함에도 흉장이 오히려 지장을 준다고 생각했던 것 같다. 어떤 사람은 그냥 공무원증을 보여주면 되지 않느냐고도 한다. 그러나 일반 공무원증으로 남의 물건을 보세구역 내에서 영장없이 검사할 수는 없다. 공무원증 안에도 세관 직원임을 표시하는 기관명과 직급, 성명 등이 있기는 하나, 국민이 알아보기 쉽도록 흉장에 표시해서 업무를 보는 것이 보다 더 국제관례에 적합하다. 다만 예외적으로 우리나라는 세관공무원이라 하더라도 사법처리 차원의 관세범 조사를 하거나 압수수색을 할 때는 사법경찰관으로서 신분을 갖추고 직무를 수행해야 하므로 이를 나타내는 신분증[20]을 세관 흉장에 함께 표시[21]하면 더욱 효과적이다.

따라서 운전면허증 없이 운전할 수 없듯이 세관 직원이 관세법상 단속업무를 수행할 때는 반드시 제복을 착용해야 하며, 부득이 사복을 입을 때는 신분 표시가 가능한 흉장 등을 제시할 수 있도록 해야 한다. 앞으로 세관 제복과 흉장의 정신, 그리고 법적인 의미에 대해서는 보다 더 진지한 연구가 필요하다.

---

[20] '사법경찰관리의 직무를 수행할 자와 그 직무범위에 관한 법률'에서 정하는 바에 따라 관세범의 세관 조사단속요원도 사법경찰관으로서 직무를 수행하도록 규정하고 있기 때문에 실제 현장에서는 주로 사법경찰관 신분증을 활용한다.
[21] 세관직원의 흉장은 관세법상의 조사 권한도 나타내지만, 사법경찰관으로서 조사 권한도 함께 나타낼 수 있도록 개선하는 방안도 충분히 고려할 필요가 있다.

1/
지난 세월의 혼과 정신을 돌보다.

관세국경의 계급장 이야기

제복 공무원은 누구든지 계급장을 달고 있다. 군인은 말할 것도 없고, 경찰, 소방관, 교정직공무원, 세관 직원도 마찬가지이다. 제복 공무원에게 계급장은 상명하복과 지휘권, 그리고 권한과 책임의 상징이다. 그래서 군인은 이등병, 일병 등 소위 '작대기' 문양의 계급장부터 시작해서 별 네 개의 대장까지 각양각색의 계급장을 두고 있다.

특히 관세국경을 지키는 세관도 '작대기' 계급장을 포함해서 여러 가지 유형의 계급장을 달던 시절[22]이 있었다. 그런데 세관 주변 종사자의 계급장을 들여다보면 약간의 특이한 점을 발견할 수 있다. 공·항만 관세 국경에 출입하는 항공기나 선박의 기장, 선원 그리고 육상통로의 철도기관사 등의 계급장이 모두 그러하듯이 '작대기'가 표시된 계급장을 달고 있다. 왜 그들은 '작대기' 문양의 계급장을 달고 있으며 이는 어디에서 유래된 것일까?

정확한 유래를 알 수는 없으나, 18세기 들어 확립된 영국해군의 지휘체계[23]로 인해 '작대기' 문양의 계급장이 견장, 수장 등에 표시되었는데 '대 항해시대'에 국경선이 분명하지 않은 바다 위에서 전투를 벌이던 해군의 계급체계를 유사하게 이어받은 것이 아닌가 추측할 따름이다. 그리고 근대 들어 영해의 개념과 국경의 주권개념이 확립되기 시작하면서 프랑스, 미국 등으로 전래되어 오늘날

---
22) 관세청, '사진으로 보는 한국세관 130년' 2008. 12. pp. 536-540.
23) 윤상용, '무기백과사전', 해군의 계급제도

여러 나라에 전파되었다고 하는데 '해관'과 '세관'도 유사한 계급 체계를 갖추는 계기가 되었다고 추측해 볼 수 있다.

우리도 세관의 계급장은 과거 일제강점기의 '해관' 시절부터 정립24)된 것으로 보인다. 공·항만 관세국경에서 여객과 화물 수송을 책임지는 조종사, 항해사, 선장, 철도기관사 등을 검사 감독하기 위해 이들의 계급장보다 하나 더 높은 품위를 나타낼 수 있도록 금빛 또는 은빛 형태의 계급장을 만들고 견장과 수장을 달게 했던 것 같다. 그러나 1980년대 들어 민주화가 지속되면서 이러한 계급장의 표시가 상하 간에 위화감을 조성하고 지나치게 권위적이며 유행에도 뒤떨어진다는 비판이 생겨나기 시작했으며 계급장은 직원들 간의 권한과 책임을 알 수 있도록 표시하면 되지, 굳이 외부인이 상·하위직의 신분 차이를 느낄 수 있도록 디자인할 필요가 있느냐는 지적이 있었다. 심지어는 관세국경 현장에서 국민을 직접 상대하는 세관직원의 계급장을 좀 더 권위있고 멋있게 만들어야 하지 않느냐는 의견도 있었다.

역사적으로 세관의 계급장은 많은 변화가 있었다. 작대기 문양과 무궁화 이파리에서 무궁화꽃 문양으로 바뀌었고 소재도 직물에서 철제로 그리고 다시 직물 재질로 수차례 변경되었다. 그러면서도 바뀌지 않은 철칙이 있었다. 고위직의 문양은 크고 화려하게 하며, 중·하위직은 이에 미치지 못하게 작은 문양을 표시하도록 하였다는 점이다. 그래서 2006년도에 새롭게 만든 세관의 계급장은 역사성을 어느 정도 고려하면서 다양한 의견과 요구사항을 모두 반영하여 만들어졌으며, 몇 가지 원칙을 내포하고 있다.

---

24) 일제강점기 계급장의 견장에는 '벚꽃' 문양이 표시되었던 것을 1948년 대한민국 정부수립 후 '무궁화' 문양으로 표시를 새롭게 했다.

첫째, 계급장에는 관세국경을 지키는 세관의 핵심가치와 DNA를 문양으로 표시하여 모든 세관공무원이 몸으로 느끼게 한다. 둘째, 계급의 높낮이는 지휘 체계상 세관 내부에서만 알게 하고, 이를 바라보는 외부인은 그 구분을 잘 알지 못하도록 디자인한다. 셋째, 현장 직원의 계급장은 그 구성을 화려하게 만들어 권위와 자부심을 느끼게 하되, 제복착용 활용도가 낮은 기관장의 계급장은 지휘체계를 알 수 있는 수준의 문양을 표시하되 그 구성은 서로 비슷하게 한다. 넷째, 세관의 역사와 전통을 고려하여 무궁화, 이파리, 작대기의 문양을 최대한 활용한다.

세관의 계급장을 바꾸는 일은 이처럼 쉬운 일이 아니다. 그 시대의 환경과 역할 변화에 따라 새로운 모습을 추구할 수도 있지만, 역사와 전통은 반드시 고려되어야 한다. 돌이켜보면 2006년 이후, 오랜 세월이 지나도록 큰 변화없이 잘 유지되고 있는 것으로 보아, 세관 계급장 제작에 참여했던 일원으로서 긍지와 보람을 느낀다.

홀로이 세관가 아리랑

우리에게 '세관가(稅關歌)'는 혼이자 DNA에 해당하는 노래이다.

모든 국가나 단체는 자기를 대표하는 노래가 있다. 국경일이나 국가를 대표하는 행사 때 부르는 애국가가 그러하고 학창시절 부르던 교가도 마찬가지이다. 그 이유는 한 국가나 조직 구성원의 애국심, 자부심 등을 불러일으켜 모두가 한마음 한뜻으로 단결하자는 취지이다.

정부 기관 중 '세관가'처럼 자기를 대표하는 노래가 있는 기관은 드물다. 그럼에도 세관은 1951년. 6.25 전쟁기간 중 임시수도 부산에서 세관공무원의 단결과 사기 진작을 위해 재무부 세관국 주관으로 전 직원을 대상으로 공모하여 가사를 채택하고 작곡가 김동진 씨가 곡을 써서 '세관가'를 제정했다고 한다. 그 후 1974년 재직한 관세청장(최대현)이 김동진 씨에게 '세관가' 원곡을 다시 의뢰하여 일부 수정 및 편곡을 했으며 지금의 '세관가'가 완성되어 오늘에 이르고 있다. 아마 이러한 역사적 사실을 알고 있는 세관 직원이 몇이나 될지 모르겠다. 부디 홀로이 '세관가'가 되지 않길 바란다.

'세관가'가 제작된 1974년은 관세 1,000억 원 징수를 달성한 해이며, 1977년은 수출 100억 불을 달성한 첫해로 국무총리(최규하)가 연초에 관세청을 방문하여 관계 직원을 격려한 뜻깊은 해이기도 하다. 게다가 수출 100억 불 달성 기념으로 구전으로만 부르던 '세관가'를 정식 도너츠 LP판으로 만들어 전국세관에 배포한 해이

1/
지난 세월의 혼과 정신을 돌보다.

기도 하다. 1970년 관세청 개청 당시 수출입이 약 28억 불에 불과했던 시절을 생각하면 수출 하나만으로 100억 불을 돌파했으니 얼마나 자랑스러운 한해였던가. 여기서 '세관가'의 가사를 잠깐 소개하고자 한다.

1. 반도의 관세선 만리를 쌓고 경국의 높은 이념 쌍 견에 지니 관문에 자라나온 젊은 정열이 육해공 삼천리를 넓게 덮도다.

    (후렴) 나가자 앞으로 힘을 합하여 우리는 대한의 경제국방군
    　　　나가자 앞으로 힘을 합하여 우리는 대한의 경제국방군

2. 모여드는 마스트 만국의 깃발 반만년 오랜 역사 높이 빛내고 울리는 자유의 종 푸른 하늘에 친선의 봉수를 밝혀주도다.

3. 삼천만 겨레의 희망을 지고 높은 하늘 넓은 바다 굳게 지키니 사해에 펼치는 민족의 정화 조국의 영광을 수호하도다.

지금 다시 가사 내용을 살펴봐도 세관의 혼과 DNA가 충만한 가사로서 관세청이 국가경영을 위해 무슨 역할을 해야 하며 앞으로의 비전과 미션이 무엇인지를 명확히 하고 있음을 알 수 있다. 1990년대 초반까지만 하더라도 '세관가'는 매월 관세청 조회행사나 주요 행사 말미에 전 직원이 함께 불렀던 기억이 있으며, 세관 직원들에게 자부심을 갖게 하는 활용도가 아주 높았던 노래였다.

그러나 1996년 '세관가' 가사가 시대적 변화에 적합하지 않다는 이유로 그해 부임한 청장에 의해 일부 가사가 개사되면서 공식행사에서 세관가를 부르는 일이 급격히 줄어들었다. '세관가'의 후렴 가사 중 '대한의 경제국방군'은 '든든한 나라의 방패'로, 3절 가사 중 '삼천만'은 인구가 늘어났다고 해서 '육천만'으로 개사되었다.

그 당시 세관 직원들은 '세관가' 개사에 대해 많은 불만이 있었다. "우리의 전통과 혼이 심어져 있고 직원 공모로 만들어진 가사를 누구 마음대로 바꾸느냐."는 이의제기였다. 애국가 가사도 현실에 맞지 않으면 바꿀 것이냐는 볼멘 항의였다. 솔직히 말해서 애국가 가사 중에도 '동해물과 백두산이 마르고 닳도록 하느님이 보우하사…' 등 다소 비현실적인 구절이 있지 않느냐는 항변이었다.

그 후 개사된 '세관가' 노래는 직원들의 관심에서 점차 멀어지기 시작했다. 2002년 교육원 재직(교수부장)시 「신규 관세공무원 교육과정」에 '세관가' 교육과정이 누락된 것을 발견하고 깜짝 놀랐다. 왜 '세관가' 교육과정이 없어졌냐고 확인을 했더니 1977년 제작된 소형 LP판으로 그동안 교육을 해 왔었는데 1996년에 '세관가'가 개사된 이후로 새로운 LP 또는 CD가 제작 보급되지 않아 지난 5년간 교육을 시킬 수가 없었다는 이유였다. 관세청과 CD 제작을 상의했지만, 또다시 '세관가' 가사 논란이 재연될 우려가 있다는 이유로 나서는 이가 별로 없었다.

할 수 없이 교육원 자체 노력으로 개사된 세관가 CD를 제작하기로 했다. 작업에 들어가 보니 1977년 LP판 노래는 KBS 합창단이 불렀지만, 거의 군가 수준으로서 최근의 음악 트랜드에 맞지 않는 문제가 있었다. 그 해 '국립합창단'의 도움을 받아 '세관가'를 좀 더 친숙한 방향으로 편곡을 했다. '국립합창단'의 합창곡과 2중창곡을 수록했으며, 모두가 배경음악으로 편하게 들을 수 있도록 클라리넷 기악곡, '서울레코딩오케스트라'의 반주곡, 그리고 당시 유명 작곡가(주영훈)의 도움으로 행진곡, 클래식곡, 팝스타일곡을 추가로 담았다. 또한 1977년 LP판에 있는 KBS 합창단의 '세관가' 원곡도 함께 수록하는 것을 잊지 않았다. 지금의 '세관가' CD는

1/
지난 세월의 혼과 정신을 돌보다.

그때 만들어진 것이며, 그 당시 적은 예산으로 힘들게 제작과정에 참여해 준 '국립합창단'과 교육원 관계자의 노고가 지금도 생생하게 기억에 남아있다.

2002년 이후 관세청과 전국세관에서는 아침 출근과 함께, 일과를 시작하기 전에 마음을 다잡는 시간으로 '세관가' 노래를 듣는 시간이 있었다. 2003년 한때 또다시 '세관가'를 개사해야 한다는 의견이 있었지만, 설문조사 결과 53.5%의 반대로 좌절[25]되었다. '세관가'는 세관 역사의 일부이므로 이를 자주 변경하는 것은 세관의 혼과 전통을 단절시킬 우려가 있다는 이유였다.

세계적으로 우리나라뿐 아니라 미국, 일본, 유럽 등 각 나라의 세관은 국가 재정과 대외거래 질서 확립을 위해 관세탈루, 불법적 무역관행으로부터 나라를 보호하고 마약, 테러 등과의 전쟁을 하면서 경제국방과 국민생활 보호를 위해 지대한 공헌을 해 왔다. 심지어는 단속과정에서 목숨을 잃는 세관원도 있었다. '세관가'는 이러한 자랑스러운 전통과 혼, 그리고 국가적 사명을 계승하기 위한 노래이다. 누군가는 디테일이 중요하다면서 '세관가'의 가사를 쉽게 손대려 한다. 그러나 세관 역사와 함께 오랫동안 숨 쉬면서 그들의 혼이 담겨있는 '세관가'는 무겁게 받아들여져야 한다.

지금도 '세관가'를 생각하면 아리랑 가사의 한 구절이 떠오른다. "나를 버리고 가신 임은 십 리도 못 가서 발병 난다" 아무도 알아주지 않는 홀로이 부르는 세관가 아리랑이 아니라 다 함께 부르는 자랑스런 힘찬 '세관가'가 되기를 기대해 본다.

---
25) 관세청, 「공지사항 : 세관가 가사 심의위원회 논의결과」, 2003. 6.29

두 번째 가는 길...

싱글커스텀스로 가는 **관세경영의 길**

산업화와 관세, 인프라를 생각하다.

- 한국의 공·항만터미널 역사
- 수도권 항공화물터미널의 꿈
- Again 1969. 항만운영관리개선
- 금싸라기땅 양산. 위험물창고 이전
- 10일 1기수제와 국가물류체계
- 몹쓸 Abandoned goods
- 논현동 이권 카르텔
- 사라진 보세협회. 그 후
- 황금알 낳는 면세점 일화
- 컨테이너의 숨은 내막
- COCOM 전략물자 수출통제

한국의 공·항만 터미널 역사

우리나라 공·항만의 역사는 생각보다 길지 않다. 김포공항 화물 터미널이 언제 생겼는지, 부산항 컨테이너 부두가 언제 가동되었는지 아는 사람이 그리 많지 않을듯하다. 우리나라 공·항만 터미널은 대부분이 1970년대 후반, 그러니까 지금으로부터 불과 40여 년 전에 그 역사가 시작되었다.

우선 김포공항은 국영 '대한항공공사'를 운송업체인 한진이 인수한 후 1963년 3월 ㈜대한항공으로 상호를 바꿔 창립하면서 운항이 시작되었다. 김포공항에 화물터미널이 들어선 것은 그로부터 16년 뒤인 1979년이다. 그러면 그동안 화물처리는 어떻게 했을까. 그 당시 항공화물 양도 많지 않았지만, 터미널이 없었기 때문에 눈, 비가 오는 날에도 항공기에서 화물을 계류장에 내려놓으면 바로 분류해서 서울 등으로 보세운송이 되었다. Off-Terminal 체제였기 때문에, 서울 성수동 소재 보세창고들이 순번제로 화물을 받아 터미널 기능을 보완하였다. 1980년 서울세관이 논현동으로 이전했음에도 김포세관보다 서울세관 통관 물량이 더 많았다. 우리나라는 1962년부터 시작된 「경제개발 5개년」 계획에 따라 1977년에는 수출물량만 최초로 100억 불을 돌파하는 등 무역규모가 나날이 급증[26]하기 시작하면서 드디어 정부가 공·항만 터미널 등 SOC[27] 기반시설 확충에 관심을 가지게 되었다.

---

26) 1970년 수출입 무역규모가 총 28억 불에 불과하던 것이 1980년에 398억 불로, 불과 10년 만에 14배가량 증가하였다.

2/
산업화와 관세, 인프라를 생각하다.

그러면 부산항은 어떠했을까. 부산항은 1876년에 개항되었으며, 일제강점기인 1912년부터 1944년까지 1부두에서 4부두까지 재래식 부두가 건설되어 1970년대에 이르기까지 큰 변화 없이 항만 정비와 확장을 지속해 왔다. 1970년대 컨테이너 수송이 일반화된 이후에도 컨테이너 전용 터미널이 없어서 부산항 재래부두는 하역 기능만 하고 재래부두에 내린 컨테이너화물은 부산 시내에 산재한 36개 Off-Dock CY(이하 'ODCY'라 한다.)와 재래창고로 옮겨져 이곳에서 통관28)이 이루어졌다. 1978년에 우리나라 최초로 컨테이너터미널이 자성대 부두(BCTOC)에 들어섰지만, 4선석이 전부였으며, 1991년 신선대부두 3선석이 완공된 후에도 총 7선석으로 버텨야 하는 열악한 상황이었으므로 컨테이너화물 급증에 따른 항만 적체는 이루 말할 수 없었다.

1990년대 들어, 우리나라 무역규모는 기하급수적으로 늘어났으며 지금은 1조 달러 시대를 돌파했지만, 그 당시만 해도 물량증가 속도는 상상하기 어려울 정도였다. 미국 LA항에서 부산항을 오는데 14일 정도가 소요되지만, 부산항에서 서울의 화주에게 인도되기까지 평균 15일~17일이 소요29)되는 웃지 못할 일도 있었다. 특히 항공화물은 미국 LA 공항에서 김포공항까지 오는 데 12시간이 소요되지만, 김포공항 터미널 부족 때문에 서울의 성수동 창고로 옮겨와서 화주에게 화물을 인도하는데 최소 1~3일 정도 소요되는 등 공항 역시 국가경쟁력 차원에서 해결해야 할 숙제들이 산적해 있었다.

---

27) Social Overhead Capital : 사회간접자본
28) 한국해운기술원, 「컨테이너 항만/내륙수송합리화방안」, 1988.12. p.91.(우리나라 컨테이너화물의 93.3%가 부산항으로 들어오며 자성대 컨테이너부두 반입 물량의 85.7%와 재래부두 반입 전량이 ODCY로 이송되어 통관 처리됨.)
29) 사회간접자본투자조정위원회, 「컨테이너내륙수송원활화대책(안)」, 1991. 5.

1992년 청와대의 「사회간접자본투자기획단」은 인천 신공항 건설사업을 지원한 데 이어 1995년에는 민자유치사업으로 부산신항 건설사업을 추진하도록 지원하였다. 2040년까지 총 59개 선석 건설을 목표로 2006년부터 순차적인 개발에 착수하여 현재 26개 선석에서 On Dock 시스템이 가동 중에 있다. 이로 인해 부산시 외곽의 ODCY는 점차 아파트단지로 변모되는 등 도시개발 변혁의 성공사례가 되어가고 있다. 또한 항공화물은 1996년부터 적하목록에 의한 EDI 화물 추적관리 시스템이 도입되면서 큰 변화30)를 겪게 된다. 그때부터 김포공항 내에서 On-Terminal 통관이 확대되면서 서울 성수동 창고로의 화물배정 제도가 폐지되고 수입화주가 자율적으로 통관장소를 선택할 수 있도록 개선되었다. 지금의 인천 신공항 화물터미널을 생각하면 참으로 격세지감이 있다. 이제 인천공항과 김포공항은 제한된 범위 내이지만 상호 역할 분담을 통해 신속 통관에 기여하고 있으며, 서울 시내 성수동 창고는 점차 다른 용도로 재개발을 추진 중이다.

우리나라 경부 축의 중심인 김포공항과 부산항. 그 역사는 오래되었지만 현대적인 터미널 모습을 갖추고 시작한 것은 불과 40여 년 전인 1979년 전후의 일이다. 한때 부산항과 김포공항에 화물터미널이 들어서고도 SOC 기반시설이 충분하지 못해 물류체계의 큰 혼선을 빚은 적이 있으나, '인천 신공항'과 '부산신항' 등 대규모 프로젝트의 완공으로 인해 물류 원활화 측면에서 고민이 많이 줄어들었다. 지금은 세계 어느 나라와 비추어보더라도 우리나라 공·항만 터미널은 선진 물류강국으로서의 면모를 잘 갖추고 있다. 아마 미래를 내다보는 혜안과 노력이 없었더라면 어찌 되었을까?

---

30) 관세청, 「수입신고제 도입에 따른 항공화물 유통체계 개선방안」, 1996. 2. 29. (적하목록 관리체계 정비, 화주 선택에 의한 창고 배정, Free Time 제 도입, 보세운송 경쟁체제 도입 등의 대책이 즉시 시행사항으로 제시되었음.)

2/
산업화와 관세, 인프라를 생각하다.

 수도권 항공화물터미널의 꿈

「수도권 항공화물터미널」을 관세청이 한때 검토하고 추진했던 사실을 기억하는 이가 있을까.

1979년 김포공항에 항공화물터미널이 들어섰지만, 얼마 지나지 않아 아세안게임을 전후로 항공화물 수송수요가 급증[31]함에 따라, 김포공항 화물터미널의 처리능력(320천톤)은 턱없이 부족한 상황이 되어버렸다. 일부 항공화물은 좁은 김포공항 시설 내에서 통관이 되지만, 상당수 항공화물은 공항 계류장에 화물 도착과 동시에 터미널에 반입하기 전에 목적지별로 분류 작업을 해서 L/C 베이스의 유환화물은 서울 성수동의 지정 창고로 배정을 하고 특송화물과 같은 무환화물은 논현동의 서울세관 창고로 배송해야만 했다. 논현동 서울세관의 사무실과 세관창고에는 항공화물이 가득 쌓이고 별관 사무실에는 항공화물 대리점들이 입주해서 문전성시를 이루기 일쑤였다. 김포공항 화물터미널의 수용능력이 일시에 늘어나지 않는 한, 화물적체 현상은 언제까지 지속될지 알 수 없는 상황이었다.

1984년 당시 관세청은 김포공항 항공화물 처리능력의 한계 문제를 해결하기 위해 삼성동 등 일부 지역에「수도권 항공화물터미널」을 설치하여 항공화물을 집중처리하는 방안을 검토하게 되었다. 이 구상에 의하면 항공화물이 김포공항에 도착하면 도착과 동

---

[31] 산업개발원 분석자료에 의하면 우리나라 김포공항 항공화물 물동량은 1983년 256천 톤에서 1990년에는 740천 톤으로 폭증했다.

시에 성수동의 재래식 창고로 배정 및 통관되는 현상을 그대로 둘 것이 아니라, 새로이 항공화물 터미널을 서울 도심 인근에 설치하여 거기에 성수동 창고 등을 집단화시켜 일괄 이송 및 화물 처리하는 방안이었다.

여하튼 지금으로부터 약 40여 년 전에는 삼성동의 무역센터 부지와 양재동에 위치한 화물 트럭터미널 부지 등이 공터로 있었고 그 땅의 활용을 위해 고심했던 흔적들이 있다. 하지만 아쉽게도 당시 「신공항」은 청주지역이 후보지(현재의 청주공항)로 선정되어 있었고 향후 김포공항과 청주 「신공항」 간 화물처리를 어떻게 하는 것이 효율적인지가 더 큰 관심사로 부각되면서, 삼성동과 양재동의 요지는 자연스럽게 항공화물터미널 부지의 후보지로 더 이상 거론되지 않았다.

그 후 관세청(지도과)은 1985년 「수도권 항공화물터미널」 건립 타당성[32])에 관해 '한국산업개발연구원'과 합동으로 공동 연구를 시작한 바 있다. 연구 결과에 의하면 1단계로 김포공항화물터미널시설을 1993년까지 확장하여 항공화물 처리능력을 약 540천 톤 규모로 확장하고, 2단계로 「청주 신공항」의 건설 시기를 고려하여 1994년 이후에는 항공화물 중간터미널(일본의 바라끼터미널 벤치마킹)을 새로이 건설하는 것이 타당하다는 결론에 이르렀다. 그 후보지로 서울 강남의 '수서지구', 성남시 '사송지구', 이천시 '호법지역'이 거론되었으며 그중 판교IC 인근에 위치한 '사송지구'가 가장 적합하다는 연구 결과가 나왔다. 아마 이러한 연구검토 사례는 관세청이 사회간접자본시설에 해당하는 항공화물터미널 건설에 대해 중장기적으로 검토한 최초의 사례이기도 하다.

---

32) 한국산업개발연구원, '항공화물터미널 건설타당성 및 기본계획 수립연구', 1985.

2/
산업화와 관세, 인프라를 생각하다.

그러나 다른 한편으로는 인천시가 1986년에 영종도에「신공항」건설계획을 검토하기 시작했다. 1989년 대통령의 인천시 연두 순시 때 동 계획이 보고되었으며, 1991년 청와대에 사회간접자본투자 기획단이 설치되면서 본격적인 신공항 건설사업에 착수하게 되었다. 역사적으로 보면 영종도의「인천 신공항」건설 타당성과 관련하여 여러 전문가의 반대도 있었지만 결국은 청주지역「신공항」계획이 백지화되었으며, 관세청 스스로도 자신감이 결여되어「수도권 항공화물터미널」사업구상 또한 캐비닛 속으로 사라지는 불운을 겪었다.

그 뒤로 2002년「인천 신공항」이 개항된 후 한참이 지나서야 현재의 김포공항 화물터미널을 '중간 도심터미널'로 재활용하자는 방안이 제시되기도 했다. 그러나 대부분의 화주들이 이미「인천 신공항」에서 On-Terminal 통관을 선호하는 추세로 변화하였기 때문에 김포공항 화물터미널이 '중간 도심터미널'로서의 본격적인 역할을 하기에는 한계가 있었다.

삼성동, 양재동 그리고 '수서지구'와 성남 '사송지구' 등은 우리의 꿈속에서만 머물렀던「수도권 항공화물터미널」의 후보지였다. 한때 우리는 원대한 꿈을 꾸었지만, 더 큰 정부 차원의「인천 신공항」계획 변경에 따라 펼쳐보지도 못한 아쉬움이 있다.

Again 1969. 항만운영 관리 개선

　미국의 뉴욕항, LA항, 유럽의 로테르담 항을 보면 대부분 부두시설관리와 운영을 지방정부 산하의 공공기관(Port Authority)이 담당하고 있다. 공항의 경우도 마찬가지이다. 이는 그 나라의 연방정부와 지방정부의 역사적인 역할 분담에 기인한다. 그러나 과거 우리나라는 나라 살림의 대부분을 중앙정부가 도맡았기 때문에, 항만 역시 중앙정부가 직접 건설해서 운영할 수밖에 없었다.

　과거 관세청의 많은 선배들은 옛날 세관의 힘이 대단했었다고 자랑하면서 부산항만은 모두 세관이 관리했었다고 했다. 그런데 언제부턴가 세관은 항만의 이용자가 되었다. 이 사실은 화물 배정 제도의 변천 과정을 파악하기 위해 우연히 항만운영관련 자료를 검토하다가 오래된 옛날 문건 중 국무회의 보고안건을 보게 되면서 그 경위를 알게 되었다.

　바로 1969년 1월 28일에 있었던 일이다. 그날 국무회의[33]에 보고된 「항만의 관리운영 개선방안」은 지금으로서는 상상도 할 수 없는 그런 역사적인 내용들이 담겨있다. 주요 내용을 보면 우리나라 항만자산을 재무부(세관)에서 교통부로 즉시 이관하면서 모든 관리 권한이 넘어가는 결정적인 내용을 담고있기 때문에 세관에 종사하는 사람들은 이 내용을 역사적인 차원에서 어느 정도 알 필요가 있다.

---

33) 국무위원 박충훈 경제기획원장관외 6인, 의안번호 제85호, '항만의 관리운영 개선방안', 1969. 1. 28.

1. 항만시설 및 재산이 항만관리와 무관한 국가 및 공공기관과 특정 사기업에 의하여 점유되어(73%) 항만기능이 상실되고 있으므로 재무부(세관), 건설부, 철도청 기타 국가 및 공공기관이 관리하고 있는 임항지구 내의 모든 국·공유 항만시설 및 재산은 즉시 교통부로 이관한다.

2. 재무부장관은 군용을 제외한 전상 부두를 보세구역으로 지정 관리하며, 선적관리(교통부)와 화물관리(재무부)가 분리 운영되고 시설관리가 다원화되어 부두 시설을 유휴 시킴으로 인하여 수출입 화물의 경제적 집하를 불가능하게 하고 원거리(영도, 적기) 사설 창고에 화물을 분산시킴으로 인하여 이용자에게 불필요한 부담을 강요하고 있으므로 재무부장관은 특정 장치장에 화물 장치를 강제하는 현행 보세화물 배정제도를 즉시 폐지하고 화주가 임의로 하되, 50톤 미만의 군소화물은 선박회사가 선량한 관리대행자로서 최소의 경비가 적용되는 장치장을 지정하게 한다.

3. 국유 임항창고 등에 장치되는 화물의 보관·경비 및 입출고, 상·하차 등의 하역 작업권을 관에서 전혀 무관한 업체에 위탁관리 시킴으로 인하여 공공성을 보장하지 못하고 관련 업체의 권익을 침해하는 폐단이 있으므로 재무부장관은 '관세협회'에 대한 관리 운영 위탁과 요율에 관한 승인을 취소한다. 교통부장관은 해사협회에 대한 위임관리를 즉시 취소하고 이용당사자에 의해 관리되도록 하며, 이를 위하여 교통부장관은 재무부장관, 상공부장관과 합의하여 관계 업계 대표가 역원이 되는 순수 비영리법인인 가칭 '부산항부두관리협회'를 설립한다.

위와 같은 항만관리 운영개선방안은 지금까지도 금과옥조와 같은 규칙으로 운영되고 있다. 항만건설과 부두 시설관리는 1976년 새로이 신설된 해운항만청(이전에는 건설부가 항만건설업무 담당)으로, 부두 운영관리는 교통부 해운국(해사협회)에서 부두관리협회(지금은 항만공사 또는 항만별 운영주체)로, 수출입 화물관리는 세관으로 일원화하여 운영되어왔으며, '관세협회'는 부두 내 화물관리에서 완전히 손을 떼는 결과를 가져왔다

다만, 화물 배정만큼은 원칙대로 화주 의사를 반영하여 창고 배정이 된 것인지를 확인하기 위해 화물 반입신고를 세관이 받아왔으나, 이마저도 1998년부터 수출입 화물시스템 EDI가 시행되면서 폐지되고 화주 희망을 반영한 적하목록 정보와 전산에 의해 배정하는 방식으로 변경되었다.

한때 우리나라 경제 규모가 일천하고 부두 시설이 매우 협소하던 시절, 수출입 물동량 처리시스템이 낙후되어 있어 여러 가지 측면에서 비효율을 개선해야만 하는 고충이 있었다. 그러한 관점에서 국가적으로 과감한 용단을 내렸던 '1969년의 국무회의 결정'은 시사하는 바가 크다. 'Again 1969'와 같은 혁신을 다시 기대하는 이유이기도 하다[34]. 지금은 부산신항 등 그 규모가 세계적인 수준이며, 화물처리 시스템 또한 초일류 수준이지만, 돌이켜보면 오늘날의 선진항만 시스템은 모두 그 시대를 살아온 선각자들의 공이라 해도 무방할 듯 싶다.

---

34) 앞으로 지자체 차원의 공·항만 시설은 그들의 책임하에 재정 또는 민자유치 등을 통해 설치함이 필요하다. 관세청 차원에서도 전국 산지에 흩어진 부정기 소규모 공·항만에 CIQ 세관 인력을 투입해야 하는 불편함을 혁신해야 한다.

2/
산업화와 관세, 인프라를 생각하다.

금싸라기 땅 양산. 위험물창고 이전

지금 양산은 내륙 ICD35)와 공영복합화물터미널 등 첨단 물류기지가 함께 있어 부산항과 연계된 '물류전진기지'로 널리 알려져 있다. 하지만 과거 한때 양산은 위험물 창고 이전부지로 선정되어 부산지역의 지자체와 세관 등 관계기관의 큰 주목을 받기도 했다.

1980년대 부산항은 일반 수출입화물뿐만 아니라 위험물도 상당수 반입되고 있어 늘 안전관리에 신경을 쓸 수밖에 없었다. 특히 위험물이 부산항에 하역 후 시내 중심가를 통과하여 영도 등의 도심창고로 옮겨가서 통관하기 때문에 더욱 시민의 안전을 걱정하지 않을 수 없었다. 부산지역은 늘 위험물 창고의 시 외곽 이전을 현안 과제로 안고 있었다. 그러나 이전부지 물색 그 자체가 그리 쉬운 문제는 아니었다.

특히 그 와중에도 유독물, 농약 원료 등의 안전사고 문제가 가끔씩 사회문제화되어 심각성을 알리고 있었다. 1984년 12월 인도의 보팔(Bhopal)시 농약 제조회사인 '유니언카바이트'사의 폭발사고가 세계 톱뉴스로 다루어졌다. 수많은 인명 피해뿐만 아니라 공장 주변 지역은 지금도 토양과 지하수가 오염된 상태로 버려져 있다고 한다. 그 후 한국에서도 D화학, 'TDI36) 공장 사건' 등 인명피해는 없었지만 유사한 사건이 연이어 있었다. 그 당시만 해도 우리나라는 값싼 농약 공급을 위해 내수용 농약 보세공장을 많이

---
35) ICD : Inland Container Depot
36) TDI : Toluene Diisocyanate

특허해 주고 있었다. 때문에, 화학물질의 안전관리 중요성에 대해서는 모두가 경각심을 가져야 함에도 정작 방비책은 개별 기업별로 다소 소홀히 취급하는 경향이 있었다. 드디어 부산지역 지자체와 세관은 위험물질에 대한 안전관리대책의 일환으로 위험물 창고를 부산시 외곽지역인 양산으로 이전하는 방안을 제시하였다.

그러나 위험물 보세창고를 운영하던 설영인들은 자금난 등을 이유로 양산지역 이전을 주저했다. 당시 그 지역 땅값은 평당 약 5만원 수준이었지만, 그때 만해도 만만치 않은 가격이었다. 1986년경부터 관세청(지도과)이 나서서 부산세관과 함께 입지 여건이 양호한 양산지역으로 이전함이 적합하다는 결론을 내리고 관련 업계 종사자들을 설득하기 시작했다. 통도사 등 천혜의 자연부락으로 알려졌던 양산지역은 위험물 창고 설영인들이 하나, 둘씩 땅을 사들이기 시작하면서 땅값이 오르기 시작했고 위기감을 느낀 다른 창고 설영인들도 토지매입에 관심을 갖기 시작하면서 빠른 속도로 이전해 가기 시작했다.

사실 양산은 경부선 철도가 지나가는 길목에 있다. 1990년대 중반, 이 지역은 위험물 창고뿐만 아니라 영업용 창고와 기업들의 자사 물류창고가 모이기 시작하면서 부산항의 배후 종합물류거점으로 부각되기도 했다. 게다가 2000년에는 '양산ICD'37)가 본격 가동되는 등 2023년 기준 물류창고는 약 140여 개소에 달하는 것으로 알려져 있다. 특히 주변에 '양산 신도시'가 들어서면서 그곳은 금싸라기 땅이 되어버렸다. 당시 정부를 믿고 일찍 이전한 분들은 지금 금싸라기 땅의 수혜를 받고 있다고 해도 과언이 아니

---

37) 해운산업연구원, "내륙컨테이너기지 조성 기본 및 실시설계"
    1993. 3. pp.129-251.

산업화와 관세, 인프라를 생각하다.

다. 현재 매물로 나와 있는 위험물저장소 부지가 평당 약 500만 원을 호가하는 수준이라고 하니 상상하기도 쉽지 않다.

벌써 40년 가까이 지난 옛 얘기지만, 이제 양산은 첨단산업단지와 명품 주거단지를 지향하는 방향으로 계속 변모해가고 있다. 과거 종합물류거점으로서 양산. 그리고 위험물 창고와 저장소 등이 몰려있던 양산. 그곳은 언젠가 그 기능을 또 다른 지역으로 전이시켜야 할지도 모르겠다.

10일 1기수제와 국가물류체계

요즘 같으면 상상하기 어렵다. 특히 창고 내에서 화물 반출입이 실시간으로 관리되는 정보화시대에는 더욱더 그렇다.

1995년 전산화 이전 보세창고에서는 일일 반출입 정보를 그날 그날 수작업으로 기록하거나 일주일 분을 모아서 한꺼번에 반출입 대장에 기록하는 일이 다반사였다. 보세창고는 B/L정보를 기초로 창고증권이 발행되며 보세창고로부터 화물이 반출될 때는 B/L이나 Invoice 서류에 수입대금이 완납되었다는 대금결제 은행의 확인이 있어야 출고가 가능한 등 채권 채무 인수·인계과정이 훨씬 더 중요했다. 그래서 언제 화물이 들어와 언제 나갔는지 화물 반출입을 관리하는 정보는 보관료 계산에 영향을 주지 않는 한 실시간 정보관리의 필요성을 느끼지 못했다.

혹시 「10일 1기수제」란 말은 들어는 봤는가? 그 당시는 하루를 보관하나 10일을 보관하나 보관료가 똑같았다. 11일부터 보관료가 올라가기 때문에 10일 이전에 급하게 물건을 빼 나갈 이유가 없었다. 화물 반출입 정보는 더더욱 실시간으로 관리할 필요성조차 느끼지 못했다. 화물 보관료는 창고면적의 일부를 사용하는 임차료 성격에 화물손상 등이 발생되지 않도록 창고주가 화물관리 책임을 지는 위험부담 수수료의 성격이 함께 포함되어 있다. 이론상으로만 따지면 화물은 하루라도 빨리 순환될수록 위험부담은 줄어들며, 보관료 수입이 증대되어 화물적체가 최소화될 수 있다. 그럼에도 보관료체계는 「10일 1기수제」로서 해방 후 40년 가까이

2/
산업화와 관세, 인프라를 생각하다.

세월이 흘렀음에도 그대로 시행이 되고 있었고 세관에서 승인까지 받아 제도화되어 있었다.

당시만 해도 우리나라 김포공항과 부산항에는 화물처리를 위한 터미널이 1970년대 후반부터 가동되었기 때문에 대부분의 화물은 공·항만에서 하역과 동시에 도심에 산재한 재래식 보세창고[38]로 이송되어 화물보관이 이루어졌다. 사설 보세창고들이 국가 물류시설의 부족을 메꿔주는 역할을 했기 때문에 보세창고는 특별한 영업활동을 하지 않아도 매일 세관에서 정해준 배정원칙에 따라 화물을 보관할 수 있었다. 특히 서울 성수동의 보세창고는 요일별·창고별로, 부산항에 위치한 보세창고는 품목별·중량별로 화물배정이 이루어졌기에 더더욱 편하게 사업을 할 수 있었다

게다가 「10일 1기수제」는 평균 개념의 보관료이기에 화주 입장에서도 10일 동안 물류창고로 활용할 수 있는 장점이 있었다. 특히 자사 물류창고가 없는 업체들은 보세창고 활용이 비용면에서 더 경제적이라 판단한 것 같았다. 1986년 아세안게임을 앞두고 김포공항과 부산항은 점차 화물적체로 몸살을 겪게 되었고 창고마다 화물적체로 더 이상 화물보관이 어려운 지경이 되었다. 사실 「10일 1기수제」는 우리나라 국가물류체계의 난맥상을 나타내는 여러 요소 중 빙산의 일각에 불과하다. 현안 중에는 김포공항과 부산항, 그리고 경부고속도로 등 SOC 기반시설의 부족, 철도수송체계의 비효율성, 화물자동차 운송사업의 업종별 규제와 낙후성 등 이루 열거하기 어려운 국가적 난제가 쌓여있었지만, 그중에서 가장 먼저 손질한 것이 「10일 1기수제」의 개선이었다.

---

38) 재래창고는 컨테이너 화물처리가 가능한 CFS 시설이나 차량적재 상태로 화물 반출입이 가능한 Apron 시설 등이 없는 땅바닥 상태의 보관시설을 말한다.

1986년 관세청은 보세창고 보관료 체계를 「일수제」로 변경[39])하여 매일매일 보관료가 올라가도록 개선하였다. 이로 인해 수출입 화물의 반출은 급속히 촉진되었으며, 기업들에게도 이제는 자사 물류창고를 확보해야 할 필요가 있다는 유인책을 제공하였고 대기업 중심으로 자가용보세창고 설립이 확대되는 반향이 있었다. 이로 인해 기업들도 물류비 절감 노력을 하면 국가경쟁력 향상에 큰 도움이 된다는 사회적 공감대가 형성되었다.

그 뒤 약 40여 년간 이루어진 국가물류체계의 혁신은 놀랄만하다. 인천 신공항과 부산신항의 개통, 경부고속도로의 확장, 고속열차 시대의 개막, 내륙 ICD 건설 등 일일이 열거하기 어렵다. 그럼에도 1986년 관세청이 시작한 「10일 1기수제」의 폐지와 「일수제」 전환은 우리나라 물류체계의 새로운 혁신을 가져오게 한 디딤돌이 된 사건이었다. 요즘 같으면 이해관계자의 난립과 기득권자의 저항으로 인해 제도 개편은 엄두도 내지 못할 사건이었다.

'공정과 경쟁은 효율을 부른다'고 했다. 지금은 각종 보관료 요율을 민간 자율에 맡기고 정부가 일일이 간섭하던 승인제도가 없어졌다고 한다. 그러나 세부적인 요율에 대해서는 정부가 관여를 하지 않더라도 보관요율 부과 원칙과 체계만큼은 민간 스스로 공정하게 경쟁해 나갈 수 있도록 관심을 갖고 발전시켜 나가야 한다.

---

39) 관세청 지도과, "수출지원을 위한 보세구역 보관요율제도 개선", 1986. 6.

2/
산업화와 관세, 인프라를 생각하다.

 몹쓸 Abandoned goods

Abandoned goods! 한마디로 화주가 인수를 포기한 화물이다. 어떻게 그런 물건이 있을 수 있냐고 반문하는 분들도 있겠지만 예상외로 관세국경에는 그러한 물건들이 많이 있다. 작게는 개인적으로 해외여행을 다녀오다가 적발된 유치품도 있고 크게는 수입시기를 놓치거나 계약실수, 계약상이 등으로 반품되지 않은 물건들 그리고 통관이 안 되는 물품들이 있다. 이들은 관세법상 일명 '체화(Abandoned goods)'라 불린다. 지금은 많이 줄어들었지만, 과거에는 수입 과정에서 불가피한 체화도 있었고, 반대로 공매 등 편법수입을 위해 일부러 체화시키는 물품도 있었다. 일부 체화 중에는 인기 품목인 밍크코트, 골프채, 주류 등도 있었다.

그러나 체화나 국고귀속된 물품 중에는 인기 품목만 있는 것이 아니다. 수입자가 인수를 포기한 Abandoned goods가 있다. 1985년 어느 날. 일본에서 참기름을 짜고 남은 수천 톤의 참깨묵이 부산항에 들어왔다. 수입자가 찾아가지도 않아 6개월 이상 체화된 상태로 방치되어 있었다. 아직 기름을 짜면 수율이 30% 정도 있다고는 하지만 비용이 더 든다고 했다. 국내 판매는 엄두도 내지 못하는 폐기물을 국내 들여온 것이라 국고귀속의 실익도 없었다. 또한 인천항에는 수입업체가 도산해서 찾아가지 않는 경마용 말이 십여 마리 있었다. 훈련을 시키지 않고 방치한 상태라 그동안 살이 찌고 경마용 말로서는 효용이 없다고 했다. 국고귀속시키면 세관에서 하루 말먹이로만 그때 돈으로 50여만 원이 든다고 했다. 특히 울산에는 H자동차 포니 쿠페차량 부품과 에어콘 부품이 생산라인에 잔뜩 쌓여있었다. 국내 조립을 위해 들여왔지만, 자동차산업 합리화 조치로 쿠페차량을 더 이상 생산하지 않아 쓸모가 없는 부품이 되어버렸다. 생산라인을 비워서 다른 자동차 생산을 하려면 이를 모두 폐기처분을 해야 하는데 세관승인이 필요했다. 세관에서는 재화의 낭비라는 이유로 외부의 지적을 받을까 봐 아무도 손대지 않고 있었다.

특히 게 중에는 편법수입을 노린 나쁜 체화도 있었다. 중고품은 기본적으로 안전 문제 때문에 수입제한품목에 해당되어 수입이 불가능했다. 중고선박엔진 부품과 중고복사기 부품이 시중에서 엄청나게 인기가 있고 귀하던 시절, 일본으로부터 이들 중고품을 일부러 국내에 들여와 공매 절차만 기다리고 있는 물품들이 있었다. 이들은 정식 수입을 할 수 없으니 일부러 공매 절차를 밟기 위해 무조건 가져왔다고 했다. 얄궂은 일본인들이 이를 팔아서 국내에서 유흥비나 생활비로 쓴다고 했다.

앞에서 몇 가지 예만 들었지만, 세관 주변에는 이런 몹쓸 물건들이 많았다. 이 때문에 관세청은 그해 외부기관으로부터 계통감사를 받아야 하는 불편을 겪었다. 우리는 차제에 이런 물건들을 어떻게 처분하는 것이 좋은지 진지한 마음으로 외부 감사기관과 협의를 해서 결론을 내리기로 했다. 참깻묵은 수입자를 잘 설득해서 일본으로 되돌려 보냈다. 경마용 말은 일반 말로 감정가격을 대폭 내려서 공매를 하고 매각되지 않으면 국고귀속 시킨 후 더 낮은 가격으로 매각할 예정이었으나, 다행히 국고귀속과 동시에 낮아진 가격에 구매자가 나타나 손쉽게 인계할 수 있었다. 자동차 부품은 전량 국고귀속 후 고철화 작업을 해서 고철 상태로 H자동차가 다시 재구입하는 조건으로 처리하였다.

2/
산업화와 관세, 인프라를 생각하다.

그러나 중고복사기 부품, 중고선박용 엔진 등 편법 또는 불법 수입을 노린 몹쓸 체화들이 그야말로 골칫덩어리였다. 그간의 공매 과정을 살펴봤더니 한사람이 여러 명의 가명을 사용해서 부품들을 일괄 낙찰받았고, 낙찰 후에는 이를 완성품으로 조립해서 높은 가격으로 시장에 내다팔고 있었다. 세관직원 중 일부 연루자는 징계까지 받았다. 외부 감사기관은 이를 기화로 기관 문책과 시정조치를 벼르고 있는 상태였다. 그 사이 소위 부산지역의 큰 손인 공매꾼들은 또 그들 나름대로 난리를 피웠다. 우리는 중고복사기, 중고선박용 엔진 부품에 대해서 '수출판매조건'으로만 공매하도록 하고 국내 수입이 되지 않도록 관련 규정에 명문화하려고 했다. 그때 여러 곳으로부터 수많은 회유와 설득이 있었지만, 단호히 '수입조건' 공매금지 조치를 했으며 그 뒤로는 모든 시비거리가 일소되었다.

지금은 체화(abandoned goods) 또는 국고귀속품 중 국내 수입이 제한된 물품은 아예 수출조건부로 매각하거나 농림부 등 관련기관에 인계하여 불법 유통되는 사례가 없도록 제도화하고 있다. 앞서 언급한 체화를 둘러싼 몇 가지 에피소드들은 이제 아주 오래된 추억 속의 고전으로 마음속의 역사박물관에 잠자고 있다.

논현동 이권 카르텔

　어느 곳이든 이권이 있는 곳은 사람이 모이고 그들만의 이권 카르텔이 생기게 마련이다. 1980년대 중반, 논현동 서울세관 청사는 한때 해외에서 들여오는 이삿짐과 특급탁송 항공화물을 통관하는 장소로서 그 명성을 날렸다. 이삿짐과 항공화물 취급 업체들로 인해 하루종일 번잡함은 이루 말할 수 없을 정도였다. 이로 인해 논현동 서울세관 청사 주변에는 이삿짐과 항공화물 운송업체들이 자생적으로 카르텔을 형성하고 있었다.

　가장 먼저 서울세관 청사의 창고 후문에는 소위 '16인 용달동우회'라는 사설 단체가 그들끼리의 카르텔을 구성하고 영업하고 있었다. 그들은 창고 후문에서 통관되는 화물의 운송을 도맡았다 그러다가 관세 등 세금이 부족한 화주에게는 세금도 빌려주고, 통관이 어려운 품목은 통관요령을 가르쳐 주거나, 대신 세관 직원을 소개해서 설명도 돕고 통관을 도와주는 역할까지 했다. 점차 그 규모는 커졌고 이때의 주역은 '털보'라는 별칭을 가진 카르텔의 대표였다. 그는 운송료를 받는 대가로 세금 대납, 통관알선 등 많은 일을 했다. 적어도 논현동에서 통관 일을 보려면 '털보'를 통해야만 된다는 말까지 있을 정도였다.

　배달 인부들도 카르텔처럼 한 자리 차지하고 있었다. 까마득한 추억 속의 얘기이지만 서울세관 창고에서 정문에 위치한 횡단보도 근처까지 화물을 카트로 배달해 주는 인부들이 있었다. 그들은 운반비로 당시 1,000원을 받았다. '16인 용달동우회'에 끼지 못한

2/
산업화와 관세, 인프라를 생각하다.

아웃사이드 업체들은 횡단보도 건너편에 있었는데 그 주변까지 물품을 배달해 주고 일당 받는 배달꾼이 바로 그들이었다. 누가 그 일을 할 수 있도록 허락했는지 알 수는 없지만, 지금 생각해도 웃지 못할 풍광들이었다.

또 하나의 카르텔은 이삿짐을 배달하는 짐꾼과 인력 공급업체였다. 이삿짐 창고는 해외에서 매일 컨테이너로 화물이 들어오기 때문에 화주별, 목적지별로 이삿짐 분류작업을 미리 해야 한다. 이들이 분류작업을 마친 후, 이삿짐 통관이 완료되면 화물차를 타고 목적지까지 따라가서 집안에 이삿짐을 옮겨놓는 작업까지 해야 했다. 그 당시 이삿짐 배달꾼은 수당이 1만 원 정도로 알려졌는데 운송업체에서 수당의 일부를 공제하기 때문에 실제로 하루 수입은 그에 미치지 못했다. 또한 논현동에서는 아무나 이삿짐 배달인부로 일할 수도 없었다. 그 뒤에는 일꾼을 독점적으로 알선해 주는 업체가 있었기에 그들에게 수수료의 일부를 또 떼고 나면 정작 수입은 초라했다. 그래서 그들은 이삿짐 배달 후 막걸리값을 화주에게 부당하게 요구하는 등 분란을 일으켜 많은 민원이 생기기도 했다.

사실 1980년대 중후반, 논현동은 해외에서 들어오는 항공화물, 이사화물 통관 때문에 온갖 풍속도가 남아있던 곳이다. 그 당시는 미국산 TV, 600리터 이상의 대형 냉장고, 캠코더 등 인기 품목은 일반 수입이 불가능했고 오직 이사화물로만 통관이 가능했기에 해외에서 근무하거나 유학을 다녀오는 사람은 이러한 품목을 이사화물로 많이 들여왔고 이웃이나 친지들로부터 부러움을 샀다. 그래서 당시 서울세관의 이사화물 담당과는 소위 인기부서였다. 특히 주변에는 '16인 용달 동우회'뿐만 아니라 운송업체와 배달꾼 등 논현동 카르텔이 파생되는 이익을 독점하기 위해 자생적으로 생겨날 수밖에 없는 상황이었다.

그러나 이들은 올림픽을 전후로 갑자기 사라져버렸다. 한·미간 새로운 항공협정이 체결되었는데 신속하고 투명한 통관을 원하는 미 측의 요구가 받아들여져 김포공항에는 항공사 터미널 이외에 UPS 등 여러 특송업체 항공화물 처리시설이 증설되었다. 이로 인해 항공화물 대리점들은 논현동을 떠나 김포공항 현장에서 통관업무를 수행하게 되었다. 그리고 논현동은 올림픽 이후 교통혼잡과 컨테이너 트럭 이동에 따른 주민들의 불만 제기로 이삿짐 창고를 다른 곳으로 이전해야만 했다.

과거 수입 규제가 많고 통관이 어렵던 시절. 논현동 주변의 이권 카르텔은 그렇게 '먼 나라 옛날이야기'가 되어 역사 속으로 사라지고 말았다.

2/ 산업화와 관세, 인프라를 생각하다.

 사라진 보세협회. 그 후

'보세화물'은 수입화물로서 통관되기 전까지 관세 부과가 보류된 상태의 외국물품이므로 엄격한 세관통제를 받는다. 이런 의미에서 보세화물의 보관, 이동, 생산, 수출에 관한 안전한 사후관리는 관세청의 주요 임무에 해당한다. 그럼에도 사후관리 업무 중 취급 업체 등록 등 세관이 직접 관리하기가 비효율적인 업무는 그들끼리 비영리법인을 구성하여 자율적인 관리 감독이 가능토록 위임·위탁하고 있다.

역사적으로 세관에는 1964년부터 부두 내에서 보세화물관리를 하고 세관 창고에서 보세화물 경비업무를 하던 '한국관세협회'라는 대표적인 산하단체가 있었다. 앞선 설명과 같이 1969년 국무회의 결정에 따라 '한국관세협회'가 부두 내 화물관리 업무에서 손을 뗀 후, 1980년대 들어 '한국관세협회'는 당시 관세청장(김재현)의 구조개혁 조치40)로 인해 사단법인 '관우회'로 그 명칭을 개칭(1981. 3.)하고 변화를 모색하였다.

그리고 분리된 보세제도 관련 회원사 등은 따로 모여서 '한국보세협회(이하 '보세협회'라 한다.)'라는 명칭으로 1981년 서울 북창동

---

40) 한국관세협회는 1964년 5월 4일 등록된 법인으로서 보세운송인, 보세창고 운영인, 통관업자(현 관세사), 하역업자 등을 회원으로 구성하였으나, 1976년 관세법 개정으로 한국관세사회가 설립되면서 관세사가 소속 회원에서 분리되었다. 그 후 한국관세협회는 1978년 12월부터 세관창고 경비사업 이외에 관우상조금, 장학금제도 운영, 식당 및 기숙사 소요자금 지원 등 후생사업까지 담당하였으나, 1981년 관우회(전·현직 세관공무원이 회원임)로 그 명칭을 개칭하면서 보세협회를 따로 설립하여 소속 회원을 또다시 분리시켰다.

해남빌딩(몇 년 뒤 서울세관 근처 빌딩으로 이전) 내에 새로이 설립하였다. 주로 회원사들의 회비를 주요 수입원으로 하며, CY, 영업용 창고, 보세공장, 보세운송업체 등 운영인의 친목 도모와 화물 안전 관리상 애로사항을 청취하여 이를 해소하기 위한 정책건의를 하는 직능단체였다.

그러던 1986년 어느 날, 보세협회에 망신스러운 일이 벌어졌다. 협회승인 취소를 검토하라는 지침이 내려왔다. 원인은 보세협회가 입주해 있는 빌딩 건물주가 부도가 나서 도망가는 바람에 임차보증금을 모두 날리게 되었고 회장을 비롯한 협회 임원들은 이러한 사태가 날 때까지 까맣게 모르고 있다가 일을 당했다는 것이었다. 자기가 입주한 건물의 임차보증금도 제대로 관리하지 못하는 기관이 보세화물 관리는 어떻게 할 것이냐는 질책이 있었다. 당장 길거리에 나 앉을 판국인데 회원사들은 보세협회가 어디로 이사를 갈 것이며, 경제적 손실에 대한 책임은 누가 질 것인지 등 해결방안을 둘러싸고 많은 말들이 오가고 있었다. 그러나 임차보증금을 날렸다고 해서 멀쩡한 기능을 수행하고 있는 사단법인을 없앨 수는 없었다. 회원사들과 여러 가지 방안을 논의한 결과, 최종적인 결론은 아예 규모가 작더라도 빌딩의 1~2개 층을 사서 일부는 임대도 하면서 안정되게 협회를 운영해 나가는 것이 좋겠다는 의견이었다. 보세협회는 사실 전국의 보세구역과 보세운송 화물 안전관리 등을 위해 정부 위탁사업을 수행하고 있었고 여러 가지 사업자 교육을 전담하는 기관이기도 했다.

드디어 1986년 3월 보세협회는 새로운 마음가짐으로 「제2의 창립」을 했다. 협회 명칭도 변경했다. 1981년 사라진 관세협회 명칭을 부활해서 '한국관세협회'로 개칭했다. 사무실도 용산구에 새롭

2/
산업화와 관세, 인프라를 생각하다.

게 빌딩을 매입했다. 그리고 이왕에 발전방안을 강구하면서 86 아세안게임과 88 서울올림픽의 안전관리를 위해 좀 더 기능을 확대하자는 의견도 제시되었다. 실제 서울올림픽 때 외국으로부터 반입되는 각종 행사용품과 선수단 용품의 안전관리문제(1972년 독일 뮌헨올림픽 테러사건 등)가 현안으로 대두되었고 새로이 부임한 관세청장(이동호)은 테러 예방 및 안전관리 업무를 전담하는 「보세사」 자격제도를 신설하여 그 운영을 협회가 전담하도록 중책을 맡기기도 했다.

어느 날 갑자기 사라진 보세협회. 그러나 '한국관세협회'로 개칭되었다가 2007년부터는 관세청의 수출입물류과 신설에 발맞추어 '한국관세물류협회'로 명칭을 변경하고 그 기능을 계속 확대해 나가고 있다. 사실 협회 무용론이 가끔씩 대두되기도 하지만, 협회라는 단체는 꼭 필요한 정부의 역할이면서도 직접 하기에는 비효율적인 기능(보세화물 취급업체 등록과 보세사 교육 등)을 일부 위탁받아 운영하는 법인이기 때문에 정부가 조금만 관심을 갖고 지원해 주면 자생력을 충분히 발휘할 수 있다.

최근 물류업이 급신장하고 있고, 반도체 등 핵심산업 보세공장의 수출이 중요시되고 있는 상황에서 회원사들의 불편 사항을 덜어주고 자존감을 드높일 수 있도록 관세청 등 정부 당국의 관심과 노력이 새삼 필요하다.

황금알 낳는 면세점 일화

　해외여행을 할 때 우리는 자주 면세점을 들른다. 면세점의 역사는 언제부터일까. 최초의 면세점은 1947년 아일랜드 '새년공항(Shannon)'에 문을 열었다고 한다. 북미와 유럽을 오가는 부호들의 경유지였던 '새년공항'은 연료 보급에 따른 대기시간 동안 간단한 식음료 제공, 주류 등 선물가게 운영이 그 계기가 되었다고 한다.

　역사를 살펴보면 우리나라에 공항 출국장 면세점이 처음 들어선 것은 1962년 11월이다. 관세법상 보세판매장 제도가 없음에도 불구하고 세계관세협력이사회(지금의 WCO)의 권고안을 받아들여 김포공항 출국장에 수입품과 토산품을 국제관광공사(현 한국관광공사)가 판매하도록 허용했다. 그리고 국내에 시내면세점이 도입된 것은 1978년 12월 관세법 개정을 통해 보세판매장 제도가 신설되면서부터이다. 일본 관광객은 급격히 늘어나는데 홍콩처럼 면세점이 없다 보니 관광수입 증대에 지장이 있다고 판단했기 때문이다. 동화, 롯데, 한진, 남문 등 백화점 형태의 시내면세점이 화려하게 첫선을 보였다.

　그 당시 있었던 한편의 일화가 있다. 아세안게임과 서울올림픽을 앞두고 1984년 대통령의 '외국인 관광객 활성화 대책' 추진지시가 있었다. 그런데 부서 내에서는 이와 관련한 시내면세점의 확대 추진과 관련하여 전면적인 확대안과 최소한의 개방안(과당경쟁 예방)으로 서로 의견이 엇갈렸다. 혹시나 하는 마음에 외부유출을 방지

2/
산업화와 관세, 인프라를 생각하다.

하기 위해 담당 간부는 '대외비'라는 꼬리표를 붙여 관련 자료를 보관했다. 그런데 이것이 화근이 되고 말았다. 당시 관세청(지도과) 직원 중 한 분이 외부 기관과 올림픽 등 안전 문제로 통화를 하다가 그만 말싸움을 크게 하고 말았다. 그 일이 있은 후, 얼마 있지 않아 말로만 듣던 서슬퍼런 보안감사를 받게 되었는데 정식 등재 없이 대외비 표시를 한 '보세판매장 특허기준 검토자료'가 문제가 되었다. 우여곡절 끝에 잘 이해는 시켰지만, 씁쓸한 여운이 남았다. 잘하려다가 봉변당한 꼴이 되었다고 다들 한숨 쉬었다. 하여튼 그해 관세청은 어수선한 분위기 속에서 면세점 특허기준을 제한해서 또 다른 소동을 일으키고 싶지 않아 했다. 전면 확대하는 방향으로 결론을 내렸고 그 당시 벌어진 작은 소동과 여파는 그 후 면세점을 졸지에 29개소까지 확대하는 결과를 가져왔다.

또 하나 재미있는 에피소드가 있다. 1986년 어느 날, 외교관 전용 면세점인 H체인의 주인이 바뀌었다. 바로 유명 여성연예인 C씨였다. 명의이전 서류가 늦어져 영업 승계가 어려워지자 관세청의 도움이 필요했으나 여의치 않았다. 어느 날 웬 키 큰 미녀가 화려한 슈츠를 걸치고 하이힐을 또박거리면서 사무실로 들어왔다. 그는 바로 C씨 였다. 그 뒤로 펼쳐진 아우라는 입을 다물지 못할 정도였다. 1970년대에는 구봉서, 서영춘, 배삼룡 씨 등 남성 코메디언이 많았지만, 여성은 뚱뚱한 몸매의 B씨, 그리고 미녀 코메디언 C씨뿐이었다. 그가 밀치고 들어온 그 사무실은 업계에서도 소문난 권위부서였다. 기업지도, 행정제재 업무를 맡고 있어 대기업 간부들조차 출입을 꺼려했다. 근데 웬 여성이 '과장님이 누구시죠'라면서 들어오니 모두가 놀라지 않을 수 없었다. 그 보이지 않는 힘은 놀라울 정도였고 그렇게 까다롭기로 소문난 과장조차도 일주일 내 명의이전을 완료하는 조건부로 임시영업을 허가해 주었다. 몇 년 뒤,

C씨가 면세점 일을 그만 두고, 전문 레스토랑을 운영하는 모습을 본 적이 있다. 하지만 당시 화려하고 당당했던 연예인 C씨의 모습은 오랫동안 기억에 남아있다.

또 하나는 면세점 판매품목 수입허가제가 있던 시절의 일화이다. 그 당시에 모든 수입은 대외무역법에 의한 수입승인을 받아야 하는데 면세점 판매품목은 관세법상 수입이 아닌 '반송'이기 때문에 승인 대상으로 보기 어려웠다. 하지만 면세점에서는 수입제한 품목도 판매가 가능하기 때문에 누군가의 승인하에 품목 관리를 할 수밖에 없었다. 그래서 1980년대 중반까지 면세점의 판매 품목 수입허가는 반송 면허와 감독권을 가진 관세청이 자연스럽게 담당했다. 지금은 그러한 모습을 볼 수 없지만, 면세점업체 임원들이 오퍼 서류를 한가득 들고 사무실에 들어와 일일이 허가를 받아 가던 시절이 있었다. 혹시나 신청 서류에 오타가 있을까 봐 노심초사하면서 결재를 기다리던 그분들의 얼굴이 아직도 기억에 생생하다.

이같이 면세점에는 여러 가지 에피소드와 일화가 있다. 면세점 하면 소위 '황금알을 낳는 거위'로 착각하는 경향이 있다.

그래서 일부는 대기업만 특혜를 줄 것이 아니라 중소·중견기업에게도 참여기회를 확대해야 한다고 한다. 한때는 이름만 대면 알 만한 유명 고깃집 사장이 면세점 자문을 요청한 적도 있다. 그러나 면세점은 일반인이 생각하는 것과 많이 다르다. 백화점과 같은 매장 임대사업이 아니라 자기 책임하에 물품을 수입해서 관광객에게 상품을 판매하는 사업이므로 유행에 민감하고 고가품목이 많으며, 브랜드 유치경쟁을 위한 사업비와 엄청난 재고비용 부담을 고스란히 안아야 한다. 서울올림픽을 전후로 29개소에 달했던 면세점은

2/
산업화와 관세, 인프라를 생각하다.

몇 년 뒤 11개소로 축소되는 아픔이 있었다. 파고다, 코리아다이아몬드, 한진, 풍전, 868, 인터콘티넨탈 면세점 등 우후죽순 격으로 문을 연 면세점은 그 뒤 폐점으로 문을 닫았다. 그때 폐업한 면세점은 1990년대 중반이 지나서야 재고정리가 마무리되는 등 오랜 시간을 제도권 안에서 고생했다. 대표 중에는 전도가 유망했던 젊은이도 있어 안타까웠다. 그분들을 위로하면서, 아직도 '황금알을 낳는 거위'라고 생각하는지 다시 한번 묻고 싶다.

컨테이너의 숨은 내막

국제수송 용도에 사용되는 컨테이너41)는 일시수입 또는 재수출 조건부 면세 대상이나 기본 관세율 자체가 0%이므로 세관관리의 실익이 없다고 다들 생각한다. 대부분 컨테이너 목록 제출 등 간이한 방법42)으로 일시 수출입이 허용된다. 그러나 세관직원이라면 국제수송용 컨테이너에 숨어있는 내막과 사후관리 내용을 보다 더 정확히 알아야 한다.

첫째, 컨테이너는 3가지 협약에 의한 기술 조건에 따라 제작되고 운송된다. 우리나라도 1980년대에는 일본과 함께 컨테이너 수출로 세계 1, 2위를 다투던 시절이 있었다. 이러한 기술 조건은 TIR43), CSC, UIC 마크로서 3가지 표식이 있는 컨테이너만 국제수송에 이용될 수 있다. 컨테이너는 「1972년 컨테이너에 관한 관세협약」의 제1조에 따라 "1) 물품을 보관하기 위한 격실을 형성해야 하며 2) 반복사용에 적합하도록 충분히 견고하여야 하며 3) 하나 또는 그 이상의 운송수단에 의하여 물품의 수송이 용이하게 특별히 설계되어 있어야 한다"라고 규정하고 있다. 한마디로 TIR 마크는 밀수에 이용되지 않도록 컨테이너가 빈틈없이 제작되었다는 표시이며, CSC는 운송과정에서 그 어떠한 충격에도 파손되지 않

---

41) H.S 8609호 컨테이너(액체운반용 컨테이너를 포함하며, 하나 이상의 운송수단으로 운반할 수 있도록 특별히 설계되거나 구조를 갖춘 것으로 한정한다.)
42) 관세법 제241조
43) TIR : Transport International Routier

도록 튼튼하게 제작되었다는 표시이며, UIC는 철도운송이 가능하도록 표준화되어 제작되었다는 표시이다.

둘째, 3가지 기술조건 중 세관은 밀수 예방 차원에서 주로 TIR 마크에 집중한다. 컨테이너는 주로 국제 수송에 이용되며 유럽국가는 컨테이너 운송과정에서 여러 나라를 거쳐 최종 목적지에 도착하므로 그때마다 세관에 신고하고 검사받고 하는 과정이 대단히 불편한 일이다. 그래서 1959년 「TIR 까르네 면세통과증서」에 의해 국제 운송을 간편하게 할 수 있도록 관세 협약이 맺어졌으며, 차량과 컨테이너에 은닉 공간을 만들지 못하도록 밀수 방지를 위한 여러 기술적 조건을 「1972년 컨테이너에 관한 관세협약」에서 부여하고 있다. 컨테이너 생산업체는 반드시 협약에서 기술된 조건대로 컨테이너를 제작해야 하며, 수리할 때도 또한 같다. 컨테이너 생산을 위해서는 미리 형식승인을 받고 검사기관(우리나라는 '선급법인'으로 지정[44])의 검사 합격을 받아야만, TIR 마크를 부착할 수 있다. CSC, UIC 마크도 선박안전법 등에서 정하는 유사한 절차를 거친다. 따라서 컨테이너 생산업체뿐만 아니라 CY 내 컨테이너 수리업체도 세관검사의 대상이며, 위탁검사기관인 '선급법인'은 관세청의 감독을 받는다.

셋째, 국내 생산 컨테이너 용기를 수출할 때 빈 상태가 아닌 다른 수출품을 적재하여 수출할 수 있느냐 하는 점이 한때 주요 관심사였던 적이 있다. 왜냐하면 수출품을 적재한 상태로 컨테이너 용기를 수출하면 생산업체, 선사와 하역업체, 발주자 모두 경비 면에서 상당한 절감을 할 수 있기 때문이다. 이 경우 발주자는 수

---

[44] 국제도로 면세통과증서의 담보하에 행하는 화물의 국제운송에 관한관세협약 및 1972년 컨테이너에 관한 관세협약의 시행에 관한 규정 제7조내지 제10조

출품 적재로 인한 수익만큼 비용이 절감된다. 선사와 하역업체는 수출용으로 빈 컨테이너 확보가 용이하고 임차료 부담이 그만큼 적게 든다. 그러나 생산업체는 이 2가지 요구를 다 들어주면 빈 컨테이너에 화물을 싣고 수출이행을 할 때까지 관세환급이 지체되는 문제가 있기 때문에 수출진흥 차원에서 관세청의 지원을 요청하지 않을 수 없었다. 우선 관세청에서는 국내생산업체가 컨테이너 제작 완료와 동시에 타소장치허가를 받아 수출신고 및 관세환급을 받을 수 있도록 조치했고, 발주자는 수출면허가 난 컨테이너를 다시 재수입 후 국제 운송 용기로 사용할 수 있도록 허용했으며, 선사 및 하역 회사는 재수입면허가 난 빈 컨테이너에 수출품을 싣고 해외로 운송할 수 있도록 지원했다. 사실상 묘수풀이에 가까운 지침이었다. 어떻게 해외로 반출되지도 않은 물품을 수출로 간주하고 다시 재수입을 한다는 말인가? 그러나 이 또한 법을 고치기는 쉽지 않았다. 일본은 영리하게도 아예 편법시비가 없도록 '특례법45)'을 제정하여 해결했다. 동법 제9조에는 '국산 컨테이너의 특례'를 두어 일시수입 면세용으로 국내 제작된 컨테이너는 관세 규정 적용을 배제하도록 조치했다.

지금은 컨테이너 제작을 대부분 중국이 하고 있고 우리나라와 일본은 국산 컨테이너 생산을 거의 하지 않는다. 기본 관세율 또한 국제 수송용은 0%이며 부가가치세 역시 면제이기에 일시 수입허가, 담보제공, 용도외 사용금지 등 컨테이너 협약과 관련법률에서 부과하는 의무는 사실상 사문화되어 검토의 실익이 없다고 생각하는 경향이 있다.

---

45) 컨테이너에 관한 통관협약(TIR) 등 실시에 수반한 관세법 등 특례에 관한 법률, 소화 46년(1971년). 8.12

산업화와 관세, 인프라를 생각하다.

그러나 요즘 컨테이너의 사용 용처는 매우 다양해졌다. 국제 수송용뿐만 아니라 사무실 또는 창고로 쓰거나 임시주택 또는 인테리어 시설로도 활용한다. 기본 관세율이 무세화되었다 하더라도 국제수송용으로 일시 수입된 컨테이너를 용도 외로 사용하면 해당 용도에 적합한 물품으로 다시 품목분류와 세율적용을 해서 관련 세액을 추징해야 한다. 일부 멸실되거나 멸각되면 잔존부산물에 대해서도 과세를 해야만 한다.

하지만 국제수송용에 대한 기본 관세율이 무세화된 이후, 세관은 컨테이너에 대한 관리감독 그 자체에 손을 놓은 것처럼 보인다. 앞으로도 세관은 국제수송용 컨테이너에 대해 국내반입 후 이동 및 수리 단계까지 비창 등 은닉장소를 만들지 않도록 감시해야 하며, 입출항 재고관리뿐만 아니라 국제수송용 이외의 용도(주택, 창고, 인테리어용 등)로 사용하면 관련 세액을 추징해야 하고 그 용기에 부착된 각종 마크도 제거해야 함이 당연한 이치이다.

개인적으로는 한때 컨테이너 검사기관이었던 '한국선급[46]'을 방문해서 여러 가지 지식을 습득했던 기억이 있다. 숨어있는 국제수송용 컨테이너의 TIR 관리체계와 협정내용은 선진무역을 지향하는 세관공무원이 반드시 알아야 할 기본업무에 해당한다고 본다.

---

46) '선급법인'의 종전 명칭은 '한국선급'이었다.

COCOM 전략물자 수출통제

외국 정부와의 협상은 어렵다. 특히 미국은 협상실무자들이 다년간 한 분야만 전공한 사람들이라 쉽게 협상을 우리 측에 유리하게 끌고 가기 어렵다. 1987년 한·미 간에는 '전략물자 수출통제'에 관한 협상이 한창 진행되고 있었다.

그 당시 한국은 개도국으로 분류되어 COCOM[47] 회원국은 아니지만, 한국의 산업기술이 이미 상당한 수준으로 고도화되어 더 이상 전략물자 수출통제를 하지 않으면 공산권으로의 기술유출이 우려되는 등 미측의 위기의식이 팽배했다. 미국은 500MD 헬기가 서독에서 Transit되는 과정에서 북한으로 불법 유출되는 것을 적발한 예가 있으며, 1987년에는 일본 도시바 기계의 선박 프로펠러 제작용 기계가 소련으로 불법 수출된 것이 적발되어 도시바그룹 전체의 대미수출이 금지되고 나카소네 총리가 미국 정부에 공개 사과하는 등 큰 물의를 빚은 바 있다. 소련은 이 기계를 활용해 원자력 잠수함의 소음을 줄이는데 성공했고 미국으로서는 해저에서의 잠수함 탐지 기술이 소련으로 유출되어 무기 경쟁력 차원에서 큰 차질을 빚었던 나쁜 기억[48]을 갖고 있었다.

미측은 한국에 대해 COCOM에 버금가는 수출통제를 위해 상호 MOU 체결을 강력히 요구하고 있었다. 주요 내용은 전략물자 리

---

[47] COCOM : Coordinating Committe for Multilateral Export Control(다자간 대공산권 수출통제위원회)
[48] 외교부, "한미국간 전략물자 및 기술통제 협력 실무회의", 1988. 2.16-17, 서울

스트를 국제기준에 맞게 표준화하고, 전략물자가 국내에 수입되면 수입사실 증명을 하고 제3국으로 재선적되거나 수출되는 경우에는 수출허가를 받도록 통제절차를 신설하는 내용이었다.

한국으로서는 까다로운 수출 절차 신설에 대해 다소 부정적인 입장을 취하고 있었다. 특히 관세청은 전략물자 리스트가 H.S 협약상의 상품분류체계와 일치되지 않아 이를 수출과정에서 일일이 확인하기 어렵다는 애로49)가 있었다. 한국 역시 남북이 대치하는 상황에서 전략물자 수출통제의 필요성은 절실히 느끼지만 이러한 통제방식이 한창 급성장하고 있는 한국의 수출 촉진을 저해하고 업계의 불편을 가중시킨다는 문제가 있어 미측과의 합의를 주저하고 있었다. 그러나 미측은 이에 아랑곳하지 않고 상호 양해각서(MOU) 체결을 강력히 희망하고 있었다. 결국 레이건정부 시절 대폭 강화된 COCOM 수출통제는 그 뒤 부시행정부 출범을 앞두고 한국에 특사가 방문하면서 협상 속도가 빨라졌고 결국 한·미 간에 1987년 9월 양해각서가 체결되었다.

양해각서의 주요 내용은 첫째 전략물자 수출허가제도의 전면 도입이었다. 둘째는 전략물자 수입사실 증명제도 도입과 전략물자를 허가 없이 수출입하는 경우 부정수출입죄를 신설하는 것이 주요 내용이었다. 그리고 한미 양국 간에는 MOU에 부속되는 Side Letter가 추가로 교환되었다. 한국의 수출통제제도를 Pre-Shipment Control 방식에서 미국의 EXDOS 프로그램과 같이 Post-Shipment Control 방식으로 변경하는 내용50)이었다. 이미 선적이 완료되어 해상운송 중에

---

49) 예를 들면 똑같은 컴퓨터 하더라도 기술 수준에 따라 전략물자 해당 여부가 달랐다. 군복과 같이 군수용, 민수용의 이중용도 품목은 용도에 따라 통제여부가 달라지므로 이를 모두 선적전 확인 감시하는 것은 쉽지 않았다.

있는 물품이라 하더라도 전략물자 부정수출 혐의가 있는 때에는 즉각 국내로 반송 조치를 취하도록 관계 규정을 개정해서 시스템적으로 보완하는 내용이었고 한·미 양국 간의 긴밀한 이면 약속이었다.

그러나 협상에 참여했던 당사자 입장에서 시스템은 도입되었지만, 국내적으로 안착시키는 데에는 한계가 있다고 생각했다. 우선 우리나라 수출물품이 전략물자에 해당하는지를 일일이 확인하기가 어렵고 명확한 입증없이 선적된 물품을 다시 국내에 반입하도록 강제하는 조치는 큰 저항을 불러올 수 있기 때문에 그 누구도 이를 쉽게 실행할 수 있는 제도라고 신뢰하지 않았다.

그 뒤 미측의 초청에 따라 우리는 전략물자 수출통제제도 실태 파악을 위해 미 국무부와 관세청 그리고 실리콘밸리의 생산업체를 방문한 적이 있다. 가장 놀라웠던 점은 미국 관세청의 전략물자 통제부서가 전 세계에서 생산된 전략물자 성격의 제품 카탈로그와 설계도를 대부분 확보하고 실제 수출된 물품이 전략물자에 해당되는지를 확인하기 위해 마이크로 필름화된 카탈로그와 설계도를 분석장비를 통해 일일이 살펴보고 있었다는 점이다. 놀랍게도 유럽에는 마이크로필름화된 자료를 상업적으로 판매하는 회사가 다수 있다는 사실도 알려주었다. 그다음 미국은 해외 관세관이 15여 개국 대사관에 파견[51]되어있으며 그들은 모두 수사경력이 있는 전문 요원(Special Agent)이라는 점이었다. 전략물자 리스크가 있는 화물이

---

50) 미측은 자국의 EXODUS 프로그램 도입을 요구했고 우리는 ESCORT(Export Special Control System Of Restrict Territory)라는 명명하에 선적 후 회항 조치 등을 포함한 Post-Shipment Control 시스템 도입을 약속했다.
51) 미국은 해외 자금세탁, 전략물자 등 부정 수출입과 마약 단속 등을 위해 15개 국가별로 해외주재 대사관에 국제범죄 수사에 능통한 전문가(Special Agent)를 관세관(Customs Attache)으로 파견하고 있으며 2~3명의 세관직원이 배속되는 경우도 있다.

산업화와 관세, 인프라를 생각하다.

불법 수출되었다는 정보를 입수하게 되면 바로 수입국 또는 경유국의 외교 및 관세당국과 협의하여 당해물품을 그 지역에 압류하거나 합동 조사 후 회항시키는 역할까지 담당하고 있었다.

특히 미국 등 서방국가는 1991년 구소련 해체와 함께 COCOM의 존재 이유가 희박해졌지만, 국제적으로는 1996년 무기 수출입과 관련한 물자, 기술의 수출통제는 계속 필요하다는 공감대하에 바세나르(WASSENAAR) 체제가 새로이 확립되면서 COCOM 수출통제의 그 기본골격은 계속 유지해 나가고 있다.

사실 우리나라도 북한 핵 개발이 심각한 국제문제로 대두된 현 상황에서는 전략물자 해당 물질이 최소한 북측으로 직간접적으로 불법 유입되지 않도록 엄정한 제도적 관리가 필요하다. 얼마 전 언론 보도에 의하면 북한의 핵탄두 대륙간 탄도미사일에 들어간 부품이 미국, 유럽국가에서 생산된 부품이라 했다. 우리도 중국, 러시아뿐만 아니라 주요 교역국에 세관 수사전문가를 관세관으로 파견하여 이들의 동향을 세심히 살필 필요가 있다. 더 이상 형식적인 대응은 옳지 않다.

세 번째 가는 길...

싱글커스텀스로 가는 **관세경영의 길**

개방화의 빛과 그림자를 만나다.

❝ 수출도 좋고 수입도 좋다
❝ m&m과 통상이슈
❝ 난수표 검사를 아십니까
❝ 포설용 선박과 세금
❝ 꼬리날개 해석
❝ 원산지제도의 뒷이야기
❝ SONY TV와 충무로 물주
❝ 참치머리와 식용논란
❝ 소뼈와 우지파동
❝ 개고기문화 해프닝
❝ 쇠고기 광우병사태

수출도 좋고 수입도 좋다.

　세상을 살다 보면 누구든지 마음 한구석에 변하지 않는 생각이 있다. '수출은 좋고 수입은 나쁘다'는 생각, 쉽게 떨쳐버리기 어려운 국민 정서 같은 것이다.

　세계적으로도 인적·물적 교류가 확대될수록 수출, 수입을 바라보는 시각은 경제 상황과 여건에 따라 그리고 시대적 정치 환경과 무역의존도에 따라 달랐다[52]. 돌이켜보면 제1차 세계대전의 전후처리와 1929년 미국의 대공항 이후 보호무역주의가 확산됨에 따라 국가 간 경제적 갈등이 심화된 시기[53]가 있었다. 하지만 제2차 세계대전 후에는 세계 경제의 재건과 공존공영 및 영구적인 평화체제 구축을 위해 1944년 브레튼우즈 체제와 1948년 GATT 체제가 출범하면서 무역자유화와 관세율 인하 등으로 개방화의 첫 단추를 꿰게 되었다.

　'수출은 좋고 수입은 나쁘다'는 인식은 미국도 과거에 역사적[54]으로 있었다. 1930년 의회에서 단행된 고율의 관세부과를 위한

---

52) 국가가 관세율 인상 등을 통해 수출을 장려하고 수입을 억제하는 중상주의 정책은 19세기 자유무역론(아담스미스, 리카르도)이 대두되기 전까지, 16세기에서 18세기까지 유럽에서 약 250년간 유지되었다.
53) 1930년대의 보호무역주의를 연상케 하는 미국 트럼프 정부의 관세율 인상 정책은 과거의 역사적 경험을 고려했을 때 경기침체, 물가 인상 등 'R의 공포'와 보복관세 등 국가 간 경제적 갈등으로 번질 우려가 있어 긍정적이지 못하다.
54) 미 북·중부 제조업 보호를 위해 관세율 인상을 추진하여 남북전쟁의 시발점이 되었던 1828년의 추악한 관세법(Tariff of Abomination)과 미국의 국내산업 보호를 위한 1930년 스무트-호레이 관세법(Smoot-Hawley Tariff) 등이 있다.

3/
개방화의 빛과 그림자를 만나다.

관세법 개정(미국의 평균 관세율은 59% 수준이 됨)은 외국으로부터 수입을 억제하고 국내시장을 폐쇄하여 전쟁으로 파괴된 유럽국가의 경제재건을 어렵게 하였을 뿐만 아니라 미국경제 또한 불황에서 벗어나는 것을 돕지 못했다. 이러한 경험 때문에 1934년 상호통상협정법(Reciprocal Trade Act)으로 의회의 의존없이 대통령이 관세인하에 관한 통상협상을 할 수 있는 권한을 부여받았고, 보다 경기변동에 탄력적으로 대응할 수 있도록 관세를 50%까지 인하할 수 있는 협상권을 부여했다. 1945년까지 미국은 27개국과 32개 협정을 교섭하여 관세율을 평균 44% 수준까지 인하시켰다[55].

1948년 출범한 GATT 체제는 '수출은 좋고 수입은 나쁘다'는 보호무역주의 인식을 전 세계적으로 한꺼번에 변화시키는 큰 역할을 했다. 첫째 국내산업 보호는 관세에 의하며, 둘째 관세율은 가급적 안정적이어야 하며, 셋째 관세율은 최대한 인하되어야 한다. 그리고 마지막으로 관세율은 긴급한 경우에만 인상할 수 있다는 원칙을 정했으며, 이러한 원칙에 반하는 비관세장벽과 보조금 지급을 금지하도록 제한했다.

우리나라 역시 GATT 협정에 1967년 3월 10일, 세계 71번째로 가입한 후 무역전반의 규제 완화와 관세율 인하 등 대외적인 개방정책을 추진해 왔다. 수입자유화율은 1970년 60% 수준에서 2000년 99.9% 수준으로 확대되었으며, 평균 관세율은 1970년 30~40% 수준에서 1999년 7.9% 수준으로 낮아졌다. 그러나 대외 개방화가 촉진된다고 해서 '수출은 좋고 수입은 나쁘다'는 국민의 뿌리박힌 인식이 하루아침에 달라지는 것은 아니었다.

---

55) 이병락, 국제경제학, "제8장. 미국 통상정책의 역사", p. 271

정부 주도의 「경제개발 5개년 계획」은 '수출진흥'을 제1의 국시로 삼을 만큼 강력했지만, 부유층의 무분별한 수입과 사치문제는 잊을만하면 늘 사회문제화 되다시피 했다. 특히 우리나라는 전통적으로 무역만큼은 보수적인 사고를 바탕으로 '국산품 애용'을 절대가치로 삼았다. 1980년대 중반까지 무역수지 또한 만성적인 적자 상태를 면하지 못했기 때문에 수입자유화율이 거의 100% 수준이고 금융과 자본, 외환시장이 전면 개방된 지금에 와서도 '수출은 좋고 수입은 나쁘다'는 편견56)을 상당수가 갖고 있다.

특히 이러한 인식은 우리 경제의 글로벌화와 무관하게 지금까지도 국내경제가 나빠지고 무역수지가 좋지 않을 때면 갑자기 수입규제를 강화해야 한다는 사회적 여론으로 비화되기도 했다. 1986년 우리나라가 최초로 무역흑자를 시현하고 이제는 '흑자경제시대'의 경제운용을 어떻게 해야 하느냐며 사회 전체가 당혹스러워할 때에도 '수출은 좋고 수입은 나쁘다'는 인식의 전환은 없었다. 그해에도 우리는 관세청 차원에서 '사치성 소비재 수입관리 대책'을 수립했던 기억이 있다. 특히 1997년의 IMF 외환위기 도래 직전, 무역적자가 심화되고 은행과 수많은 제조업체가 도산하던 그때에도 서울세관의 조사인력이 전부 투입되어 소비재 수입에 열을 올리던 대기업 종합상사에 대해 강도 높은 관세조사가 이루어졌던 기억이 있다. 그리고 일본의 까다로운 수입절차 등 교묘한 비관세장벽 조치를 참고하여 우리도 무분별한 수입에 대해 관세법상 허용하는 각종 통관편의 위주의 간소화된 절차 이용을 제한하자는 논의가 정부 차원에서 주요 정책으로 거론57) 된 적도 있었다.

---

56) 반도체, 조선 산업이 호황이고 수출이 촉진되면 우리 경제가 좋아진다는 생각을 하고 미국산 쇠고기, 외국산 쌀 수입 등 개방 압력이 있으면 나라 경제가 어렵고 농민 등 특정 세력이 큰 손실을 입는다는 피해의식을 당연시하고 있다.

3/
개방화의 빛과 그림자를 만나다.

　지금은 개방화와 자유무역이 세계적인 추세로 일반화되었음에도, 굳이 '수출은 좋고 수입은 나쁘다'라는 사회적 인식에 대해 논의하는 이유는 따로 있다. 수출과 수입에 대한 차별적 인식은 우리 경제를 골고루 성장시키는 데 걸림돌이 되며, 특정 산업, 특정 물품에 대한 불균형 성장을 촉진시켜 물가 불안을 야기하기도 하고 미국 등 주요 교역국과의 불필요한 통상이슈가 되기도 한다. 1988년 일본은 미국 등 주요 교역국의 불만을 잠재우고 '수입은 나쁘다'는 사회적 인식을 바로잡기 위해 「미·일 통관제도 비교 및 구조조정」작업58)을 했으며 비관세장벽의 최소화로 수입촉진 효과를 증명할 수 있도록 '총합보세구역제도'를 만들어 오사카에 수입 전문매장을 설치한 바도 있다. 그럼에도 불구하고 일본은 변화에 인색했다. 그 후 미·일간 통상마찰로 인해 일본은 '잃어버린 10년'의 버블경제로 많은 고통을 겪었다.

　WCO에서는 전 세계가 무역 안전과 무역 원활화를 보다 더 촉진할 수 있도록 파트너쉽을 통한 자율적인 세관 통제기법과 정보기술의 활용을 적극 권고하고 있다. 그러나 이러한 체제가 잘 굴러가려면 우리의 잘못된 사회적 인식부터 바로잡아야 한다. 한마디로 '수출도 좋고 수입도 좋다'는 균형된 인식은 세관부터 가져야 한다.

---

57) 관세청, 「국가경쟁력강화를 위한 WTO체제하의 관세행정 개편방안」과 「국제수지개선과 국내산업보호를 위한 관세행정대책」, 1996.5.1.-7.23
58) 일본 관세법 재67조의2를 개정하여 "물품반입전 사전신고제도"등 수입촉진제도를 도입한 바 있다

m&m과 통상이슈

뉴욕 타임스퀘어에 가면 초콜렛을 파는 유명한 'm&m 스토어'가 있다. 그런데 1988년 1월경. m&m사 변호사가 사무실로 찾아와 항의하는 일이 생겼다.

그는 크리스마스 대목을 앞두고 LA에서 선적한 m&m 초콜렛이 제때 통관되지 못하고 부산항에서 장시간 지체되는 바람에 품질 손상뿐만 아니라 영업 측면에서 막대한 손실을 입었으니, 한국 정부가 손해배상을 해주고 다시는 이런 일이 재발되지 않도록 약속을 해달라는 요구를 했다. 그는 마치 한국정부가 평소 소비재 수입에 대해 갖고 있던 부정적 인식 때문에 통관이 지체되었으니 모든 책임은 이를 용인한 한국정부에 있다고 생각하는 듯 했다.

어떻게 보면 한국에서의 상황을 꿰뚫고 있는 것처럼 보였다. 그 때만 해도 한국은 국내산업 보호차원에서 무역 개방에 호의적이지 않았고, 특히 사치성 소비재 수입은 무역수지를 악화시키는 주요 요인으로 생각하고 있었다. 1985년만 하더라도 '외채망국론'이 언론에 대서특필되고 만성적인 무역적자를 면치 못하여 사회 곳곳에서 많은 비난을 받고있던 상황이었다. 그러나 1988년에 벌어진 「m&m 초콜렛 사건」은 '수입은 나쁘다'는 평소의 이러한 인식 때문에 발생된 사건이 아니었다. 모든 문제는 급격히 늘어난 컨테이너 물동량에 비해 부산항 컨테이너 부두 시설이 턱없이 부족하여 On Dock에서 화물처리를 하지 못하고 ODCY로 옮겨와서 통관하느라 시간이 지체된 것이 주요 원인이었다.

3/
개방화의 빛과 그림자를 만나다.

　　앞서도 설명했지만, 그 당시 부산항의 인프라는 열악했다. 컨테이너 전용부두라고는 자성대부두 한 곳에 4선석뿐이었다. 이미 수출입은 컨테이너 수송방식으로 일반화되었음에도 컨테이너 전용선이 접안 후 하역할 부두는 몇 군데 없고 상당 물량은 양곡, 무연탄 등을 취급하는 재래부두에서 하역할 수밖에 없는 상황이었다. 그러다 보니 대다수 컨테이너 화물은 부산시 외곽의 ODCY로 옮겨갈 수밖에 없었고 ODCY에 옮겨가더라도 밀수방지 차원에서 컨테이너 화물은 모두다 CFS 창고로 입고시켜 세관검사를 받은 후에야 통관하는 시스템이었다. 사실 한 화주의 한 종류 화물로 가득찬 FCL 화물은 꺼내지 않고도 차량 접안상태로 CFS Apron 검사가 가능해야 했는데 이러한 검사조차도 그 당시에는 ODCY 내에 검사시설이 완비되어 있지 않아 불가능했다.

　　'm&m 초콜렛'이 가득 찬 FCL 컨테이너 화물 역시 부산항 입항과 동시에 ODCY로 이송되어 통관절차를 진행하느라 많은 시간이 허비되었다. 특히 ODCY로 이고한 후에는 CFS 창고 내에 전량 입고하여 냉장·냉동이 안 된 상태로 통관하느라 물품 손상까지 입었다.

　　1988년 서울올림픽을 앞둔 한국의 항만 사정과 무역 현실은 그렇게 글로벌 수준과 동떨어져 있었다. m&m 입장에서는 실시간 공급망 관리(Supply Chain Management) 차원에서 매일 한국내 초콜렛 판매량과 재고량을 파악하여 필요한 수량을 공급할 계획을 갖고 있었다. 그들 입장에서는 미국 내 생산 및 선적일자, 한국내 도착일자, 통관 일자 등이 사전 예측대로 진행되기를 희망했고, 이의 차질이 발생하면 수급조절 실패에 따른 손실이 불가피하다고 생각하는 듯했다.

「m&m 초콜렛 사건」을 기화로 우리의 현실을 돌아보면 어느 나라든 공·항만 국가기간시설은 수출입 물동량을 효과적으로 처리할 수 있도록 충분한 시설이 준비되어 있어야 한다는 대명제가 성립한다. 그럼에도 불구하고 컨테이너부두 시설부족과 CY, CFS의 설계 미비는 결과적으로 무역업체의 비용과 시간 낭비를 초래하고 통관관련 각종 제도의 기형화로 불필요한 통상이슈를 유발하기도 했다. 이 사건을 보면서 과거 우리나라가 얼마나 후진적이고 비상식적인 통관시스템으로 무역을 끌고 왔는지 놀라울 따름이다. 국제적인 컨테이너 수송체계의 일반이론에 의하면 m&m사의 요구는 정당했다. 초콜렛과 같이 적절한 온도를 유지하면서 이동 및 보관이 필요한 물품은 그 성격에 적합한 통관시스템이 구비되어 있어야 했다.

　그해 제도개선 작업은 바로 착수되었으며 1989년 2월 15일 '컨테이너 내장장치 승인제'가 국내에 최초로 도입되었다. 그러나 내부적으로는 여러 가지 반대의견이 있었다. 많은 세관직원은 컨테이너에서 화물을 끄집어내는 것만 해도 밀수방지 차원의 효과적인 감시방법이라고 컨테이너 내장장치 및 통관제의 일반화를 반대했다. 특히 CY 내 CFS Apron 시설이 충분하지 않아 내장 검사가 용이하지 않다는 불편도 하나의 반대 사유였다. 하지만 신선대부두, 감만부두 등 컨테이너 부두시설이 확충되려면 10년 이상의 세월이 요구되는데 그때까지 무작정 손 놓고 기다릴 수도 없는 상황이었다. 반대를 무릅쓰고 집중 검색대상이 아닌 화물은 컨테이너에 내장된 상태로 CY 바닥에 장치 후 간이검사로 통관할 수 있도록 개선하였다. 그리고 나서 약 3년의 세월이 지난 1992년 7월에는 비로소 On Dock에서 컨테이너 내장 상태로 즉시 통관이 가능한 「부두직통관제」가 시행되었다.

3/
개방화의 빛과 그림자를 만나다.

그 후 m&m사 변호사는 더 이상 나타나지 않았다. 나중에 주한 미국 관세관으로 부터 감사의 인사를 전해 들었다. 그 뒤 관세청에는 「외국인 Help Desk」가 생겼다. 더 이상 불필요한 오해로 통상이슈가 발생되지 않도록 소통창구가 필요했다.

난수표 검사를 아십니까?

앞서 수출 선진화의 길을 탐색하면서 '서울세관 수출과 사건'을 언급한 바 있다. 이 사건은 현실적으로 불가능한 전부 검사제를 강행한 데에 그 원인이 있었다. 1986년 전국세관의 수출품 검사 실태를 조사해 보니, 얼마나 잘못된 제도가 잘못된 결과를 가져오는지 반성하지 않을 수 없었다. 명목상 세관의 수출검사 비율은 약 77%로 집계가 되지만, 검사생략을 제외하면 거의 100% 전부 검사제였으며 그중에서 실제 검사는 절반도 제대로 하기가 어려운 것이 현실이었다.

당시 관세청은 조속한 시일 내 이를 개선하지 않으면 얼마 가지 않아 또 유사한 일이 벌어질 수도 있다는 위기감이 있었다. 이미 그 사건을 계기로 오랫동안 전문가로 위상을 떨치던 세관장급 간부 중 일부가 책임을 지고 현직에서 동반 사퇴하는 일까지 있었다. 그럼에도 불구하고 직접 이 사건에 연루되지 않은 직원들은 남의 일보듯이 무덤덤했고 그까짓 일로 뭔 제도개혁을 하냐는 식의 비아냥까지 있었다.

할 수 없이 세관 내부의 항의와 원망에도 불구하고 1987년 우리나라 수출제도는 미국식의 선별검사 아이디어를 전격 채택해서 시행하였다. 그러나 어떤 수출신고 건을 검사할 것인지 그 대상을 선별하려면 범죄 프로파일링을 통한 위험관리(Risk Management)가 가능해야 하는데 안타깝게도 부정수출 사례나 위반유형 등에

3/ 개방화의 빛과 그림자를 만나다.

관한 정보가 체계적으로 수집된 것이 없었다. 그래서 따로 과학적인 선별기준을 정할 수가 없어 무작위 임의추출 방식에 의한 불규칙 검사제로 보완할 수밖에 없었다.

「난수표 방식에 의한 불규칙검사!」 요즘 같으면 있을 수 없는 우스꽝스러운 얘기다. 그 당시만 해도 우리나라 통관시스템은 On-Line 상태의 무역통계 집계 및 입력시스템만 있을 뿐 수출입 신고부터 검사 및 반출까지 프로세스에 관한 전산화는 불모지 상태였다. 그러니 검사업무에 활용할 수 있는 선별프로그램은 꿈도 꾸지 못하는 시기였고 세관에 신고가 들어오면 real time으로 검사지정 여부를 자동으로 알려줄 수도 없었다. 그러함에도 불구하고 부조리 척결 차원의 제도개혁을 위해 1987년에 수출은 불규칙 검사제를 전격 도입할 수밖에 없었다. 그러나 이러한 불규칙 검사제는 무작위 임의추출 방식이라 어떻게 수작업으로 할 수 있을까 고민이 되지 않을 수 없었다. 통계 전문가도 이론적으로는 가능하나 실제 전산 기술을 활용하지 않고 전국세관에서 구현할 수 있는 방법이 없다고 했다.

다행스럽게도 그 당시 관세청은 「국가행정전산망 구축사업」의 일환으로 항공화물 통관시스템 개발을 추진하고 있었고 ㈜데이컴이 지정사업자로 선정되어 있었다. 우리는 ㈜데이컴의 전문가 한 분과 이 문제를 심도있게 상의했던 기억이 있다. 그는 "불규칙검사 차원의 무작위 임의추출을 위해 컴퓨터에서 난수 발생은 시킬 수 있다"고 했다. 그러나 "실제 세관의 통관사무실 현장에는 PC 등 컴퓨터가 없을 뿐 아니라 설사 컴퓨터가 있다고 하더라도 신고서 처리과정에서 자동으로 발생된 난수 기준으로 검사대상을 선별 매칭하는 것은 현재의 기술력으로 불가능하다."고 했다.

사실 286 XP급 개인용 PC조차도 1990년대 초반 무렵에 등장했으니까 그 당시 워크스테이션 장비 수준으로는 턱없는 얘기였다. 정말 고민을 많이 했다. 그러다 문득 난수표를 만들고 여러 개의 책형을 만들어 그날그날 하나의 책형을 본청에서 시달하여 불규칙적으로 사용하면 되겠다는 생각을 하게 되었다. 책형은 한 달 기준으로 30개 정도를 준비하고 그날 지정한 책형의 난수 번호와 신고서 접수번호의 끝자리 수가 일치하는 신고 건은 예외 없이 검사대상으로 선별하도록 제도화했다.

지금 생각하면 참으로 무모한 생각이었다. 그러나 그날그날 아침마다 수출입 신고를 하는 관세사들은 신고서류를 접수하기 전에 어느 난수표 책형이 채택될지, 언제쯤 신고하는 것이 자신에게 유리한지 초미의 관심사가 되었다. 이러한 난수표 책형은 그 당시 세관 직원들에게는 혁명과 같은 사건이었다. 모든 수출입 물품은 검사 대상인데, 난수표 책형을 보고 일치되는 끝자리 수의 신고번호 건만 현품 검사를 하라니 말도 안 되는 얘기라고 했다. 세관을 아예 망치고 있다고 비난하는 사람들도 있었다. 하지만 이러한 불규칙 검사제를 포함한 전반적인 검사대상 선별제도는 2004년부터 수출입 통관 EDI 시스템이 본격 시행되면서 자동화되고 Cargo Selectivity System으로 선별기준이 보다 체계화되었다. 특히 1996년 관세청 직제 개정 시 검사대상 선별기준 업무를 좀 더 과학적으로 수행하기 위해 본청에 '검사분류과'를 신설하여 전산시스템에 의한 자동 선별기준을 발전시켜나가고 위험관리업무를 전담하게 했으니 참으로 아이러니한 사건이 아닐 수 없다.

시작은 무모했지만, 1986년 미국 관세청의 ACS 시스템에서 아이디어를 얻고 수작업 체제하에서 난수표에 의한 검사대상 선별방식

3/
개방화의 빛과 그림자를 만나다.

을 채택할 수밖에 없었던 시대의 추억담은 낭만적이다 못해 처절하기까지 하다. 그렇게 시작했던 도전이 요즘에는 본청 차원의 '관세국경관리 위험관리센타'로 발전하여 Targeting의 정확도까지 측정 및 보완하는 단계로 발전했다고 하니 세월의 변화에 격세지감이 있다. 그리고 한 걸음 더 나아가 인공지능에 의한 AI 선별도 해보겠다는 야심찬 청사진을 제시하고 있다니 놀랍기만 하다.

「난수표방식에 의한 불규칙 검사제도!」 지금은 낭만 속의 추억으로 남아있지만, 1987년 그 시대에는 어쩔 수 없는 선택이었다.

포설용 선박과 세금

우리는 지금 5G 무선통신망을 통해 전국 어디서나 인터넷과 핸드폰, 전화사용이 가능한 시대에 살고 있다. 그러나 그 이전은 어떠했을까. 가정에서 사용하는 전화나 PC 등 대부분의 통신과 자료교환은 모두 유선을 통해서만 가능했다.

1991년경의 일로 기억된다. 전 세계적으로 정보통신 기술의 발달로 우리나라도 EDI 등 데이터 교환 신기술이 급속히 대두되던 시기였다. 그리고 범국가적으로 유선 통신망을 획기적으로 개선하고자 하는 인프라 사업이 진행되고 있었다. 지금은 무선통신이 일반화되어 있지만, 그때만 해도 유선 통신망의 인프라는 국가경쟁력을 가늠하는 척도였다. 당시 우리나라는 국가정보화 인프라 사업으로 향후 10년간 약 44조 원을 투자할 계획을 세우고 있었다. 전국에 광케이블을 연결하는 정보통신망 구축사업이 진행 중에 있었으며, 일부는 해상을 통해 제주도 전 지역에 광케이블을 연결하는 사업(Turn-key base 일괄수주계약)이 포함되어 있었다. 그런데 해저 광케이블 매설공사를 위해 국내 입항한 포설용 선박과 공사용 장비가 관세법상 과세 대상인지 여부가 현지 세관에서 쟁점이 되었다.

사실 세계를 오가는 선박 중 대부분은 수출입화물 또는 여행객을 수송하는 외국무역선이며 석유시추, 케이블 매설작업 등을 위해 일시적으로 입출항하는 선박은 드물다. 그러하기에 상업용 운송수단의 세관업무 처리를 위한 국제관세협약[59]에서도 외국무역선

3/
개방화의 빛과 그림자를 만나다.

자격을 가진 외항선은 입출항 신고만으로 복잡한 수출입 신고절차를 갈음하도록 규범화하고 있다. 그러나 국내에서의 포설공사 등 특정한 작업을 위해 선박이 입출항하는 경우는 어떻게 해야 하는지 명쾌하게 정리된 것이 없었다. 아마 통관지 세관에서도 매우 낯설고 난감한 상황이었던 것 같다.

국제적으로 미국이나 캐나다, 멕시코와 같이 국경을 서로 맞대고 있거나, EU처럼 한때 잦은 국경 변화[60]가 있었던 인접 국가는 항공기, 선박, 자동차 등을 통해 작업 장비를 싣고 일시적으로 국경을 넘나드는 경우가 자주 있으나, 우리나라 같은 경우는 삼면이 바다이기에 외국무역선 이외에 작업 장비의 일시 수출입은 올림픽 같은 국제행사를 제외하고는 거의 수를 헤아릴 정도로 많지 않은 것이 사실이다. 따라서 그 당시 세관에서는 쟁점이 된 '포설용 선박과 공사용장비'를 어떻게 볼 것인지에 따라 일시 수출입 가능 여부가 달라지므로 이러한 관점에서 다각도의 검토가 필요했다.

우선 포설공사를 위해 장비를 싣고 국내 작업구간을 이동 중인 선박은 관세법상 입항신고 시 외국무역선으로 볼 수 있느냐, 그리고 국내 이동 시 자격변경만으로 가능한 것인가에 대해 의문이 있었다. 당해 선박은 해저에 광케이블을 포설하기 위해 장비를 싣고 이동하는 등 국내에서 부가가치 활동을 하고 있으므로 수입신고 대상이지 외국무역선으로 볼 수 없다는 반론이 있었다. 재무부에 유권해석을 의뢰했더니 "공사에 사용될 포설용 장비를 싣고 국내

---

59) 대한상공회의소, '국제관세협약(구 교토협약)' 1985. 특별부속서 A3. p.61
60) 나폴레옹 전쟁 23년간은 유럽의 국경과 지형변화에 지대한 영향을 미쳤다. 프랑스는 네덜란드, 벨기에, 스위스, 독일 일부 지역까지 영토를 확장했다가 전쟁에서 패배 후 다시 원상회복하는 과정에서 수많은 국경의 변화와 조정이 있었다.

항만의 작업 구간을 단순 이동하는 선박이라면 외항선에서 내항선 자격변경을 통해 입출항을 할 수 있다."는 답을 받았던 기억이 있다. 즉 당해 선박이 국내 운송사업에 사용되는 것이 아니라 단순히 작업 구간을 운항하는 수단이라면 일시 수출입이 가능하다는 대답이었다. 외국물품을 운반하기 위해 국내항 간을 이동하는 외국무역선과 그 성격을 달리 볼 이유가 없다는 뜻이었다.

그러나 포설용 작업 장비에 대해서는 재수출 조건부로 100% 일시수입 면세가 가능하냐에 대해 부정적인 의견이 더 많았다. 아무리 그 장비가 공사를 완료하고 나면 다시 외국으로 나갈 물건이라 하더라도 '직업용구에 관한 협약'상 국내 Home use용(건물의 건축, 수리, 보수 또는 토목공사와 유사한 공사를 위하여 사용되는 공구 등)은 일시 수입허가 대상에서 제외[61]되므로 당연히 관세법상 과세대상이라는 반론이 있었다. 결국 관세청은 관세법상 수입신고 대상으로 보되 재수출 경감세(감가상각률 적용) 적용 대상으로 처리하도록 합리적인 결론을 내렸던 적이 있다. 이처럼 외국에서 수입되는 물품 중에는 해석이 난해한 물품이 꽤 있다. 그러나 국가 인프라 사업에 소요되는 물품일수록 나중에 재론의 여지가 없도록 명쾌하게 입장 정리를 하는 것이 바람직하다는 교훈은 역사적으로 입증된 사실이다.

1990년대 초, 정부와 기간통신사업자의 국가정보화 인프라 사업은 이렇게 시작되었다. 관세청 입장에서도 광케이블 매설을 통한 유선 통신망 사업은 우리나라가 초기 단계 수출입 통관 EDI 사업 등 IT 강국으로 우뚝 서는 데 결정적인 역할을 했다. 그리고 2000년대 무선 통신망으로 이어진 인터넷 기반 UNIPASS 사업은

---

61) 직업용구에 관한 일시수입협약 부속서 C, "기타 직업용구" 제1항 용어의 정의

3/
개방화의 빛과 그림자를 만나다.

그 누구도 넘볼 수 없는 수준까지 정보화 혁명을 선도해 나가는 역할을 했다고 자부한다. 돌이켜보면 '포설용 선박도 세금을 내야 하는가' 하는 지엽적인 문제는 한때 고민했던 사소한 에피소드에 불과하다.

꼬리날개 해석

 최근 우리나라 항공산업은 매우 빠른 속도로 급성장했다. 1999년 항공산업 3사(대우중공업, 삼성항공, 현대우주항공)가 「한국항공우주산업(KAI)」으로 그 법인체를 통합하여 항공기 생산 및 수출에 주력한 것이 효시가 되었다. 그리고 정비산업은 수요가 많은 대한항공이 담당하다가 최근 인천 영종도에 대규모 투자계획을 발표하고, 정비(Maintenance), 수리(Repair), 분해조립(Overhaul)의 MRO 사업[62]을 계속 확대해 나가고 있다. 그러나 1990년 이전의 산업환경은 그러하지 못했다. 그 당시 우리나라는 항공기 조립기술에 비해 부품 설계, 제작 등 종합능력이 선진국의 30% 수준에도 미치지 못한다고 했다.

 1990년 어느 날 있었던 일로 기억하는데 상공부로부터 항공기 꼬리날개가 중고품 수입허가도 없이 김해세관에서 잘못 통관되었다는 연락이 왔다. 중고부품이 항공기에 사용되면 항공기 안전에 심각한 문제가 있으므로, 이를 알고도 통관을 묵인한 세관 직원은 엄중한 처벌을 해야 한다는 항의성 전화였다.

 사실조사 결과, 수입자 측의 설명은 이러했다. 항공기 수리를 위해 꼬리날개를 교체해야 하는데 국내에서는 제조할 수가 없고 부득이하게 해외 주문을 통해 꼬리날개를 생산했다고 한다. 그러

---

[62] 인천국제공항공사는 항공 MRO 사업에 대해 '2022년 전 세계 시장규모는 약 102조 원 수준으로서 10년 뒤에는 연평균 4.9% 성장할 것이 전망되며, 국내 MRO 시장 규모('17~'19 평균)는 연 2.5조 원 규모에 불과하다.'고 했다.

3/
개방화의 빛과 그림자를 만나다.

나 꼬리날개는 그 특성상 각도나 수평 여부가 매우 민감한 품목이라 실제 항공기에 부착하여 테스트해 보지 않고는 완성도를 판명하기 어렵다고 했다. 그래서 몇 번 시운전을 통해 꼬리날개의 완성도 측정을 했고 측정이 완료됨과 동시에 국내 수입을 했다고 한다. 이 경우 수입자가 시제품으로 몇 번 사용한 꼬리날개는 신품인가, 중고품인가 하는 문제가 새로운 쟁점이 되어버렸다.

우리나라 무역법에는 '중고품'과 '등외품'이라는 개념은 있지만, 시제품을 어디로 볼 것인지에 대해서는 명확히 규정된 것이 없다. 그렇다면 과연 시제품은 중고품인가? 몇 번 사용한 사실은 분명히 있으나 완성도 측정을 위해 평가를 한 것에 불과하며, 실제 운임을 받는 항공기에 부착되어 항공 운항에 사용되었던 꼬리날개를 별도로 떼어서 수입한 것도 아니기 때문에 일률적으로 이를 중고품에 분류하기는 어렵다는 의견이 있었다. 그렇다면 등외품에는 해당되는가? 최초 제작 당시의 원 상태가 아니라, 평가를 위해 몇 차례 시제품으로 사용한 것은 분명하므로 그만큼 가치 및 품질이 저하된 부분을 인정하여 등외품으로 분류해야 한다는 논란도 있었다.

그러나 세관의 전문가 입장은 '신품으로 봐야 한다'는 의견이 주류였다. 꼬리날개는 별도로 제작된 신상품이며 국내로 들여와 다른 항공기에 부착할 독립된 물품으로서 실제 몇 번 측정에 사용되었다 하더라도 부가가치 활동인 운송에 직접 사용된 것이 아니므로 신품으로 봐야 한다는 의견이었다. 다만 가치하락분은 세액 계산 시 감액 평가하면 되는 것이며, 품질의 등급(1,2,3급) 또한 제작 당시부터 등급 자체가 존재하지 않았으므로 등외품에도 해당되지 않는다고 결론을 내렸다. 그래서 상공부에 종합적인 의견을 전달하고 시제품 문제를 원만하게 해결했던 적이 있다.

오늘날 항공기 꼬리날개 이야기를 다시 꺼내는 이유는 우리 정부조차도 그 당시에는 산업기술을 바라보는 인식 자체가 기대이하 수준이었기에 자칫하면 시제품이 중고품으로 쓸데없는 수입 규제를 받을뻔했다는 위험성을 알리기 위함이다.

물론 앞서 언급한 중고선박 엔진처럼 국내에 수입할 수 없는 중고품은 변칙수입되는 일이 없도록 단속을 해야겠지만 산업별 특성을 고려하지 않고 시제품, 등외품을 일률적으로 중고품 취급하는 것은 문제가 있다고 생각했다. 예를 들어 어떤 상품은 사용하지 않고 원상태로 10년을 보관하고 있으면 신상품이며, 어떤 상품은 완성도 측정을 위해 한 번이라도 시운전을 하면 중고품이란 말인가? 그러면 우리나라 조선소에서 제작된 선박은 수출인도 전에 대부분 시운전을 하게 되어 있는데 그것도 중고선박이란 말인가?

우리는 상공부와 협의 과정에서 중고품에 대해 새롭게 해석하고 정의하는 과정을 거쳐야만 했으며 그 후 '중고품, 시제품, 등외품 등에 대한 구별기준'을 지침화하여 전국세관에 시달하는 계기가 되었다.

3/ 개방화의 빛과 그림자를 만나다.

 원산지제도의 뒷이야기

　세상에는 '우연'이라는 것이 있다. 매사 일은 계획된 일정에 따라 진행되지만 어떤 때에는 불현듯 시행되는 일도 있다. 원산지제도는 그렇게 우리나라에 도입되었다.

　1991년 초로 기억한다. 「7.7선언」에 따라 남·북한 간 물자교류가 본격화되면서 어떤 물품을 북한산으로 인정하여 비과세 처리할 것인지에 대해 정부 차원에서는 북측이 발행한 원산지증명서를 인정 처리하기로 간소화했다. 「남북한교역물품통관요령」 개정안을 준비해서 그 당시 관세청 차장(김기인)께 가볍게 상의를 드렸는데 그분의 얼굴이 갑자기 무거워졌다. 왜 원산지 규정을 교토협약 부속서와 같이 정밀하게 하지 않느냐는 문제 제기였다. 그분은 과거 WCO의 벨기에 재무관으로 근무한 적이 있었는데 그때의 원산지 규정을 보면서 느꼈던 소감, 재무부 관세국장 시절 법령에 반영하지 못했던 아쉬움, 그리고 관세청에서는 수차례의 지시에도 불구하고 사업 진척이 제대로 되지 않는다는 푸념을 했다.

　그러나 국제적으로 일반 무역상품에 적용하지 않는 원산지 기준을 남북 물자교류에 먼저 적용하는 것은 형평상 문제가 있을 수 있으니 우선 국제적으로 통용되는 일반 무역상품의 원산지 제도부터 만들자고 제안했다. 그리고 난 다음, 원산지제도 도입을 위한 본격적인 검토가 바로 시작되었다.

우선 첫째는 국제 원산지 기준을 적용한 「원산지 표시제도」의 시행이었다. 그 당시 수입상품 중에는 원산지 오인표시 물품이 있어 이를 바로잡을 필요가 있었다. 예를 들면 홍콩의 RICO 카메라가 OEM 방식으로 대우브랜드를 달고 원산지 무표시 상태로 수입되어 홍콩산임에도 국내산으로 오인받고, 동남아에서 생산된 독일 브랜드의 손톱 가위는 독일산으로 오인되는 문제가 있어 이를 빠른 시일 내 바로잡을 필요가 있었다. 우선 미국, EU의 원산지 표시제도를 먼저 조사했고 국제기준에 적합하게 원산지 표시제도를 원용하면 통상마찰의 우려도 없으므로 가장 합리적이라 생각했다. 수입상품 원산지 표시제도는 그렇게 시작되었다. 그 당시 관세청은 상공부와 '원산지표시 대상품목'을 서로 구두로 상의해 가면서 1시간 만에 H.S 4단위 품목을 모두 정했던 기억이 있다.

그다음 둘째는 원산지별로 수출입 제한 여부[63]나 양허 관세율 적용[64]이 달라지는 「원산지 확인제도」의 품목별 세부기준을 정하는 일이었다. 교토협약 상의 국제기준에 부합되게 세번변경기준을 원칙으로 하되 특정품목은 부가가치기준 또는 가공공정기준을 적용하기로 했다. 특히 당시에는 대일무역역조가 심각한 상황이라 「수입선다변화」 정책의 실효성 확보가 현안 과제였으며 원산지 적용기준의 보완이 반드시 필요했다. 당시 일본은 중남미와 동남아 등 제3국에 완성품 구성에 필요한 부품소재 공장을 많이 두고 있었다. 우리나라 수출입공고에는 원산지 확인을 선적국 기준으로

---

63) 수입선다변화 제도는 특정국가와의 무역역조를 줄이기 위해 품목을 정해 놓고 수입을 금지하는 제도이며 1977년 일본을 대상으로 시행되었다. 1980년대 초에는 924개 품목까지 확대되었다가 1999년 폐지되었다.
64) 양허 관세율은 특정국가의 수입품에 대해서는 기본세율보다 높거나 낮은 관세율을 적용하는 제도이며, WTO 등 다자간 무역협상이나 FTA 등 양자간 협상에 의해 국가별로 세율을 달리 정할 수 있다.

3/
개방화의 빛과 그림자를 만나다.

하고 있어 제3국에서 선적된 일본산 브랜드의 완제품은 전부 다 수입규제 대상에서 제외되어 실효성이 없었다. 따라서 제3국에서 선적된 일본산 의심 화물은 부가가치기준이나 가공공정기준 등 새로운 원산지 기준을 적용하여 일본산 유무를 판단하도록 했다.

그러나 모든 시행 준비는 약 2개월여 만에 마쳤지만, 정부 내 협의 과정은 그리 순탄치 않았다. 그 당시만 해도 우리나라는 1973년에 채택된 「구 교토협약」에 가입은 하였지만, 특별부속서 D(원산지) 규정은 적용을 유보한 상태였다. 원산지 관련 현안에 대해 시급한 대응이 필요하다고 공감을 하면서도 원산지 기준의 국제표준 적용은 모두가 주저하고 있었다. 왜냐하면 부존자원이 부족한 우리나라가 외국산 제품의 원산지 관리를 엄격히 하면 우리도 국내 생산 및 수출제품이 Made In Korea임을 입증해야 하는 문제가 있었기 때문이다. 특히 「수입선다변화」 제도를 시행하고 있는 상황에서 선적국 기준으로만 일본산 유무를 판단하다가 부가가치기준 또는 가공공정기준 등으로 원산지 확인기준을 변경하게 되면 제3국에서 생산된 일본 브랜드 상품은 전부 일본산으로 분류되어 추천 없이는 국내수입이 금지되는 문제가 있었다. 또한 정부 내에서도 대부분 원산지 표시제와 수입선다변화제도 운영에 관해서는 별반 이견이 없었으나 재무부는 GATT 양허관세의 적용을 위해 원산지 기준을 새롭게 강화 운영할 경우 통상마찰의 우려가 있다고 염려하기도 했다.

하지만 이러한 정부 내 의견은 1991년 3월 새로운 원산지제도를 국내에 시행하는 데 큰 지장을 주지 않았다. 워낙 현안이 컸던 사안이라 그 당시 설명회 장소였던 대한상공회의소 국제회의실 강당은 구름과 같이 몰린 인파로 발 디딜 틈이 없을 정도였다. 하루 더 설명회를 가져야 할 정도였다.

'우연이 기적을 만든다'는 말이 있다. 우리나라에 원산지 제도는 이렇게 불현듯 도입되었다. 그때는 상상도 못 했지만, 1991년에 도입된 원산지 제도의 경험은 그 후 우리나라가 WTO 다자간 관세 협상과 한·미, 한·EU FTA 등 약 59개 국가와 양자 간 FTA 협상을 해나가는데 큰 바탕이 되었다.

3/
개방화의 빛과 그림자를 만나다.

SONY TV와 충무로 물주

아무리 좋은 정책과 제도라 하더라도 시행 초기에는 다소의 부작용이 뒤따른다. 원산지 제도의 후과도 마찬가지였다.

지금 생각하면 SONY TV 32인치는 특별한 제품이 아니다. 요사이는 삼성, LG 등 국내 가전업체가 세계 선두를 달리고 있으며, 80인치를 넘어가는 대형 TV가 날개 돋친 듯 팔리고 있다. 그러나 1990년대 초반만 하더라도 SONY TV는 부의 상징이었다. 해외에서 들어오는 이삿짐의 필수 아이템이었으며 용산, 남대문 수입품 전자상가 또는 미군 PX를 통해 국내에 몰래 들여오는 SONY TV는 주부들 누구나 갖고 싶어 하는 선망의 대상이었다. 지금 생각하면 웃을만한 일이다.

사실 1991년 3월 시행된 원산지 제도는 국내 가전산업 보호에 큰 도움을 줬다고 본다. 동 제도는 원산지 허위 또는 오인표시 단속을 통한 소비자 보호뿐만 아니라 시장 인기품목으로 비교우위에 있던 일본산 수입선다변화 품목의 수입제한 기준으로 활용되어 국내 가전업계가 한 단계 더 기술 수준을 높이는데 상당한 시간을 버는 효과가 있었다. 동 제도가 시행되자, 일본산 제품의 원산지 판정기준이 선적국에서 부가가치기준으로 변경되면서 멕시코 또는 동남아시아에서 생산된 많은 일본산 브랜드 제품의 수입이 제한되기 시작했다. SONY TV도 직격탄을 맞은 것은 마찬가지였다.

그해 초여름, 사무실에는 아침부터 머리가 희끗한 신사 한 분이 초조하고 긴장된 모습으로 우리를 기다리고 있었다. 속칭 시장에서는 '충무로 물주'로 알려진 사람이었다. 그의 말에 의하면 "한번 큰돈 벌어볼 생각으로 여러 사람의 부탁을 받고 멕시코에서 수입한 SONY TV 1,000여 대가 원산지 확인 문제로 전국세관에 통관 보류상태로 대기하고 있다."고 했다. 너무나 많은 시간이 지체되다 보니 본인은 거의 파산 직전에 몰려 있다고 울먹였다. 하루빨리 통관할 수 있도록 도와달라는 하소연이었다.

그 당시 세관에서는 원산지 확인을 위한 부가가치기준을 적용하면서 일본산 부품의 가격이 전체에서 차지하는 비중과 멕시코에서 발생된 부가가치 비중이 35% 이상인지를 확인하기 위해 관련 입증자료를 제출할 것을 보완요구하고 있었다. 멕시코에서 생산되어 국내에 수입된 SONY TV는 주요 구성품별·원산지별 부품의 가격이 표시된 부품 리스트와 노무비, 판관비 등이 기록된 관련 회계자료를 제출해야만 하나, 제품생산을 총괄하는 일본 SONY 본사 이외에는 그 내역을 알 수 없는 상태라 멕시코 현지 공장에서는 관련 서류를 보내올 수가 없었다. '충무로 물주'로 불리던 그분은 이제 시장 상인들로부터 돈만 받고 물건은 주지 않는 사기꾼으로 몰려 집에도 들어가지 못한다고 한숨을 쉬었다. 차일피일 시간이 흐르는 사이에 통관 보류물량은 늘어났고 국회, 언론 등의 압박성 문의와 항의성 민원은 지속되었다.

원산지 제도 시행 시 사전홍보와 수개월의 충분한 계도기간이 있었음에도 초기 단계 부작용은 생각보다 파장이 컸다. 일부 세관에서는 입항된 물량 중 경과조치 적용이 어려운 품목에 대해 부품 리스트의 확인 없이 통관을 허용해주는 엇박자 사례까지 있어 항의성 민원의 농도는 더욱 짙어졌다. 해당 세관 통관담당 책임자를 문책해야 한다는 지적까지 강하게 있었다.

3/
개방화의 빛과 그림자를 만나다.

할 수 없이 우리는 상공부와 협의해서 원산지 제도 시행일 이전에 이미 외국에서 선적된 물품은 부품리스트 등의 확인 없이 통관을 허용해주도록 예외적인 경과조치를 소급해서 시행할 수밖에 없었다. 다행스럽게도 이미 수입선다변화제도의 실효성을 확보하고자 하는 정책의 시행 효과는 어느 정도 달성했다고 봤기에 관계부처와 협의해서 보완조치를 취할 수 있었다. 그 이후로 '충무로 물주'로 불리던 노신사는 더 이상 모습을 볼 수 없었다. 수입대리점 업무에서 손을 뗐다는 풍문도 있었다.

그해 가을 우리는 국정감사 시즌을 맞이하여 여러 의원으로부터 SONY TV 통관보류와 관련한 수많은 자료요구와 질문을 받았다. 실무 업무를 맡았던 관세청 관계자의 실명을 요구받기까지 했다. 그러나 국회에서도 일본산 제품의 우회 수입을 단속하는 문제이다 보니 공개적으로 관세청을 비난하지는 못했다. 다행히 그 해 국회는 여야가 정치적인 이유로 회의 진행이 순조롭지 못했고 파행을 거듭하다가 국정감사는 하는 둥 마는 둥, 그냥 지나치고 말았다.

참치머리와 식용논란

옛말에 '어두일미(魚頭一味)'라는 말이 있듯이 생선은 머리 부분이 맛있다고 전해지고 있다. 우리가 즐겨 먹는 대구탕도 머리 부분을 일미로 생각하며, 참치의 머리도 횟집을 가면 가끔 고급음식으로 나온다.

그런데, 지난 2003년 3월 YTN, MBC, SBS 등 공중파 뉴스에서 사료용 참치머리가 식용으로 둔갑한 것을 경찰이 적발했다고 대대적으로 보도한 바 있다. "외국에서 식용으로 쓰지 않고 버리는 참치 머리를 사료용으로 수입해서 시중 음식점에 공급한 혐의로 수산물 수입업자 54살 김모씨 등 4명이 경찰에 구속되었고 김씨 등은 일본에서 폐기 처분하는 참치머리 23톤을 지난해 5월 물고기 사료용이라고 속여 수입한 뒤, 서울 강남과 인천, 분당의 참치전문 횟집에 공급한 혐의다."라고 보도했다. 그러면 우리가 '어두일미'라고 칭하는 생선의 머리 부분은 세계적으로 식용으로 분류할 수 없는 것인가? 특히 참치머리는 더더욱 수입이 불가능한가? 라는 의문이 들 수밖에 없다. 한번은 지역구가 경북 출신인 국회의원으로부터 "러시아산 참치머리를 식용으로 수입할 수 있느냐"는 질문까지 받은 적이 있었다.

세계적으로 음식문화는 나라마다 천차만별이다. 중국은 못 먹는 재료가 없을 정도로 음식이 다양하고 우리나라만 하더라도 생선의 머리뿐만 아니라 내장까지 즐겨 먹는다. 참치도 마찬가지이다. 참치는 국가별로 음식문화의 차이로 인해 식용으로 사용하는 범위가

3/
개방화의 빛과 그림자를 만나다.

제한되어있다. 미국 등 활어를 즐겨 먹지 않는 나라는 참치의 머리 부분을 대부분 사료용으로만 인식하고 있다. 이에 비해 우리나라, 일본 등과 같이 참치를 값비싼 고급 어종으로 분류하고 활어를 사시미로 즐겨 먹는 나라는 참치머리라 하더라도 수산물 식품검역만 완료되면 식용으로 수입 가능하다고 생각한다. 따라서 수산물 식품검역을 받기 위해서는 수출국의 위생검역증 등 관련 증빙이 있어야 하나, 미국 등 일부 국가는 평소 식용으로 분류하지 않기에 우리나라에 식용으로 한때 수출이 불가능했던 적이 있었다. 그러나 한·미 간 상호 통상협상을 통해 미국산 참치머리에 대해서도 식용으로 분류 가능하도록 양해하기에 이르렀고 그 결과 지금은 식용으로 수입되어 판매되고 있다. 그렇지만 식용이 아닌 사료용으로 수입된 참치머리가 식용으로 국내에 유통되면 당연히 이는 부정수입죄로 처벌받아야 한다.

그런데 현재 우리나라에서 참치머리는 쿠팡, 네이버쇼핑 등 인터넷 쇼핑몰에서 크기에 따라 약 5만 원에서 10만 원 내외로 판매되고 있다. 어떻게 인터넷 쇼핑이 가능한 시대가 되었을까. 참치의 경우 머리 부분을 먹을 수 있는 어종은 '다랑어'뿐이며, '새치류'의 머리는 먹을 부분이 없기 때문에 대부분 사료용으로 쓰거나 버린다고 한다. 그중 '다랑어' 참치는 주로 식용으로 수입이 되는데, 외국에서 수입이 될 때 '눈다랑어'는 원어 형태(머리부터 몸통까지 통으로 전부)로 들어오기 때문에 수입 후 국내에서 머리 부분만 따로 해체 후 유통이 되나, '참다랑어'의 경우에는 로인(Loin[65])형태로만 수입된다고 한다. 때문에, 국내에서 인터넷을 통해 유통되는 참치의 머리는 대부분 '눈다랑어' 참치의 것이라고 알려지고 있다.

---

65) 머리, 가마를 제거하고 고기 부분만 정형화하여 몸통을 4등분한 상태를 말한다.

그러면 참치의 머리 부분만 따로 떼서 수입하는 경우는 어떤 경우인가? 앞에서도 설명했듯이, 국가 간 음식문화의 차이로 인해 수입국인 우리나라뿐만 아니라 수출국의 제도가 함께 변화되어야 가능한 문제이기 때문에 수입이 가능한 국가는 한정[66]되어 있다. 왜냐하면 수출국은 비식용, 수입국은 식용으로 서로 다르게 수입 관리를 할 수는 없기 때문이다. 그리고 이러한 문제는 나라별 수산업 환경과 여건, 음식문화의 차이 그리고 세계표준 등을 감안하여 판단할 문제이므로 H.S 통일상품분류체계 상의 일반적인 식용, 비식용의 분류원칙을 체약국 일방이 다르게 적용할 수는 없으며 교역 상대국 간 상호 협상을 통해 식품 해당 여부를 해결해야 할 문제[67]이기도 하다.

지금은 국민들이 식품 안전 문제를 매우 민감하게 받아들이는 영역이므로 해당 물품의 식용 가능 여부는 수출국과 수입국에서 각자 수산물 검역 대상으로 분류 가능하도록 위생협정 또는 약정 체결이 되어 있어야 하며, 실제 식품 검역 과정에서 합격을 받을 수 있느냐가 관건이라고 답하는 것이 가장 정확한 답변이라고 할 수 있다.

---

66) 현재 우리나라는 미국, 러시아, 에콰도르, 인도네시아에서 참치머리의 수입이 가능하며, 기타 국가에서는 수입이 금지되어있다.
67) 수입국과 수출국 간에 국제수산기구에서 정하는 어획증명서를 기초로 상호 위생검사를 받도록 협정 또는 약정이 체결되어 있어야 한다.

3/
개방화의 빛과 그림자를 만나다.

 소뼈와 우지파동

국가 간에 음식문화의 차이로 인한 갈등은 수산물뿐만이 아니다. 축산물의 경우도 마찬가지이다.

오래전부터 우리나라는 소뼈 등의 품목분류와 관련하여 식용과 비식용의 구분기준[68]을 정한 바 있다. 「국제간 통일상품분류체계」인 'H.S 분류체계'와 우리나라 관세율표에는 '육과 식용 설육'은 식용이 가능한 '2류'로 분류하고 따로 분류되지 않는 동물성 생산품. 즉 '고기가 없는 소뼈'는 식용이 불가능한 '5류'로 분류하도록 했다.

그러나 우리나라는 음식문화의 고유한 특성 때문에 중간지대에 있는 품목이 항상 식용 여부와 관련하여 문제가 되었다. 예를 들면, 갈비탕이나 감자탕에 들어가는 '고기가 일부 소량 붙어있는 소뼈, 돼지뼈'의 경우에는 과연 무엇으로 분류해야 하는가. 미국, 유럽 등 서방국가는 T-bone과 갈비를 제외하고는 비식용으로 분류하는데 이를 어떻게 조화시켜야 하는가? 특히 우리나라에서는 식용 수입을 원하는 업체가 있고, 미국, 유럽 등 축산업계에서는 비식용 처리보다 식용으로 한국에 수출하는 것이 보다 큰 이익이기에 설사 자기들은 비식용이라 할지라도 식용으로 수출 가능토록 우리에게 통상이슈를 제기해온 사실이 있다.

---

[68] 관세청에서는 1999년 품목분류기준을 지침화하였다가 2001년에는 「돼지뼈와 소뼈의 품목분류에 관한 고시」를 정식으로 제정한 바 있다.

따라서 관세청에서는 2001년 국제적인 분류기준에 일부 추가기준을 부여하여 소뼈라 하더라도 식용에 사용할 수 없도록 산처리 등 진정화 작업을 한 것69)만 '5류'로 분류하고, 육이 붙어있고 식용 가능한 소뼈는 '2류'로 구분해서 분류한다고 규정했다. 이러함에도 소뼈 등의 용도별 구체적인 판별기준은 매우 모호하며, 어떤 것을 식용 또는 공업용으로 분류할 것인지는 오로지 고기가 붙어 있는지 여부와 축산물 검역 결과에 의존했다.

실제 공업용 소뼈는 우리나라에서 접착제인 아교를 주로 만드는 원료로 알려져 있다. 그럼에도 1989년경, 일부 설렁탕 가게에서 원가절감 차원으로 외국에서 수입된 공업용 소뼈를 국물 재료로 사용한다는 말이 퍼져, 한때 설렁탕 가게들이 큰 곤혹을 치룬 적이 있다. 많은 사람이 점심시간에 즐겨 먹던 설렁탕을 기피하기 시작했다. 그러나 세관 입장에서 보면 외국에서 수입된 공업용 소뼈가 국내에서 식용으로 둔갑하는 것은 있을 수 없는 일이며, 단속된 적도 없으므로 아마 괴소문이었던 것으로 추측된다.

특히 비슷한 시기인 1989년 11월에는 소뼈기름 사용 논란을 촉발시킨 삼양의 「우지(牛脂)파동」이 있었다. 누군가가 소고기 라면에 공업용 소뼈 기름을 사용했다고 검찰에 고발함에 따라 사건은 시작되었다. 사실 우지는 미국, 유럽 등에서는 식용으로 사용하지 않아 비식용으로 분류하지만, 우리나라에서는 정제 후 식용으로 사용70)하고 있어 이를 일률적으로 공업용이라 총칭할 수는 없다

---

69) 주로 조작재료, 아교 및 젤라틴의 제조용 또는 비료용으로서 이를 한국에서는 '공업용'이라 통칭하며, 미국. 유럽 등에서는 '비식용'이라 한다.
70) 당시 보건사회부는 장관이 직접 "우지로 만든 라면의 인체 유해성 여부를 검사했으나 인체에 무해하다'는 결과를 발표했다. 이후에도 논란이 잦아들지 않자 보건사회부, 학계, 소비자단체 대표 등 8명으로 구성된 식품위생검사소위원회를 구성해 조사에 착수했고 결론은 '이상없음'이었다.

고 했다. 당시 삼양은 식물성 팜유보다 비싼 미국산 2등급 우지를 사용하고도 졸지에 불량식품회사로 전락하게 되었다. 그 뒤, 1997년 대법원에서 결국 무죄판결을 받았지만 긴 세월을 경영 위기 속에서 보내야만 했다.

지금 우리나라에는 설렁탕조차도 식품의 안전성이 보장되는 큰 규모의 프랜차이즈업체가 등장하고 있다. 소문은 소문일 뿐 괴담이 되어서는 안 된다는 교훈을 우리는 지난 세월 절실히 배웠다. 지금은 설렁탕, 곰탕이나 라면수프의 안전성에 대해 의심하는 사람이 거의 없다. 아마 「우지파동」이 우리에게는 소뼈 등 부산물의 식품 안전성 문제를 처음으로 깨닫게 해준 사건이었던 것 같다.

개고기 문화 해프닝

2027년부터는 "개의 식용목적의 사육·도살 및 유통 등 종식에 관한 특별법[71](이하 '개식용 금지법'이라 한다.)"이 본격 시행될 예정이라 앞으로 개고기는 우리의 전통음식 문화에서 사라질 것으로 예측된다.

하지만 1988년 서울올림픽을 앞두고는 하나의 해프닝이 있었다. 그 당시 '한국의 서울올림픽 개최를 반대한다'는 많은 양의 전단지가 우편 소포로 왔다. 수신인은 우리나라 '대통령'이었다. 전단지의 주요 내용에는 "한국이라는 나라는 개를 애완용이라 하더라도 구분 없이 식용으로 먹는 나라이므로 절대 세계인의 축제인 올림픽을 개최해서는 안 되며 한국의 대통령이 이를 방치하고 있다."고 주장하고 있었다. 개를 도축하는 여러 장의 사진도 함께 실려 있었다. 우리는 목동 소재 '국제우편세관'으로부터 보고를 받고 청와대에 우편물 도착사실을 알렸다. 발신인은 필리핀의 동물애호단체이며, 수신인은 대통령이니 이를 인수할 것인지, 말 것인지를 판단해야 했다. 그렇다고 일방적으로 수취 거절하는 것도 올림픽을 개최하는 나라의 위신과 위상에 걸맞지 않다고 생각했다.

이 경우 우편물 수취는 누가 하는 것이 맞을까. 대통령비서실, 총무처, 외교부, 올림픽 조직위, 문광부 등 여러 정부 기관이 있었지만 어느 누구도 이를 선뜻 인수하려 하지 않았다. 결국 관계기

---

71) '개식용금지법'은 더불어민주당 한정애, 박홍근, 국민의 힘 이헌승의원 3인이 법안을 발의한후 2024년 1월 9일 99%의 찬성으로 본회의에서 통과되었다.

3/
개방화의 빛과 그림자를 만나다.

관이 함께 상의한 결과 외교부가 이를 대리 인수하는 것으로 했다. 그 후 외교부에서 인수해 간 전단지의 행방은 알려지지 않았다. 그리고 외교당국의 후속 조치 내용도 알 길이 없었다. 다시는 필리핀으로부터 이와 같은 전단지 사건이 재발되지 않았다. 그렇지만 그 후에도 보신탕을 즐겨 먹는 한국에서의 올림픽 개최를 반대한다는 항의성 개별 우편물은 간헐적으로 있었다.

사실 개고기는 한국의 전통음식 중에서도 가장 화제가 되는 오래된 음식으로 알려져 있으며, 북한에서는 개고기를 '단고기'라 칭하며 이를 보양식으로 장려하고 있다고 했다. 실제 2003년 12월 평양에서 개최된 제4차 남북경협제도 실무회의에 대표단으로 참석했을 당시, 북측은 수행했던 남측 기자들에게 '단고기' 잘하는 식당을 소개하기도 했다. 대부분의 서양 문화권에서는 개고기를 혐오스럽게 생각하지만, 아시아 등 다른 문화권에서는 그렇게 생각하지 않는 것 같다. 알려진 바에 의하면 중국, 베트남, 캄보디아는 세계 최대의 개고기 소비국이며, 아프리카 등에서는 개고기 섭취를 금지하지 않거나 오히려 장려하는 국가도 있다고 한다. 이와 같이 서양을 제외하고는 전 세계적으로 특별히 이를 금지하는 나라가 많지 않음에도 필리핀의 동물애호단체가 올림픽 개최 반대 전단을 대량 보낸 것은 그들이 기독교 문명을 이어받은 서방의 정서가 일부 반영된 것이 아니었나 추측할 뿐이다.

이제 우리나라에서도 수많은 논란 끝에 개고기 식용이 금지되었다. 언론 보도에 의하면 그동안 개고기를 전문적으로 취급하던 재래시장에서도 그 자취가 점차 사라지고 복날 보양식으로 개고기가 떠난 자리를 염소고기[72]가 채우고 있다고 한다.

---

72) 농림축산식품부 통계에 의하면 국내 사육 염소 숫자는 2010년 24만 마리에서

한때 남미의 어느 한 나라로부터 개고기가 가공육 상태로 한국에 수입된다는 괴소문이 있을 정도로 논란이 많았던 한국에서 이제 더 이상의 불미스러운 소문과 논란이 잠재워질지 지켜볼 따름이다.

2022년 43만 마리까지 늘었으며, 호주에서 수입되는 염소고기는 2019년 1,250톤에서 2023년 5,995톤으로 증가한 것으로 나타났다.

3/ 개방화의 빛과 그림자를 만나다.

 쇠고기 광우병사태

2008년 6월 26일 서울의 국세청 기자실로 향하는 우리의 발걸음은 무거웠다. 오늘 브리핑으로 쇠고기 광우병과 관련한 모든 논란이 잠재워지길 기대했었다.

다들 알다시피 정부 정책은 신뢰성이 생명인데 한번 국민의 신뢰를 잃어버리니까 그 혼란은 걷잡을 수 없었다. 2008년 4월부터 국내에 불어 닥친 '광우병 파동'이 그러했다. 그날 우리는 기자브리핑을 통해 '미국산 쇠고기 통관관리대책'을 발표하면서도 그 당시 주어진 정치적 사회적 혼란상이 당혹스럽기 짝이 없었다. 한·미 간에 다시 조율된 제2차 추가 협상과 관련하여 개정 고시된 위생검역 기준에 따라 미국산 쇠고기의 엄정한 통관관리를 할 것임을 발표했다.

우선 첫째, 통관지 전담 세관을 지정하여 쇠고기 수입신고 시 월령, 부위, 원산지표시를 상세히 기재토록 의무화한 후, 30개월령 미만 쇠고기만 통관시키도록 했다. 국민적 우려가 제기되었던 30개월령 이상 쇠고기는 수입을 금지했다.

둘째 4개 부위(뇌, 눈, 척수, 머리뼈)는 수입을 차단하고, 뼈있는 고기 또는 일부 특정 위험물질 포함 부위(등뼈, 티본스테이크 등)는 위생검역이 완료되면 분리 통관을 한 후, 판매과정 전반에 대한 유통 이력관리를 하기로 했다. 거의 마약, 전략물자 통제에 준하는 수준으로 유통관리를 했다.

셋째는 쇠고기 수입관련 자율규제 위반업체는 특별 관리하고 원산지 우회수입 감시를 위해 '쇠파라치'제도도 도입하겠다고 했다. 사실상 관세청의 후속 조치는 30개월령 이상 미국산 쇠고기와 광우병 논란을 불러온 특정 위험물질 통관을 전면적으로 불허한다는 강력한 조치였다.

돌이켜보면 정부 차원에서 쌀, 쇠고기 등과 같이 한국만이 고민하는 민감품목에 대해서는 일반 수입상품과 달리 개방 여부를 판단할 때 신중한 접근이 필요하다. 충분한 시간을 갖고 국민의 이해를 구해야 하며, 향후 국회 동의 등을 고려하여 초당적인 협력이 필요하다. 그러나 2008년 봄의 사정은 그러하지 못했다. 애초부터 UR협상으로 미국산 쇠고기 수입은 개방되었던 것인데 2003년 12월 미국에서 광우병 의심 사례가 발견되자 미국산 쇠고기에 대한 검역을 중단함으로써 사실상 수입금지 조치가 되어버린 것이 화근이었다. 2006년부터는 한·미 간 협상을 통해 30개월령 미만 소의 뼈를 제거한 살코기만 수입을 허용했지만, 검역 과정에서 뼛조각이 발견되어 또다시 문제가 되었다. 2007년 말까지 양측의 줄다리기 협상은 계속되었지만 어떠한 결론도 내리지 못했다.

결국 한·미 간의 협상은 2008년 새로이 출범한 'MB정부'에서 한·미 정상회담을 통해 타결되었다. 우선 1단계로 30개월령 미만의 뼈를 포함한 미국산 쇠고기 수입을 개방하는 것으로 했다. 그리고 2단계로는 미국이 동물사료 금지조치를 강화하면 30개월령 이상 쇠고기도 수입하기로 미 측의 입장을 일부 반영했다. 그러나 정권이 교체되자마자 나온 이러한 협상결과는 지난 수년간 견지해오던 수입개방 기준(뼈없는 쇠고기 수입)을 크게 후퇴[73]한 것이라

---

73) 이미 그 당시에도 고기가 붙어있는 소뼈는 식용으로 수입이 가능했다.

3/
개방화의 빛과 그림자를 만나다

고 일부 정치권과 시민사회단체, 그리고 축산물 농민단체의 맹비난을 받았다. 게다가 미국에서 광우병이 발생해도 수입을 중단할 수 없다는 괴담이 시중에 유포되면서 광우병 공포가 확산되기 시작했다. 특히 MBC 'PD수첩'의 방영 내용은 국민의 불안과 우려를 자아내기에 충분했다.

그럼에도 불구하고 당시는 물론 현재까지도 국내에서 광우병 발생으로 인한 사망자는 단 한 명도 없다. 그러면 2008년 4월부터 벌어진 광우병 사태는 무엇을 의미하는가? 정말 가짜뉴스가 불러온 사회혼란상인가. 아니면 정부가 국민에게 정서적으로 민감한 품목의 수입개방 조치를 하면서 여론 수렴을 충분히 하지 못하고 일방적으로 몰아붙인 탓일까. 사실 양측의 주장을 들여다보면 아주 간단하다. 30개월령 미만 미국산 쇠고기 수입에는 전혀 이견이 없다. 다만, 뼈있는 쇠고기(갈비, T-bone)와 특수 위험물질이 포함된 일부 부산물까지 수입을 허용한 것이 과거보다 후퇴한 것 아니냐는 반발이었다. 하지만 갑자기 이를 국민 생명과 건강권을 위협하는 무분별한 수입 개방 조치로 몰아붙이고 국가가 국민의 건강은 뒷전으로 둔 채 검역 주권을 포기했다는 '광우병' 오명을 뒤집어씌우면서 국내적으로 4개월여 큰 사회적 혼란을 겪은 것은 그 무엇으로 설명하려 해도 이해하기 어렵다.

결국 2008년 6월 21일 한·미 간 다시 조율된 2차 협상 결과를 갖고 정부에서는 30개월령 미만 미국산 쇠고기 수입 위생조건에다가 자율규제 조건을 추가하여 고시함으로써 국내 반발을 최소화하고자 하였으나 이 또한 검증되지 않은 '광우병' 우려의 시각 때문에 쉽게 반발이 가라앉지 않았다.

할 수 없이 관세청이 팔을 걷고 나설 수밖에 없는 상황이 되어 버렸다. 아무리 농림부 등에서 과학적인 근거를 갖고 위생검역 조건상 안전성을 설명해도 한번 '광우병' 의심이 증폭된 상황에서는 아무도 믿으려 하지 않았다. 정부 내에서도 뾰족한 대안이 없자 답답해했다. 그 당시 관세청의 생각은 "아무리 위생조건을 갖고 국민건강상 안전 여부에 대해 소모적인 논쟁을 해봤자 무슨 소용이 있나. 관세청이 통관과정에서 논란이 있는 품목은 통관을 안 시키면 그만 아니냐."는 아주 간단한 내용이었다. 기자브리핑 과정에서도 우리는 "위생 적격성의 논란이 무엇이든 간에 해당 문제 품목은 국내에서 통관이 되지 않는다. 금번에 관세청이 더 이상 논란이 없도록 그렇게 하겠다고 강력한 의지를 표명하는 것이다."라고 강조해서 말했다. 동 조치는 그해 6월 26일 전격 시행되었고 광우병과 관련된 시위와 혼란은 점차 사그라지다가 그해 8월 중순 종료되었다.

지금은 그날의 일들이 웃지 못할 '광우병 괴담'으로 소개되고 있다. 기자브리핑을 했던 입장에서 보면 2008년의 지루했던 봄·여름은 쓸데없는 논란74)으로 국력이 낭비된 안타깝기 짝이 없었던 날로 기억된다.

---

74) 2025년 3월 13일 자 동아일보 보도에 의하면 "미국의 축산업자 연합회인 전국소고기협회(NCBA)는 중국, 일본, 대만이 미국산 소고기 30개월령 제한을 없앤 만큼 한국과도 협의를 추진해 규제를 없애야 한다."는 의견을 USTR에 제출했다고 한다. 미국정부의 철강, 알루미늄 관세 25% 부과가 현실화된 상황에서 양국 무역간 새로운 갈등과 혼란 가능성이 있어 그 귀추가 또다시 주목된다.

네 번째 가는 길...

싱글커스텀스로 가는 **관세경영의 길**

국력신장의
도전과 모험을
시작하다.

❝ 미래정책의 산실. 와룡동
❝ 관세제도 선진화의 몸부림
❝ 지역균형개발단과 청사이전
❝ 국력신장의 마중물. SOC기획단
❝ 국제자유도시를 꿈꾸다
❝ 일장춘몽, 홍가포르 구상
❝ 신공항과 김포공항 역할분담
❝ 김해공항 활주로 확장과 쓰레기
❝ 어공, 늘공 그리고 산따로
❝ 쌀시장 개방, 금융실명제 비화
❝ 공단부지의 선점경쟁

미래정책의 산실, 와룡동

서울 사람에게도 익숙하지 않은 '와룡동(서울 종로구)'은 역사적으로 임금을 상징하는 봉황과 용이 누워있는 의미를 담은 곳이라고 한다. 대부분은 경복궁의 이궁인 창덕궁과 창경궁 주변이다.

그러나 1992년 1월 바라본 '와룡동'은 미래정책의 산실이자 역사의 현장이었다. 그곳에는 통일부 「남북대화사무국」이 있었고, 대통령비서실 TF조직인 「사회간접자본투자기획단」과 「21세기위원회 사무국」이 함께 있었다. 21세기를 준비하고 남북대화를 촉진하며 사회적 현안인 SOC 기반시설 확충을 추진하는 전담 기구가 함께 모여있는 곳이었다. 특히 「사회간접자본투자기획단(이하 'SOC기획단'이라 한다.)」은 대통령비서실(경제) 중심으로 총 14명의 관계부처 전문가가 함께 일을 했다[75].

전언에 의하면, 이곳은 과거부터 미래의 통일한국을 꿈꾸고 고민하는 우수한 전문가들이 많이 모여들었다고 한다. 서울에는 정치 행정의 명소가 많은데 하필이면 청와대 인근 '와룡동'의 외곽인 삼청공원 뒤쪽으로 이런 건물이 들어섰을까? 그 건물에는 한옥 기와로 단장된 정자까지 있어 정체가 궁금하기도 했다. 누군가 이순신 장군이 마시던 약수터도 있다고 했다. 그런데 야사에 의하면 이곳을 미래의 산실로 욕심냈던 사람은 건물 조성만 했을

---

[75] 사회간접자본투자기획단의 초기 구성은 대통령비서실 경제수석(김종인)이 단장이며 1급 비서관(이석채)이 부단장을 맡았다.(차동득, 「한국의 교통역사」, 2024. 12. pp.114-119.)

4/
국력신장의 도전과 모험을 시작하다.

뿐, 실제 입주는 하지 못했다는 얘기가 전설처럼 내려오고 있었다. 원래 인생사가 아무리 시작은 좋은 뜻으로 했을망정 너무 집착하면 할수록 마음대로 되지 않는 것이 세상의 이치일 것이다.

이제 얘기는 점점 더 야사 아닌 야사로 흘러간다. 처음으로 와룡동에 건물이 들어선 것은 1970년대라고 했다. 어느 날 대통령이 헬기를 타고 지방순시를 다녀오다가 와룡동 골짜기에 알지 못하는 건물이 공사 중인 것을 보고 수행원에게 물었다고 한다. 그 당시 수행원은 「남북 7.4 공동성명」에 직접 참여하고 평양회담을 다녀온 당대의 유명한 분이었는데, 얼떨결에 북한대표단을 영접할 곳이 마땅치 않아 남북대화를 위한 공간으로 준비 중이라 답했다고 한다. 호사가들의 추측과는 다소 차이가 있지만, 어찌 되었든 통일부의 남북대화사무국 시설로 활용되었다. 또 하나는 1988년 6공화국이 들어선 후, 그 건물에는 전직 대통령이 의장으로 위촉된 「국정원로자문회의」가 입주할 예정이었다고 한다. 그 당시 새롭게 인테리어를 마친 흔적이 있었고 건물 내부는 청와대 본관과 같이 화려한 카펫이 깔려있었지만 결국 입주하지 못했다.

그러다 보니 '와룡동' 그곳은 1990년대 들어 대통령비서실의 TF 조직이 상당수 입주했다. 청와대 별관 사무실이 협소하고 와룡동 사무실은 여유가 있었기에 'SOC기획단' 등 여러 프로젝트팀이 연이어 입주했다. 우리는 'SOC기획단'에서 각자 자기 부처를 대표[76]하여 중장기정책 등 더 큰 그림을 그리고 미로를 개척하기 시작했다. 거시적인 안목에서 국가물류체계의 혁신을 위한 H/W와 S/W 관련 정책과제를 수행했다. 우선 하드웨어 측면에서 인천 신

---
76) 경제기획원, 재무부, 건설부, 교통부 이외에 관세청 소속 전문가가 파견되어 사회간접자본 투자뿐만 아니라 각종 S/W 개선사업을 기획 및 추진했었다.

공항, KTX 고속철도, 부산신항, 광양항 건설 등 국책사업과 국가공단사업 등 사회간접자본시설의 확충을 지원하고 소프트웨어 측면에서는 중앙과 지방의 국가정보화 사업과 무역체계 전반을 연계하는 무역자동화사업을 총괄 지원했다.

그 당시 사회 일각에서는 인천 신공항을 건설하면 국가부도 사태를 맞을 수 있다는 우려를 제기하는 전문가들이 있었다. 하지만 지금 인천 신공항이 없다면 어떻게 되었을까. KTX 이전에는 임시방편으로 새마을 열차의 장대화 사업을 통해 2개 열차를 동시에 연결 운행해 버텼지만, 지금의 고속열차가 없다면 과연 상상이나 할 수 있을까. 무역자동화 등 국가정보화를 그 당시 강력히 추진하지 않았더라면 과연 IT기반 정보화 사회는 성공할 수 있었을까. 그리고 부산신항, 광양항 등 국가기간시설과 포승공단, 율촌공단 등 수많은 국가공단이 그 당시 건설되거나 추진되지 않았더라면 지금의 선진국대열 합류가 가능이나 했을까. 수많은 의문이 든다.

돌이켜보면 그 당시 청와대는 지금의 대통령실과는 기능이 매우 달랐다고 생각된다. 요즘은 너무 정치 현안에 매몰되어있는 것처럼 보이지만 중요한 것은 국가 미래과제에 대해 대통령실이 혼신의 힘을 더해서 성공의 지름길로 유도하는 것이다. 국가경영이라는 큰 안목으로 나라를 보면 정책의 사각지대 등 외진 곳이 보인다. 국가적으로 중요한 국책사업이지만, 눈치보고 여론을 살피느라 지지부진한 사업. 부처 간 이해관계 때문에 추진이 용이하지 않은 사업. 힘없는 부처라서 아무리 요구해도 힘이 없다는 이유로 어느 누구도 거들떠보지 않는 사업. 그리고 그동안의 난개발로 인해 국가적으로 정비가 필요한 사업 등은 의견조정과정을 거쳐 반드시 성공할 수 있도록 추진력을 부여하는 일에 대통령실이 앞장서야 한다.

4/
국력신장의 도전과 모험을 시작하다.

 와룡동! 그곳은 20세기 말 대한민국에서 많은 미래 전문가와 SOC 전문가들이 모여 수많은 역사적 과업을 탄생시킨 의미있는 장소이기도 하다. 미래정책의 산실에서 근무했던 소중한 경험과 추억은 나에게도 오늘을 있게 해준 고마운 인연이었다.

관세제도 선진화의 몸부림

우리는 늘 어떤 옷을 입을지, 무엇이 나에게 맞는지, 미래에 대한 대응과 적응은 어떻게 해나갈 것인지를 고민한다. 국제무역과 관세 제도를 다루는 입장에서도 생각은 똑같다.

한때 나는 미국 관세청의 훕스(HOOPS)를 만났을 때도 그러한 생각으로 질문과 토론도 많이 했지만 왜 세계 각국은 비슷한 임무를 수행하면서 통관절차와 관세 징수절차 그리고 이를 단속하는 시스템이 다를까. 무엇이 그들을 다르게 생각하도록 만들었을까 하는 의문이 있었다. 그러면 과연 우리의 제도는 지금이 최선의 시스템인가? 보다 선진화 효율화 되도록 바꿀 필요는 없는가 하는 생각이 늘 있었다. 얼마의 시간이 지나지 않아 WCO의 각종 실무작업반 회의와 정책회의를 다니면서 이러한 의문이 일부 해소되기도 했다.

우선 미국은 WCO의 관세 제도 표준화에 관심이 크지 않다. 왜냐하면 그들은 유럽과 지리적, 국가적 환경이 달라도 너무 다르다고 생각하기 때문에 유럽 중심의 표준화를 받아들이기 어렵다고 생각한다. 회의 때면 늘 미국대표단의 참석률이 저조한 것도 이 때문인지 모른다. 미국은 국토가 광활하다. 1930년대부터 뉴욕항과 LA항이 국제 무역항으로 자리 잡았지만, 거리상의 제약 때문에 항구에서 하역된 화물을 텍사스 등 내륙으로 옮겨와서 통관할 생각을 전혀 하지 못했다. 그냥 항구에서 하역된 화물은 그곳에서 신속히 통관부터 하고 세금 계산 등 정산은 나중에 하면 된다는

4/
국력신장의 도전과 모험을 시작하다.

생각을 자연스럽게 하게 되었다. 미국은 여러 공항과 항만에 배치된 세관에서 On Dock 통관하는 것이 일반화되어 있다. 관세 및 통관절차도 거기에 맞게 적합화 되어 있다[77].

이에 비해 유럽은 좁은 국토에 수많은 국가가 인접해 있다. 게중에는 항구가 있는 네덜란드, 독일, 프랑스, 스페인 등이 있는가 하면 항구가 전혀 없는 체코, 오스트리아, 헝가리 같은 나라도 있다. 유럽은 네덜란드의 로테르담 항구가 일찍이 국제 무역항으로 성장하였으며, 대부분의 화물은 로테르담 항에서 하역 후 각 나라로 흩어지는 경우가 일반적이다. 그러면 화물이 이동할 때 각각 수입신고, 수출신고, 통과신고 등을 어떻게 할 것인가. 각기 다른 언어, 다른 서식, 다른 관세율 등을 적용하면서까지 무역을 효율적으로 할 수 있을까? 유럽의 관세 당국은 자연스럽게 표준화에 관심을 가질 수밖에 없었다. 1988년에는 단일신고서 형태로 SAD[78] 표준서식을 만들어 사용했다. 유럽국가는 화물이 국경을 통과할 때 SAD 서식을 사용하며, 최종 수입국에서 간이 통관을 한 후, 관세 등 세금은 주기적신고제 등으로 간접세 징수 차원에서 사후 납부하고 있다. 그래서 조세체계는 '직접세청'과 '간접세청'으로 구분하며 통관과정에서 관세 등을 적게 받으면 그만큼 수입자의 순익이 늘어나므로 나중에 회계심사 및 세무조사(Post Audit) 과정에서 이를 보정하면 된다는 생각을 갖고 있다.[79]

그러면 섬나라인 일본은 어떠할까. 사면이 바다로 둘러싸여 있으면서, 국토는 넓지 않고 공·항만은 미국과 같이 분산 분포되어

---

77) 손병조, 「Korea shipping Gazette」, '미국편, 통관관리 공항·항만에 집중', 1989.4. pp. 138-141.
78) Single Administration Document
79) 손병조, 「전게서」, '유럽편, 간이통관제 적용', 1989.4. pp.135-139.

있기 때문에 가장 원칙적인 관세 제도의 패턴을 유지하고 있다. 즉 외국에서 들어오는 화물은 제3국 경유 없이 자국 내 화물이므로 공·항만에서 통관할 수도 있고 공·항만이 협소하거나 비용이 많이 들면 내륙의 자기 공장 소재지로 화물을 이동시킨 후 통관할 수도 있다. 자연히 일본은 행정수요가 많이 드는 분산형 통관관리를 할 수밖에 없다. 그러다 보니 감시 취약 요인이 많아 화물이동 단계별로 전통적인 통관규제를 많이 하는 국가로 알려져 있다.[80]

그러면 우리는 어떠한 모델이 바람직할까? 해방 후 일본식 관세제도를 이어받았기 때문에 1970년 관세청 발족 후에도 상당 기간 종전 방식을 답습했다. 모든 화물은 세관의 장치 확인을 받아야 수출입 신고가 가능했고 세금은 선납하지 않으면 물품통관이 불가능한 체제였으며 수출은 사전통제(Pre-Shipment Control)에 의존하는 체제였다. 1980년대 들어 수출입 물동량이 급증하면서 이러한 세관관리기법이 더 이상 우리의 몸에 맞지 않는다고 인식하기 시작했다. 앞서 언급했던 허위 부정수출 사건과 세관의 부조리 사건이 대표적인 사례로서 현실적으로 이행이 불가능한 시스템을 제도적으로 강요하다 보니 발생한 불상사였다.

드디어 우리는 올림픽을 전후로 미국, 유럽, 일본 등 선진 각국의 관세 제도를 비교하고 벤치마킹하는 노력을 시작했다. 우선은 유럽식의 관할지 세관 개념을 도입한 '지정세관제도'를 도입했지만, 관세를 간접세의 일부로 인식하여 다른 내국세와 통합 관리하는 유럽식의 세제와 연 단위 회계심사 등 사후관리 방식이 우리와 달라 국내 적응에 한계가 있었다. 특히 1987년부터 관심을 가진 것은 미국식의 Entry(물품신고)와 Entry Summary(납세신고) 분

---

[80] 손병조, 「전게서」, '일본편. 전통적 통관절차 엄격히 적용' 1989.5. pp.134-138.

4/
국력신장의 도전과 모험을 시작하다.

리에 의한 「선통관 후심사」 제도였다. 즉 통관은 현품을 보지 않고는 적법성을 확인할 수 없으니 사전에 하되, 리스크를 고려하여 선별검사를 하고, 세액심사는 시간이 다소 걸리는 업무이니 통관 후 건별로 사후 심사를 하거나 기업별로 모아서 한꺼번에 하자는 취지의 제도였다. 당시 관세청은 여론 수렴을 거친 후 미국식 제도를 3년에 걸쳐 단계별로 도입하는 방안을 제시[81]하기도 했다. 많은 핵심 관계자들이 신선한 발상이라고 하면서도 국내에 잘 정착될 수 있을지 걱정하기도 했다. 그러나 입법과정에서 재무부와 협의하면서 좀 더 외국의 실태를 파악한 후 시행하자고 연기하는 바람에 실행단계까지 이르지는 못했다.

한참 세월이 흐른 오늘에 와서 보면 그 당시 우리는 선진 무역 강국으로 발돋움하기 위해 관세제도 선진화에 최선을 다해 왔다고 자부한다. 아직도 다방면으로 발전시켜나가야 할 부분이 많아서 완벽한 모습은 아니지만, 그동안 지속적인 제도 선진화의 노력이 없었다면 어떻게 1조 불을 넘어서는 대규모 무역량을 감당할 수 있었을까. 기존의 관세제도가 갖고 있던 기득권을 과감히 던져버리고, 미국과 유럽의 선진방식을 도입하고자 했던 전문가들에게 고마움을 전한다.

---

81) 관세청 통관관리국, '기업관리방식 위주의 통관제도 정립(최종안)' 1989. 6. 30.

지역균형개발단과 청사이전

어느 나라든, 새 정부가 들어서거나 책임자가 바뀌면 정책의 변화는 필수적이다. 특히 집권 세력의 생각이 비슷하다 하더라도 신 정부의 입장이 되면 달라지기 마련이다.

'금융실명제'는 사실상 6공화국 정부에서 '금융실명제 도입에 관한 법률' 등 모든 준비가 완료되었지만, 부처간 의견 차이 때문에 제때 시행하지 못하고 있던 것을 문민정부 들어 시행한 것이었다. '지역균형개발정책' 또한 1990년의 「3당 합당」으로 여권의 지역연합이 형성되자, 소외 지역 반발을 무마하기 위해 부랴부랴 청와대에 「지역균형개발단」을 설치하고 활발한 활동을 했다. 하지만 이러한 노력도 잠시뿐. 각 지역별로 하늘길과 바닷길 그리고 육로길의 교통 물류망과 SOC 기반시설 확충이 필요하다는 새로운 현안이 대두되자 1년 만에 해체되고 'SOC기획단'이 1991년에 설립되어 국가물류체계 전반의 일대 혁신사업을 추진하게 되었다. 또한 1994년 문민정부에서는 'SOC기획단'을 「국가경쟁력강화기획단」으로 개편해서 세계화와 국제화 전략을 새롭게 수행하게 했다. 이처럼 정부정책은 집권 세력의 생각과 정치현안이 무엇이냐에 따라 잦은 변경을 불사한다.

1992년 1월, 'SOC기획단'에서 근무하고 있을 때의 일이다. 사무실 자료정리를 하다가 해체된 「지역균형개발단」의 「정부대전청사 설립과 이전」에 관한 자료를 우연히 보게 되었다. 정부 대전청사는 지역균형개발 차원의 아이디어로 시작되었지만, 초기 단계의

4/
국력신장의 도전과 모험을 시작하다.

검토자료는 매우 부실하였다. 예를 들면 이전대상 기관 중 하나인 관세청의 경우, 재직 인원이 300여 명에 불과한데도 이전 효과를 분석한 자료에는 서울세관 정원 전부를 포함해서 1,000명 이상의 이전 효과가 있는 것으로 분석되어 있었다. 비록 아이디어 차원에서 정책과제로 선정은 하였지만, 설마 정부 부처의 일부를 대전으로 이전하려는 정책결정을 누가 할 수 있겠냐는 의구심이 깔려있었던 것 같다. 이전대상 후보로 거론되던 해당 부처에서도 설마 하고 추가 설명이나 이의제기를 한 흔적이 없었다. 그 누구도 이런 설익은 아이디어가 현실로 다가오리라 예측하지 못했다.

지금은 대부분의 중앙부처가 서울을 떠나 정부 대전청사와 세종청사에 내려와 있다. 과거의 정책자료와 관계자의 증언을 들어보면 「지역균형개발단」이 가장 중시했던 정책은 정부기관, 공공기관의 지방이전이 아니라 교육정책의 혁신이었다. 훌륭한 인재들이 서울에 오지 않고도 각자 자기의 지방에서 훌륭한 교육을 받을 수 있도록 지방의 명문 교육기관을 육성하는 것이야말로 지역균형개발정책의 본질이자 핵심이라고 했다. 이러한 정책이 지속적으로 시현되면 각 기업들도 수도권 집중억제 정책에 따라 지방의 적재적소에 공단을 조성하고 본사와 공장을 배치하여 인력을 수급하게 될 것이므로 굳이 정치색 짙은 구호에 의존하지 않고도 정책목표를 달성할 수 있다고 생각했던 것 같다.

그러나 1990년 「3당 합당」이 불러온 「지역균형개발단」의 수많은 정책대안 중 한 귀퉁이에서 잠자고 있던 정부청사의 대전 이전정책은 전략적 아이디어가 부족한 정치물에 오염되면서 급기야 청 단위 기관을 지방으로 이전하게 하는 국가적 우를 범하였다. 「3당 합당」 후 그 당시 대전지역을 정치적 기반으로 했던 '자민련'에 의해 주도82)되었으며 설마 대전으로 가는 일이 있을까 하고 안일하게 생각하고 있던 기관들이 문민정부를 거치면서 계획이 확정되어 결과적으로 옮겨가야 하는 청천벽력과 같은 일이 벌어지고 말았다.

  돌이켜보면 한반도라는 지정학적 위치와 시시각각 변화하는 국제정세 속에서 수많은 행정수요와 중요정보가 폭주하는 수도 서울에 행정부가 위치하지 않아도 된다면 그 정부 기관의 존재 이유는 무엇인가? 언젠가는 지난 세월 미래를 멀리 내다보지 않고 정치권이 '표'만 의식해서 저지른 행정부의 지방이전 정책은 반드시 역사적 재평가를 받는 날이 올 것이다.

---

82) 1998년 8월부터 순차적으로 관세청, 조달청, 농진청 등 13개 외청이 정부대전청사로 이전했다.

4/
국력신장의 도전과 모험을 시작하다.

 국력신장의 마중물. SOC기획단

20세기 말. 한 시대를 풍미했던 'SOC기획단'을 기억하십니까?

새천년을 앞두고 우리나라는 독일통일, 구소련 해체 등 국제정세가 급변하고 인터넷 등 새로운 정보기술의 발달과 함께 국가 간 인적·물적 교류의 확산과 수출입 물동량의 급증, 그리고 이로 인한 교통 유발 등으로 행정수요는 폭발적으로 늘어나고 있었다. 정부나 민간기업은 통상 이러한 환경변화에 신속히 대응하기 위해 프로젝트 TF팀을 운영하는데 청와대가 나서서 직접 TF팀을 두고 미래 환경과 수요에 대비한 중장기적 정책을 추진하는 역할을 부여받은 것은 정부수립 이후, 그때가 처음이었던 것 같다. 얼마나 상황이 긴박했으면 그러했을까?

1991년 3월에 설치[83]된 'SOC기획단'은 그 당시 시급한 도로, 철도, 공항, 항만 등 각종 국가 기반시설의 획기적인 확충을 위해 범정부적인 차원에서 접근하여 추진한 매우 성공적인 사례로 회자되고 있다.

서울올림픽 이후 우리나라는 수출입 물동량의 급증과 해외여행 자유화로 국민의식 수준은 나날이 높아지고 사회의 각종 시스템은 선진화되어 갔음에도 정부 내에서 이를 뒷받침 할 SOC 기반시설의 체계적인 투자는 전무한 상황이었다. 그 결과 부산항은 컨테이너 전용선이 하역할 수 있는 부두가 절대적으로 부족하여 체선현

---

83) 차동득, 「전게서」, p.115

상이 일상화되었고, 공항은 항공화물 물동량과 해외여행 수요의 폭주로 인해 거의 마비 직전에 이르고 있었다. 게다가 경부고속도로는 대전 엑스포 준비로 1개 차선을 증설하였음에도 부산에서 서울의 화주 인도까지 15~17시간가량 소요84)되는 웃지 못할 상황이 벌어졌으며, 화물수송의 일익을 담당해야 할 철도수송은 여객수송 위주로 편성되어 물류체계 개선에 거의 도움을 주지 못하는 총체적 위기 상황이었다.

1991년 당시, SOC 기반시설의 부족 문제를 해소하기 위해 도로는 건설부, 공항은 교통부, 항만은 해운항만청, 철도는 철도청이 각기 시설 확충을 추진 중에 있었으나, 예산요구만 한다고 해서 모든 문제가 해결되는 것은 아니었다. 정책 결정의 모든 힘은 경제기획원에 있었으며 예산실의 도움없이는 그 누구도 SOC 사업을 자체적으로 추진하기 어려웠다. 그동안 정부 내에서는 아무리 시급하거나 타당성이 있는 사업이라도 관계부처 간 이해관계가 충돌되는 경우에는 소위 '힘없는 부처'는 아무것도 할 수 없는 생태계가 존재하고 있었다. 'SOC기획단'은 이러한 비효율적 관행을 타파하기 위해 다양한 부처들의 중장기 비전을 직접 듣고 예산실과 정책의 우선순위를 협의해서 적극 실행될 수 있도록 도왔던 유일한 조직이었다.

문민정부 초기까지 약 3년 3개월(1991. 3.~ 1994. 6)동안 활동한 'SOC기획단'은 사회간접자본시설의 확충을 위해 엄청난 노력을 했었다. 하드웨어 측면에서는 영종도에 동북아의 허브 역할을 할 수 있는 신공항을 건설하고 항만은 부산신항을 중심으로 중장기적인 확충계획에 따라 벌써 20여 개의 컨테이너 전용부두를 건설

---

84) 상공부장관, 교통부장관 등 「컨테이너내륙수송원활화대책」, 1991. 5.

4/
국력신장의 도전과 모험을 시작하다.

하였으며, 광양항에도 컨테이너 전용부두를 함께 건설해서 경부축의 집중도를 완화시킴과 동시에 철도는 KTX 고속열차를 도입하여 여객 수송을 전담하고 기존 열차는 화물수송 위주로 재편되도록 제도개혁을 단행했었다. 또한 소프트웨어 측면에서는 부족한 기존 SOC 시설의 운용효율을 2배 이상 높일 수 있도록 국가정보화 사업을 추진하며, 최우선 사업으로 수출입 무역서류를 1/2로 감축하고 무역 전반의 자동화 사업을 추진하여 뒷받침하도록 하였다. 그때 'SOC기획단'이 중심이 되어 국가 기반시설을 확충했던 놀라운 성과는 오늘의 대한민국을 단번에 선진국 수준으로 향상시키는 신화적인 모습을 연출했다고 본다.

해외 입국여행자들이 공항 도착과 동시에 깜짝 놀랄 수밖에 없는 서비스 세계 1위 수준의 인천국제공항. 그리고 서둘러 일찍 예약하지 않으면 열차표를 구하기가 힘든 KTX 고속열차. 밤새 불 밝히고 약 1조 불 이상의 막대한 무역량 처리에 몰두하는 부산신항과 인천항, 광양항 컨테이너부두 등은 그 당시 'SOC 기획단'의 전문가들이 갈망했던 우리의 미래 모습이었다. 그리고 왕복 10차선의 경부고속도로와 중부내륙고속도로, 그리고 부산의 광안대교와 항만 배후도로 등도 그 토대가 그때 마련된 것이었다.

'SOC기획단'은 21세기 국력신장의 마중물이자 견인차였다. 그 후 'SOC기획단'은 세계화. 국제화의 추세에 걸맞게 「국가경쟁력강화기획단」으로 그 모습을 바꾸게 되었지만, 그동안 대통령실에 설치되었던 여러 TF 프로젝트팀 중 오늘날까지 회자되거나 기억되는 조직은 'SOC기획단'이 유일하다.

국제자유도시를 꿈꾸다.

정부의 주요 정책은 민간으로부터 끊임없이 분출되는 행정수요에 기반한다. 이러한 행정수요에 입각한 정책 아이디어는 자발적으로 생성되기도 하지만 특정 집단의 요구에 의해 형성되기도 한다. 문민정부들어 정치권에서만 자라온 사람들에게는 이러한 정책적 아이디어가 매우 필요했다. 그 당시 새로운 정치 세력에게 국가발전을 위한 여러 가지 아이디어가 제시되었는데 그중 하나가 「국제자유도시」 구상85)이었다.

영종도에 인천국제공항 건설을 위한 물막이 공사가 마무리되어 가던 어느 날. 대통령을 모시는 행사가 있었는데 전언에 의하면 수행원 헬기가 먼저 내리고 난 다음에도 대통령 탑승헬기는 영종도 상공을 한 번 더 순회하고 내렸다고 한다. 영종도 물막이 공사는 그 규모가 너무나 방대하여 우리나라 오천 년 역사에 한 번 있을까 말까 한 대역사이며, 이를 하늘에서 바라보면 여기에 국제공항만 하나 달랑 짓는 것이 과연 효과적이냐는 의문이 들 정도였다고 한다. 이러한 정책을 주도했던 당시 교통부장관(오명)은 이러한 느낌을 대통령이 자연스럽게 느낄 수 있도록 하늘에서 그 필요성을 설명했다고 한다.

그다음 날, 우리는 긴급 연락을 받고 '4대 국책연구기관86)'과

---

85) 3I(International, Intelligent, Island) 국제자유도시 구상은 공항(Airport), 항만(Seaport), 정보통신망(Teleport)이 완비된 첨단 지능도시를 만들자는 내용이다.
86) KDI, 국토개발연구원, 교통개발연구원, 통신개발연구원이 참여했다.

4/
국력신장의 도전과 모험을 시작하다.

'SOC기획단'의 전문가들이 모여 국제자유도시 구상에 관한 공동작업87)을 진행하였다. 전 세계의 유수한 국제자유도시 모형88)을 탐색하고 영종도를 어떻게 「국제자유도시」로 업그레이드할 것인지를 검토하였다. 일단 영종도 공항지역 주변을 국제자유도시화하여 무역과 금융 그리고 정보와 인적교류의 중심지로 발전시켜나가야 하며, 이를 위해서는 더 많은 면적이 필요하다는 결론이었다. 기본설계를 의뢰했더니 영종도 하단으로 약 2천만 평의 추가 매립이 필요하다는 제안이 들어왔다. 또한 영종대교 중간 톨게이트 지역을 확장하여 세관, 출입국관리사무소, 검역소 등 공항 CIQ 시설을 공항 밖 톨게이트 업무시설로 이전하고 공항과 주변 국제자유도시 전 지역은 홍콩, 싱가포르와 같이 「무비자」 지역으로 개방하자는 신선한 아이디어가 속출하기도 했다.

'4대 국책연구기관'은 기본설계 과정에서 「국제자유도시」의 기능과 기능별 필요시설의 규모, 해당 토지의 벨류에이션과 상업지역, 주거지역의 분할 및 배치, 그리고 외국인 전용 편의시설과 골프장 등 필수시설의 설치와 경제성분석을 담당하였다. 그 당시 사업비로 약 8조 원가량의 투자가 필요하며, 상당한 경제적 성과를 거둘 수 있다는 연구 결과가 나왔다.

그러나 이러한 연구 결과를 토대로 정부 정책에 바로 반영하기에는 여러 가지 정치적 결단의 위험이 도사리고 있었다. 1994년 대통령의 지자체 초도순시를 앞두고 인천지역에 국한된 대규모 프

---

87) 공동작업은 제도조정, 도시구조, 교통체계, 정보통신체계 4개 반으로 운영되었으며, 관세청은 제도조정반에서 법제 검토를 하였다.
88) 오사카 간사이공항주변 링크타운, 달라스 포트워츠 공항주변 첨단도시, 창이공항 첨단도시형단지, 홍콩과 광동성 심천 지역경제 특구 등 여러 가지 모형이 있다.

로젝트를 중앙정부 차원에서 발표하는 것은 정치권에 큰 부담으로 작용하였다. 결국 이러한 정책적 아이디어를 인천시에 이관하여 지자체 핵심사업으로 추진하는 것이 좋겠다는 결론에 이르렀다. 오늘날 인천국제공항과 주변 신도시 그리고 배후시설은 그 당시 준비된「국제자유도시」구상과는 규모 면에서 거리가 있다. 우선 기능 면에서 공항시설 이외에 달라지거나 확장된 것은 없다. 국제적으로 IT 정보산업의 중심지, 역외 금융센타의 산실, 동북아의 HUB로서의 국제산업단지와 물류 거점 등은 지자체 단위에서 구상조차 하기 어려웠다고 생각된다. 지금도 을왕리 주변을 가다가 보면 그러한 생각이 든다. 을왕리 해수욕장은 영종도 하단에 풍광 있게 위치한 천혜의 자연지역이라 이를 잘만 정비하면 훌륭한 리조트단지가 될 수 있다고 생각했었다. 그 후면에 외국인 주거단지와 골프장을 배치하려던 멋진 구상도 있었다. 그러나 지금은 그 주변에 횟집 등 식당들로 늘어서 있다. 아마 정치적으로 지역개발 욕구나 갈등이 최소화되는 정치 구도였다면 영종도는 천지가 개벽할 정도로 첨단「국제자유도시」로 발달하였을 것이다. 진정으로 동북아의 전략요충지가 되었을 것이다.

세계화와 국제화가 정부의 주요 핵심 가치이던 1994년. 우리는 「국제자유도시」를 꿈꾼 적이 있다.

일장춘몽, 홍가포르 구상

앞서 언급했듯이 우리는 홍콩, 싱가폴과 같은 국제자유도시를 만들 수는 없는 것인가? 여러 지방자치단체가 도전하고 있음에도 실현되기 어려운 이유는 무엇인가.

홍콩과 싱가포르는 1930년대부터 유럽과 아시아, 태평양을 오가는 자유무역항 성격으로 발전해온 지역이며 술, 담배 등 일부 소수 품목을 제외하고는 세관에 신고없이 통관이 가능한 '자유무역국가'이기도 하다. 법인설립은 아주 작은 소액으로도 가능하고 역외금융 또한 자유롭다. 지금은 홍콩의 중국화로 상황이 많이 달라졌지만, 일찍이 홍콩과 싱가포르가 세계금융과 무역의 중심역할을 할 수 있었던 것은 바로 이러한 자유와 개방의 개념이 사회 기반을 형성하는 기본가치로 자리 잡았기 때문이다.

우리도 이러한 취지에서 1990년대 초에는 영종도 국제자유도시. 그리고 2000년대 들어서는 제주도를 특별자치도로 승격하면서 이 지역을 '홍가포르'와 같은 국제자유도시로 만들자는 주장이 정부 또는 지방자치단체에서 강력히 제시되기도 했다.

돌이켜 보면 인천공항을 품은 영종도의 꿈은 거창했다. 공항 배후지 영종도를 '정보'와 '통신', '레저'가 묶여 복합적인 기능을 갖춘 국제자유도시로 만든다는 구상이었다. 그리고 무비자 입국이 가능하게 하자는 야심 찬 주장도 있었다. 그러나 영종도의 국제자유도시 구상은 그 추진 주체가 지방자치단체로 이관되면서 색깔이 크게 퇴색하였다. 국제금융도시의 꿈도, 국제자유도시의 이상도 사라졌다. 오로지 국내적인 관점에서 공항의 배후 지원 기능과 복합 공항도시로서의 자족성 확보가 기본구상이 됐다. '2030 인천도시기본계획'에서는 또다시 '인천국제공항과 연계된 글로벌 수준의 외국인 정주환경 구축'을 강조하지만, 지역주의가 팽배한 우리나라에서는 어느 정치세력이 집권하더라도 선거와 지역별 형평성을 의식하는 한, 국제자유도시 구상은 실현되기 어렵다.

국제자유도시의 꿈이 퇴색한 곳은 제주도도 마찬가지이다. 우리나라 가장 남쪽에 있는 제주도는 2002년 '제주특별자치도 설치 및 국제 자유 도시 조성을 위한 특별법'에 의하여 도에서 특별자치도로 승격하였다. 정부는 제주도를 무비자, 무관세(면세), 무규제의 국제자유도시로 만든다고 했다. 제주도민들이 주민투표로 이를 동의했고 이렇게 시작된 '홍가포르'의 꿈은 제주의 미래비전이 되었다. 2010년 9월 어느 일간지 기사를 보면 제주도는 "제주를 홍콩이나 싱가포르를 능가하는 명품 국제자유도시로 만들기 위해 관광, 교육, 의료 등 핵심사업을 강력히 추진하겠다고 밝혔다. 그로부터 십수 년이 훨씬 지난 지금, 제주국제자유도시는 '국제'나 '자유'라는 이름이 어색할 정도다. 관광, 교육, 의료 등 거의 제자리를 찾지 못하고 있다. 무비자, 무관세(면세), 무규제의 국제자유도시로 만들기로 했던 이른바 '3무 정책'도 남은 것은 겨우 내국인 면세점, 국제학교 정도다.

2010년 어느 날, 국무조정실장 주관으로 제주도 '3무 정책' 실현방안을 협의하기 위한 관계부처 회의가 있었다. 그날 회의에서 관세청은 '무관세 정책'을 반대했다. 제주도는 섬 지역이며 육지와 연결된 영종도와 달라서 이를 전면 허용하기 어렵다고 했다. 그렇지 않아도 쌀, 대두, 참깨 등 중국산 농산물과 가짜상품 밀수로

4/
국력신장의 도전과 모험을 시작하다.

인해 큰 골치를 앓고 있는데 제주 전 지역을 무관세 지역으로 설정하면 제주지역이 중국 등 외국산 제품의 밀수통로로 활용되어 세관의 관세선을 남해안 해상 전역으로 확장해야 하는 문제들이 있었다. 또한 제주에서 입출도하는 인원에 대한 세관, 출입국관리사무소, 검역소의 CIQ 시설을 어디에 둘 것인지, 제주 한 곳뿐만 아니라 국내 공·항만에도 각각 설치해야 하는지, 그리고 해상밀수 단속을 위해 감시정 등 세관 장비와 인력을 얼마나 충원해야 하는지 감당이 불감당이라 했다.

사실 영종도와 제주도의 국제자유도시 구상은 '3무' 등 몇 개의 법률적 예외를 둔다고 해서 실현되기에는 한계가 있다. 홍콩과 싱가포르와 같이 거의 완전한 주권 독립에 버금가는 결단없이는 실현이 어렵다. 특히 지방자치단체 차원에서 이를 추진하는 것은 더더욱 어불성설이다. 홍콩만 하더라도 중국으로 편입 후 최근 중국 '국가보안법'이 시행되고 미국이 홍콩에 부여했던 특별대우를 폐지하자 글로벌 기업의「탈 홍콩」현상이 이어지고 있다. 국제자유도시는 결국 정치체제와 주권의 독립 또는 그 나라 지역이기주의 타파 없이는 한 걸음도 나아가기 어렵다는 사실을 입증한다.

우리나라에서 국제자유도시의 꿈은 지금의 정치 현실상 한낱 일장춘몽(一場春夢)에 불과하다. 더 이상의 꿈은 상처만 깊게 할 뿐이다.

신공항과 김포공항 역할분담

한 곳에만 너무 생각이 집중되면 다른 것은 보이지 않는다. 누군가는 "숲을 봐야지 나무만 봐서는 안된다."고 강조하지만 그렇지 못한 것이 인생의 한 단면이며, 국가 정책도 마찬가지이다.

영종도「신공항」건설을 계획할 때도 비슷한 애로가 있었다. 정부 내에서 여객 부문에만 너무 관심을 집중하다 보니 항공화물 처리의 효율성 문제는 간과했던 것 같다. 수도권 내 TWO AIRPORT 시스템이 구축되면 기존의 김포공항과의 역할 분담 체계나 내륙 수송체계의 효율성을 함께 검토했어야 하는데 준비가 부족했다. 앞으로 부산의 가덕도 신공항도 똑같은 문제가 발생될 수 있다. 지역적으로는 기존의 김해공항뿐만 아니라 인천국제공항과의 역할 분담 문제도 반드시 제기될 것이다.

1994년 4월 우리는 'SOC기획단'에서 신공항 관련 물류체계 개선대책[89]을 검토하고 있었다. 때마침 관세청으로부터 연락이 왔다. 새로 부임한 청장(김용진)이 부임 인사차 청와대 방문 시 영종도「신공항」운영에 대비한 항공화물 유통체계 개선과 관련하여 관세청의 역할을 주문받았는데 그 역할이 어떤 것인지 궁금해한다는 얘기였다. 그해 5월 우리는 청장을 비롯한 주요 간부에게 관세청이 추진해야 할 S/W 개선과제에 대해 서로 협의했던 기억이 있다.

그 당시 영종도「신공항」건설을 추진 중이던 교통부 등 주무

---

[89] 사회간접자본투자기획단, '신공항 운영대비 항공물류체계 개선대책', 1994. 4.

4/
국력신장의 도전과 모험을 시작하다.

부처와 대부분의 유관기관은 신공항 1단계로 2000년에 개항 준비 중에 있었으므로 그때 가서 김포공항 재활용방안을 검토하면 된다는 느긋한 생각을 하고 있었다. 그러나 'SOC기획단'의 생각은 달랐다. 항공화물 S/W 체계 개선을 미리 하지 않으면 신공항 등 H/W 시설을 보강한 이후에도 그 운용효율을 높이기 어려우므로 반드시 사전에 이를 개선해야 한다는 주문을 하고 있었다. 실태조사 결과에 의하면, 실제 항공화물의 경우 비행시간은 10%에 불과하고 대부분의 시간은 육상에서 화물처리에 소요된다고 했다. 당시 김포공항에 도착된 화물 중 약 55%는 서울 도심 등 타지역의 보세창고로 이송 처리되는 상황이라 신공항이 가동되더라도 재이송 처리로 인한 교통량 유발, 화물 이중조작, 수송지연 및 물류비 가중 등의 문제가 잔존하고 있었다.

특히 신공항은 서울 도심으로부터 약 55Km 원거리에 위치할 예정이므로 항공화물 유통체계를 사전에 보완할 필요가 있다는 점을 강조했었다. 김포공항 화물터미널은 1979년에 신설된 후, 수차례 증설로 1992년에는 84만 톤의 항공화물 처리시설로 확장되었으나, 그 해만 100만 톤을 넘어서는 등 수용 능력이 한계에 도달하고 있었다. 이러한 사정 때문에 이미 서울 도심에는 5개의 영업용 보세창고가 부족한 공항 화물터미널의 역할을 대행하고 있었으며, 2000년 신공항 개항 전까지는 김포공항의 터미널 증설도 쉽지 않은 상황이므로 관세청이 나서서 여러 가지 S/W 개선 대안을 모색해 주도록 'SOC기획단'을 비롯한 관계부처에서 희망하고 있었다.

이에 따라 관세청은 청와대와 협의하여 1994년 11월에「항공화물 물류개선대책반」을 꾸리고 종합적인 대안을 마련하여 추진하기 시작했다. 우선 첫째는 김포공항에서 그 당시 건축 중이던 미 항공 사용 화물터미널 시설 중 사용을 포기한 7개 구역에 대해 항공화물 분류장으로 운영토록 대안을 제시하고 터미널 화물 반출입이 원활해지도록 주차장 시설확장과 출입구 및 통행로 Lay-Out을 재조정했다. 둘째는 터미널 운용효율 극대화를 위해 화주가 물건을 찾아가는데 필요한 최소 시간(1~2일)만큼 보관료를 무료(Free Time)로 하는 대신에 Free Time을 경과하면 높은 수준의 할증료를 부과하도록 하였으며, 특히 화물반입 후 30일 내 수입신고를 하지 않으면 가산세를 부과하도록 하여 신속 반출을 유도하였다. 셋째는 서울도심 창고별로 순환배정제를 폐지하고 화주 선택에 의한 On-Terminal 직통관도 가능하도록 개선하였으며, 항공화물 취급업체의 24시간 근무체제 유지뿐만 아니라 신공항 개항 전까지 적하목록 전산화 등으로 세관과 항공사 간 전산시스템 연계에 의한 신속, 정확한 화물처리가 가능하도록 개선하였다.

그리고 관세청은 1985년 「수도권 항공화물터미널」의 꿈을 꾸었던 기억[90]을 토대로 「신공항」 개항시 김포공항과의 역할분담을 어떻게 하는 것이 좋은지 대안을 모색했다.

우선 항공화물터미널은 입지형태에 따라 크게 3가지로 분류되는데, 공항 도착과 동시에 On-Terminal 처리하는 「공항집중형[91]」이 가장 대표적이었다. 「도심집중형」도 있으나, 과거 김포공항이나 일본의 동경처럼 공항은 하역만 하고 서울도심 또는 동경도심의 시나가와 지구에서 화물 처리하는 경우를 말하는데 극히 드물었다. 또한 「중간터미널형[92]」으로서 일본의 「바라끼 터미널」이 있

---

90) 한국산업개발연구원, 「전게서」, 1985. 12.
91) 공항집중형은 미국, 영국, 프랑스 등 대부분의 국가에서 적용하고 있는데 이는 공항과 시내의 거리가 30Km 미만인 경우로서 뉴욕 JFK(25km), 드골공항(23km), 히드로공항(24Km) 등이 이에 해당한다.
92) 중간터미널형은 1968년 일본 대장성과 동경세관 주관으로 '신공항화물통관연구회'를 발족하여 나리따 공항과 동경 도심이 66Km나 떨어져 있는 약점을 보

었다. 관세청은 그 당시 신공항 1단계 사업 규모(약 43만톤)와 김포공항(약 95만톤)의 수용 능력을 감안하여 상호 역할 분담이 가능한「중간터미널」형을 선호했었다.「신공항」도착 화물 중 일부는 하역만 하고 통관은 김포공항 화물터미널에서 하도록 시설을 재활용하면 전반적으로 화물처리의 효율성을 높일 수 있고 화주도「신공항」까지 가지 않고 김포에서 업무처리가 가능한 장점이 있다고 판단했다. 그러나 그 후 '88 도시고속도로'의 교통체증 등으로 항공화물 유통체계는「공항집중형」으로 전환되었으며 인천 신공항에서 통관업무를 주로 보되, 일부 화주의 희망에 의해 김포공항이 중간터미널 형태로 통관업무를 보조하도록 겸용하고 있다.

그러나 관세청은 1998년 정부대전청사로 이전 후 항공화물 유통체계 개선대책을 검토할 때 몇 가지 간과한 부분을 아쉬워한 적이 있다. 1994년만 하더라도 신공항이 들어서면 김포공항은 유휴지가 됨에 따라 재활용방안을 교통부 등 관계기관이 고민하고 있을 때였다. 만일 그때 관세청이 지방 이전을 기정사실화하고 신공항이나 김포공항 유휴지로 이전을 관계부처와 협의했더라면 훨씬 더 설득력이 있는 대안이 되었을 수도 있다.

관세청이 순수 내륙지인 대전을 벗어나고 싶은 이유는 해양경찰청이 바다가 있는 곳으로 가려는 이유와 같다. 국제 공·항만이 없고 무역업체 등 파트너가 없는 지역에 관세청이 존재해야 하는 이유는 없다. 2008년「FTA 글로벌 센터」를 수도권에 두기 위해 대상 부지를 물색할 때도 김포공항 주변은 이미 더 이상의 유휴부지를 찾아보기 어려웠다. 미래의 올바른 정책 실현은 항상 선제적인 판단이 좌우한다.

완하고 동경 도심의 '시나가와' 지구의 시설 부족과 토지 부족에 대처하기 위해 중간지점에 보조적인 '화물터미널'을 설치 운영하고자 한 것이다.

김해공항 활주로 확장과 쓰레기

영남권의 허브공항 역할을 하는 부산지역 김해공항의 역사는 자료93)에 의하면 일반인들이 아는 것보다 훨씬 복잡하고 오래되었다. 현재의 김해공항은 1976년 8월에 '부산비행장'이 김해군으로 옮기면서 공항 명칭도 지역명에 맞게 변경되었다. 그리고 1978년 2월에는 김해공항 부지가 부산시에 편입되었지만, 명칭은 계속 김해공항으로 사용하고 있으며, 2011년 부산시가 '부산국제공항'으로 명칭변경을 시도하였으나 김해시의 반발 등으로 무산되어 오늘에 이르고 있다.

그 후 40년 이상이 지난 오늘의 김해공항은 전체 이용객 수 기준으로 인천, 제주, 김포에 이은 대한민국 4위의 공항으로 성장했고 인천국제공항 다음으로 이용객이 많은 국제공항으로서 2018년에는 이용객 수가 1천만 명을 돌파했다. 그러나 이렇게 성장하기까지 김해공항의 시설여건은 열악했다. 공항주변이 모두 산지이고 활주로 길이가 그리 길지 않기 때문에 대형기의 이착륙 및 장거리 노선 운항에 제약을 받고 있었다. 김해공항은 1990년대 초반부터 이러한 문제를 해소하기 위해 단계별로 시설확장과 증축공사를 계

---

93) 부산지역은 일제가 1940년에 현재의 해운대 인근에 육군비행장으로 '수영비행장'을 개설하였고 그 후 미군정이 사용하다가 1948년 10월부터는 '대한국민항공사(KNA)'에서 서울-부산 간 국내선 운항을 시작하였고, 1958년 1월. 수영비행장 명칭이 '부산비행장'으로 변경된 후 5년 뒤. 정식 국제공항으로 승격하였다. 현재의 김해국제공항은 1976년 8월에 '부산비행장'이 김해군 대저읍으로 옮기면서 장소 이전과 함께 공항 명칭도 변경되었다.(위키백과 한국어 ko.wikipedia.org. '김해국제공항')

4/
국력신장의 도전과 모험을 시작하다.

속 진행해 왔다. 그래서 1993년 5월에는 국내선 청사 그리고 2007년 11월에는 국제선 청사를 각각 신축하였으며 2013년에는 국제선 청사를 한 차례 더 확장하여 김해공항 세관도 함께 입주 가동 중에 있다.

지금부터 하는 얘기는 1992년 김해공항 국내선 청사 신축현장을 방문했을 때의 일이다.

그 당시 국내선 청사의 신축과 함께 활주로 확장공사도 함께 하였는데 뜻하지 않은 쓰레기 매립 문제로 공사가 중단되었다. 김해공항 지역은 연약지반이라 일일이 Sand File을 박아서 물을 빼내고 지반을 다져서 확장공사를 해야 하는데 땅을 파보니 쓰레기가 잔뜩 매립되어 있어서 이를 치우지 않고는 활주로 확장공사가 불가능한 상태였다. 전언에 의하면 이곳은 1976년 공항이 들어서기 이전부터 부산시가 쓰레기 매립장소로 활용하였던 곳이라 했다. 쓰레기 매립 당시에는 그 지역이 김해군에 속해 있었고 부산시 관할이 아니었다고 한다. 그리고 김해공항 활주로 확장공사의 시행 주체는 지방자치단체가 아니고 교통부 산하 '부산지방항공청'이었기에 서로 쓰레기 처리를 하기 어렵다고 했다. 누가 비용부담을 할 것인지 구체적인 논의를 차일피일 미루기만 할 뿐, 전혀 문제해결의 기미가 보이지 않았다.

참으로 답답한 일이었다. 김해공항 확장공사를 시행하는 '부산지방항공청'은 쓰레기 처리비용이 예산에 반영되어있지 않아 더 이상 사업 진척이 어렵다고 했다. 부산시와 김해시의 도움을 요청하였으나, 김해시는 이제 그곳이 자기 관할구역이 아니기에 힘들다고 했다. 정작 부산시는 김해공항이 부산시민이 가장 많이 이용하는 공항이고 그 이용객이 가장 많이 방문하는 장소 또한 부산임이 분명하지만, 자신들이 사업 시행주체가 아니므로 그 어떤 책임도 지기 어렵다는 자세였다. '부산지방항공청'은 공기를 제때 맞추려면 쓰레기 이전·매립예산이 절대적으로 필요하다고 했고 교통부는 당해 예산을 그해 추가로 조달할 방법이 막막하여 지방자치단체의 협조가 필요하다는 주장이었으나 그 어떤 해결책도 제시되지 않았다.

김해공항은 그때까지만 해도 해외여행객이 대폭 늘어나고 있고 항공노선 또한 계속 확대 증편 중에 있어, 빠른 시일 내 국내선 공사를 완료하고 해외여행객 수요를 고려한 국제선 확장에 대비해야 한다는 조바심이 있었다. 관세청 입장에서도 해외여행객의 원활한 소통을 위해서는 국세선 청사의 확장시기를 신속히 앞당길 필요가 있다고 생각했었다. 어이없는 일이지만 결국은 교통부의 지원 요청에 의해 'SOC기획단'이 나설 수밖에 없었다. 그 해 예산실과 협의하여 김해공항 쓰레기를 치우는 예산을 확보하여 추가 조달한 후 활주로 확장공사는 진행될 수 있었다. 언제까지 중앙정부가 지방공항 활주로 확장과 쓰레기까지 치워줘야 하는지 모르겠다는 생각이 들었다.

그 뒤, 김해공항은 「동남권 신공항」 후보지로 선정되었다가 지금은 「가덕도 신공항」 개발계획에 묻혀버렸다. 2029년 「가덕도 신공항」이 개항되면 김해공항은 국내선 전용공항으로 이용될 전망이라고 한다. 세관은 그때 가서 또다시 항공 수요와 양 공항 간 역할분담 체계를 고려하여 확장 이전 여부를 결정해야 할 것이다.

4/ 국력신장의 도전과 모험을 시작하다.

 어공, 늘공 그리고 산따로

어공과 늘공. 주로 언론에서 많이 쓰는 속어이다. 어쩌다 공무원이 된 정치권 인사를 어공이라 하고 행정부에서 늘 공무원으로 살아온 사람을 늘공이라 부른다. 그들은 공무원을 하게 된 계기부터가 다르고 정치적 신념도 다르다. 어공은 집권세력의 이너 서클(Inner Circle)이기에 공무원법상 정치적 중립의무에 아랑곳하지 않고 늘공은 정권이 바뀌어도 정치적 중립을 생명과 같이 여기는 사람들이다.

1993년 문민정부 출범 때의 일화이다. 새 정부 출범을 축하하는 스탠딩 만찬이 영빈관에서 있었다. 초대 비서실장이 연단에 섰다. "비서실 동지 여러분! 우리 모두 열심히 일하다가 5년 뒤에는 당당하게 청와대 문을 걸어 나갑시다." 늘공들은 깜짝 놀랐다. 불과 며칠 전, 청와대 내에서는 '직원 여러분'이라는 용어를 썼는데 갑자기 '동지 여러분'이라고 하니 너무나 어색했다. 드디어 세상이 바뀌었구나 하는 사실을 실감할 수 있었다. 그날 스탠딩 만찬 참석자 대부분은 비서실장의 말에 큰 박수를 쳤고 대통령께서 입장할 때 큰 환호를 했다. 지난 정부와 달리 문민정부 들어 대부분의 비서관은 정치권에 몸담고 있다가 들어온 어공이었고 행정부에서 나온 늘공은 손꼽을 정도였다.

경험한 바에 의하면 어공은 늘공과 생각부터가 다르다. 어공은 정치를 하던 사람이라 모든 정책을 상식 수준에서 바라보지만 늘공은 한 분야에서만 오랫동안 전문성을 바탕으로 일했기에 서로의 생각을 쉽게 받아들이지 못한다. 때에 따라 어공은 세상의 민심을 모른다고 늘공을 비난하고 늘공은 전문지식이 없다고 어공을 무시한다. 특히 공항, 항만, 도로 등과 같이 사회간접자본 확충에 관한 국책사업은 시작부터 마무리까지 10년 이상 소요되는 중장기 사업이다. 막대한 예산이 투입되는 전략사업이며 향후 국민적 평가를 받는 엄정한 사업임에도 불구하고 어공은 당대의 업적 또는 지지율 향상과 같은 일회성 정책으로 이해하려는 경향이 있다.

이에 비해 일반 정부 부처는 어공은 거의 없고 늘공이 주류를 이룬다. 그중에서도 잘 알려진 얘기는 아니지만, 관세청 같은 곳은 오래전부터 직원들이 자주 쓰는 속어 중에 속칭 '산따로(三太郎)94)'라는 용어가 있었다. '산따로'는 일본어의 사전적 의미로 보면 스스로를 비하하는 '바보천치, 멍청이'라는 뜻이다. 누군가 하급직원을 뜻한다고 말하기도 한다. 그러나 우리는 '산따로'를 공직을 시작해서 마칠 때까지 세관 한 곳에만 몸담은 사람을 뜻한다고 생각한다. 어떻게 보면 관세청 내에서는 그들이 늘공이다. 프로야구, 프로축구 등 스포츠계에서는 한 우물만 판 사람을 레전드(Legend)라 칭하고 존경한다. 그런데 관세청에서는 그들 스스로 '산따로'라 한다.

왜 '산따로'라는 속어가 생겼을까? 관세청에는 늘공이면서도 타부처에서 전입오거나, 정책부서에서 집행부서로, 집행부서에서 정책부서로 소속기관을 이리저리 바꾸는 사람들이 있다. 속된 말로 호적을 바꾼다고 한다. 어떻게 보면 이들은 늘공이지만 어쩌다 세관 공무원이 된 사람이라 할 수 있다. 이들 중에는 조직발전에 도움이 되는 이도 물론 있지만, 자기 적성보다 아예 소속을 바꿔서 좀

---

94) 일본어 사전에는 바보, 나이어린 머슴이나 점원, 등신, 멍청이로 기록되어 있다.

더 빠른 승진을 노리거나 혜택을 누리려는 사람들이 일부 있다. 이들은 옮겨간 조직에서 로얄티를 갖지 못하고 오로지 개인의 신상에만 신경을 쓴다. 그러다 보니 원소속기관에서 한 우물만 판 오래된 '산따로'는 뻐꾸기 둥지 신세가 되어 간혹 승진에서 밀리거나 상대적 불이익을 겪기도 한다. 그래서 그들은 스스로를 '산따로'라고 칭하며 위안을 하는 것 같다. 그러나 '산따로' 중에는 자기 조직에 깊은 애정을 표하며 직언도 마다하지 않는 사람들이 꽤 있다. 누가 뭐래도 그들은 오래된 세관의 소중한 자산이다. 아마 그들이 있었기에 오늘의 역사와 전통이 유지되고 있는 것이 아닐까.

하여튼 정부 내에는 어공과 늘공이 있고 그들의 구성 비율이 어떻게 되느냐에 따라 국가정책의 주요 방향이 바뀌기도 한다. 그리고 관세청처럼 늘공이 주류이면서도 '산따로'가 다수인 곳도 있다. 누가 정치의 중심에 있든 국가의 백년대계를 위해서는 어공보다 늘공의 생각과 전략을 보다 중시하는 것이 진실되게 국민을 위하는 길이라고 본다. 그리고 관세행정의 올바른 성장을 위해서도 조직 내의 세관 DNA를 바탕으로 그동안 힘든 혁신의 과정을 묵묵히 인내해 온 '산따로'의 생각과 의견을 존중하는 것이 필요하다고 생각된다. 왜냐하면 역사적으로 어공이든 늘공이든 그리고 '산따로'이든 누가 더 로얄티가 있었는지는 자명하기 때문이다.

쌀시장 개방, 금융실명제 비화

정부 정책 중에는 국민경제에 주는 충격을 최소화하기 위해 공식발표 전까지 엄격히 비밀을 준수해야 하는 정책이 있다. 1993년의 금융실명제, 1994년의 쌀시장 개방정책이 그랬다.

쌀시장 개방이란 농산물의 관세화를 의미한다. 우리나라 농민에게는 중대한 영향을 미치는 정책이기에 입안 과정에서부터 협상, 협정체결, 발표과정까지 매우 신중한 대처가 필요했다. 1994년 체결된 우루과이라운드(UR) 농업협정에서 모든 농산물은 '예외 없는 관세화'의 원칙에 따라 비관세장벽을 철폐하고 시장을 개방하기로 했다. 그 대신 관세를 매겨 개방 충격을 줄이되, 관세는 단계적으로 낮추기로 하였다. 그런데 이때 한국·일본·필리핀의 쌀과 이스라엘의 양고기에 대해서는 예외적으로 2004년까지 이 같은 관세화가 유예됐다. 대신 한국은 우루과이라운드 협상에서 쌀 관세화를 유예받는 조건으로 최소시장접근(MMA)물량을 1995년 국내 소비량의 1%에서 2004년 4%로 늘리기[95]로 하였지만, 국내적으로 농민들이 심리적으로 받는 충격은 엄청난 것이었다. 주요 언론에서는 모두 1면 톱으로 이를 대서특필하였다.

금융실명제 또한 마찬가지였다. 1993년 8월 12일 20시를 기하여 전격 발표되었다. 이 또한 국민경제에 미치는 영향이 지대하였

---

[95] 1994년 UR 협정상 당초 2004년까지 관세화 유예 조치는 그 후 추가 협상을 통해 2014년까지 연장되었다. 쌀 관세화 유예가 끝나는 2015년부터 쌀시장이 관세화 조치로 부분 개방되었으며, 지금은 국내 쌀이 남아도는 상황에서도 513% 등 높은 관세율로 연간 40만 톤가량을 수입해야 하는 상황이 되었다.

국력신장의 도전과 모험을 시작하다.

기에 은밀히 추진되었다. 금융실명제는 모든 금융거래를 실제의 명의(實名)로 하도록 함으로써 금융거래와 부정부패·부조리를 연결하는 고리를 차단하여 깨끗한 사회를 구현하고자 하는 데 뜻이 있었기 때문에 음성거래 유혹에 빠졌던 일부 계층의 충격은 이루 말할 수 없을 정도로 컸다. 그 후 세상을 떠들썩하게 했던 대기업 총수의 차명거래 관행 적발, 전직 대통령의 비자금 사건도 금융실명제 때문에 파생된 것이라 말할 수 있다. 사실 금융실명제는 1982년 이철희·장영자 어음사기 사건 발생을 계기로 하여 처음 논의된 이후 금융실명제 관련 법을 정비하고 1989년에는 금융실명제 실시 준비단을 발족하여 시행 준비를 하였으나 경상수지 악화 등 부작용을 우려하여 1990년 4월에 그 시행을 유보하였다가 문민정부 들어 대통령 긴급명령 형식으로 전격 실시된 것이었다. 그만큼 철두철미한 보안 속에 은밀히 진행되었다.

그 당시 청와대의 경제비서실조차도 쌀시장 개방과 금융실명제 실시에 관한 사전 정보를 공유하지 못할 정도였다. 둘 다 언론에 대서특필되고 난 다음 날 아침에 관계 비서관, 행정관 회의가 긴급 소집되었다. 그 자리에서 어떻게 경제수석실과 정보공유도 없이 해당 부처에서 중요 정책을 함부로 발표할 수 있느냐는 불만 섞인 성토가 쏟아졌다. 사전에 이를 인지하지 못한 행정관들에 대한 질책도 이어졌다. 매일같이 대통령을 수행하고 「신경제정책」을 주관하던 경제수석조차 전달받지 못한 사항을 행정관들이 어떻게 미리 안다는 말인가? 당시 행정 부처와 청와대 경제비서실 간의 정보공유에는 약간의 문제가 있긴 했다. 민간인 교수 출신이 경제수석을 맡다 보니 행정부 내에서 가장 많은 정보를 관장하는 각 부처 차관들과의 정보교류가 원활하지 못했다.

또한 해당 부처에서 중요정책을 설명하려 해도 민간인 출신 경제수석은 대통령 일정을 소화하려고 무리하게 일정을 짜다 보니 면담 시간을 잡기도 쉽지 않은 사정이 있었다. 보통 정부 부처 차관 또는 1급 실장이 경제수석에게 주로 보고를 하러 오는데 그들의 보고가 여러 가지 이유로 미뤄지고 원활하게 되지 않자 불만을 터뜨리기 일쑤였다. 사실 정보공유는 별도 서면보고에 의하기도 하지만, 대면보고에 의해 주고받는 것이 훨씬 더 중요했다. 하여튼 쌀시장 개방, 금융실명제 실시! 그 당시 경제수석은 미리 알지 못했다.

공단부지의 선점경쟁

우리나라 공단 중에는 국가공단, 지방공단이 있고 민간기업이 참여하는 공단도 있다. 공단 개발에는 몇 가지의 조건이 있는데 우선 공단이 들어설 수 있는 부지가 있어야 하며, 공단 분양가가 적정한 수준이어야 활성화가 가능하다. 1993년 봄, 'SOC기획단'에서 국가공단 활성화 사업을 맡았을 때의 일로 기억한다.

당시에는 우선 국가공단과 지방공단의 분양가가 지나치게 높아 미분양사태를 해결해야 하는 현안이 있었다. 분양은 과거의 토지개발공사가 지도상의 도면과 상세설계 내용을 갖고 하는데 분양원가에는 토지매입비, 도로와 상하수도 등 기반 시설비와 토목공사비, 폐기물처리 시설비, 농지개발부담금 그리고 행정기관의 토지매입비 등 각종 원가 조성비용이 모두 포함되어 있었다. 그런데 관련기관 어느 곳도 분양가 인하는 남의 일이고 자기 소관은 원가기준을 지키고자 했다. 예를 들어 1992년의 포승공단은 당시 분양가가 평당 약 50만 원을 훨씬 넘어 1차 분양에서 실패했다.

할 수 없이 관계부처와 분양가 인하대책을 논의했다. 일례로 폐기물처리 배출관을 해양 1Km 밖까지 연결하도록 되어 있는 과도한 규제를 완화하고 농지개발 부담금을 인하하며 폐기물처리시설의 민자유치와 행정기관의 입주비용 개선 등을 통해 공단 조성 비용을 최소화하고자 했다. 그때 마련한 분양가 개선안은 국가공단뿐만 아니라 지방공단에도 같은 원칙을 유지하도록 하였다. 결국 포승공단은 평당 분양가를 40만 원대로 낮추어서 분양했던 것으로 기억한다. 당시 토지개발공사는 군산 국가공단의 분양가를 최고 10.4% 인하했고 전국 7개 공단의 분양가를 평균 6.5% 인하하는 결정을 했다. 지금은 포승지구 국가산업단지가 이미 가동 중이고 주변 지역의 공단 조성도 연이어 추진 중이나, 아마 지금의 분양가는 최초 분양 당시의 몇 배에 달할 것으로 추측되며 이마저도 부지 찾기가 쉽지 않을 듯 하다.

그다음은 공단 부지의 입지선점 경쟁을 조정해야 하는 일이었다. 우리나라 국토의 서해안을 따라서 쭉 내려가다 보면 공단부지의 입지 여건이 쉽지 않음을 알 수 있다. 대부분의 공단부지는 이미 주인이 있다. 1990년대 중반 등장했던 삼성자동차가 왜 연약지반으로서 조성비용이 많이 드는 부산 녹산공단으로 입주를 하게 되었는지는 그 당시의 입지 여건을 보면 대충 이유를 추측할 수 있다. 우리나라 서쪽으로 인천시 주변은 공·항만 개발지역이며 수원, 화성지역은 삼성전자와 SK 하이닉스의 반도체 클러스트에 해당된다. 평택은 국가산업단지이며, 고덕은 약 105만 평 규모의 기아자동차 시험운전장과 부대시설이 있다. 그 밑으로 군산 장항공단은 전라북도와 대우그룹이 협력하여 약 100만 평 규모의 자동차 공장부지가 들어섰다. 전라남도 광양시 인근의 율촌공단은 산업단지로 선정되었으나 대기업이 공단 지역을 모두 싹쓸이한다는 사회적 여론 때문에 중소기업 전용 공단으로 선정되어 1개 기업당 20만 평 이상의 분양이 불가능하도록 전제조건이 붙어있었다. 그리고 남해안과 동해안의 창원, 포항과 울산은 더 말할 나위도 없이 이미 대규모 국가공단이 가동 중에 있었다.

'SOC기획단'에서는 산업단지 중 마지막 남은 노른자위 땅. 율촌공단을 둘러싸고 중앙정부와 지자체가 한창 줄다리기를 하고 있어 이를 조정할 필요가 있었다. 전라남도는 일찍이 분양 면적 제한 조건을 풀어서 대기업을 입주시키고 율촌공단의 활성화를 추진하고자 했다. 그 해 1993년은 대통령의 지자체 초도순시가 있던 해여서, 전라남도는 이를 기회로 분양면적 제한요건을 풀고자 하였다. 'SOC기획단'에서도 지방자치제 이념을 토대로 들어선 문민정부가 규제를 계속 존치하는 것은 정서상 맞지 않다고 생각하고 있었다. 결국 그들의 시도는 성공했다. 1994년 8월 전라남도와 현대자동차는 '율촌공단 대행개발 계획'을 체결하고 그해 12월에 현대자동차 150만 평, 기타 현대그룹 계열사가 나머지 면적의 상당수를 차지하는 계획으로 공단조성 사업을 추진했다. 그 후 지금은 자유무역지역으로 확대되고 입주기업도 많이 달라졌지만, 그 당시 기업들의 공단입지 선점 노력은 또 하나의 치열한 경쟁이었다.

이제 우리나라 국토 여건상 더 이상 공·항만 주변 지역에는 대기업 공단이 들어설 만한 공간이 마땅치 않다. 자동차와 반도체 등 미래의 먹거리에 해당하는 대기업의 공장시설이 미국, 중국, 베트남 등 해외로 진출해 나가는 것도 이러한 사정과 전혀 무관하다고 볼 수 없다.

다섯 번째 가는 길...

싱글커스텀스로 가는 **관세경영의 길**

물류 허브화의
오랜 숙제를 풀다.

- 국가물류체계의 최대 고민
- 물거품이 된 TWO PORT 시스템
- 신선대 부두와 2.12총선
- 컨테이너세와 항만배후도로
- 부두직통관제와 화장실 이슈
- 그린벨트 해제와 ICD
- 국제적인 THC 요금 논란
- 탈도 많은 세관창고
- 종합보세구역제도의 좌절
- 중계무역과 면세산업의 길
- 제주도 내국인면세점의 모순

국가물류체계의 최대고민

우리나라 국가물류체계의 최대 고민은 무엇일까? 바로 '경부축'의 집중 현상이다. 건설부, 교통부 등 유관 부처도 힘들었지만, 관세청도 어떻게 보면 하나의 피해자이다.

'고래 싸움에 새우 등 터진다'는 말이 있듯이 1990년대 우리나라 관세 제도는 국가물류체계의 난맥상 때문에 발생하는 수출입 화물의 적체로 인해 도처에서 몰려오는 신속 통관 요구와 불협화음, 그리고 통관 지체에 따른 불필요한 통상이슈 등으로 거의 몸살을 앓다시피 했다. 그럼에도 관세청은 변변한 연구기관조차 육성하지 못하다 보니 일회성 대응에 급급하기 일쑤였다. 오죽하면 외부 연구기관에서 우리나라 컨테이너화물 수출입과 관련하여 유통 주체별, 화물과 서류 흐름별 제도개선방안[96]을 마련하여 관세청에 제시하고 협의를 했을까. 당시 우리나라 국가물류체계의 난맥상은 관세청 입장에서도 심각한 고민이 아닐 수 없었다.

1990년대에 바라본 우리나라는 급속한 경제성장과 더불어 사회 곳곳에 동맥경화 현상이 일어나고 있었다. 그 중 「경부고속도로」는 난맥상의 중심에 있었다. 지금은 왕복 10차선이지만 개통 당시에는 왕복 4차선에 불과하였고 1991년에는 천안까지 왕복 6차선으로 확장했던 게 다였다. 수출입 무역규모는 급격히 늘어났고 이를 수송할 체계는 정비되지 않아 부산항에서 서울까지 컨테이너

---

96) 김재혜, 박후길, 해운산업연구원, 「우리나라 컨테이너화물 유통구조 개선방안」, 1990. 12

5/
물류 허브화의 오랜 숙제를 풀다.

화물배송에 얼마나 많은 시간이 걸렸는지 모른다. 운전기사들의 증언에 의하면 1991년 기준, 부산항에서 서울까지 화물운송 시간만 최소 14시간 이상 소요되며 부산항 입항 후 CY「무료 보관기간(Free Time)」을 포함하면 Door TO Door 인도에 더 많은 시간이 걸린다고 했다. 경부고속도로가 너무 막히다 보니 많은 차량들이 서울보다 오히려 지방의 가까운 거리를 여러 번 오가는 것이 시간, 비용면에서 더 유리하다고 판단했던 것 같다. 서울 등 수도권 수송물량은 천덕꾸러기 신세가 되어 용차도 쉽지 않았으며 부산항에 도착한 화물이 언제 수도권으로 올라올지 알 수가 없었다. 그래서 나온 말이 LA항에서 부산항까지 14일 소요되는데 부산항에서 서울 가기는 더 어렵다는 하소연까지 있었다.

이렇듯 우리나라는 수출입 물동량의 70% 이상이 부산과 수도권을 연결하는 '경부축'에 의존하고 있었고 철도수송보다는 화물차 운송에 의존하고 있었다. 그나마 철도는 아무 말이 없는 화물보다 불평불만이 난무하는 여객 수송에 치중하고 있었고, 수도권에는 '부곡철도화물기지'를 IBRD 차관자금으로 설치해 놓고도 철도수송의 통관장 역할보다는 하역업체의 공 컨테이너 보관장소로 활용되고 있었다.

그러자 산업계, 학계 및 관련 업계에서는 여러 경로를 통해 '경부축'의 부담을 덜어주고 지역 간 균형발전을 위해 국가물류체계를 이원화할 필요가 있다는 의견을 제시했다. 바로 '호남축' 화물의 분산처리를 위해 광양항에 컨테이너 전용부두를 건설하자는 주장이었다. 또한 철도화물 수송의 원활화를 위해 의왕소재 철도기지를 ICD로 확장하고 양산에 ICD를 추가로 건설하여 화물 처리용량을 대폭 늘려나가는 대신, 여객 수송은 고속열차 확충 전까지 2개

열차를 연결한 장대 열차를 편성하여 수송량을 대폭 늘리자는 아이디어가 속출하였다. 그러나 '경부축'의 부담을 줄이기 위한 H/W 측면에서의 공·항만 확충과 ICD 건설 등 여러 가지 정책 대안이 다방면으로 마련되었지만, 정작 화물처리의 신속성과 효율성을 높여줄 수 있는 S/W 개선 분야는 아무도 전문적인 대안을 제시하는 곳이 없었다.

관세청은 그 시기 "수출입 화물처리 지체의 주범이 까다로운 세관절차에 있다."고 불만을 제기하는 무역업체의 원성을 오롯이 들으면서 사회 각계로부터 분출되는 신속통관 욕구를 한 몸에 받아야 하는 힘든 처지에 있었다. 1987년과 1989년 수출입검사제도를 Negative 방식으로 혁신한 데 이어 1990년대 들어서도 「선통관 후심사제」 도입, 은행 Check-in 제도 폐지. 면허전 즉시반출제 도입 등 각종 절차 간소화와 서류감축을 추진했으며, ODCY의 종합 CY 이전을 지속적으로 유도하고 부두, 내륙 ICD 직통관제 도입과 함께 EDI 통관시스템 개발에도 착수하여 수출입 물류 전 분야의 정보화 사업을 완성하고자 노력했다. 이 같은 노력은 새천년 들어서도 지속되었다. 그동안 우리나라 국가물류체계의 난맥상으로 인해 관세청이 겪은 고생은 이루 말할 수 없지만, 이 같은 이유로 1992년부터 1994년 중반까지 관세청 전문가가 'SOC기획단' 소속으로 국가물류 S/W 개선작업에 참여하는 계기가 되었다.

결국 '경부축'의 부담을 줄이기 위한 여러 가지 H/W와 S/W 개선 차원의 정책적 대안은 그 후, 하나둘 결실을 맺으면서 빛을 발하기 시작했다. 부산신항 건설과 항만 배후도로의 건설, 그리고 의왕, 양산 ICD 건설과 고속열차 도입으로 이어져 철도수송량이 확대되고 광향항 컨테이너부두 완공으로 경부축 부담을 다소 완화

5/ 물류 허브화의 오랜 숙제를 풀다.

시키는 계기가 되었다. 이제는 수출입물류체계도 많이 과학화·정보화되어 현재는 수출입화물이 부산항 입항 후 평균 3일 이내, 인천국제공항 도착 후 당일 통관되는 '선진 통관체제'로 변모되었다. 경부고속도로 또한 차선이 크게 확대되어 부담이 어느 정도 완화되었지만, 아무리 차선을 넓히고 각종 개선 조치를 취하더라도 정책의 근간이 바뀔 때마다 심화되는 수도권 집중 현상 앞에서는 이를 극복해 나가는 데 한계가 있다.

특히 2003년의 「동북아 허브 전략」은 더더욱 '항공화물은 인천공항으로, 해상화물은 부산항으로' 경부축 집중을 가중시키는 결과를 초래하였다. 지금은 동탄과 양재구간, 그리고 양재와 한남구간을 지하로 확장해서 경부고속도로의 정체현상을 해결하고자 하는 구상과 노력을 하고 있지만, SOC 기반시설은 계획을 세우고 실제 완공하기까지 최소 10년 이상의 세월이 걸린다. 그때까지 국가경쟁력 강화를 위해 수도권 집중 현상을 완화하고 국가물류의 신경세포인 '경부축'을 어떻게 원활하게 할 것인지에 대해 모든 국가행정력이 고민해야 한다. 지금의 정치권처럼 일회성 정책, 선거용 정책 등으로 수도권에 계속 신도시 건설과 산업시설 증설을 남발하는 한, 국가물류체계 개선을 위한 각종 '경부축' 완화 전략은 그 효과를 기대하기 어렵고 온갖 난맥상도 해결하기 쉽지 않다.

그나마 다행인 것은 이제 우리나라 관세제도가 지난 30여 년간 글로벌 수준으로 획기적인 선진화를 이루었기 때문에 '경부축'의 수출입물류 지체현상이 더 이상 세관시스템과 인과관계가 없다는 점을 국제사회나 무역업계 모두가 잘 이해하고 있다는 사실이다. 그러나 그렇다고 해서 여기에 안주해서는 안 된다. 무역 원활화와 무역 안전을 위한 선진기법은 앞으로도 계속 발전시켜나가야 한다.

물거품이 된 TWO PORT 시스템

세계 경제의 흐름이 변화될 때는 정부 정책의 철학도 바뀌기 마련이다. 특히 정권교체기에는 더욱더 그렇다. 지난 정부에서 '경부축' 집중현상을 완화하기 위해 야심차게 준비했던 TWO PORT 시스템은 참여정부에 와서 역사 속으로 사라져버렸다.

국가물류에 있어 부산항과 수도권 간 '경부축' 집중은 어제, 오늘의 문제가 아님을 충분히 언급했다. 타지역 간의 화물수송마저도 '경부축'으로 집중됨에 따라 국가물류비 증가, 화물처리 지체, 그리고 각종 사회적 비용 낭비 등으로 국가경쟁력이 저하되는 문제가 있으므로 근본적인 해소가 필요하다는 주장이었다. 보다 거시적인 안목에서 광양항 등 새로운 '호남물류축'을 신설하여 화물처리를 분산시키자는 대안을 지난 정부 때부터 강력히 제시했다.

1991년 자료[97])에 의하면 부산항이 전국 수출입 컨테이너 물동량의 95%를 처리하며 부산항 물동량의 87.4%가 수도권 등으로 오기 위해 '경부축'에 집중된다고 했다. 이로 인해 부산/수도권 간 컨테이너 수송이 1986년 기준 배 이상 시간이 소요되고 있으며, 동일 물량 수송을 위해 차량도 2배 이상 확보가 필요하다고 했다. 또한 차량을 확보하더라도 도로 수송이 지체되어 적기 수송이 곤란하고 트럭 운전사의 인건비 상승과 야간, 공휴일 운송 기피 등으로 인한 운송비용 증가도 우선 해결해야 할 현안 과제라고 강조하고 있다.

---

97) 교통부장관외, 「컨테이너 수송원활화 대책」, 1991.5.

5/
물류 허브화의 오랜 숙제를 풀다.

드디어 1997년 12월 광양항 컨테이너 터미널이 완공되어 본격 가동에 들어감에 따라 지난 정부 시절 그렇게도 강조했던 TWO PORT 시스템이 완성되었다. 이제 우리나라 국가물류축은 '경부축'과 '호남축'으로 이원화되어 컨테이너 화물처리가 보다 원활화될 것이라는 기대가 있었다.

그러나 무심하게도 1997년 11월, IMF 경제위기가 불어 닥치면서 한보철강, 기아, 해태 등 많은 기업이 부도 처리되었고 우리나라 경제가 언제 회복될지 모르는 난감한 상황이 되었다. 광양항 컨테이너 터미널도 개장과 동시에 텅 빈 공간이 되었다. 더욱이 광양항은 국제무역항으로서 태생적인 한계가 있었다. 광양항 건설계획 입안 시부터 고려된 사항이지만 기본적으로 외국 화물선이 정기적으로 광양항에 기항하려면 물동량이 충분해야 하는데 호남권 물량이 충분하지 않아 선박 기항빈도, 선복장소 부족과 LCL 소화물 집하의 어려움 등으로 활성화[98]에 한계가 있을 수 있다는 예측이 있었다.

그러던 중, 2003년 참여정부는 「동북아시대위원회」를 설치하고 '동북아 중심의 경제 활성화 대책'을 중요정책으로 제시하는 일대 변화를 모색했다. 특히 2001년에 새로이 개항된 인천국제공항은 동북아 허브 전략을 뒷받침하는 SOC 시설의 중심축이 되었다. 우리나라가 동북아의 중심이 되는 물류기지를 육성하여 중국으로부터는 원료를 공급받고 미국, 일본 등으로부터는 소재와 부품 등 반제품을 받아 완성품을 제조 후, 보다 부가가치가 높은 수출을 하자는 취지의 경제정책이었다. 부산항도 1997년 신항 개발에 착수하면서 동북아의 허브 항만으로 물류 전진기지화 하자는 정책적

[98) 전일수, 해운산업연구원, '광양항 컨테이너 부두 개발과 지역전망', 1994. 9.

전환이 있었다. 이는 수도권과 부산권의 물류 집중 현상을 더욱 가속화하고 국가물류체계의 분산을 목표로 했던 TWO PORT 시스템과는 거리가 먼 정책이었다.

그때 누군가가 "TWO PORT 시스템을 왜 육성하자고 했는가?"라는 반문이 있었다. 동북아의 허브는 「ONE PORT」 개념으로 해야지 분산하면 허브 개념이 성립되지 않는다는 지적이었다. 1991년의 TWO PORT 시스템은 국가물류체계 혁신을 위한 정책이었지만, 2003년에 바라본 산업 정책적인 관점에서는 '동북아 허브 전략'에 뭔가 맞지 않는 전략이었다. 시대가 변하면 정책도 바뀔 수 있는데, 과연 무엇이 우리에게 더 유익한 정책이었을까? 둘 다 수도권 집중완화정책을 병행하면서 추진했더라면 분명히 조화롭게 할 수 있는 부분이 있었을 것이다.

그러나 TWO PORT 시스템의 정책효과를 재평가한 결과에 의하면 '경부축' 집중 현상은 결코 만족할만한 수준으로 완화되지 않았으며, 호남권 광양항에 컨테이너 터미널을 하나 증설한 효과 밖에는 유의미한 의미를 두기 어렵다[99]는 의견이 있었다. 이제 TWO PORT 시스템은 정부나 산업계, 학계의 관심에서 거의 사라져 버렸다. 당시 야심차게 준비했던 국가경쟁력 강화전략이 비록 그 효과를 완벽하게 발휘하지는 못했다 하더라도 '호남물류축'을 예비적으로 준비했다는 점에서는 TWO PORT 시스템. 즉 '양항체제'[100]는 언젠가 그 역사성을 인정받는 날이 올 것이라 믿는다.

---

99) 2023년 기준 전국 컨테이너 물동량은 3,014만TEU로 전년대비 약 4.6% 증가했으며 항만별로는 부산항이 전년에 비해 약 4.9% 증가한 2,315만TEU를 처리했다. 그러나 광양항은 2018년 240만TEU로 정점을 찍은 이후, 2022년에는 186만TEU로 감소세를 보이고 있다.
100) 영국의 길만교수와 그 동료들이 세계은행의 의뢰에 의하여 작성한 연구보고서 (S. Gilman, Hub Port Economics, Liverpool : Marine Centre, May, 1988)

5/
물류 허브화의 오랜 숙제를 풀다.

관세청 차원에서도 인근 '여수항'이 세계박람회 개최 등으로 국제무역항으로서 역할이 많이 퇴색된 만큼, 광양항이 부산항을 보조하는 또 하나의 관문항으로서 활성화되길 바라며, 이 지역의 광양세관 또한 호남의 거점 세관으로서 선진 항만물류를 선도해 나가는 중심축 역할을 하길 기대한다.

에서는 1개 중심항 집중화 견해는 선사들이 취하는 행동이라고 결론 내릴 수 없다고 했다. 일본, 대만, 영국, 독일, 이태리, 스페인 등에서도 2개 이상의 대형항만에 동시 기항하고 있음을 볼 때 우리가 TWO PORT 시스템을 구축하여 컨테이너 수송체계의 합리화를 도모하는 것은 국제 해운 환경변화에 역행하는 것이 아니라고 주장한다.(전일수, 해운산업연구원, 「전게서」, 1994.)

신선대 부두와 2.12 총선

1985년 2.12 총선을 몇 달 앞두고, 「신선대 종합 CY 육성방안」과 관련한 관계부처 회의에 참석했던 기억이 있다.

그런데 신선대부두 이곳은 과거 '동명목재'의 야적장이었다. 부산 용당세관을 가면 바닷가 쪽으로 신선대부두 컨테이너터미널이 보인다. '동명목재'는 1960~70년대 한국의 대표적 수출 기업이자, 부산의 큰 별이었다. 1970년대에는 수출 1위 자리를 고수했을 정도로 견실한 기업이었다. 그러나 그 신화는 오래가지 못했다. 1980년 '동명목재'는 경영부실과 국제원자재 가격의 급등 그리고 이어진 정부와의 갈등 등으로 문을 닫고 말았다. 그 당시 부산시와 한국토지개발공사에 매각 및 증여된 '동명목재' 부지 중 약 60만 평은 당초 항만 부지로 활용토록 계획이 수립되어 있었으나 그때까지 항만개발사업은 지지부진한 상황이었다.

그러던 와중에 2.12총선과 관련하여 신설 야당의 돌풍이 이어지고 부산지역 여론에 대한 위기의식이 전파되면서 동명목재 부지를 활용한 「신선대 종합 CY 육성방안」이 다시 추진되기 시작하였다. 앞에서도 언급했지만, 당시 부산은 컨테이너 화물의 부두밖 ODCY 통관 관행 때문에 컨테이너 차량의 시내 통과에 따른 소음 및 먼지 공해와 교통체증 등으로 부산 시민의 고통과 여론은 심각한 수준까지 악화되고 있어 근본적인 해소대책이 필요하였다. 재무부, 건설부, 관세청, 항만청, 철도청이 한자리에 모여 신선대부두에 종합 CY를 건설하고 ODCY 집단화를 위한 재원 조달방안을 논의하

5/
물류 허브화의 오랜 숙제를 풀다.

였다. 당초 용지매입비는 국가 예산으로 분할 상환하지만, 건설비용은 IBRD101) 차관자금을 추진키로 했기 때문에, IBRD 평가단의 사업성 평가 결과 제시된 부대조건도 함께 추진해야만 했다.

IBRD와의 협의 결과에 의하면 우선 신선대부두를 당초 계획대로 컨테이너터미널로 건설하되, 부산시 외곽의 ODCY를 집단화하여 종합 CY로 육성하며, 부곡 철도기지와의 철도수송 연계를 위해 철도 인입선을 부두 내에 설치한다는 부대조건과 함께 부산항과 '부곡 철도기지' 간의 화물 시스템을 전산화하여 상호 연계하고 철도수송을 활성화하기 위한 각종 제도개선 조치를 취하여 부산시민의 불편을 최소화하고 부산항 CY의 운용효율을 최대한 높이고자 하는 내용이 포함되어 있었다. 그러나 2.12 총선 때문에 급한 나머지, 정부가 「신선대부두 종합 CY 육성방안」을 조속히 추진하기 위해 IBRD에 여러 가지 약속을 했지만, 신선대 컨테이너터미널이 완성된다고 해서 부산항의 화물적체 등 각종 현안이 일시에 해소된다고 생각하는 전문가는 당시에도 없었다. 늘어나는 수출입물동량을 획기적으로 처리하기 위해서는 요즘과 같은 부산신항 건설 등 근본적인 항만 건설계획이 중장기적으로 대폭 확충되지 않고는 불가능하다는 생각이었다.

1991년 드디어 신선대 컨테이너부두가 개통되었다. 1998년에는 연이어 추진한 감만부두가 추가로 완공되었다. 우리나라는 자성대부두, 신선대부두, 감만부두 등 총 11선석이 단계별로 확충되었지만, 그사이 늘어난 컨테이너 물동량 때문에, 처리능력은 턱없이 부족하였다. ODCY의 통폐합도 불가능해졌고 '부곡 철도기지'와의 철

---

101) IBRD(International Bank for Reconstruction and Development)는 1945년 12월 UN 통화재무회의에서 전후 국가 재건비용을 조달해 주기 위해 만들어진 국제기구이며, 정부 보증하에 국가와 공기업에 자금을 대출해 준다.

도수송 활성화도 요원한 과제였다. 그 뒤 부산신항 개발, 제2단계 의왕 ICD 증설 및 양산 ICD 건설 그리고 철도수송 활성화 대책 등은 이러한 고민을 해결하기 위해 지속적으로 노력한 결과물이라 해도 과언이 아니다. 그리고 용당세관[102]은 1992년에 On-Dock에서 컨테이너 화물을 직통관할 수 있도록 '부두통관과'를 신설하여 ODCY 경유없이 신선대부두에서 바로 통관할 수 있도록 제도적 개선 조치를 지원하기도 했다.

1985년의 2.12 총선은 정치사적으로 민주화 항쟁으로 연결된 큰 사건이었지만, 부산항만의 역사를 돌이켜보면 2000년대 이후 부산신항 건설로 해상화물을 본격 처리하기 전까지 신선대부두가 그나마 부족했던 CY 시설의 부족을 메꿔주는 종합 CY로서 그 역할을 충실히 했었다는 점에서 큰 의미가 있다.

---

102) 용당세관은 1981년 부산세관 우암출장소로 출발하여 1985년 용당세관으로 승격되었다. 용당세관 부지 또한 과거의 동명목재 부지를 관리 전환받아 현재 820평의 사무실과 3,500평 규모의 세관 구내창고를 보유하고 있다. 용당세관은 부산권의 해외 이삿짐과 중고 외제자동차를 전담 통관하는 세관으로 북부산지역(7개구, 1개군)을 관할하고 있다.

컨테이너세와 항만배후도로

조세에는 소득세, 부가가치세와 같이 항구적으로 부과하는 세금이 있는가 하면 과거 방위세와 같이 특정 목적의 재원 조달을 위해 한시적으로 부과하는 세금이 있다. 그런데 「컨테이너세」는 도대체 무슨 명목으로 한시적인 '목적세'로 신설되었을까?

「컨테이너세」는 1992년부터 부산항의 항만 배후도로를 이용하는 컨테이너에 대해 부산시가 20피트(TEU) 컨테이너당 일정 금액[103]을 징수하는 지방세 성격으로 신설하였다. 이는 부산항만의 배후도로 건설 및 확충을 위한 일종의 '교통유발부담금' 성격이었다. 10년 한시적으로 부과된 목적세인데도 불구하고 2006년 말까지 5년 연장되었고 총징수금액은 약 1조 60억 원에 달했다고 한다.

「컨테이너세」가 한시적인 지방세로 법제화한 데에는 특별한 이유가 따로 있다. 앞에서 언급한 바 있지만, 부산은 오래전부터 컨테이너 화물의 부두 밖 ODCY 통관 관행 때문에 하루종일 시내를 통과하는 컨테이너 차량들로 인해 소음공해, 교통적체, 도로파손 등 불편 사항이 날로 커졌고, 게다가 On-Dock에서 직통관이 되더라도 수도권 등 타지역 수송을 위해 고속도로를 이용하는 경우 시내 통과가 불가피하여 항만 배후도로의 불편 현상은 그야말로 심각한 수준이었다.

---

103) 부산광역시의 조례로 1992년부터 2006년까지 20푸트 컨테이너 1대당 20,000원씩 징수하였다.

이러한 현안은 오래전부터 고질적인 악성 민원으로서 정치권이 해결해야 할 과제였지만, 이를 해소할 재원 대책은 변변치 못했다. 신선대 부두를 종합 CY 화하여 ODCY를 모두 통폐합하고자 하였으나 성공하지 못했다. 의왕 ICD로 철도수송을 연계해서 도로를 경유하지 않고 부두에서 직 수송하는 비율을 확대하고자 하였지만, 선사와 하역업체 협조가 충분하지 않아 큰 빛을 발하지 못했다. 이 모든 것은 그 후 지속적인 컨테이너부두 시설의 확충과 철도수송의 활성화로 처리할 수 있는 용량보다 더 많은 수출입 물동량이 한꺼번에 쏟아져 들어옴에 따라 시설 확충에만 급급할 뿐, 부산지역 현안은 애써서 살펴볼 여유가 없었기 때문이다.

선거 때만 일시적인 공약으로 대두될 뿐, 큰 변화 없이 부산시민의 고통과 인내 속에서 점점 상황이 악화되었다. 부산시 재원만으로는 항만 배후도로 신설은커녕, 파손된 도로의 유지보수조차 힘들었다. 국가 전체적으로는 컨테이너화물 운송 지체와 물류비 증가 요인을 조속히 해결해야 한다는 강박관념이 있었다.

그때마다 부산시는 재원 대책을 중앙정부에 지원 요청했지만 여의치 않았다. 1991년 'SOC기획단'은 지자체 혼자 이를 온전히 극복하기는 어렵다고 판단하고 근본적인 추가 재원 대책을 관계부처와 협의해 나갔다. 그러나 한시적인 목적세 신설은 쉽지 않은 과제였다. 예산 당국을 설득해야 하고 무역업계와 선사의 협조가 절대적으로 필요했다. 끈질긴 협의 끝에 마침내 부산항에 하역되는 컨테이너 화물에 대해서는 「컨테이너세」를 신설하기로 입법 조치한 후 1992년부터 징수하기 시작했다. 동 재원은 부산항 주변의 심각한 화물적체와 교통체증 유발, 그리고 부산시민의 고통 해소를 위해 징세하기로 했기 때문에 관련 도로망 확충사업104)에 대부

5/ 물류 허브화의 오랜 숙제를 풀다.

분 투입되었다. 그리고 2010년 부산신항이 개통된 이후에는 컨테이너 차량의 도심 통과율도 줄어들어 부산지역 현안은 많이 해소되었다.

지금은 부산의 관광명소가 된 광안대교!「컨테이너세」로 건설되었다는 사실을 알고 있는 사람이 몇이나 될까. 부산세관 입장에서도 항만에서 신속한 On-Dock 직통관이 확대됨에 따라 화물적체가 많이 해소되었고 ODCY 통관절차 때문에 그동안 부산시민이 많은 불편을 겪었다는 따가운 눈총으로 부터 벗어날 수 있어 홀가분한 입장이 되었다.

그러나 그 당시 만났던 항만청 직원들은 본업인 항만건설보다 배후도로 확충에 더 많은 신경을 쓰다 보니 "우리는 항만청이 아니라 항만도로청에 근무한다."는 자조 섞인 농담을 하기도 했다.

---

104) 주요 사업으로 광안대로, 동서고가도로, 제3도시고속도로 등 총 9개 노선 도로 건설사업이 있다.

부두직통관제와 화장실 이슈

부산항은 한때 세계 5위권의 물동량을 처리하는 국제무역항이었다. 그럼에도 급격히 늘어난 컨테이너화물로 인해 큰 몸살을 앓고 있었고 화물을 ODCY로 옮겨 통관하는 관행은 결코 선진무역항의 모습이 아니었다. On-Dock 통관을 할 수 없는 그 사실 자체만으로도 통관 지체에 따른 부작용이 있었고 통상마찰의 원인이 되기도 했다. 앞서 언급된 미국산 m&m 초콜렛의 사례가 유사한 예이다. 궁극적으로는 한국의 SOC 기반시설 부족 때문에 일어난 어처구니없는 사건이었다.

일찍이 이러한 문제의 해결을 위해 신선대와 감만부두가 연이어 개통되었지만 그사이 급증한 컨테이너 물동량으로 인해 ODCY 통폐합은커녕 당해 부두에 하역된 물량 자체도 소화하기에 힘겨워했다. 'SOC기획단'이 나서서 20선석 이상의 대규모 부산신항 개발계획과 광양항 개발계획을 관계부처와 함께 추진했지만 동 시설이 완공될 때까지는 장시간이 소요되므로 그동안 늘어나는 물동량을 또 어떻게 처리할지가 고민이었다. 결국 손 놓고 기다릴 수는 없으니 기존 시설의 운용효율을 2배 이상 높일 수 있도록 소프트웨어 개선에 주력하자는 아이디어가 제시되어 이를 핵심과제로 추진하기로 했다[105].

---

105) 사회간접자본투자기획단, '화물유통체계 개선과제 추진현황', 1992. 6. 4.

5/
물류 허브화의 오랜 숙제를 풀다.

여러 가지 소프트웨어 개선대책106) 중 가장 시급한 개선이 요구되는 것은 선진 국제항만과 같이 On-Dock의 가동효율을 높일 수 있도록 「부두직통관제」를 도입하는 것이었다. 선박 입항 전에 미리 세관에 적재화물 수입신고를 하고 부산항 도착과 동시에 On-Dock에서 바로 통관할 수 있다면 굳이 밀려드는 화물을 ODCY까지 옮길 필요가 없고 상하차 이중 작업에 따른 지체현상도 대폭 해소할 수 있다고 판단했다. 업계의 반응 또한 긍정적이었다. 1992년 7월부터 시행된 「부두직통관제」는 이러한 과정을 통해 범정부적으로 탄생되었다. 우선 세관과 함께 입주해야 할 동·식물 및 식품 검역소 조직과 정원을 정비해야 했고 관련 예산도 확보해야 했다. 또한 시설 운영주체인 '부산컨테이너터미널운영공사(BCTOC)'의 협조를 받아 세관, 검역소 등의 사무실 증축도 완료해야 했다.

그러나 「부두직통관제」는 전혀 예상치 못한 엉뚱한 설계 문제로 협의가 지체되어 사업 진척이 제때 이루어지지 못하고 있었다. 사무실은 자성대 부두 내의 노조 사무실을 증축하여 사용하기로 했는데 참으로 복잡한 문제가 발생하였다. 당시 건물 내에는 노조원과 방문 민원인이 사용하는 화장실(샤워실 포함)이 남성용만 있고 여성용은 바깥에 조립용(샤워실 없음)이 있었다. 건물 내로 옮겨서 함께 증축하는 설계안이 제시되었지만, 남성 위주인 노조원의 반대로 사업 진척이 한 발짝도 나가지 못했다. 요즘 같았으면 여성 비하 문제로 크게 이슈화되어 언론, 시민단체 등의 지적과 비난을 충분히 받을만한 일이었다.

---

106) 소프트웨어 개선대책으로 부두직통관제 등 통관관련 제도개선, 철도 및 화물 운송요금제, ODCY 장치료 개편, Customs User's Fee제 도입, 유통시설 자동화, 화물운송사업 규제완화, 물류종합전산망 구축 등 다양한 대책이 포함되었다.

건축 허가부서인 부산시와 동구청,「부두직통관제」주무 부서인 부산세관, 시설 운영주체인 BCTOC 등 그 누구도 이를 해결하기 어려워했다. 정부 직제규정을 개정해서 세관과 검역소 인원도 늘리고 예산협의까지 마쳤으며, 관련 규정 개정 등으로 모든 법적 준비가 완료되었지만, 남·여 화장실 구분 문제로 인해 동 제도는 시작도 하기 전에 난관에 봉착하고 말았다. 아무리 기다려도 해결될 기미가 보이지 않았다. 결국 'SOC기획단'이 현지까지 내려가 상황을 살펴보고 즉석에서 남·여 화장실과 샤워실의 구분 선을 확정했다. 그리고 사무실 증축설계에 반영하도록 그 자리에서 관계기관과 함께 결정을 마친 후에야 그 사업은 그해 7월에 빛을 볼 수 있었다.

이 일을 통해 얻은 교훈은 아무리 중차대한 정부 정책이라 하더라도 어떤 때는 아주 세세하고 작은 문제까지 신경 써야 할 때가 있다는 것이다. 사소한 문제라 해서 이를 무시하거나 갈등이 있는 과제라 해서 회피하게 되면 정책 실패의 짐을 고스란히 정부가 떠안아야 한다. 개인적으로도 화장실 이슈는 "모든 정책의 성패는 디테일에 있다."는 말이 새삼 가슴에 와닿도록 재인식시키는 사례였다.

『『 그린벨트 해제와 ICD

국가정책은 그 사업내용이 민감하고 중요할수록 초기 단계부터 이해관계 조정이 쉽지 않지만, 어렵게 사업을 완료한 후에도 참여 사업자 간의 적극적인 협조와 헌신이 뒷받침되지 않으면 정책목표를 효과적으로 달성하기 어렵다.

1992년 가을, 'SOC기획단'에서는 내륙컨테이너화물기지(ICD[107]) 조성에 관한 그린벨트 해제와 관련하여 심각한 분위기 속에서 관계관 회의가 있었다. 도대체 ICD가 무엇이길래 그린벨트까지 풀어 가면서까지 만들어야 할까. 사실 수도권과 부산권에 약 30만 평 규모의 사업부지를 확보하는 것은 신도시 개발 등의 명분이 없는 한 대단히 어려운 일이다. 약 2,000평 규모의 서울세관 이사화물 창고부지를 찾기 위해 수도권 전체를 뒤지며 고생했던 우리의 경험을 되살려보면 쉽게 이해할 수 있다.

그날 회의에 참석했던 군포시장과 건설부 과장의 얘기는 지금도 기억에 생생하다. 군포시장은 묘를 이장해야 하는데 향토 문중 유지의 반발이 심하다고 걱정이었고, 건설부 과장은 집에 들어가기가 힘들다고 호소했다. 빨간 스프레이로 온갖 욕설과 항의를 해놔서 동네 사람 보기가 부끄럽다고 했다. 그럼에도 정부는 부곡기지를 확장해서 2단계로 '의왕 ICD'를 조성하고 철도수송의 활성화를 통해 '경부축'의 화물자동차 수송 부담을 완화시키고자 했다. '양산

---

107) ICD : Inland Container Depot

ICD'는 부산항과 컨테이너화물 처리를 직접 연계하여 과거에 실패했던 ODCY 집단화를 재추진하고 항만물류 원활화와 부산시민의 불편을 최소화하고자 하였다. 이처럼 중차대한 정책 현안이 있었기에 그린벨트 해제를 추진할 수 있었다.

원래 의왕 ICD는 1984년 경기도 부곡역의 남부 철도화물기지에서 유래한다. 앞선 설명과 같이 정부가 신선대부두 건설계획을 확정하면서 부곡기지와의 철도수송 연계를 조건으로 활성화를 추진했던 곳이지만 부곡기지는 철도수송의 한 축으로서 중요한 역할을 수행하지 못했다108). 그때만 해도 부산항에서 수도권까지 왕복 수송은 철도가 차량보다 비용이나 시간 면에서 비싸고 불편했기에 대부분 적컨테이너 화물은 차량수송을 선호하는 상태였고 부곡기지는 공컨테이너 보관장소로 활용되었다.

하루빨리 '적컨테이너' 수송체제로 전환하기 위해서는 철도 수송계획 전반을 개선해야만 했다. 동 계획서109)에 의하면 부곡기지는 총 49만평 규모(종전 39만평, 추가 10만평)로 약 1,072억 원의 재원으로 조성하되 공컨테이너 보관장소로만 운영 중인 부지 공간과 무연탄 기지를 통합하여 단계별로 '적컨테이너' 수송을 취급하는 내륙컨테이너기지 화하기로 했다. 그 후 부곡기지는 의왕 ICD로 명칭이 변경되었으며 종전의 1터미널 이외에, 2터미널이 1994년에 증설되어 운영 중에 있다. 부산권은 양산 ICD의 사업규모가 약 30만 평이므로 부지확보에 다소의 어려움이 있었으나, 철도 이

---

108) 부곡역 남부철도화물기지는 과거 철도화물 수송보다 수출용 공컨테이너 보관장소로 널리 활용되었다. 선사와 하역업체는 수출화물을 싣고 부산항으로 내려가려면 수도권에 공 컨테이너를 보관하고 있어야 하는데 야적장이 부족해지자 부득이하게 부곡역 남부철도화물기지를 활용했다.
109) 1991. 5.31 사회간접자본투자조정위원회(위원장 : 부총리) 안건에 포함되어있다.

5/
물류 허브화의 오랜 숙제를 풀다.

용을 극대화할 수 있도록 경부선이 지나가는 양산 일원에 부지를 확보해서 약 1,620억 원의 재원을 들여 조성하기로 하였다. 양산 ICD는 부산시내 교통난 완화를 위해 ODCY 모두를 이전 통합하기로 하였으며 동 사업을 담당하던 항만청이 추진하였다.

하지만 지금에 와서 보면 ICD 운영성과는 결코 만족스럽지 않다. 둘 다 동일한 기능을 하는 내륙 ICD인데 그 생김새나 운영방안이 서로 다르다. 이란성 쌍둥이인가? 당초부터 의왕 ICD는 철도수송의 활성화, 양산 ICD는 부산 외곽의 ODCY 통합에 목적이 있었기에 그 설계의 내용이나 운영방식이 상이[110]했던 점을 이해하나, 둘 다 철도수송 활성화에 기대만큼 기여하지 못한 점은 아쉬웠다. 또한 사업추진 과정에서 부곡과 양산부지는 둘 다 그린벨트 지역을 일부 또는 전부 해제해야만 추진이 가능한 사업이라 'SOC기획단'까지 나서서 추진했던 사업이고 그 해 말까지 국무회의에서 그린벨트 해제 절차가 진행되지 않아 총리실과 마지막까지 고심했던 사업이었다.

그러나 역사는 의도한 자의 생각과 다른 것이 다반사이다. 의왕 ICD는 고속열차 개통 이후 컨테이너화물의 주요 수송축으로서 어느 정도 역할을 하였다. 특히 ICD 내에 세관(안양세관)이 직접 입주하여 On Dock 직통관체제를 운영하면서 '적컨테이너' 위주로 기지 운영을 도모하였지만, 아직도 선사나 하역업체의 공컨테이너 보관 역할을 완전히 벗어나지는 못하고 있다. 2000년에 개통된 양산 ICD는 ODCY 이전통합을 하지도 못하고 그 역시 부산신항 개발 이후 물동량 감소로 물류업체의 야적장, 공컨테이너 보관장소로

---

[110] 의왕ICD는 철도청 주관으로 건설함에 따라 철도수송기지의 성격이 강하고, 양산 ICD는 항만청 주관으로 건설함에 따라 ICD 내에 철도 인입선이 들어오지 못해 항만터미널과 비슷하게 운용되고 있다.

일부 활용되고 있다. 더욱이 주변은 양산 신도시의 아파트 단지로 변모하였고 양산시는 2030년에 임대 기간이 만료되면 양산 ICD 일대를 첨단 복합단지화 하겠다는 구상을 갖고 있어 앞날이 암울하기만 하다.

1990년대 초, 그린벨트 해제 때문에 건설부, 교통부, 철도청, 항만청, 관세청 등 관계부처와 군포시, 양산시 등 지자체가 함께 머리를 감싸고 고생하면서 추진했던 ICD 사업이 운영과정에서 당초 그렸던 그림과 왜 달라졌는지 생각해 볼 필요가 있다. 사실 공·항만 터미널, 내륙 ICD 등은 화물이 가득 찬 '적컨테이너' 화물을 처리하는 장소가 되어야 하는데 공콘테이너 보관장소로 상당 부분 활용되고 있는 것은 몹시 못마땅하다. 이는 선사 등이 그들 스스로 운영 주체가 되어야 '적컨테이너' 화물 수송에 활용될 것인데 대부분 터미널 운영을 하역업체에 위탁 또는 분업화함에 따라 그들의 편의적인 시설 운영을 눈감아 줘야 하는 불편이 있다.

그러나 그린벨트를 풀면서까지 힘들게 만들었던 내륙 ICD와 직통관 체제가 '적컨테이너' 화물 철도수송의 중심축이 되도록 세관뿐만 아니라 정부 차원에서 계속 일관성 있는 정책을 유지 발전시켜나갈 필요가 있다.

5/ 물류 허브화의 오랜 숙제를 풀다.

국제적인 THC 요금 논란

과거부터 THC[111] 요금은 무역업계와 간담회를 하면 물류비용 감축 차원에서 늘 개선 요구가 있던 단골 주제였다.

국제적으로 THC 요금은 수출화물의 CY 입구부터 선측까지, 그리고 수입화물은 본선 선측에서 CY 게이트 통과 시까지 화물이동에 따른 처리비용을 말한다. 예전에는 운임[112]에 포함 여부가 불분명하였으나 1990년에 유럽 운임동맹(FEFC)이 따로 징수하기 시작하면서 다른 항로에도 대부분 확산되었다.

역사적인 관점에서 볼 때, THC 요금은 일반적인 화물운송이 컨테이너 수송방식으로 현대화됨에 따라 등장했다. 컨테이너화물 하역을 위한 크레인 등 관련 시설과 인력이 갈수록 대형화·전문화되면서 비용부담이 늘어나자 이의 보전을 위해 추가운임 성격으로 도입되었다. 현재 우리나라, 대만, 홍콩 등 극동 지역과 아세안국가, 유럽에서는 THC라는 명칭으로, 일본은 아시아 항로에 CHC[113]를 부과하고 있으며, 미국은 DDC[114]라고 하여 THC에 내륙운송비용을 추가하여 받고 있는 등 국가마다 그 개념과 원가 구성 요소가 각기 다르다. 그 이외에도 부대운임 중에는 CFS작업료,

---

111) THC : Terminal Handling Charge
112) 운임은 「선박항해용어사전」에 의하면 "화주가 선주나 운송인에게 화물운송의 대가로 지급하는 금액"을 말하며 계약조건에 따라 운임에 하역시설 등을 이용하는 비용이 포함될 수도 있다고 정의한다.
113) CHC : Container Handling Charge
114) DDC : Destination Delivery Charge

B/L등 서류발급비, 체화할증료, 유류할증료, 통화할증료 등이 있다고 한다.

우리나라는 1979년 이전 김포공항에 화물터미널이 없었으며, 부산항에는 재래부두만 있고 컨테이너터미널이 없었다. 그러다 보니 과거에는 THC 요금이라는 것이 없었다. 그러다가 컨테이너 운송이 일반화됨과 동시에 우리나라 공·항만에도 전용 터미널이 생기게 되자, 운송사들은 THC 요금을 부과하기 시작했다. 그때마다 왜 추가 요금을 받느냐고 무역업체 측은 불만을 제기했고 선사 측에서는 고가의 하역장비 사용 등으로 과거에는 생각지도 못했던 새로운 비용부담이 생겼으므로 THC 요금 부과는 불가피하며 국제적으로도 용인된 비용임을 강조했었다.

특히 우리나라에서 THC 요금 부과와 관련한 논란이 있었던 것은 그동안 없던 새로운 요금이 생긴 이유도 있지만, 외국과 다르게 ODCY 이송에 따른 내륙운송비까지 부담해야하는 입장에서 무역업계의 비용부담이 과하다는 주장이 설득력을 가졌기 때문이다. 그러나 이는 누구의 말이 맞고 틀리고의 문제가 아닌 것으로 보인다. 당연히 운임은 당사자 간 계약에 의하여 THC 요금이 포함될 수도 있고, 아니면 분리되어 추가운임으로 청구될 수도 있다.

국제적으로 항공화물은 항공사마다 자사 터미널에서 화물을 수하인에게 인도하는 것이 원칙이며, 운임 약관상으로도 이를 기준으로 산정하는 것이 관례이다. 그러나 우리나라는 인천국제공항 개항 전, 대한항공 이외에 국적항공사와 외국항공사 등이 자사 터미널을 보유하지 않은 경우가 대부분이었으며 항공화물 조업은 대행사의 터미널을 통해 화물처리를 해야만 했다. 이 경우 THC 요금은 항공운임 속에 포함된 금액이라는 논란에도 불구하고 대행사가 별도의 요금을 받을 수 있도록 했으며, 그것이 바로 THC 요금이다.

해상화물도 마찬가지이다. 부산항에 화물이 도착하면 과거 선사들은 자사 터미널이 없으므로 하역업체에 외주용역을 주는 것이 불가피했다. On-Dock이 협소할 때는 ODCY까지 이동비용을 누가 부담하느냐의 문제를 두고 한때 선주 측과 무역업체 간 논쟁거리가 되기도 했다. 무역업체 측은 운송계약을 할 때 이미 운임에 포함된 금액을 왜 THC라는 요금으로 별도 징수를 하느냐는 항변이었고 선사 측은 우리나라에서 적용하는 운임은 선박이 부두 터미널 Apron에 접안할 때까지의 비용을 말하며, 접안 후 CY 또는 CFS 창고까지 이동 후 처리하는 비용은 별도 수수료로 징수함이 불가피하다는 입장이었다.

이제 THC 요금은 국제적으로도 용인되었지만, 운송인과 의뢰인 간에 운송계약을 할 때 별도 요금으로 정할 것인지 아니면 운임에 전부 포함하여 정할 것인지를 자율적으로 판단하면 될 것 같다. 더 이상 논쟁할 대상은 아닌 것으로 보인다. 다만, 운임명세서상에는 THC 요금이 별도로 구분되어 분류되는 것이 수입자에게는 유리할 수 있다. 그 금액만큼 세관에서 수입 통관시 CIF 과세가격에서는 제외되므로 관세 등이 절세될 수 있다. 국제적으로 컨테이너 운송 수단의 발달은 어쩔 수 없는 변화였으며, THC 요금은 그 과정에서 불가피하게 발생했던 논쟁거리에 불과했다.

💬 탈도 많은 세관창고

국가는 불특정 다수의 국민이 적은 비용으로 신속하게 업무를 볼 수 있도록 공·항만 시설을 구비해야 할 의무가 있다. 인천국제공항, 부산신항 화물터미널 등 기반 시설을 국가가 투자하는 이유도 거기에 있다. 그런 의미에서 관세법 또한 주요 공항만 시설은 공공의 보세창고[115] 성격으로 운영 가능토록 「지정보세구역」 제도를 법제화하고 있다.

관세법(제166조)에는 국가, 지방자치단체, 공·항만 시설관리법인 이외에 세관이 보유한 시설도 「지정보세구역」으로 운영한다. 특히 세관 보유시설 중에는 통관을 위해 화물을 장치하는 '세관창고'와 세관 검사업무 수행을 위한 '세관검사장'이 포함되어 있다. 국제적으로 공·항만에 세관이 집중감시 시설을 따로 두는 이유는 외국에서 입항된 화물에 대한 물품 이동통제(Movement Control)를 세관이 효과적으로 수행하기 위함이다. 이는 교토협약에서도 '전략적 위험관리'라는 명칭으로 권고하고 있는 규범이며, 미국 등 외국세관이 시행하고 있는 「Pre-Entry Risk Management[116]」 제도와 같은 취지이다.

---

115) 교토협약 특별부속서 D의 보세창고 편에서 일반 사설창고와 다르게, 공공의 보세창고는 모든 수입자에게 개방되나, 공공질서와 안전, 위생과 보건, 지재권 보호관련 제한품과 금지품을 반입대상으로 할 수 있게 규정하고 있다.
116) 입항화물 중에는 마약, 테러혐의 또는 범죄경력이 있는 우범화물이거나, 품명 등이 불명확한 물품이 있다. 특히 여러 화주의 화물이 섞여 있는 LCL 화물은 일일이 화주와 품명을 세분류해야 한다. 최근 급증한 해외직구 특송화물은 소량 다품종으로서 저가신고의 위험성이 높고 마약 등 밀반입 우려가 큰 물품도 섞여 있기 때문에 집중감시가 필요하다. 입항단계에서 미리 선별해서 일반화물과 섞이지 않도록 집중장치 등 세관통제가 필요하다.

5/
물류 허브화의 오랜 숙제를 풀다.

　사실상 세관의 입항화물 집중장치 및 검사제도는 국제적으로 널리 통용되는「Pre-Entry Risk Management」제도로서 이는 입항 선박에 적재된 화물 중 법규위반 위험도가 높은 물품(이하 '관리대상화물'이라 한다.)을 입항 전에 미리 선별하여 검사하는 것을 말하며, 여행자의 경우 APIS와 일맥상통한 제도라고 볼 수 있다. 특히 입항 전에 선별된 관리대상화물은 외부유출 방지와 집중감시를 위해 '세관창고' 또는 세관이 지정한 창고로 이송되며, 세관의 전수 검사 대상이 되어 엄격한 통제[117]를 받는다.

　그럼에도 과거에 '세관창고'와 '세관검사장'이 말도 많고 탈도 많았던 것은 화주 본인의 의사와 무관하게 우범성이 있다는 이유로 자기가 원하지 않는 세관창고로 화물이 이송되어 집중검사를 받아야 하는 불편이 있었기 때문이다. 그리고 화물경비업무 또한 관세청 산하 퇴직공무원 단체인 '관우회'[118]가 맡았기 때문에 특혜성 시비가 있었던 것도 하나의 원인이 되었다.

　그러다 보니 무역 안전 차원의「Pre-Entry Risk Management」시스템을 잘 유지발전 시켜야 한다는 관세청의 입장과 세관창고 운영과 관련한 특혜성 시비는 개선되어야 한다는 외부기관의 시각이 서로 충돌되어 이를 이해·설득 시키고 조정하느라 많은 고생을 한 적이 있다. 1996년 감사원은 관우회의 화물경비업무 자체가 단순한 용역 위탁사업임에도 불구하고 '세관창고'라는 국유재산을 무상사용[119]하는 것으로 문제 삼아, 할 수 없이 관세법상의 세관설비사용료를 징수하는 방향으로 제도개선을 한 바 있다. 그리고 2004년에

---

117) 미국은 검사직원, 심사직원, 마약견 등이 CET 팀을 구성하여 집중검사를 한다.
118) 관우회의 전신인 관세협회는 1969년 부두운영관리기관 승인이 취소되었으며 1981년 관우회로 개칭되어 세관창고 내 화물 경비업무를 위탁운영 했었다.
119) 청소 용역업체에게 청소대상 시설물의 무상사용을 지적하는 것과 같다.

는 인천국제공항 화물청사 인근에 신축 중인 '세관창고'가 민간 항공사 터미널과의 경쟁을 제한하고 영업을 침해한다는 이유로 사업을 중지하거나 관우회가 화물경비 용역업무을 더 이상 맡지 않도록 제한해야 한다는 의견을 제시한 바도 있다. 세관 입장에서는 「Pre-Risk Management」를 위해 '세관창고'와 '세관검사장'이 필수적인 시설인데도 불구하고, 번번이 경비용역의 위탁시비 문제로 설치 자체를 문제 삼는 것은 그야말로 후진적이라 생각했다.

그렇다면 '세관창고'등의 경비업무를 국가가 직접 하도록 세관 인력을 충원하면 될 일인데 단순 노무업무를 국가공무원이 하는 것은 비효율적이라는 지적 때문에 관련 부처의 협조를 받기도 어려웠다. 그리고 당시 19개 '세관창고' 중 수익이 발생되는 곳은 서너 곳에 불과하고 나머지는 모두 적자인데 누구한테 분산 위탁 관리시킬 것인지도 마땅치 않았다. 수차례 검토 후 관세청은 퇴직 공무원 단체인 관우회가 맡는 것이 문제라면 이를 개선하는 것이 급선무라고 생각했다.

결국 2006년 관세청은 이해관계인의 참여하에 「한국관세무역개발원(이하 '개발원'이라 한다.)」을 새로이 설립한 후, 관우회 대신 법인 승계를 통해 화물경비 용역업무를 맡도록 했다. 개발원은 연구사업을 주 목적사업으로 설립된 비영리 법인으로서 발생된 수익은 연구사업 등에 공여하도록 기본 구도를 설계하여 특혜시비가 더 이상 없도록 개선했다.[120]

그 후 많은 시간이 지났다. 「탈도 많은 세관창고」 이제는 제발 무역안전 차원에서 관세청이 국제적인 Rule에 따라 합리적으로

---

120) 개발원은 구 관우회 법인 승계 후 관세동우회와 물적분할을 통해 화물경비 용역사업을 맡는 대신 관세동우회 운영과 친목사업을 일부 지원하도록 했다.

자체 운영할 수 있도록 맡겨주면 좋겠다. 지금은 해외직구만 해도 1억 건을 훌쩍 넘어가는 상황(소량다품종으로서 하나의 B/L 신고 건에 수백 개 가까운 품목이 대량 섞여있는 경우도 있음)이므로 우범화물 집중감시를 위해 '세관창고'로 이송되는 화물에 대해 마약 등 불법수입 방지 차원에서 예산이나 인력은 충분한지, 과학적인 검사장비 등은 부족함이 없는지 점검하여, 보다 효과적인 감시 및 지원방안을 모색해야 할 때이다.

그리고 관세청 스스로도 또 다른 이유로 불필요한 오해나 특혜성 시비가 생기지 않도록 목적사업121)의 준수 여부와 수수료의 적절성 여부를 검토해서 늘 자정 노력을 해야 한다.

---

121) 앞서도 언급했지만, 관세청은 세계적인 추세에 발맞추어 관세국경보호업무를 포함한 전반적인 선진 관세제도의 연구와 제도개선이 필요하나 변변한 연구기관조차 육성하기 쉽지 않았다. 1981년 9월 관우회 산하에 한국관세연구소를 설치하고 2000년 10월에는 한국관세무역연구원으로 확대 개편했지만, 그 성격이 부대사업이라 성과는 기대에 못 미쳤다. 2006년에는 관우회를 대신하여 연구사업을 주목적 사업으로 하는 한국관세무역개발원을 설립 운영하고 있지만, 그 발전 추이를 계속 지켜볼 필요가 있다.

종합보세구역제도의 좌절

우리 관세법에는 「종합보세구역제도」가 있다. 이는 수출자유지역과 다른 것이며 보세구역 기능이 창고, 공장, 전시장, 건설장, 판매장 등 다양하기에 2개 이상의 기능을 한 장소에서 할 수 있도록 한 것이다. 1992년 4월 일본이 도입한 '총합보세구역122)'제도를 벤치마킹한 것으로서 교토협약이나 다른 나라에서 유사사례를 찾아보기 어렵다.

1994년 가을, 오사카의 '총합보세구역'을 직접 다녀온 적이 있다. '총합보세구역'은 일본이 보세구역 관리의 효율성보다 1980년대 중반부터 미측이 제기한 대일 무역수지 불균형 문제를 해소하기 위해 수입촉진 목적으로 설치했다고 했다. 미국은 대일 무역적자의 원인이 일본의 교묘한 비관세장벽에 기인한다고 봤다. 1989년부터 1991년까지 「미·일 구조문제」(Structural Impediments Initiative : SII) 협의체를 구성해서 거시경제뿐만 아니라 무역관련 통관제도도 비교 및 협의의 대상123)이 되었다.

오사카의 「총합보세구역」은 총 5층 규모의 시설로 되어 있었다. 1층은 운송 통로와 주차장이며, 2층부터 5층까지는 보세창고, 보세공장과 전시장, 판매장을 한군데 모아서 운영하고 있었다. 주로

---

122) 일본 관세법에서는 우리의 종합보세구역 명칭을 '총합보세구역'이라 칭한다.
123) 미국은 일본과 상호 무역 및 관세 시스템 비교 전략회의를 통해 물품반입전 예비신고제 도입 등 일본 내 모든 비관세장벽의 철폐를 위한 관세 상 제도개선과 수입촉진을 위한 다양한 제도개선을 추진하기로 합의한 바 있다. 이에 따라 새롭게 신설된 제도가 총합보세구역제도이다.

5/
물류 허브화의 오랜 숙제를 풀다.

소비재 위주로 한 장소에서 보세상태로 원료를 반입해서 다양한 제품을 생산하고 그 장소에서 전시 및 판매할 수 있도록 one stop 방식의 보세구역이었다. 일본은 이곳을 통해 수입을 장려하는 전향적인 자세를 보이고자 했다. 미측은 일본의 이러한 노력에 대해 근본적인 구조개혁이 아니라 높게 평가하지는 않았지만 그래도 일본이 수입촉진을 위해 노력하고 있다는 인상을 주는 데에는 어느 정도 효과가 있었다. 그 후 일본의 시장개방은 지속되었고 미국 경기가 회복되면서 미·일간의 무역마찰은 점점 잠잠해지게 되었다.

그 후 우리나라도 1996년경에 「종합보세구역」제도를 관세청 행정규칙[124])으로 국내에 도입하였다. 하지만 우리는 수입촉진이 아니라 보세공장, 건설장, 전시장, 판매장과 보세창고 등 보세구역 간의 화물이동 규제를 최소화하여 복합적인 기능을 수행하는 다기능 보세구역을 설치하고 중계무역 활성화에 기여하자는 차원이었다.

1996년 어느 날, 경제기획원(물가정책국)에서는 뜻밖에도 수입 소비재의 물가안정[125])을 위해 종합보세구역 내에서 유통 마진을 뺀 가격으로 구매자가 one stop 구매를 할 수 있도록 제도화하는 것이 어떻겠느냐는 제안을 해왔다. 일본의 예를 경험한 바 있는 관세청(지도과)은 전국 대도시 주변에 수입 소비재를 싼 가격으로 직판하는 '창고매장형' 종합보세구역을 설치하면 괜찮겠다는 생각을

---

124) 관세법상 창고, 공장, 전시장, 건설장, 판매장 등 그 유형별 법적근거가 있기 때문에 2개 이상의 복합기능을 하는 종합보세구역은 별도의 법 개정 없이도 행정규칙만으로 운영 가능하다고 판단했다.
125) 그 당시 우리나라는 매년 물가인상률이 약 5% 내외 수준으로 미국, 유럽 등의 2~3%에 비해 지나치게 높아서 사회문제화되고 있었다. 정부 차원에서도 수입 물가가 국내 물가를 자극하고 선도하는 경향이 있어 수입품의 과도한 유통마진을 최소화하고 물가안정을 기할 필요가 있다고 생각했다.

했었다. 그러나 막상 논의가 시작되자, 관세청 내부에서조차 물가 안정보다 수입촉진 제도라는 이유만으로 반대가 심했다. 행정규칙 상으로 「종합보세구역」을 제도화는 했지만, 중계무역 촉진 목적의 다기능 보세구역 설립 취지도 살리지 못하고 수입물가 안정 차원에서 활용도 하지 못하는 정책적 실패를 경험할 수밖에 없었다.

게다가 1998년 말, 관세법에 「종합보세구역제도」를 법제화하는 과정에서 큰 착오가 있었다. 중앙행정기관이나 지방자치단체장의 요청을 받아 일정한 구역을 종합보세구역으로 지정할 수 있도록 입법화하는 바람에 도저히 실행 불가능한 모델이 되어버렸다. 당초 종합보세구역은 백화점식 창고형 매장 등 건물 단위의 '장소' 개념이었는데 그만 광활한 '구역' 개념이 도입돼 버린 것이었다. 그 후 지자체에서는 '선심성 공약'으로 지방의 중소 공단지역을 수출자유지역처럼 종합보세구역으로 활용하고자 하는 정치적 의도가 있었다. 그러나 관세법상 보세구역은 관세 미납 상태의 화물을 취급하는 장소이기 때문에 이를 마치 공단과 같은 광활한 '구역' 개념으로 확장 운영하면 종합보세구역 지정을 받아도 오히려 보세구역 간 화물이동 규제가 많아져 활성화가 되지 않는 문제가 있었다. 특히 입주업체 금융 및 세제지원 등 비교우위에서 앞선 「경제자유구역제도」가 입법화되면서 그 실효성이 반감되는 결과를 가져왔다. 「종합보세구역제도」는 관세법 개정 시 오사카를 한 번도 가보지 않은 사람들이 입안하는 바람에 활용도가 거의 '꽝'인 제도가 되어버렸다.

그리고 5년 뒤인 2004년에 「종합보세구역제도」를 다시 한번 활성화시키기 위해 '창고매장형(일본의 예 준용)' 종합보세구역에서 판매상품에 대한 관세 등 제세 환급이 가능하도록 관세법을 개정한 바

5/
물류 허브화의 오랜 숙제를 풀다.

있다. 당초 관세청 입장은 누구든지 수입 상품을 손쉽게 살 수 있도록 유통마진을 최소화하고 물가안정에 기여하면서 내국인과 외국인 관광객의 쇼핑 편의를 제공하자는 취지였다. 일반 내국인도 '창고매장형' 종합보세구역에서 쇼핑 후 관세납부 등 통관절차를 완료하면 현장에서 또는 택배로 상품을 받을 수 있도록 하자는 아이디어126)였다. 제주를 다녀오는 내국인도 면세점을 이용하는데 왜 일반 내국인은 백화점에서만 비싼 가격으로 수입 상품을 구매해야 할까. 특히 출국여행자나 외국 관광객의 경우에는 시내면세점에서 물품 구매 후 공항에서 인도받느라 많은 불편이 있는데, '창고매장형' 종합 보세구역을 이용하게 되면 구매상품을 현장에서 인도받아 국외 반출 후 관세 등 제세를 환급받을 수 있지만, 그 대신 Card Credit Deposit 조건으로 구매하여 출국 시 국외 반출이 확인되면 면세처리하고, 확인되지 않는 경우에만 추징하는 EU 방식을 병행할 수 있어 구매자의 불편이 상당 부분 해소될 수 있다고 기대했었다. 뿐만 아니라 당시 도처에서 제기되던 시내면세점의 신규 특허수요127)도 이러한 장점이 잘만 부각되면 어느 정도 대체 할 수 있겠다는 희망을 가졌었다.

그런데 관세법 개정 후 하위규정인 대통령령을 만들면서 부가가치세 및 개별소비세 특례규정에 의한 「외국인 관광객 면세판매장」

---

126) 내국인도 종합보세구역을 이용하게 하면 불필요한 해외직구 수요를 대체할 수 있는 장점이 있다.
127) 면세점 매출이 2000년대 초반 통합물류창고를 설치한 이후 급증하기 시작하면서 신규특허를 해달라는 요구가 도처에서 나타나고 있었다. 부산 BEXCO를 시작으로 대기업들의 참여가 본격화되면서 특허공고제에 의한 과당경쟁으로 많은 부작용이 생겼다. 특히 박근혜 정부 때는 밀려드는 신규특허 수요와 민주당 H 의원의 중소·중견기업 '특허할당제' 입법, 그리고 특허심사의 공정성 시비로 여러 관계자가 불편을 겪었다. 2004년 초일류세관 프로젝트로 추진한 창고매장형 종합보세구역 제도는 기존 면세점의 일부 수요를 대체 및 보완하는 성격이 있었는데 많은 이가 이를 간과했다.

과 차별화하기 위해 그 대상지역[128]을 외국인 투자지역과 물류단지 등으로 제한하고 판매물품 환급대상[129]을 외국인 관광객 등 비거주자로 한정해 버리는 바람에 아무도 이용하기 곤란한 제도가 되어 버렸다. 또한 기존 면세점도 종합보세구역화 하면 후술하는 중계무역형으로 제3자 대리구매 반출[130] 등이 가능할 수 있는데 현 상태에서는 이도 저도 아닌 제도가 되어버렸다. 아마 경험해 보지 않은 제도는 그 누구도 리스크 부담을 지기 싫은 모양이었다.

「종합보세구역제도」는 그동안 여러 번 부활을 노렸지만, 그때마다 성공하지 못했다. 입안을 담당했던 정부 당국자뿐만 아니라 관세청 스스로도 '수출은 좋고 수입은 나쁘다'는 고정 관념을 쉽게 버리지 못하는 것 같다. 왜 일반 국민은 싼값으로 외국 상품을 살 수 있도록 문호를 개방하지 않는지 이해하기 어렵다. 꼭 해외직구만 이용해야 하나?

우리가 아무리 선진국 대열에 입문했다고 주장해도 '수입은 나쁘다'는 인식을 버리지 않는 한, 진정한 선진화와 「종합보세구역제도」의 앞날은 난망하기만 하다.

---

[128] 관세법 시행령 제214조에는 외국인투자지역, 산업단지, 공동집배송단지, 물류단지에 종합보세구역을 설치할 수 있도록 제한하였으며, 쇼핑몰 등이 영업 중인 일반 도심(관광특구 포함)은 그 대상에서 제외해 버렸다.

[129] 관세법 제216조의 2에는 종합보세구역에서 물품을 구매한 후 국외 반출 시 관세 등을 환급받을 수 있는 대상을 외국인 관광객 등 비거주자에 한정하도록 했으며, 거주자인 내국인은 그 대상에서 제외해 버렸다. 내국인은 종합보세구역을 아예 이용할 수 있는 대상으로 보지 않는 맹점이 있다.

[130] 현재의 면세점은 관세법상 보세판매장이며 출국인 또는 외국인 관광객 당사자의 쇼핑편의를 위한 장소이므로 소위 제3자의 대리구매 반출은 동 장소에서 허용되지 않는다. 그러나 종합보세구역은 보세창고와 전시장, 판매장의 복합기능 보세구역이므로 제3자 대리구매 반출이 가능하다.

중계무역과 면세산업의 길

우리나라는 지정학적으로 동북아의 중심에 있다. 이 때문에 과거부터 「중계무역 활성화 대책」이나 「동북아 허브 전략」 등이 정부 정책으로 오르내리곤 했다.

중계무역의 유형에는 크게 3가지가 있다. 첫 번째는 중계수수료만 받고 제3국의 화물을 목적국으로 판매하는 형태이다. 이 경우는 운송수단끼리 Transit하는 경우도 있고 경유지 한국의 보세창고에 일시 장치를 했다가 환적하는 경우도 있다. 두 번째는 우리나라 보세창고 내에서 소극적 가공인 분할, 재포장, 라벨 교체 등의 보수작업을 거친 후 목적국으로 제품을 수출하는 Distribution Center131) 형태의 중계무역이 있다. 그리고 세 번째는 중계무역의 아주 넓은 의미로서 수출용원재료를 수입해서 국내에서 적극적 가공(실질적 변형)을 거친 후 완제품을 수출하는 보세공장 또는 관세 환급 방식의 무역거래가 있다.

그러면 면세산업은 어디에 해당하는가? 주로 출국자와 외국인 관광객의 편의를 위해 설치한 보세판매장이지만, 판매할 수입상품을 직접 반입해서 보세상태로 보관하고 있다가 판매가 되면 관세법상 반송 절차를 거쳐 외국으로 반출하는 두 번째 유형의 중계무역과 유사하다고 봐야 한다. 우리나라의 면세점 시장은 한때 연 매출

---

131) 동북아 HUB 전략의 일환으로 인천공항과 부산항 국제물류기지 내에서 중계무역기지(Distribution Center) 역할을 하는 보세창고 특허를 받아 관련 부품을 보관 및 분할, 재포장 등을 거친 후 제3국으로 수출하거나, 부품 조립 후 완제품을 수출하는 업체가 있다.

이 약 25조 원 규모로 급성장한 바 있으며, 코로나 팬데믹 이후 지금은 절반 정도 수준이라고 하나, 매출액 규모 전체로 볼 때는 어찌 되었든 충분히 하나의 산업군에 해당한다.

그러면 이러한 면세산업은 역사적으로 어떠한 변화과정[132]을 거쳐 왔을까? 최초의 「면세점 Ver.1」은 1962년 11월 국제관광공사가 설립되어 김포공항에서 출국자를 대상으로 면세품 판매를 시작한 순수한 유형이 효시로 알려져 있다.

그리고 「면세점 Ver.2」는 관세법 개정을 통해 1979년 7월 시내면세점 제도가 도입된 후, 그해 12월에 최초의 시내면세점인 롯데와 동화면세점 등이 개점하였다. 한때 올림픽을 전후로 29개에 달하던 시내면세점이 10년 뒤 11개로 축소된 이후 지금은 그 수가 10개 미만으로 계속 줄어들고 있다. 그러나 Ver.2 방식은 출국장면세점과 같은 판매점을 시내로 연장 적용한 제도에 불과하다. 각 시내면세점이 호텔 주변에 설치됨에 따라 비싼 임대료와 공항까지 보세운송 및 인도에 따른 복잡한 절차 등으로 시간과 비용면에서 큰 부담을 지게 되었고 특히 인천공항 개항 후에는 인도장 운영에 따른 임대료가 수백억 원에 달할 정도로 업계의 경쟁력 향상에 지장을 초래했다.

「면세점 Ver.3」은 2003년 당시 우리나라 면세산업이 세계 5위권으로서 세계시장 점유율[133]도 계속 늘어나고 있었기 때문에 동북아 허브를 지향하는 중계무역 육성관점에서 새롭게 지원할 수 있는 길을 모색해야만 했다. 기본적으로 면세점은 출국자와 외국

---

132) 한남대학교 산학협력단, '시내면세점제도의 합리적 운영을 위한 개선방안 연구', 2011. 12. p.13.
133) 중앙대학교, '보세판매장 발전방안에 관한 연구', 2013. 1. p.24.(2010년 한국의 면세점 시장점유율은 10.4%임)

5/
물류 허브화의 오랜 숙제를 풀다.

인 관광객에게 소매 판매를 원칙으로 하지만, 기업형 보따리 무역업자의 대량 구매 등 제3자 대리구매 형태가 암암리에 허용되고 있어 이 또한 전체 매출액에서 상당한 비중을 차지하고 있는 것이 엄연한 사실이었다. 이는 본래의 면세점 특허 취지에는 반하는 것이라고는 하나, 면세산업의 육성관점에서 보면 차라리 정상적인 중계무역 형태로 양성화시키는 것도 괜찮겠다는 생각을 했었다. 사실 면세점 「통합물류창고」는 관세법상 보세판매장 내 부속창고가 아니라 별도의 보세창고[134]이다. 당시 입안자 입장에서는 단순히 면세점의 보조 창고가 아니라 미래에는 Distribution Center로 활용되어 대량 구매사업자뿐만 아니라 해외직구 요청에도 대응할 수 있는 상업적인 베이스의 중계무역기지로 발전할 수 있기를 기대했었다.

Ver.3의 핵심인 「통합물류창고」는 최초 도입시 규제 완화에 초점을 맞추어 여러 곳의 면세점 매장에서 분산 판매된 물품을 한 곳에서 One-Packing 할 수 있도록 하여 운송료, 임대료 등 비용[135] 절감을 유도하고 세관의 효율적인 물품관리도 함께 할 수 있도록 했다. 그러나 최근처럼 외국인 관광객의 유입이 저조하고 면세점 업황이 부진한 상황에서는 Ver.3 면세점의 유형 변화를 적극적으로 모색해 봐야 한다. 현재의 소매판매 형태로는 지속적인 면세산업 육성에 한계가 있으므로 통합물류창고를 Distribution Center로 전환하여 기업형 매출을 양성화하고 중계무역을 활성화해 나갈 수 있도록 본격적인 검토가 필요하다.

---

134) 보세창고 운영인은 각 면세점이 아니고 한국면세점협회 명의로 되어있어 협회 감독하에 면세점 판매물품을 반출입 관리하는 유형이다.
135) 과거의 면세점은 통합물류창고가 없었기 때문에 각 지역에서 판매된 물품은 출국장까지 각각 보세운송해서 구매자에게 인도해야 하는 불편과 비용부담이 있었다. 특히 설치장소가 특급호텔이라 창고비용도 만만치 않은 부담이 있었다.

앞으로 「면세점 Ver.4」는 관세법상 면세점을 소매판매점인 보세판매장으로 국한해서 볼 것이 아니라 중계무역의 한 유형으로 봐서 종합보세구역화 하는 등 다각도의 산업 지원책을 모색해야 한다. 우선 「중계무역형」 면세점을 신설 모델로 제도화하여 기업형 제3자 중계무역의 형태가 제도권 내에서 자유롭게 거래될 수 있도록 도와주는 것이 바람직하다. 이미 면세점은 각자 특허받은 보세판매장과 물류전진기지(Distribution Center)로서의 '통합물류창고'가 서로 연계되어 함께 굴러가는 산업이기 때문에 이를 최대한 활용하여 종합보세구역제도와 연계 발전시켜 나갈 필요가 있다. 왜냐하면 '통합물류창고'가 있는 상태에서 면세점은 오프라인, 온라인 판매가 모두 다 가능하기 때문에 사실상의 Show Room 전시 판매에 불과한 양태가 되며 One-Packing은 통합물류창고에서 이루어지기 때문에 보세판매장, 전시장, 창고의 성격이 함께 연계되어있는 중계무역형 종합보세구역이라고 봐야 한다. 이는 앞서 설명한 '창고매장형' 종합보세구역이 단순한 환급형 소매판매점이라는 점에서 서로 차이가 있으며 각자의 장단점을 곰곰이 살펴볼 필요가 있다.

세상의 변화로 국민 소비수준이 많이 달라졌고 해외직구의 급증과 제주도 내국인 면세점 운영 등으로 수입상품에 대한 인식도 많이 달라졌다. 이제는 선진화된 우리의 위상에 걸맞게 면세산업도 중계무역 촉진 차원에서 Ver.4로 한 단계 더 혁신이 필요한 상황이다.

> ## 제주도 내국인면세점의 모순

전 세계 어디에도 관세국경을 오가지 않는 내국인에게 관세 면제의 혜택을 주는 나라는 없다. 교토협약은 입국장면세점조차 권고하지 않고 있다. 그런데 왜 우리나라는 관세제도의 기본원칙과 글로벌 스탠다드에 맞지 않는 제도를 지방의 특별자치제라는 정치적 명분으로 운영하는 것일까.

특이하게도 우리나라 제주도에는 내국인 면세품판매장이 있다. 제주도를 다녀오는 사람에게 해외 여행객의 면세 혜택에 준하는 범위(금액과 횟수를 제한) 내에서 내국세뿐만 아니라 국경통과세 성격인 관세까지 면제시킨다. 이는 조세법의 정의에 맞지 않다. 제주도를 다녀오는 내국인에게 관세 등 해당 세액만큼 보조금을 지급하는 것과 같은 이치이다. 아무리 정치적 이유로 조세감면이 필요한 분야라 하더라도 그 대상은 가장 협소하게, 적용 기간은 그 목적 달성에 필요한 한도 내에서 한시적으로 운영해야 한다. 아마 제주도가 특별자치도로 승격[136]하면서 주요 핵심산업 개발에 소요되는 재원 마련을 위해 면세품 판매수익으로 이를 보전하고자 내국인 면세점 설치를 허용한 것 같다. 그러나 이는 한때 시행했던 컨테이너세와 같이 목적세를 만들거나 정부 재정으로 뒷받침하게 해야지 내국인 면세점의 판매수익을 활용하게 해서는 조세 윤리상 적합하지 않다.

엄연히 제주도는 대한민국 영토의 일부이며, 관세국경 내에 속한다. 관세는 누구나 알듯이 국경을 넘나들 때 부과하는 국경세,

---

136) 2002년 1월부터 「제주특별자치도 설치 및 국제자유도시 조성을 위한 특별법」이 시행되었다.

통과세 성격의 간접세이므로 제주도가 주권을 달리하는 국가가 아니라면 관세를 면제하는 면세점 운영은 불가능한 것이다. 왜 제주도는 관세 면제가 가능한 면세점 운영이 가능하고, 경기도, 전라도, 경상도 등 다른 지방자치단체에서는 불가능한 것인가? 라는 의문이 당연히 생길 수밖에 없다. 법인세, 소득세, 부가가치세 등 내국세는 같은 역내에 부과하는 세목이기에 정책적 목적에 따라 감면대상과 감면율을 얼마든지 달리할 수 있지만, 관세는 국경세이기 때문에 달리할 수 없다. 한 나라의 국경을 통과할 때는 누구든지 소정의 관세를 납부해야 하며, 역내에서 지자체별로 차별적인 대우를 할 수 없다. 하물며 국경을 통과하지 않고 국내를 오가는 여행자들에게 관세 면제 물품을 판매하는 것은 헌법상 평등의 원칙에 위배된다는 주장이 설득력을 얻을 수 있다.

우리가 해외를 다녀올 때도 마찬가지이다. 기내에서 면세품은 항공기나 선박이 다른 나라의 영토나 영공, 공해를 경유할 때, 즉 외국에서 판매가 가능한 것이며, 자국의 영토, 영공을 진입하게 되면 사실상 그 운항기는 내항선으로 자격변경이 이루어진 것과 마찬가지이므로 관세 이론을 엄격하게 적용하면 관세 면제품을 판매해서는 안된다. 미국 여행을 할 때 알래스카에 도착한 이후 LA, 뉴욕 등으로 다시 운항할 때 면세품을 판매하지 않는 이유와 같은 이치이다.

특히 제주도의 면세품판매장은 교토협약상 전혀 권고되지 않은 일탈된 제도이다. 그러다 보니 관세법에다가 일반 원칙으로서 특례조항을 만들 수 없었으며, 부득이 조세특례법에 특별조항을 두어 관세 등을 면제하고 제주도 내국인 면세품 판매장을 관세법상 세관장의 특허를 받은 보세판매장으로 간주하도록 한 것이다. 우여곡절 끝에 제주도의 면세품판매장은 「제주특별자치도 설치 및 국제자유도시 조성을 위한 특별법」 제170조와 동법 시행령 제27

조의 달랑 1개 조문을 만들어 지방공사 성격의 제주국제자유도시 개발센터(JDC[137])가 운영하도록 했다. JDC는 상기 특별법에 따라 제주도를 지원하고 「국제자유도시」 7대 핵심산업의 소요자금 충당을 위해 면세품판매장을 운영하게 했으며, 현재 연 매출액은 약 5천억 원 내외 수준에 이르고 있다.

한때 관세청에서는 제주도 내국인 면세점 운영과 관련하여 격한 토론이 있었다. 2002년 12월 개장한 JDC 면세점 운영규정이 관세법상의 보세판매장과 거의 같은 수준으로 공·항만의 출도장 뿐만 아니라 제주 시내에도 면세점을 둘 수 있도록 광범위하게 되어 있었고 판매 품목에 대한 제한도 없었으며, 언제까지 운영할 것인지에 대한 최소한의 규칙도 없었기 때문이다. 2003년 그해 여름, 관세청은 JDC에서 판매 가능한 세부 품목을 H.S 단위로 지정하였으며, 시내 지역에 면세점 설치가 남발되지 않도록 장소 제한을 했다. 그리고 운영 기간은 5년 단위로 하되, 한시적 운영임을 분명히 알려주도록 했다. 왜냐하면 사업 초기 단계에는 목적세 입법의 한계와 재원 마련의 필요성 때문에, 어느 정도 이해할 수 있지만, 항구적인 조세 면제제도로 운영할 수는 없기 때문이었다.

이 시점에서 과연 제주도에 「국제자유도시」 건설이라는 원대한 꿈이 꼭 필요한 것인가 하는 의문이 든다. 정말로 나라 전체의 국익에 도움이 되는 사업인가? 아니면 정치권이 자신의 이해관계 때문에 겉으로 구호만 요란하게 외치고 실질적인 지원은 충분히 해주지 않는 일회성 지방자치 달래기 사업에 불과한 것은 아닌가? 벌써 20년이 훨씬 넘었다. 언제까지 운영할지는 모르겠지만 소위 면세품 팔아서 제주도를 국제자유도시화 한다는 구상 그 자체가 너무나 가벼워 보인다.

---

137) JDC : Jeju Free International City Development Center

여섯 번째 가는 길...

싱글커스텀스로 가는 **관세경영의 길**

무역 선진화와 UNIPASS를 꿈꾸다.

- 수출입 물류표준화 도전
- 무역서류 절반을 줄이다
- 수출입승인제 폐지
- 실망스러운 무역자동화추진단
- 실패한 중심VAN 전략
- 때늦은 uTradeHub
- 디딤돌이 된 CAWIS
- 하늘이 주신 Computer Number
- MFCS 경쟁과 게임의 룰
- 물류종합전산망의 태동
- UNIPASS가 가야할 길

수출입 물류표준화 도전

우리나라의 수출입 물류체계는 1990년대 초까지 공항만 터미널 등 H/W 시설 부족뿐만 아니라 화물유통에 관한 절차와 각종 서류 등 S/W 측면에서도 매우 낙후되어 있었다.

1991년 9월부터 약 3개월에 걸쳐 관세청은 'SOC기획단'의 물류관련 제도 및 절차, 서류 등의 현장 기초조사 작업에 참여하여 항만청, 선사, 하역업체 등과 합동으로 60여 개의 개선과제를 발굴한 바 있었다. 그러나 그중 가장 기초적인 선결과제는 적하목록(MANIFEST)의 표준화이었으며, 적하목록 하나만 표준화되면 물류 전반의 프로세스 표준화가 가능하다고 생각했었다.

적하목록은 항공사나 선사가 한 나라에 화물을 싣고 들어올 때 세관에 제출해야 하는 화물명세서의 목록이다. 이는 세계 어느 나라 공통으로 사용하는 서식이며 예외 없이 적용된다. 교토협약[138]에서도 적하목록은 세관 제출이 의무화되어 있다. 적하목록 신고는 사람으로 치면 '출생신고'와 같은 것이다. 한번 호적에 출생신고와 함께 등재된 사람은 주민 등록에 의해 주소이전 등 추적 관리가 이루어지다가 사망에 이르게 되면 말소등록 처리되는 것과 마찬가지로 적하목록도 같은 이치로 재고관리가 이루어진다. 수입화물 이동의 전 과정이 입항단계부터 화물관리번호에 의해 추적되며 보세운송, 통관처리가 완료되면 종국에는 세관관리 대상에서 말소 처리된다.

---

138) 관세청, '개정교토협약(Revised KYOTO CONVENTION)' 특별부속서 (Specific Annex) A, 2004. 8.

6/
무역 선진화와 UNIPASS를 꿈꾸다.

이 경우 적하목록은 B/L 단위로 품명, 수량, 송하인, 수하인의 상세 정보가 기재된다. 사람의 경우를 굳이 비교해서 설명하면, 가족관계증명서상의 1인 가구처럼 한 컨테이너에 한 가지 화물만 있는 Master B/L의 FCL 단일화물 명세가 있고, 다인 가구처럼 여러 화주의 화물이 한 컨테이너에 함께 있는 House B/L[139] LCL 혼재화물의 명세가 있다.

그런데 이러한 적하목록은 대부분 수출국에서 항공사, 선사나 포워더 등이 작성, 제출하기 때문에 수입국에서 특별한 요청이 없는 한 수출국의 운송인 편의대로 그 나라의 언어(영어, 불어, 일어 등) 또는 표준으로 작성되어 제출[140]된다. 1996년까지 우리나라는 화물의 출생신고에 해당하는 적하목록의 제출 의무가 관세법에 있었지만, 표준언어와 양식이 정해지지 않았고 작성자와 제출자의 구분이 명확하지 않았다. 이 때문에 입항지 세관은 수출국의 운송인이 그 나라의 언어로 작성한 적하목록을 제출하면 원본은 해석할 수가 없어 접수와 동시에 서고로 직행하고 그 대신 선박대리점 등이 한글로 간략히 번역한 '수입화물반입신고서'라는 배정목록을 세관이 제출받아 보세창고 반입 후부터 화물 재고관리를 하고 있었다. 따라서 1996년 이전에 우리나라 세관은 입항부터 창고반입까지 적하목록 정보가 없어 화물관리를 할 수가 없었으며 중간에 누가 밀수를 하더라도 파악하기가 쉽지 않은 상황이었다.

그야말로 우리나라는 적하목록 제도가 법제화는 되어 있었지만 실제로는 세관업무에는 활용이 불가능한 전형적인 물류 후진국의

---
139) Master B/L은 선사가 발급하는 대표 B/L이며, House B/L은 포워더들이 화물집하과정에서 발급하는 소량화물의 B/L을 의미하며, 하나의 MaterB/L에 수백개의 House B/L이 연계되는 경우도 있다.
140) 가족관계증명서를 우리나라가 한글, 주민번호로 작성하는 것과 같은 이치이다.

모습이었다. 더더욱 가관인 것은 이렇게 볼 수도 없는 두꺼운 적하목록을 세관 이외에 항만청과 하역회사, 운송회사 그리고 보안 관련 기관이 법률에 근거도 없이 자료제출을 요구하고 있었다는 점이다. 모두가 적하목록 원본 제출을 고집했기 때문에 선박대리점은 약 20여 부를 복사한 후 등짐을 지고 각 기관에 배포하고 있다고 했다. 참으로 어이가 없는 일이었다. 이러한 사실은 청와대까지 보고가 되었고 즉시 규제개혁 지침이 떨어졌다. 적하목록 등 수출입관련 서류의 개선작업을 하면서 선진국의 사례를 살펴보니 우리가 그동안 얼마나 주먹구구식으로 행정을 해왔는지 여실히 알 수 있었다.

미국과 유럽은 모두 영어로 적하목록이 표준화, 전산화가 되어 있었고 외국의 공·항만 운송사 사무실[141])에는 수많은 입력요원이 Master와 House B/L 정보를 상호 연계해서 입력하느라 눈코 뜰 새 없이 바빴다. 미국은 적하목록을 ACS 시스템의 MANIFEST 프로그램으로 전송받아 각 운송사의 터미널 내 세관 사무실에서 출력한 후 보세운송, 통관 등 화물이동과정을 A3 적하목록 원장에 일일이 등록 및 말소처리 하는 등 재고관리를 하고 있었다. 영국과 네덜란드는 미국과는 형식면에서 약간의 차이가 있지만, 적하목록 원장을 A4 책자 형태로 비치해 두고 세관이 일일이 재고관리하는 방식은 동일했다. 우리나라는 각 기관이 볼 수도 없는 비표준화된 적하목록 자료를 받기만 할 뿐, 화물 재고관리는 선박대리점 등이 일방적으로 작성 제출하는 배정목록에 전적으로 의존하고 있었다.

---

141) 1995년 영국 히드로공항의 대한항공 터미널을 방문한 적이 있는데 그당시 대한항공에서는 한국에서도 하지 않는 적하목록 정보 전산입력을 위해 수많은 입력요원들이 상주하고 있었다.

6/
무역 선진화와 UNIPASS를 꿈꾸다.

드디어 우리는 적하목록을 표준화하고 전산화하는 작업을 1995년에야 시작할 수 있었다. 약 1년간 항공사, 선사와 협의를 거친 후, 자체 취합 능력이 있는 업체는 직접 Master 별로 House B/L 정보를 취합하고, 여력이 없는 중소업체는 제3의 중계사업자를 통해 취합할 수 있도록 MFCS 시스템을 만든 후 본격 시행할 수 있었다. 우리가 만든 적하목록 관리시스템은 뒤늦게 만들었지만, 미국과 영국, 네덜란드 그리고 대만의 성공과 실패 사례를 벤치마킹한 전 세계의 유일한 시스템이었다. 훗날 우리나라 수출입 물류 선진화에 큰 족적을 남긴 Single Window 구현사례로 인정받기도 했다. 한때 등짐을 지고 운반하던 시절의 적하목록은 1996년에 그렇게 역사 속으로 사라져 오늘에 이르고 있다.

그러나 적하목록 등 물류표준화 사업은 선사, 항공사, 포워더, 창고 및 운송업체 등 이해관계자만 해도 12,000여 곳을 넘어서기 때문에 이에 도전하는 것이 결코 쉽지 않았다. 물류표준화 사업이 그들에게 얼마나 시너지 효과가 있는지를 분명히 알게 하고 난 다음에야 성공할 수 있었다. 세관 입장에서도 항상 새로운 정책은 세관만의 행정 목적만으로 성공할 수는 없다. 민간 참여사업자 모두에게 얼마나 큰 이익이 되는지를 그들 스스로 느낄 수 있어야만 Win-Win이 될 수 있다는 교훈을 얻었다.

무역서류 절반을 줄이다.

요즘처럼 전자화된 시대에는 여러 경제주체 간의 의사전달 방식을 약칭 G2G, G2B, G2C, B2B, B2C, C2C라 불리며 대부분 전자적으로 처리하고 있다.

그러나 1990년대 중반까지만 해도 이러한 의사전달 방식이 대부분 종이서류 형태로 진행되었으며 특히 수출입과 관련하여 입항, 선석 배정, 터미널 입고, 운송, 창고 배정, 입출고, 통관, 보험, 은행 대금결제, 세금 납부 등 일련의 절차와 과정은 엄격한 법률 서류에 의해 진행되었기에 우리나라 수출입 물류시스템의 효율성 향상에는 한계가 있었다.

우리 스스로 세계에서 가장 무역하기 좋은 나라, 가장 비용이 적게 드는 나라를 만들기 위해서는 Paperless 차원의 일대 혁신이 필요했다. 그동안 우리나라는 제조업의 경쟁력 약화요인으로 사회간접자본 부족에 관한 지적은 비교적 많았으나 시설의 효율적 활용을 위한 물류체계의 개선 노력은 미흡했으며 특히 수송수요와 물류비용 감축을 위한 서류 및 절차의 간소화 노력은 결여되어 있었다.

앞서 지난 1991년 9월부터 3개월간 관세청이 'SOC기획단'과 함께 「물류실무작업반」의 현장 기초조사 결과[142]에 의하면 수출입 화물 처리와 관련하여 각종 무역 절차상 요구되는 서류의 종류는 약 350여 가지에 달한다고 했다. 그리고 수출화물 유통시간은 평균

---

142) 사회간접자본투자기획단, '수출입화물 유통관련 서류간소화 추진대책', 1992. 6

6/
무역 선진화와 UNIPASS를 꿈꾸다.

7일, 수입화물은 15일내지 17일이 소요되나 실제 운송과 선적에는 1일내지 3일에 불과하고 나머지는 모두 서류처리 및 대기시간으로 밝혀졌다. 서류작성 인건비의 한 지표로 부산시내 ODCY 업체는 총 250명의 직원 중 약 150여 명이 컨테이너 반출입, 통관에 관련된 서류작성에 매달리고 있었고 컨테이너화물의 유통효율을 나타내는 간접지표인 컨테이너 회송기간(Turn Time)은 요코하마가 25일, 홍콩 19일, 카오슝 25일인데 반해 우리나라는 평균 34일이 소요되고 있었으며 우리 기업의 물류비용은 그 당시 2년간 총매출액의 약 1%가량 추가 부담이 발생된다고 했다.

이러한 조사결과는 청와대에서도 놀라워하는 큰 이슈로 대두되었다. 결국 관련 서류를 대폭 줄이지 않고는 전자화된「Paperless 시대」를 열 수 없다는 결론에 이르렀다. 수출입과 관련된 각종 규제와 관련 서류를 적어도 절반 수준까지는 줄이는 것이 좋겠다는 내부지침과 공감대가 있었다. 사실 그 당시 수출입관련 서류는 모두 수작업으로 처리되고 있었고 이해당사자 간의 기득권143) 싸움도 만만치 않아서 어느 한 정부 부처가 이를 해결하기가 쉽지 않았다.

결국은 청와대가 나서서 동 사업을 주도할 수밖에 없었으며 오늘날 Paperless 시대의 선구자 역할을 했다. 특히 무역서류 간소화 작업은 물류종합전산망(EDI) 구축사업과 연계되어있기 때문에 선사, 항공사 등 운수기관과 운송업체, 창고, 세관, 검역소, 은행 등 여러 유관기관이 사용하는 서류의 정보를 표준화한 후 재설계를 해야만 했다. 1992년 4월 20일부터 5월 16일까지 관세청을 포함한 관계전문가144)들이 무역협회에 모여 서류 간소화 작업에 착수했다.

---
143) 실태 조사결과 하역, 운송, 보관 등 유통단계별로 인수인계에 필요한 송장발급 등 각종 서류처리 비용, 수수료 수익과 그리고 인건비 부담 등 이해관계가 복잡했다.

무역서류 감축을 위한 관계부처의 검토결과, [표6-2-1]에서와 같이 총 355개 서류를 약 160개로 축소하는 방안이 기본(안)으로 제시되었다. 그러나 해당 부처별로 반대가 심했고 특히 민간부문은 서류 하나하나가 다 돈과 기득권이 연결되어있어 더욱 저항이 심했다. 청와대에서는 경고의 의미로 서류감축과 관련된 기본설계 내용을 담은 책자의 표지를 빨간색으로 정했다. 축구 경기에서와 같이 「레드카드」를 제시하는 의미였다. 그것이 바로 RED BOOK 책자[145]에 수록되었다. 해당 부처에는 관련서류의 존치가 필요하면 그 이유와 국제 사례를 비교하여 의견을 제시하도록 요구하였다. 서류감축 과정에서 가장 힘들었던 것은 상공부의 수출입승인제도 폐지와 서류 숫자가 가장 많은 관세청 소관 서류를 거의 100개 가까이 줄이는 과정이었다.

그 후 무역서류의 감축 과정이 결코 쉽지 않았지만 이를 기초로 한 관련 프로세스의 전자화 표준화사업은 훨씬 용이하게 진행되었다. 상공부는 바로 '무역자동화추진단'을 설립하여 KTNet 중심의 무역자동화시스템을 효과적으로 구축하였으며, 관세청은 1996년에 수출입통관 EDI, 1998년에는 수출입물류 EDI를 완성하여 결과적으로 「Paperless 무역시대」의 선구자 역할을 하였다. 아마 그 당시 청와대의 「레드카드」 제시 등 강력한 추진 드라이버가 없었으면 우리가 오늘날과 같은 '전자무역강국'을 빠른 시일 내 선도적으로 이룰 수 있었을지 의문이 든다.

---

144) SOC기획단, 재무부, 관세청, 항만청, 현대상선, 대한통운, 무역협회, KTNet 등 총 10명이 참여하여 서류 간소화 작업을 했다.
145) 사회간접자본투자기획단, 「전게서」 1992. 6.

6/ 무역 선진화와 UNIPASS를 꿈꾸다.

[표6-2-1] 수출입 관련서류 축소 개선표

기관별	관련업무	서류 종류		비고
		현행	개선	
항만청	항만운영	75	19	
관세청	수출입 통관	142	49	상공부 (승인제 폐지)
	[통관] [물류]	[55] [87]	[21] [28]	
출입국	입출국수속	15	8	
경찰청	정보활동	7	0	
보건 사회부	위생검역	27	15	
	[선박검역] [식품검역]	[18] [9]	[12] [3]	
농림 수산부	동식물검역	10	6	
	[동물검역] [식물검역]	[7] [3]	[3] [3]	
철도청	철도운송	8	4	
민간부문	운송·하역·보관	71	59	
계		355	160	

수출입승인제 폐지

무역서류 감축 대상 중 「수출입승인제 폐지」는 1992년 「레드카드」에 최초로 제시된 이후에도 곧바로 개선되지 않았다. 상공부가 무역 및 외환관리 상의 문제를 들어 계속 결론을 미뤘기 때문이다.

결국 수출입승인제의 폐지는 그 후로도 몇 년간 논의되다가 5년이 지난 1997년에 폐지되었다. 범정부적인 차원에서 큰 그림을 갖고 추진했던 무역서류 간소화 작업 중 가장 힘들고 어려운 과제가 해결된 것이었다. 가히 무역 선진화로 나아가는 혁명과 같은 조치였다.

「수출입승인제 폐지」는 과거 청와대 산업비서관(박운서)으로 계셨던 분이 드라이브를 걸었다. GATT 체제하에서 대부분의 선진국과 경쟁국이 수출입승인제를 어떻게 운용하고 있는지, 그리고 거의 자동발급 수준인 우리나라의 수출입승인제는 왜 폐지되어야 하는지, 그 내용을 잘 알고 있던 분이 1994년 통상산업부 차관으로 부임하면서 수출입승인제의 폐지가 본격적으로 협의 테이블에서 논의되기 시작했다.

세상의 변화는 급속했다. 1993년 초 출범한 문민정부는 '세계화'와 '국제화'를 국가 어젠다로 선정했다. 1988년 자본시장 국제화, 1992년 외국인 주식시장 개방과 함께 1995년 세계무역기구(WTO) 출범, 그리고 OECD 가입을 통해 우리도 선진국 대열에 들어섰다는 자신감을 갖도록 했다. 또한 우루과이라운드 협상을 통해 쌀시장까지 개방하면서 일부 농산물을 제외한 제조업 분야의

6/
무역 선진화와 UNIPASS를 꿈꾸다.

수입자유화율은 100%에 달할 정도였다. 그 당시 정부는 이러한 개방화 추세에 발맞춰 수출입승인제를 폐지하고 모든 수출입을 자유화하는 방향으로 대외무역 관계법을 개정키로 했다. 1996년 10월 일부 언론 보도에 의하면 당시 여당에서도 "최근 당정 협의를 거쳐 이번 정기국회에 상정할 대외무역 관계법 등 4개 법률 개정안을 확정했다."면서 "대외무역관계법 개정안은 일부 예외적인 경우를 제외한 나머지 수출입 모두를 자유화하는 방향으로 입법안이 마련되어 있다."고 말했다. 그동안 한국은 개방화와 자유화 조치를 지속적으로 해 왔지만, 그중에서도 가장 으뜸은 「수출입승인제 폐지」였다. 그 당시 무역서류 간소화 작업에 참여했던 기억은 지금도 큰 보람으로 남아있다.

그 후 「수출입승인제 폐지」는 경제 사회적으로 큰 변화를 불러왔다. 수출입이 점차 정부의 각종 규제로부터 자유로워지면서 모든 과정이 민간부문의 프로세스 중심으로 전자화, 자동화되어나가기 시작했다. 특히 수출입 물류 분야의 EDI 전산화는 무역회사의 전표 폐지, 은행과의 대금결제 자동화 등 정부, 민간 모두의 경영혁신으로 이어졌으며 우리나라의 외환자유화 조치도 함께 연동되는 결과를 가져왔다. 비록 1997년에 IMF 외환위기를 겪기도 했지만 결국 수출입승제의 폐지라는 하나의 무역자유화조치는 그 당시 세계화와 국제화를 외치던 국가 어젠다와 맞물려 기업의 경영혁신을 유도하고 금융 및 외환자유화 정책을 변모시키는 큰 긍정적인 효과를 가져왔다.

그리고 이러한 자유화 조치는 결국 그 후에 대외거래질서를 건전한 방향으로 유도하기 위한 효과적인 감시기구를 정부 내에 설치하는 계기가 되었다. 1996년 OECD 가입과 함께 1997년 수출입승인제 폐지, 1999년부터 2001년까지는 IMF 경제위기 극복을 위한 단계별 외환자유화 조치가 이어지자, 관세청은 IMF 경제위기를 극복하더라도 새롭게 나타날 외환리스크를 감시할 전담기구가 필요하다는 생각을 하게 되었고, 드디어 2000년 1월에 외환조사 전담부서를 본청과 일선에 각각 신설하였다. 국내 외국환은행의 모든 외환거래 자료와 관세청의 수출입 통관자료를 대사하는 '정보분석시스템'을 개발하여 수출입거래와 관련한 불법 외환거래의 리스크가 있는 분야는 집중조사를 했으며 그 결과 다수의 무역업체가 위장무역을 통한 대외 불법 송금 또는 조세피난처를 이용한 국외재산 도피 등으로 사법처리의 대상이 되기도 했다.

1997년 본격적으로 단행된 「수출입승인제 폐지」는 무역자유화 조치뿐만 아니라 외환자유화로 이어져 오늘날 우리나라가 선진무역국으로 급성장시키는 계기가 되었으며, 대외거래 질서유지 또한 선진국 수준으로 초석을 다지는 계기가 되었다고 해도 과언이 아니다.

6/ 무역 선진화와 UNIPASS를 꿈꾸다.

 실망스러운 무역자동화추진단

무역자동화사업은 우리나라 수출입물동량이 폭발적으로 급증함에 따라 공항만 적체 해소와 물류비용 절감을 위해 소프트웨어 개선사업의 일환으로 시작한 범정부 차원의 국가 선도사업146)이었다.

한때 상공부는 1989년 10월 「종합무역자동화 사업 기본계획」을 수립하고 수출입 승인부터 선적, 통관, 운송 및 대금결제 단계까지 무역업무 전 과정을 EDI 방식으로 처리할 수 있도록 '종합무역자동화망' 구축이 필요하다는 구상을 제시한 적이 있지만, 범정부적인 차원에서 공론화되지는 않았다. 그 당시만 해도 관세청 등 수출입관련 기관은 「국가 행정전산망」 개발계획에 따라 하나, 둘씩 온라인 또는 파일전송 방식147)으로 사무자동화를 추진하고 있어 크게 주목받지 못했다.

하지만 WCO 등 국제사회에서는 전자자료 교환방식(EDI148))의 새로운 정보기술을 기반으로 한 무역자동화를 하나의 세관절차 간소화, 사무자동화 차원에서 바라보지 않았다. 더 크게 G2G, G2B, G2C, B2B, B2C간 자료교환을 통해 세관은 위험관리를 하고 민간은 데이터의 재입력없이 자동으로 무역업무를 보는 새로운 Single Window 방식의 국가정보망 구축을 기본방향으로 제시하고 있었다.

---

146) 상공부, 교통부, 사회간접자본투자기획단, 「전게서」, 1991. 5.
147) 파일전송방식은 수출입신고서 전체의 데이터 항목을 파일로 전송받기 위해 세관과 관세사간 설치한 시스템으로서 EDI-Like 방식이었다
148) EDI : Electronic Data Interface

그러나 EDI 정보기술이 WCO 등 국제사회에 소개는 되었지만, 미국과 유럽은 이미 만들어진 ANSI[149] 등 기존의 표준을 버리고 새로운 EDIFACT 표준을 받아들여야 하는 문제 때문에, 민간업계의 참여가 충분하지 않아 사업 진척이 속도를 내지 못하고 있었다. 우리도 상공부가 선제적으로 나서서 무역절차 간소화와 무역업계 비용 절감을 위해 자기 부처 소관인 수출입승인업무, 신용장 개설·통지업무부터 EDI 방식에 의한 무역자동화서비스를 제공하겠다고 발표까지 하였지만, EDI 개발은 계획만 있고 실천은 없는 상황이었다. 특히 「국가행정전산망」 구축사업을 추진한 지도 얼마 되지 않아 참여기관들의 반응도 미적지근하였다.

결국 속도감을 내기 위해서는 청와대가 나설 수밖에 없었다. 1991년 5월 부총리가 위원장인 사회간접자본투자조정위원회를 개최하여 정부 방침을 새롭게 했다. 서류없는 무역체제(Paperless Trade)가 구현되면 화물처리 속도가 배 이상 빨라지고 부족한 SOC 시설의 운용효율을 높일 수 있다는 판단이었다. 이에 따라 수출입에 관한 무역자동화 EDI 전산망 사업을 1996년까지 구축키로 하고 상공부가 주관이 되어 관세청, 항만청, 철도청 등 관계부처와 협의하여 추진해나가되, 무역협회 산하에 '무역자동화추진단'을 설립하여 본사업을 지원하기로 하였다. 그 후 '무역자동화추진단은' 주식회사 형태인 한국무역정보통신(KTNet)회사로 발전하였다.

하지만 '무역자동화추진단'은 당초의 방침과 다르게 수출입승인 등 '상역망'을 구축하는 것만 자기 소관으로 생각하고 수출입 통관 및 화물운송 분야는 각 부처가 알아서 개별적으로 추진해야 한다는 소극적인 판단을 하고 있어 당초 종합무역전산망을 구축하고

---

149) American National Standards Institute(미국국가표준협회)

6/
무역 선진화와 UNIPASS를 꿈꾸다.

자 했던 원대한 구상은 퇴색되고 있었다. 당시 관세청은 '통관망' 구축사업을 별도의 민·관 협력사업으로 선정하고 이를 구축할 사업자를 10년 독점사업권을 주는 조건으로 공개모집 중에 있었다. 항만청과 철도청은 자체 용역결과를 토대로 독립된 사업자를 따로 선정해서 '물류운송망' 구축을 하겠다는 결심을 하고 있었다.

이 또한 중복투자 방지와 시스템의 효율적인 구축을 위해 부처 간 의견을 조정하지 않을 수 없었다. 1992년 무척이나 더웠던 어느 여름날. 우리는 '무역자동화추진단'을 설득하기 위해 KTNet 사장과 관계 임원을 만났다. 본사까지 찾아가서 무역자동화사업의 취지와 범위, 그리고 중복투자 방지를 위해 그들이 중심축 역할을 해야 함을 설명하고 통관망과 물류운송망 사업에 '무역자동화추진단'이 적극 나서줄 것을 설득했다. 그러나 아쉽게도 그동안의 진행 상황에 대해 KTNet 임원이 관계관 회의에 참석한 결과를 내부적으로 한 번도 보고한 적이 없어 처음부터 다시 얘기하느라 많은 애로가 있었다. 도대체 무역자동화사업을 추진한다는 명분으로 출발한 조직이 그동안 상역망 구축 이외에는 아무것도 생각하고 있지 않았다는 것이 의외였다.

결국 'SOC기획단'에서는 상공부와 관세청을 직접 설득할 수밖에 없었다. 그 후 관세청은 '통관망' 사업자 공개모집을 중단하고 EDI 통관망 구축을 위한 Master Plan을 새로이 수립하였으며 1992년 11월에 'KTNet과 통관망 구축 및 운영에 관한 MOU'를 체결하여 향후 10년간 투자비용 회수목적의 독점접속을 허용하는 방식으로 전산화를 추진해나가기로 했다[150]. 물류운송망은 선사, 항공사, 포워더 운송업체 등 사용자가 워낙 다양하다 보니 KTNet

---
150) 손병조,「전게서」, 2004. 4. p.180

입장에서 엄두가 나지 않는 모양이었다. 그래서 항만청 주관으로 추진 주체151)를 따로 설립하되, 장비는 KTNet이 위탁 운영하여 중복투자를 방지하고 상호 Network 연계가 가능토록 조정하였다.

현시점에서 돌아보면, 그 당시 '무역자동화추진단'의 안일하고 무기력했던 모습은 실망스럽기 짝이 없었다. 그러나 설사 그렇더라도 오늘의 전자무역 강국인 한국을 만들기 위해 아무것도 없던 「정보화 불모지」한국에서 세계적으로 막 알려지기 시작한 최첨단 EDI 정보기술을 활용하고자 도전했던 정책 당국자와 기본설계 및 상세설계 작업에 참여했던 수많은 전문가의 공적은 결코 잊어서는 안 된다. 왜냐하면 무역자동화사업은 한 번도 경험해 보지 못한 일이며 성공 여부가 안개 속에 가려 끝이 보이지 않는데도 이에 도전했다는 것은 결코 쉬운 선택이 아니기 때문이다.

---

151) 한국물류정보통신(KLNet)이 설립되었다.

6/
무역 선진화와 UNIPASS를 꿈꾸다

실패한 중심VAN 전략

　정부 정책은 항상 때가 있다. 민간기업도 실기를 하면 사업에 성공할 수 없다. 나날이 기술 발전이 거듭되는 IT 분야 정책사업은 더더욱 그렇다.

　1991년의 무역자동화 사업은 EDI 기술을 기반으로 상역망, 통관망, 물류망을 구축하되 3개망간 연계를 통해 종합적인 전자무역체제를 갖추자는 것이었다. EDI 기술은 쌍방 간에 주고받는 데이터 정보를 한 번에 직접 교환하는 On-Line 방식이 아니라 중계사업자인 전자우체국으로 데이터 항목별 단위정보(segment)를 보내서 전자우체국이 여러 사용자에게 필요한 각각의 정보를 취합 또는 편집하여 전달하는 시스템이므로 반드시 보안성이 요구되는 중계사업자를 필요로 했다. 그러나 상역망, 통관망, 물류망을 주관하는 부처가 각자의 중계사업자를 세 군데로 두게 되면 중복투자뿐만 아니라 중복 자료전달로 인한 업무혼선을 우려하지 않을 수 없었다.

　과거 우리는 서신, 소포 같은 물품의 배달을 위해 우체국 시스템을 이용해 왔다. 소포 물량이 대폭 늘어난 지금은 일반 택배업체와 우체국이 서로 경쟁하고 있지만, 개인의 비밀에 해당하는 중요한 서신과 각종 법률 서류만큼은 일반 택배가 아닌 우체국에서 내용증명과 배달증명을 통해 전달한다. 공공성 차원에서 개인의 비밀보호 관련 물품을 신속 정확하게 배달하는 시스템의 유지는 근대국가의 가장 기본적인 책무에 해당한다. 중계사업자도 전자문서의 중계과정에서 취합과 편집을 위해 다른 사람의 전자문서를 열어볼 수 있으므로 보안성 유지가 필수적인 의무이며, 이러한 사업은 여러 곳으로 분산하는 것보다 우체국처럼 한 곳에 지정해서 운영함이 필요하다고 생각했다. 상역망, 통관망, 물류망 시스템은 각자 개발 후 Networking을 하더라도 중계사업자만큼은 「중심 VAN」 역할을 한 곳에서 하도록 사업조정이 필요했다.

그러나 무역자동화사업 초기 단계에서 대범하게 국익을 고려하여 협력하던 부처들이 점차 사업 진행에 속도를 내면서부터는 부처 이기주의가 싹트기 시작했다. 진작에 사업조정을 마무리했어야 하는데, 여러 가지 이유로 사업 진척이 지체되다 보니, 그사이에 서로 생각이 달라진 점이 사업추진에 큰 걸림돌이 되고 말았다. 1993년 12월 청와대가 나서서 전자무역에 관한 '물류종합전산망 실무협의회'를 개최하고 중복투자 방지와 효율적인 업무연계 대책을 Blue Book[152]형태로 제시하였으며 관계부처가 합리적으로 사업조정에 참여하도록 권고하였다. 동 대책에서는 각 부처가 3개 단위망 시스템을 1996년까지 구축하되, 그 이후에는 '무역자동화추진단' 역할을 하고 있는 KTNet이 하나의 「중심VAN」 역할을 하도록 업무조정(안)을 제시했었다.

그러나 당시 상공부는 종합망 형태의 「중심VAN」 전략에 강한 의욕을 나타내지 않았다. 왜냐하면 KTNet이 설립된 지 불과 1년에 불과하여 경험이 일천하고 사업조정에 관한 자신감 결여로 전반적인 사업 주도를 꺼려 했다. 그에 반해 관세청은 통관망 개발을 함께하고 있어 종합망 연계전략을 KTNet 중심으로 하는데 큰

---

152) 사회간접자본투자기획단, '물류종합전산망(EDI)추진현황과 대책', 1993. 12.

6/
무역 선진화와 UNIPASS를 꿈꾸다.

이견이 없었다. 그중 가장 생각이 달랐던 곳은 물류운송망 개발을 담당하는 항만청이었다. 수출입 업무량은 통관망이 많을지 몰라도 사용자(User)는 물류운송망에 참여하는 선사, 항공사, 포워더, 터미널 등으로 더 많기 때문에 별도 중계사업자(KLNet)를 두더라도 경제성과 사업성이 충분히 있다고 판단하는 듯했다. 여러 번 협의했지만, 의견조정이 쉽지 않았다. 결국은 중복투자 방지 차원에서 각자의 중계장비를 KTNet이 위탁 운영하도록 형식적인 단일화를 하였을 뿐, 완전한 「중심VAN」 형태의 종합망 운영에는 성공하지 못했다.

게다가 3개 단위망 구축사업의 진척도 생각보다 빠르지 않았다. 그중 가장 속도가 빠른 곳은 관세청이었다. 수출통관 EDI사업은 1994년, 수입통관 EDI사업은 1996년, 그리고 수출입물류 EDI사업은 1998년에 완성되었다. 상역망과 물류운송망은 몇 가지 단위사업만 내부시스템 구축을 하였을 뿐 전반적인 사업완성은 갈 길이 멀었다. 그 사이 1994년부터 2002년까지 KTNet은 관세청이 개발한 통관망 중심의 중계사업자로서 그 역할을 하였으며 수출입 물류분야의 적하목록 취합사업자(MFCS)로도 그 기능을 확대하면서 선사, 항공사, 포워더, 창고 등 다수의 사용자가 이용하는 종합중계사업자로 성장해 나가기 시작했다. 비록 정부 차원에서 「중심VAN」 전략은 실패하였지만, 관세청이 그사이에 이룩한 UNIPASS의 성공사례는 세계 어느 나라도 감히 엄두를 내지 못하던 사업을 불과 6년 만에 완성한 우수 사례였다.

그리고 무역자동화사업 추진 과정에서 논의되었던 「중심VAN」 전략도 2004년 이후 Web기반 인터넷 포털 정보교환체제의 등장으로 쌍방 간 중계사업자 없이도 직접 정보교환이 가능하게 되면서 그 필요성이 줄어들게 되었다. 중계사업자는 적하목록 등 일부 B/L 정보취합이 필요한 분야에서만 제한적으로 운영되고 있을 뿐, 전반적으로 효용성은 그 전만 못하다. 그러나 「중심VAN」 전략이 굳이 실패했다고 자책할 필요는 없을 듯하다. 왜냐하면 이제는 인터넷 포탈이 그 역할을 각자의 Single Window 방식으로 대체하고 있기 때문이다.

6/
무역 선진화와 UNIPASS를 꿈꾸다.

때늦은 uTradeHub

앞서 언급했듯이 21세기 들어 다방향 정보교환방식인 인터넷 열풍이 불면서 중계사업자 중심의 EDI 정보교환 기술은 점차 독점적인 지위를 잃어가기 시작했다.

Web 기반 인터넷 정보전달 시스템은 쌍방 간에 수수료 부담 없이 직접 송수신이 가능한 장점이 있다. 중계사업자가 별도의 편집 없이 전송된 정보 그대로 전달 또는 교환하는 체제에서는 굳이 중계사업자를 통하지 않고도 인터넷으로 쌍방 간 정보교환이 가능하다. 관세청은 이러한 정보기술 변화 속도에 발맞추어 2004년에는 인터넷 Web 기반 수출통관시스템이 개통되었고, 2006년에는 수입도 Web 기반으로 업무를 볼 수 있게 개편하였다. 그 후 KTNet은 중계사업을 통한 정보교환 이용 건수가 약 80% 이상 줄어드는 경영 위기를 맞게 된다. 왜냐하면 KTNet을 통하지 않고도 관세청의 UNIPASS 전자통관시스템에 관세사[153])들이 인터넷으로 직접 신고가 가능했기 때문이다. 아마 수출입신고를 인터넷으로 하게 되면 그만큼 EDI 중계수수료 비용부담이 줄어들게 되므로 관세사뿐만 아니라 일반 무역업체도 많이 이용할 수밖에 없다.

2006년 이후 KTNet은 경영 위기를 해소하고자 지식경제부, 한국무역협회와 함께 인터넷 Web 기반의 uTradeHub 구상을 발표

---

153) 2003년 관세사회에서 관세사 중심의 Sub Van을 약 15억 원의 자본금으로 설립하겠다고 했지만, 관세청의 반대로 무산되었다. 불과 1년 뒤 인터넷 웹기반 통관체제가 구축되면서 다행히 그들도 경영 위기의 함정에 빠져들지 않았다.

하고 모든 무역관련 업무는 uTradeHub를 통해 일을 보게 하자고 강력히 제안하였다. 한국무역협회는 uTradeHub의 개통을 축하하는 기념식에서 신개념의 '국가전자무역허브' 구상을 발표하기까지 했다. 그리고 국가망으로 분류되는 통관망도 uTradeHub에서 처리할 수 있도록 협조 요청을 했다. 이 무슨 때늦은 발표인가? 관세청은 더 이상 중계사업자 없이도 모든 통관업무를 인터넷 Web 기반으로 처리 가능한데도 불구하고 uTradeHub를 통해야만 한다는 구상에 반대했다. 이러한 내용을 관계부처에 설명하고 이해시키느라 엄청난 수고를 했던 기억이 있다. 어떤 분은 관세청이 국가 전자무역의 허브 구상을 완성시키는데 기여하지는 못 할망정 자신의 기득권을 지키기 위해 무리한 고집을 부린다고 오해하기도 했다.

그러나 애당초 1993년 청와대가 제시하였던 「중심 VAN」 전략에 소극적이었던 부처가 바로 지식경제부의 전신인 상공부이고 '무역자동화추진단' 역할을 했던 KTNet이었다. 그런데 십수 년이나 세월이 지나 IT 정보기술이 Web 기반으로 변화된 지금에 와서 무슨 과거의 EDI형 「중심VAN」 구상과 유사한 uTradeHub를 구현하자는 것인지 이해할 수가 없었다. 지금은 중계사업자를 통하지 않고도 직접 인터넷 Web 기반으로 일을 볼 수 있는데도 왜 uTradeHub에 모든 업체가 중계 수수료를 내고 무역업무를 봐야 하는지 그 이유를 설명해야만 했다. 언 듯 보기에는 uTradeHub 한곳으로 모으는 것이 효과적이라는 착시현상이 있을 수 있다. 그러나 KTNet의 경영개선을 위해 국가기관과 무역업체들이 불필요한 부담을 질 수는 없지 않은가? 또한 통관망 자체가 국가정보망(GTP)이므로 이를 민간 차원의 uTradeHub에 통합 연계시킬 수 없다는 점도 충분히 이해시키려 노력했다.

6/
무역 선진화와 UNIPASS를 꿈꾸다.

    결국 uTradeHub는 현재 전자신용장 등 상역업무에 국한되어 운영되고 있다. 아마 1993년 제시되었던 「중심VAN」 전략이 완성되었더라면 자연스럽게 uTradeHub 로 승계되었을 가능성도 있다. 그러나 IT 정보기술의 발전은 잠시도 멈추지 않는다. 3개 단위망의 자율성과 창의성을 바탕으로 쌍방 간 인터넷 Web 기반의 자료교환 기술이 폭넓게 활용되고 있는 지금은 uTradeHub 구상이 '때늦은 정책'에 불과하다.

디딤돌이 된 CAWIS

무슨 문제이든 성공을 하려면 아무리 급하더라도 인프라에 해당되는 기반을 먼저 닦아야 한다. 그래야만 그 위에 훌륭한 시스템을 얹을 수 있다. 도로공사를 할 때 하수관 설치, 외부 옹벽 등 토목공사와 같은 것들이다.

우리가 아는 수출입 물류 분야는 화물 입항에서부터, 하역, 운송, 보관, 통관, 반출입 등의 과정을 거친다. 그러나 물류 분야의 현장 근로자들은 화물을 상. 하차하고 조작하는 것을 주업으로 하므로 화물 조작 때마다 입력. 전달해야 하는 정보에 대해 아무도 중요하게 생각하는 이가 없다. 1992년 무렵, 무역관련 서류를 절반으로 줄이고 관련 서식과 데이터를 표준화하여 정보화의 기틀은 마련했지만, 현장에 적용하기에는 여러 가지 애로가 있었다. 특히 양곡, 산물 등을 취급하던 재래식 보세창고는 물건이 들어오고 나갈 때마다 반출입관리를 하지만 실시간으로 하지 않고 종이 서류대장에 하루분을 모아 사무직들이 한꺼번에 정리하는 관행이 있었다. 그러다 보니 데이터 관리가 부실하였다.

물류시스템의 이용자는 항공사, 선사, 컨테이너터미널, 운송업체, 창고업체 등이 있지만, 그중에서 보세창고 업무처리 관행은 가장 낙후되어 있었다. 선사는 이미 터미널과 PORT-MIS 시스템을 연계하고 있었고, 항공사는 TRAXON 시스템을 통해 여러 항공사가 전산시스템을 사용하고 있었지만, 보세창고는 전혀 그러하지 못했다. 그러나 '물류종합전산망' 구축을 위해서는 보세구역 반

6/
무역 선진화와 UNIPASS를 꿈꾸다.

출입관리 업무가 가장 기초적인 인프라에 해당되므로 반드시 선행적으로 전산화가 되어야 했다.

따라서 '물류종합전산망사업'을 개시하기 전에 최우선적으로 전국의 보세창고 화물관리시스템을 EDI-LIKE 방식으로 표준화하고 반출입정보를 실시간 입력 전달하는 시스템을 준비해야만 했다. 그리고 보세공장, 보세판매장 등 다른 보세구역도 함께 추진했다. 향후 본격적인 '물류종합전산망'이 가동될 때를 대비하여 노무자 등 현장 근로자의 시범 연습과 교육이 필요했다. 그러나 전 분야의 화물처리 과정을 EDI 방식으로 개발하는 것은 시간이 너무 많이 걸리기 때문에 우선 보세구역 화물 반출입부터 따로 구분해서 해당 업체와 세관 간에 정보를 주고받을 수 있도록 EDI-LIKE 방식을 채택할 수밖에 없었다.

이것이 물류시스템 중 최초로 개발한 CAWIS[154] 시스템이다. 당시 YH 등 2개 협력업체가 개발에 참여했으며, 항공사나 선사의 터미널과도 연계하는 작업을 완성했다. 대다수 전문가는 통관분야 EDI 사업에만 관심을 갖고, 물류분야는 사용자도 많고 프로세스 또한 복잡하여 EDI 사업은 착수조차 엄두를 내지 않는 상황이었다. 그런 가운데 CAWIS 시스템은 사업 범위가 보세구역에 국한되어있고 기술 수준도 EDI-LIKE 방식이라 큰 의미를 두지 않는듯 했다. 그러나 사용자의 수가 1천여 개 업체 이상이었기에 이들부터 정보화 경험을 축적시키는 것은 큰 의미가 있다고 생각했다.

늘 말하지만, 정보화 사업은 Community사업이라고 한다. 고속도로를 만들 때, 톨게이트 구간별로 수익구조가 다르다고 해서 적

---

154) CAWIS : Customs Automated Warehouse Information System

자 구간을 연계 개발하지 않으면 전체 고속도로가 완성될 수가 없다. 이와 마찬가지로 물류시스템 중 보세구역 반출입 분야는 사용자만 많을 뿐, 개발수익이 미미하며 물류 전체에서 차지하는 비중이 낮기 때문에 선행 개발 대상에서 빠져 있었다. 그러나 이를 미리 개발하지 않으면 입출항, 하역 등 다른 분야와 연계되지 않을 뿐만 아니라 통관 분야와 단절되어 시스템 전반이 절름발이 신세가 될 수밖에 없는 간절한 문제가 있었다.

드디어 CAWIS 시스템 개발을 완료하고 1994년 가을에 시연회를 하기로 했다. 성과가 좋으면 바로 화물 반출입관리를 자동화해 나가기로 했다. 시연회 준비는 외주용역을 줘서 화려하게 준비할 필요가 있었지만, 작업의 이해도와 난이도 그리고 예산 부족 때문에 CAWIS는 개발자들이 직접 준비해야만 했다. 당시만 해도 시연회에 영상을 넣는 것은 기술적으로 어려웠기 때문에 PPT 화면으로 준비했고 멋있게 하느라 밤늦게까지 수고를 했다. 그런데 마무리 작업의 책임자가 Save 키를 누르려는 순간, 정전되면서 모든 자료가 날아가 버리는 어처구니없는 해프닝이 있었다. 백업도 안 된 상태라 다음날 오후 시연회까지 꼬박 밤을 새워 자료를 다시 살리고 행사를 진행하느라 무척 고생했던 기억이 있다.

물류시스템의 효시로 생각되는 CAWIS는 1994년 10월경 보세창고부터 그렇게 시작되었다. 그때의 CAWIS는 향후 1996년부터 적하목록을 표준화하여 전체 물류망을 종합화하고 연계해 나가는 데 큰 역할을 하였다. 보세구역 업체는 '물류종합전산망' 구축사업에 절대적인 우호 세력으로 등장하였으며 이러한 분위기는 선사, 항공사가 보세구역과 연계할 적하목록 정보의 표준화 사업에 적극 동참하게 만드는 계기가 되었다. 그리고 통관분야 EDI 사업에도

6/
무역 선진화와 UNIPASS를 꿈꾸다.

혁신이 일어났는데 세관직원이 수입화물 검사결과를 보세구역 현장에서 등록하면 바로 통관 및 화물 반출입 처리가 완료되는 신속한 정보전달 체제가 완성되었다. 그리고 1998년에 '물류종합전산망'이 완성된 이후에는 적하목록 정보를 기초로 화물 재고관리가 가능해진 점도 큰 효과 중의 하나였다. 현장 노무자 등 종사자가 적하목록 정보가 담긴 바코드를 체크만 하면 반출입정보가 자동 입력되는 체제로 발전한 것이었다.

지금에 와서 보면 CAWIS는 태생부터 EDI-LIKE 방식으로서 화려하지는 못했지만, 물류망과 통관망을 포함한 UNIPASS 사업, 그리고 미래의 Single Window 사업에 기초가 되는 큰 디딤돌을 놓았다고 생각한다.

하늘이 주신 Computer Number

「물류종합전산망」 사업은 시작부터가 험한 미로 속의 사업이었다. 과연 가능하기나 한 사업인가. 청와대조차도 '중심 VAN 전략'의 합의를 이끌어내지 못했는데 관세청이 어떻게 선사, 항공사, 포워더 등 수 많은 이해관계자와 관련 정부 기관을 설득해서 참여시킬 수 있을까. 더더욱 막연한 것은 수출입 B/L정보의 「화물관리코드」조차 세계적인 표준이 없어 시작부터 어떻게 해야 할지가 막막한 상황이었다. 그러나 하늘이 도우면 뜻하지 않은 기회가 올 때도 있다.

그중 하나가 1994년 대만에서 「아·태지역 EDI 세미나」가 열렸는데 'Customs Section'에서 있었던 해프닝이었다. 대만 재정부 관세국장이 나와서 「Trade Van」의 화물시스템에 관한 브리핑이 있었고 그때 인도 세관직원이 도저히 알아들을 수 없는 영어 발음으로 질문을 했다. 동시통역사조차도 알아듣지 못해 참석자에게 무슨 질문이었는지를 확인하는 웃지 못할 일이 벌어졌다. 바로 수소문을 해서 다른 Section에 참석하고 있던 영국인을 불러서 설명을 들을 수 있었다. 인도 세관직원의 질문은 "Master B/L과 연계된 House B/L 정보의 취합이 매우 어려운데 대만에서는 어떻게 해결하고 있는지 알려 달라"는 내용이었다. 대만 측에서는 「Trade Van」을 통해 House B/L 정보를 세관이 취합하고 있는데 50%도 제대로 취합이 되지 않는다고 난처해 했다. 세관직원이 선사나 항공사 그리고 포워더에게 정보 취합을 간청하고 입력정보의 정정, 보완을 하느라 많은 시간을 허비한다고 했다. 참석자 모

6/
무역 선진화와 UNIPASS를 꿈꾸다.

두가 House B/L 정보의 효과적인 취합이 물류 EDI 사업의 성패를 좌우한다는 데 동의했다. 그러나 어떻게 효과적인 취합이 가능한지는 더 이상 논의가 진행되지 않았다.

그때의 경험은 우리의 현실을 돌아보는 중요한 계기가 되었다. 당시 우리나라의 B/L 번호 화물관리체계는 한마디로 엉망이었다. 세관에서는 Master B/L 번호와 House B/L 번호를 무작정 16자리까지 붙여서 사용토록 하였으나 업체는 고유의 House B/L 번호를 부여하고 있어 그 관리체계부터 이원화되어 있었다. 중국, 베트남 등의 선사는 적하목록 번호조차 임의로 붙이거나 매일 같은 번호를 반복 부여하는 경우까지 있어 이를 표준화하지 않고는 전산 개발이 불가능한 상황이었다.

그러던 차에 또 한 번의 기회가 찾아왔다. 「물류종합전산망」 상세설계를 하고 있던 우리 또한 어떻게 Master B/L과 House B/L을 효과적으로 취합할 수 있는지가 늘 숙제였는데 그 어디에도 해결방법에 대한 명쾌한 답을 들을 수 없었다. 1995년 영국 '히드로 공항'의 대한항공 사무실을 방문했을 때의 일이다. 항공사 직원이 화물 도착과 함께 겉표지에 Master B/L 번호를 쓰고 관련 House B/L을 모아 놓으면 입력직원이 하루종일 컴퓨터에 입력하는 모습을 볼 수 있었다. 미국도 AMS를 통해 B/L 정보를 비슷한 방식으로 취합하고 있었다. 여기서 얻은 중요한 힌트는 B/L 정보 취합을 대만과 같이 세관이 하지 않고 선사나 항공사에게 정확한 취합과 제출의 의무를 부여하고 있다는 점이었다. 미국과 영국은 세관이 힘이 있기 때문에 항공사나 선사로부터 B/L 정보를 취합해서 제출토록 의무를 부여하고 위반 시에는 처벌이나 불이익을 주는 방식으로 강제하고 있다는 점을 알았다. 우리 관세법도 이와 같은 방식으로 규정되어 있으나 적하목록 자체가 표준화가 되어 있지 않다 보니 B/L 정보의 취합 제출은 사문화된 규정이나 마찬가지였다.

드디어 하늘이 주신 우연의 기회가 찾아왔다. 그날은 '로테르담'에 있는 EDI-VAN 업체로 유명한 'INTIS'사를 방문한 날이었다. 'INTIS'사는 물류분야 EDI망 구축을 위해 노력했지만, 이미 많은 물류기업이 UNEDIFACT 표준을 사용하기 이전부터 자체 전산망을 구축하였기 때문에 이를 다시 변경하기 어렵다고 호소하는 기업이 많다고 했다. 'INTIS'사로 부터 사용자가 150여 개 업체에 불과하다는 설명을 듣고 실망스러운 표정으로 출입문을 나서다가 우연히 Freight Show 광고를 보게 되었다. 우리는 잔여 일정을 포기하고 혹시나 하는 심정으로 계획에도 없던 Freight Show 전시회를 보러 갔다. 대부분 신형 트랙터 등 운송장비가 전시되어 있었고 한 모퉁이 작은 부스에는 「CargoNut」이라는 전문 SW 업체가 화물시스템을 전시해 놓고 있는 것이 다였다. 그러나 거기서 「Computer NO」라는 새로운 MRN[155]번호체계를 발견했다. 아직 네덜란드 세관에서는 사용하지 않지만[156], 민간업체끼리는 Unique한 화물관리번호로 사용하기 위해 컴퓨터가 자동으로 MRN 번호를 생성시킨다는 설명이었다.

지금 생각해보면 아무것도 아닐 수 있지만, 그 당시로는 눈이 번쩍 뜨이는 중요한 '아이디어'였다. 기존의 번호체계가 복잡하여 B/L 정보 취합이 어려우면 컴퓨터로 새로운 기준번호를 자동으로 만들어 B/L 정보와 연계하면 되지 않느냐는 간단한 생각이었다. 곧이어 네덜란드 세관을 방문해서 적하목록 대장을 열람해 보니

---

155) MRN : Master Reference Number
156) 네덜란드 세관은 입항신고시 적하목록을 심사한 후 세관이 직접 MRN번호를 부여하고 있으며, 컴퓨터에서 자동생성된 번호를 부여하지 않고 있다.

6/
무역 선진화와 UNIPASS를 꿈꾸다.

입이 딱 벌어질 정도로 화물관리번호 체계가 정교하게 정리된 대장이 있었다. 미국은 오래전부터 AMS 시스템에 의해 B/L 정보가 취합된 A3 크기의 적하목록 대장으로 재고관리를 했지만, 네덜란드는 A4 크기로 좌·우 구분된 대장을 사용했고 왼쪽은 MRN 별 Master와 House B/L 정보, 오른쪽은 재고관리 기록을 하는 '세관기재란'이 구성되어 있었다. 정말로 하늘이 준 우연한 기회에 위기를 돌파할 수 있는 큰 힘을 얻게 되었다.

첫째는 MRN Computer No 체계 도입이 급선무라는 사실을 네덜란드에서 배웠다. 둘째는 B/L 정보취합은 대만처럼 세관이 하면 안 되며, 영국처럼 선사나 항공사, 포워더 등 운송사 책임으로 해야 하며 세관은 적하목록 정보를 기초로 화물 재고관리를 해야 한다는 사실을 알았다. 셋째, 화물관리번호는 MRN을 기준으로 Master B/L 일련번호(MSN) 4자리와 House B/L 일련번호(HSN) 3자리를 쉽게 연결할 수 있도록 네덜란드 방식을 채택하되 MRN 번호는 네덜란드처럼 입항 후 세관이 부여하는 방식보다 미국처럼 입항신고 시 자동 부여하는 방식이 훨씬 더 효과적이라는 사실을 깨달았다.

이같이 MRN 컴퓨터 번호를 기준으로 자동 연계되는 화물관리번호체계[157]는 수출입「물류종합전산망」구축의 길로 들어서는 문을 열 수 있는 유일한 KEY였다. 그것도 미국, 영국, 네덜란드, 대만의 사례를 보다가 우연찮게 하늘이 내려준 결과물이었다. 그 당시 우리의 시스템이 초일류 수준이었던 것은 바로 이러한 이유에서 유래한다.

---
157) 화물관리번호는 MRN에다가 MSN(Master Sequence Number)과 HSN(House Sequence Number)을 합한 문자열로 구성하며, 현재 세관, 출입국 관리, 검역 등 전반에 사용 중이다.

MFCS 경쟁과 게임의 룰

정부가 하는 일 중에는 경쟁을 촉진시켜야 하는 일들이 있다. 특히 민간의 참여와 협조가 필요한 일은 그들을 설득하기 위해 많은 노력을 하지만, 그들의 참여를 강제할 수는 없다. 언젠가는 스스로 깨닫고 돌아오기를 기다려야 하는데 무작정 기다릴 수도 없다. 성공사례를 바탕으로 그들이 참여할 수밖에 없도록 경쟁시켜야 한다. 「물류종합전산망」의 적하목록 표준화 사업은 바로 그런 성격의 사업이었다.

「물류종합전산망」의 KEY 역할을 하는 적하목록을 UNEDIFACT 기준으로 표준화하는 일과 화물관리번호를 체계화하는 일은 당연히 정부가 해야 할 일이다. 그리고 앞서 설명한 바와 같이 우리나라의 「물류종합전산망」은 미국, 영국, 네덜란드, 대만의 시스템과 민간 시스템의 장점만을 골라 우리 실정에 맞게 초일류 수준으로 재구성한 것이었다. 그러나 MRN 번호를 기준으로 Master B/L 정보와 House B/L 정보를 연계 및 취합하는 방식은 미국이나 영국처럼 운송사의 입력요원이 직접 취합하는 방식뿐만 아니라 대만처럼 민간 VAN업체의 취합 시스템을 이용하는 방식도 선택적으로 할 수 있도록 했다. 처음부터 특정 방식을 강요할 필요가 없었기 때문이었다.

사실 MFCS[158]는 대만의 「Trade Van」이 적하목록 B/L 정보 취합을 위해 만든 용어이지만 우리가 차용한 것이기도 하다. 애당

---

158) MFCS : Manifest Consolidation System

초 우리는 House B/L 정보의 취합을 대만과 같이 세관 책임으로 하지 않고 선사, 항공사 등 운송사가 취합하여 제출하도록 의무를 부여하는 미국, 영국, 네덜란드식을 택했었다. 그 대신 House B/L을 취합할 자체 HOST 시스템이 없거나 취합 능력이 없는 영세업체를 위해 순수 민간영역에 대만과 같은 MFCS 시스템을 만들어주기로 했다. 선택은 민간 운송사 스스로 하도록 자율에 맡긴 것이다. 그들 스스로 비용 분석을 해보고 무엇이 이익인지를 판단 후 선택하도록 「게임의 룰」을 정한 것이었다.

혹자는 수익성이 괜찮은 MFCS 사업을 왜 관세청 등 공공 부분이 직접 맡지 않고 민간에 맡겼는지 의문을 제기하고 다시 공공부문으로 가져와야 한다고 주장하는 사람이 있었다. 그러나 우리는 B/L이 유가증권으로서 순수한 민간영역에 속하며, 국제간에도 서로 상업적으로 교류되는 정보이므로 MFCS를 민간 자율에 맡기는 것이 올바른 선택이라고 믿었다. 정확하게 취합된 자료를 세관에 제출하도록 정부가 운송사에 의무를 부과하고 감독하면 될 일이지 세관이 직접 나서서 할 일은 아니라고 판단했다. 우리 관세법도 그러한 취지로 법제화되어 있으며, 약 50% 정도 취합에 불과한 대만의 실패 사례는 잘못된 선택이 가져온 결과라 생각했다. 대만의 「Trade Van」을 이용하는 운송사는 Master B/L별 적하목록만 제출할 뿐, House B/L 정보의 취합은 자기들이 하지 않기 때문에 정확한 취합 여부는 아무 관심이 없었다. 결국 대만은 세관이 나서서 정보취합을 위한 고생을 해야 했다.

우리는 어차피 적하목록의 House B/L 정보취합을 세관이 하지 않기 때문에 MFCS 운영은 정부가 할 필요가 없다고 생각했다. 시행 초기 단계부터 대만의 실패 사례를 경험하고 싶지 않았다.

그래서 항공사나 선사 중 자체 능력이 있는 업체는 운항사 자격으로 House B/L 정보를 취합하고 여력이 없는 자만 MFCS를 이용하도록 민간베이스 차원에서 '무역자동화추진단' 역할을 하던 KTNet에 시스템을 구현시키기로 한 것이었다.

우리의 이러한 전략은 바로 적중했다. KTNet이 국내 항공사와 선사를 대상으로 MFCS에 대한 설명회를 개최하자, 바로 그 장소 옆에 물류운송망 구현을 주 사업으로 하던 KLNet이 MFCS-Like 시스템을 만들어 설명회를 갖는 등 서로 운송사 유치경쟁에 나서면서 사용자가 한순간에 급격히 늘어나 버렸다. 직접 인력을 들여 미국이나 영국처럼 정보취합을 하겠다고 위세를 부리던 대한항공과 외국적 항공사도 오래가지 못하고 비용 문제 때문에 스스로 손을 들면서 어느 날 갑자기 MFCS 시스템으로 사용자가 통일되는 결과가 초래[159]되었다.

어찌 보면 MFCS가 세계 최초로 우리나라에서 성공하는 큰 성과를 거두었다고 해도 과언이 아니다. 그리고 B/L 등 국제간 화물정보 전송에 관한 글로벌 기업 간에도 경쟁이 일어났다. 그동안 독점적 위치에 있으면서 많은 비용요구로 한국과의 접속에 다소 소극적이었던 SITA가 ARINC와의 경쟁에서 밀렸고 한국에서 MFCS 화물정보는 ARINC를 통해서 해외망과 교류하는 결과를 가져왔다. 또한 항공사끼리의 TRAXON 독자망 운영구상도 유명무실화되었으며, 해상분야의 선사 운송망도 따로 구축이 필요 없을 정도로 적하목록 취합 시스템은 성공적이었다. 이는 그동안「물류종합전산망」추진과정에서 선사나 항공사 등 여러 이해관계자의 참여 및 설득

---

159) MFCS 이용자(2000년)는 외국항공사 포함 39개사, 선사 396개사, 포워더 1,364개사 등 총 3,298개사에 달하며 관세사, 하역업체, 무역업체까지도 화물추적관리에 활용하고 있다.

과정이 쉽지 않았지만, 모두가 공동체(Community) 인식하에 정부와 민간이 함께 각종 불합리한 관행과 절차를 개선했기 때문에 성공할 수 있었다고 본다. 특히 MFCS를 정부가 갖지 않고 민간의 자율경쟁에 위임하도록 '경쟁과 게임의 룰'을 만든 것이 성공의 지름길이었다고 생각된다.

요즘 항간에는 해외직구 특송화물의 급증과 함께 House B/L 정보취합 및 전송비용이 너무 과다해서 기존의 중계사업자 보다[160] 세관이 직접 취합해주도록 요구하는 주장이 있다고 한다. 이는 대만의 실패 사례를 재연하자는 것과 똑같은 주장이다. 앞서 국제적인 적하목록 취합방식과 논리를 살펴보았지만, 현재의 MFCS 방식은 세계적으로 가장 잘 표준화된 대안이므로 불필요한 혼선을 야기하지 않는 것이 좋다. 만약 필요하다면 물류비용 절감 차원에서 원가분석을 통해 전송비용을 적절한 수준으로 인하 조정하는 등 다양한 방안을 중계사업자 측과 협의해 볼 필요는 있다.

---

160) 무역협회(2023년)에 의하면 해외직구가 1억 건을 넘어서면서 전송비용이 300억 원에 육박하고 있으므로 관세청 UNIPASS의 개선이 필요하다고 지적한다.

물류종합전산망의 태동

매사 모든 일은 시기도 맞아야 하지만, 팀웍이 맞아야 성공하는 법이다. 1998년에 완성된 「물류종합전산망」은 어느 날 갑자기 완성된 것이 아니다. 청와대 'SOC기획단' 주관으로 물류 전문가들이 팀웍을 형성하여 함께 만든 'Red Book' 형태의 서류 간소화 작업과 'Blue Book' 형태의 물류종합전산망 개발 및 연계 방안이 그 시초이며, 이때의 기본설계가 바탕이 되었다. 그리고 1994년부터 1996년까지 2년 반에 걸쳐 관세청과 민간업계의 우수한 전문가들이 모여서 준비한 상세설계가 그 태동이 되었다.

사실 「물류종합전산망」 사업은 단순한 사무자동화 수준이 아니라 그동안 고착화되었던 전통적인 세관의 화물관리기법을 180도 바꾸는 혁명에 가까운 조치였다.

그동안 세관은 선사나 항공사가 개개의 B/L 정보를 기초로 수입화물 반입정보를 수작업으로 작성 제출하면 그때부터 보세구역별로 화물 배정을 하고 세관이 재고관리를 했다. 입항 시점부터 보세구역 반입 시점까지는 세관이 통제를 하고 싶어도 표준화된 적하목록 정보가 없어 할 수가 없었다. 선사나 항공사도 마찬가지였다. 관세청은 'Red Book'과 'Blue Book'을 기초로 1994년부터 물류 전문가들이 TF팀을 구성하고 수출입화물 흐름의 전반을 Zero-Base 차원에서 재설계하여 전산화하기에 적합한 형태로 상세설계를 했다. 이러한 작업은 수출입화물 흐름을 간소화하고 적하목록 등을 UNEDIFACT에 맞게 표준화하며 이를 기초로 입출항,

6/
무역 선진화와 UNIPASS를 꿈꾸다.

하역 및 운송, 보관 등에 필요한 데이터를 연계하여 입출항에서 반출입 전 과정의 재고관리가 가능토록 그 계기를 만들어 준 획기적인 사건이었다.

그러나 상세설계 과정에서 종전의 물류시스템이 60~70년대 방식으로 너무나 낙후되어 있어 이해관계 조정이 그리 쉽지 않았다. 그래서 생각한 것이 기존의 관행과 절차를 약간만 손질한다고 해서 해결되는 것이 아니라 EDI 방식으로 전면 재설계를 해야만 가능하다고 생각했다. 특히 이해관계자의 동참를 유도하기 위해서는 새롭게 마련된 서류와 절차를 먼저 수작업으로 시범운영을 하면서 경험을 쌓게 하고 이해관계 조정이 어느 정도 마무리되면 그때 가서 EDI 방식의 「물류종합전산망」을 본격 시행하자는 전략이었다. 이러한 전략은 수많은 선사와 항공사, 포워더, 운송 및 하역업체 등 1만여 사용자들의 합의를 이끌어내는데 유익하였다.

마침내 EDI 형으로 재설계된 입출항, 하역 및 보세운송 등의 절차에 관한 관련 규정[161]이 1996년 7월부터 전면 제·개정되어 적하목록 표준화를 기반으로 한 새로운 화물관리시스템이 시행되었다. 새로운 EDI형 화물관리체제는 적하목록의 표준화뿐만 아니라 종전의 화물관리방식을 한 차원 격상시킨 제도였다. 세관과 항만청 등 유관기관과 선사 등 1만여 사용자들은 새롭게 변화된 제도에 따라 업무를 처리하기 시작했으며 외부사용자 시스템도 이에 맞게 개선하였다. 그 후, 전국세관에서 약 1년여 시험연습을 거친 후, 수출화물은 1997년, 수입화물은 1998년에 전산망 구축을 완성했다. 무려 수출은 3년, 수입은 4년이 걸린 방대한 작업이었다.

---

161) 1996년 7월부터 '보세화물입출항하선하기및적재에관한고시'를 새로이 제정하였으며, '보세화물에관한고시', '보세운송에관한고시' 등 모든 관계 규정을 일괄 개정하였다.

특히 적하목록, 하선신고서, 보세운송신고서, 반출입신고서 등 세관 서류와 민간의 도착 예정신고서 등 수많은 서류를 전자문서화해야 했고 국제간에도 B/L 정보 등을 전자 교환할 수 있는 체계를 만들어야 했기 때문에 일이 몇 배나 어려웠다. 그러나 운 좋게도 해외 벤치마킹 과정에서 Unique한 컴퓨터 화물관리번호체계의 '아이디어'를 얻을 수 있었고 House B/L 정보취합을 위한 MFCS 가동, 그리고 CAWIS 인프라 기반이 있었기에 비교적 큰 시행 착오 없이 안착시킬 수 있었다.

새천년을 앞두고 가동된 「물류종합전산망」의 시너지효과는 기대 이상이었다. 당초 기대했던 정책목표대로 화물 유통속도가 빨라졌고 공·항만 등 SOC 기반시설의 운용효율이 배 이상 높아졌다. 당시 2003년 기준 통계에 의하면 입항에서 반출까지 화물처리 기간이 평균 17일에서 9.6일로 단축되었고, 지금은 3.5일 전후로 신속히 처리되고 있으며 부정무역 단속 효과도 4배 이상 높아졌다고 했다. 경제전문가에 의하면 2001년 기준 국가물류비도 약 2조 5천억 원 상당의 경제적 효과가 있다고 분석되었다. 그리고 무엇보다도 중요한 것은 전체 입출항 화물을 대상으로 마지막 화물처리단계까지 추적 및 재고관리가 가능하도록 업무체계 전반의 혁신을 불러왔다는 점이다. 이제는 항공기 또는 선편 단위로 화물정보를 제공받음으로서 입항단계, 하선단계, 통관 및 보세운송 단계별로 화물 총량과 재고관리를 실시간으로 할 수 있게 되었다. 현재 전 세계적으로 수출입화물정보가 거의 100% 입수되는 나라는 우리나라밖에 없을 정도로 시스템의 효율성이 높다. 미국이 96%, 일본은 80%, 대만이 50% 수준임을 감안하면 물류정보는 세관을 중심으로 Single Window 화 되어 웬만한 선진국보다 전산 환경이 앞서 있다고 해도 과언이 아니다.

6/
무역 선진화와 UNIPASS를 꿈꾸다.

　20세기 말, 새천년을 앞두고 이룩한「물류종합전산망」사업은 개인적으로 너무나 길고도 험한 여정이었다. 속된 말로 '다시 하라고 하면 정말 못 할 일이다' 그렇지만 물류체계의 혁신을 기하고자 하는 그 당시 정부의 의지는 정권의 변화와 관계없이 일관되고 강력했으며 공감대가 있었다. 특히 수준 높은 전문가가 곳곳에 자리 잡고 있었고 이를 추진할 수 있는 리더쉽이 있었기에 가능했다고 본다.

UNIPASS가 가야할 길

아무도 가보지 않은 길을 가는 것은 두려운 일이다. 특히 길을 가다가 예측이 힘들거나 성공 여부에 대한 두려움이 있으면 시작조차 하지 않거나 대상 사업에서 아예 빼버리는 경향이 있다. 관세청의 UNIPASS 개발과정에서도 예측이나 성공 여부가 불분명하여 여러 가지 이유로 놓친 미결과제들이 있다. 다시 도전하기도 쉽지 않지만, 반드시 극복해야 할 과제이다.

그 첫 번째는 화물 추적관리시스템 중 수출 분야를 「물류종합전산망」 사업 범위에서 제외한 것이다. 잘 알다시피 수출과 수입화물 유통체계 전 과정을 추적 관리하는 시스템은 민간분야로의 연계 확장 등 시너지효과를 감안할 때 국가적으로 중요한 사업이다. 최초 개발과정에서 수입 분야는 이견이 없었지만, 수출은 반대가 심했다. 수출신고 이후 화물의 운송, 보관, 선적 등 이동단계별로 추적하는 시스템이 업계 불편을 초래하며, 세관 입장에서도 관세환급처럼 분증 관리 등 업무만 복잡하고 관리 실익이 없다는 이유였다. 우리는 수출신고 전반을 사전통제(Pre-Shipment Control)하는 나라이므로 그 필요성이 있음에도 업계를 설득할 자신이 없었던 것이다. 당시에는 수입화물 추적관리 하나만 하더라도 사업추진이 쉽지 않았기 때문에 수출 분야는 선적관련 부분만 개발하기로 했다. 수출신고가 수리된 화물은 선적과 동시에 적하목록으로 수출 이행 여부를 감시하되, 신고 이후 선적 전까지의 이동단계별 추적관리는 생략했다. 그 당시 보세구역 반출입정보만이라도 정보화를 연계했더라면 수출화물의 실시간 추적관리와 재고관리가 어느 정도 가능했을 것이다. 앞으로 외국세관과의 자료교환 등 싱글윈도우 구현을 위해서는 수출화물 추적관리시스템이 필요한 상황이 올 것이다.

두 번째는 화물정보의 실시간 Cross Checking 시스템 도입을 연기한 것이다. 이 또한 1999년「물류종합전산망」개통 시 적하목록과 수입신고시 제출하는 화물정보의 일치 여부를 체크[162]하는 MDCD-MS[163] 시스템 도입을 했어야 했다. 이는 현재뿐만 아니라 미래의 Single Window 구현을 위해 반드시 관철해야 할 과제이며, WCO에서도 권고하고 있으므로 미결로 오래 두기 어려운 숙제이다. 미국은 입항 적하목록 정보와 세관의 수입신고(Entry) 시 품명 등 기재 사항이 일치하지 않으면 세관접수가 불가능하고 신고접수번호(Entry No)가 부여되지 않는다. 우리도 이를 도입하려 했으나 반대의견이 있었다. 신고 접수가 지연되면 통관 지체로 인한 무역업계의 불만을 감당하기 어렵다는 이유였다. 사실 MDCD-MS의 운영성과에 대한 예측이 어려웠기에 어느 정도 물류정보화 시스템이 안착되면 그때 가서 추진해도 늦지 않다는 생각을 했었다. 그러나 실수였다. 아마 그때 이를 도입했더라면 오늘날과 같이 적하목록 또는 수입신고서에 'unknown goods' 등의 엉터리 품명을 기재하는 사례는 없을 것이다. 훨씬 더 정제된 빅데이터 관리가 가능했을 것이다. 그리고 수출화물도 신고정보와 출항적하목록 상의 품명 등을 사후 Cross Checking 하는 시스템이 도입되어야 보다 정확한 사후관리가 가능해진다는 점을 잊지 말아야 한다.

세 번째는 수입뿐만 아니라 수출화물의 총량 재고관리시스템도 정비해야 했다. 입항된 화물이 마지막까지 모두 통관 처리되었는

---

162) 관세청, 'KYOTO협약 일반부속서 이행지침', 2004. 10. pp. 202-204
163) MDCD-MS : Manifest Data & Clearance Data- Matching System

지, 수출신고 수리된 화물이 전량 외국으로 반출하였는지 등 적하목록을 기초로 한 화물재고관리(Cargo Invetory Control)가 정보화 시스템에 의해 자동관리164)되어야 하며, 차이가 있는 부분은 반드시 규명되어야 한다. WCO에서는 수입 분야 재고관리를 강조하고 있으며, 우리도 관계 규정에 재고관리를 의무화하고 있으나, 시스템적으로 사후관리 체제가 완비되어 있지 않고 수출 분야는 이행관리 차원에서 사후관리를 하고 있으나, 이 또한 미선적분에 대한 정확한 원인 규명 등 재정비가 추가로 필요한 상황이다.

네 번째는 미래의 싱글윈도우를 위해서 UNIPASS가 장기적으로 대비해야 할 숙제가 있다. 바로 수출국과 수입국간 정확한 데이터 교환이 가능하려면 앞서 언급한 화물정보의 정확성을 제고하고 CDM165), UCR166)의 국제표준화가 필요하므로 지금부터 연구하고 준비해야 한다. 여행자 APIS 제도처럼 여행객 탑승 정보가 출발 전에 입국지 세관에 전송되어 우범여행자 선별을 미리 하는 것과 마찬가지로 화물 분야에도 ACIS167)가 도입되어 상대국 수출화물 데이터를 출항 전에 싱글윈도우로 미리 받아 위험관리를 하며, 우리의 수출화물 정보를 상대국 세관에서 요구하는 경우 정확한 데이터를 전송할 수 있도록 UNIPASS에 데이터 국제표준화를 반영해야 한다. 도전하기 쉽지 않지만, 반드시 미래에 극복해야 할 과제이다.

---

164) 교토협약 일반부속서 이행지침 4.3에서는 "상호 정보가 일치되는 경우에는 재고목록에서 정리될 것이며, 불일치 정보가 발견되면 후속조치를 위해 이를 알리는 보고서가 작성된다"라고 규정하고 있다.
165) CDM : Customs Data Model(UN에서 정한 세관의 표준데이터)
166) UCR : Unique Container Reference(국제간 운송에 사용되는 표준화된 화물식별부호)
167) ACIS : Advanced Cargo Information System

6/
무역 선진화와 UNIPASS를 꿈꾸다.

마지막으로 UNIPASS 미결과제를 해결하고 시스템을 업그레이드할 때 우리 모두 「카사블랑카[168])」 증후군 같은 착시현상을 극복해야 한다. 「4세대 국가관세종합정보망사업(이하 '4세대 사업'이라 한다.)」 개발과정에서 보여줬던 모습이 바로 이에 해당한다. 마치 큰 성과가 있는 것처럼 해 놓고 실제는 미흡했다. 지금도 4세대 사업은 ISP[169])/BPR[170])을 새로이 하지 않아 무늬만 바꿨다는 지적을 받는다. 관세행정 전반의 구조혁신과 위험관리의 기본 축인 자율심사와 정보교환시스템 등 새로운 선진기법을 뒷받침하지 못했고 무역업자 등 빅데이터 정제시스템의 보완 역시 없었다. 특히 인터넷 환경에서 365일, 24시간 오픈형 UNIPASS로 업그레이드 하지 못한 점은 너무나 아쉽다. Hometax처럼 모든 무역업자에게 「내 손 안의 세관」을 제공했어야 했다.

그나마 다행인 것은 우리의 UNIPASS가 글로벌 싱글윈도우의 근간이 되는 큰 줄기 면에서 세계 어디에 내놓더라도 손색이 없는 GTP망으로 성장했다는 점이다. 새천년을 앞두고 미로를 개척했던 그간의 경험들은 앞으로도 우리에게 큰 힘이 될 것이다.

---

168) 모로코의 '카사블랑카'는 영화로 알려진 유명한 도시이지만 그 곳에서 영화가 촬영된 적은 없다. 모든 것은 할리우드에서 이루어졌으며, 그 곳에는 하루종일 영화비데오를 틀어주는 식당만 있을 뿐이다. '카사블랑카'는 아름다운 해변 도시라지만, 이슬람국가라 일광욕 등을 즐기는 사람이 없는 허상뿐이다. 바로 겉만 화려하고 내용이 없는 것을 「카사블랑카」 증후군이라 할 수 있다.
169) ISP : Information Strategic Planning
170) BPR : Business Process Reengineering

일곱 번째 가는 길...

싱글커스텀스로 가는 **관세경영의 길**

뉴밀레니엄의 조직구조와 혁신을 고민하다.

- 설레임 속의 뉴밀레니엄
- 조직구조 리엔지니어링
- 페이퍼리스 오피스
- 갈 곳이 없구나. 관우빌라
- 역마살의 이삿짐 통관
- 관세국경관리연수원의 비화
- 씁쓸한 지방세관 이전
- 특수조사조직의 존재이유
- Third Party로서 관세사
- 관세사자격제도의 소회
- 유명무실한 FTA 글로벌센터

설레임 속의 뉴밀레니엄

말로만 듣던 뉴밀레니엄이 다가왔다. 1999년 말 한국은 Y2K 현상으로 2000년을 1900년으로 컴퓨터가 연도 인식을 잘못해서 여러 기록이 변형되는 등 혼란이 올 수 있다고 '밀레니엄버그' 경고가 난무했다. 세계 경제의 흐름은 개방화, 세계화, 정보화가 촉진되었고 이미 우리나라는 산업화와 민주화의 시대를 넘어 새로운 지식정보화시대로 접어들고 있었다.

20세기를 살아온 사람에게 「새천년」은 엄청난 설레임을 갖게 하는 역사적 사건이다. 관세청 또한 그해 1월. 새천년을 맞이하는 희망찬 꿈과 비전을 갖고 새로운 조직구조로 새 출발을 하였다. 무엇 때문에 개청 이후 30년 역사와 전통을 자랑하던 관세청이 새로운 모습으로 그 근간을 바꿀 수밖에 없었을까? 사실 관세청을 포함해서 모든 정부 조직은 그 조직에 몸담고 있는 사람이 입고 있는 '옷'과 같은 것이다. 옷이 제 몸에 맞고 편하면 활동성이 좋아지고 이에 걸맞는 많은 일을 할 수 있다. 미래를 지향하는 패션까지 더해지면 선진문화를 추구해 나갈 수도 있다. 그러나 대부분의 정부 조직은 그 구조가 유연하지 못해 늘 시대적 요구를 뒤따라가지 못하는 경향이 있다.

20세기 말, 관세행정 주변환경은 생존이 위태로울 정도로 위기가 도래하고 있었다. 1980년대 중반부터 추진한 무역 선진화와 관세행정 절차개선 등 각종 개선 조치에도 불구하고 1997년의 IMF 경제위기는 우리의 경제 체질뿐만 아니라 다방면의 구조개혁

(정부, 노동, 금융, 기업 등 4대 부문)을 요구했다. 1998년에 출범한 「국민의 정부」는 바로 정부조직 개편작업에 착수하였으며 스스로 자율적 개편을 하지 않는 조직은 기획예산처 개편프로그램으로 일괄 추진하기로 했다. 1999년 3월 발표된 외부 전문기관의 "경영진단보고서"는 실로 충격적이었다[171]. 현행 관세청 조직을 1관 3국으로, 산하 세관을 3개 본부세관(중앙, 영남, 호남) 체제로 대폭 축소하는 내용이 담겨져 있었다. 이에 대한 비현실성을 관계부처에 설명하고 방어하느라 전방위적인 노력을 했던 기억이 있다. 결국 4,086명의 관세청 정원을 약 5% 내외로 축소하는 선에서 범정부적인 구조개혁작업은 일단락되었다.

이 일을 겪고 난 다음, 관세청은 '우리가 입을 옷은 우리 스스로 고쳐서 입는 것이 매우 중요하다'는 점을 느꼈다. 일부 정부부처는 선제적으로 조직을 개편하여 정부 내 모범사례로 칭찬받기도 했다. 이에 반해 관세청은 그 당시의 행정체제가 몸에 맞지도 않고 현실에 부합되지 않음에도 불구하고 이를 고칠 엄두조차 내지 못했으며 계속 방치하다 보니 조직 내부적으로 많은 불만과 부서간 불협화음이 쏟아져 효과적인 업무수행이 어려울 정도였다. 지난 2000년 발간된 「관세청 30년사」에 이미 소상히 기록되어 있지만, 2000년의 관세행정 조직개편은 이 시대를 자신있게 살아나가기 위해 어쩔 수 없이 선택해야 하는 생존전략이기도 했다.

대표적인 예는 1996년도의 「수출입신고제」이다. 신속성 측면에서 놀랄만한 성과가 있었지만, 세관 단속 업무의 정확성과 전문성이 떨어지는 취약점이 있었다. 이를 보완하기 위해 조직개편(통관국, 감시국, 조사국, 정보국, 협력국)을 단행했지만, 업무국 간의

---

[171] 세동경영회계법인, 앤더슨컨설팅, 「관세청 경영진단보고서」, 1999. 3. 15

경계를 분명히 한 것이 오히려 상호 소통을 곤란하게 하여 국간 조율이 필요한 정책과제조차 스스로 조정이 불가능한 조직구조가 되어 버렸다. 특히 IMF 경제위기 이후에는 기업지원 명목으로 통관 적법성 조사가 거의 중단되다시피 하여 업무 전반의 부실화가 초래되었다. 조직의 사기는 계속 침체되었고 통관업무와 심사업무를 담당하는 직원들의 이탈 현상은 가속화되었다.

이러한 문제의 심각성은 새천년을 앞두고 한꺼번에 분출되었다. 일선세관의 불평, 불만은 끊임이 없었고 새로이 부임한 청장조차도 본청과 세관의 업무보고를 받으면서 수도 없이 일선 현장에서 제기되는 문제들에 놀라워했다. 이제는 현안 해결도 필요하지만, 관세청이 국가적 사명을 다하고 국민에게 신뢰받는 기관이 되기 위해서는 스스로의 업무체계 안정화와 혁신이 필요하다고 생각했다. 그해 하반기부터 각 국·실별 현안에 관한 총 16개의 개선과제를 발굴하고 외국 사례의 벤치마킹을 위해 수많은 직원이 해외를 다녀왔다. 오늘날 관세청이 운영하고 있는 조직과 업무수행체계는 그때 그 골격이 만들어진 것이라 해도 과언이 아니다.

돌이켜보면, 그 당시 조직개편이 의외로 원만하게 마무리될 수 있었던 것은 몇 가지 요인이 있다. 첫째는 관세청 스스로 피로감이 너무나 심했기에 뭔가 달라져야 한다는 의지가 강렬했다. '조직개편 TF팀'에 주어진 시간은 그해 10월, 단 2주에 불과하였지만 각 국·실별로 제시한 과제가 뚜렷했고 공통분모만 모아서 조정하면 개편방안을 만들 수 있었기에 큰 무리없이 정리가 가능하였다. 둘째는 정부 분위기가 IMF 경제위기 극복을 위해 공공부문 혁신에 적극적이었다. 그해 11월 중순에 「21세기 관세행정개혁방향172)」을 기획예산처 장관(진념)께 보고하고 청와대, 행자부 등 관련 부처와 협의를 한 후 불과 1개월 반이라는 짧은 시간 안에 방대한 조직개편을 완성할 수 있었다. 셋째는 국회와 예산당국의 지원이 확실했다. 12월 초 국회를 통과한 관세청 예산(안)조차 12월 말 새로운 직제에 맞게 전용 조치할 수 있었던 것은 지금 봐도 놀랄만한 일이다. 그리고 마지막으로는 대다수 관세청 직원이 그동안의 불편을 해소하는 차원에서 어느 정도 개편의 취지를 이해하고 동참해 준 것이 더 큰 결정적 요인이 되었다. 사실 본청 편제에서 통관국에 감시국을 통폐합하고 대신 심사정책국을 신설하며, 외환조사과를 새로 만드는 일[173]은 쉽지 않은 일이었다. 일선세관 조직명칭도 모두 개칭(통관지원과, 납세심사과, 조사심사과)함에 따라 직원 대부분을 재배치하는 인사도 함께해야 했다.

어느덧 20년 이상의 세월이 흘렀다. 그러나 지금은 또 그때와 상황이 사뭇 다르다. 이제는 ICT[174]와 빅데이터, AI 등 정보기술 발전이 행정 전반에 큰 영향을 미치고 있다. "그때 만든 옷이 지금도 우리의 몸에 잘 맞는지, 그동안 체중 변화는 없었는지, 관행처럼 늘상 먹던 음식의 식단 조절은 필요하지 않는지 등" 관세행정 전 분야의 프로세스와 테크닉에 대한 점검이 필요하다. 다행히 2021년에 관세청은 새롭게 조직개편을 했다고 한다. 관세행정이 추구해야 할 철학과 가치의 변화가 있다면 언제라도 개편 논의는 지속되는 것이 바람직하다. 설레임 속의 새천년은 그렇게 우리에게 다가왔었다.

---

172) 관세청, 「21세기 관세행정 개혁방향(안)」, 1999. 11.
173) 관세청, 전게서, 1999. 11. pp.86-97
174) ICT : Internet Communication Technology

조직구조 리엔지니어링

앞서 관세청은 새천년을 맞이하여 조직개편을 대대적으로 한 바 있다고 했다. 그 당시 관세행정이 안고 있던 난맥상을 개선해야 하는 절실함도 있었지만, 아주 특이했던 점은 개편과정에서 WCO 의 위험관리「심사통제이론」과 미국 관세청의「신 관세경영이론」 인 3P를 참조하여 비교적 학문적인 토대 위에서 조직과 업무수행 체계를 개편한 것이었다. 아마 관세청 개청이래, 이러한 시도는 처음이었던 것 같다.

흔히 정부 조직의 내부구조 개편은 전문가의 이론보다 행정관료 의 주도적인 판단에 의존하는 경향이 크다. 그동안 관세청도 예외 가 아니었지만, 이번만큼은 달랐다.

사실 1996년에 개편된 관세청 조직체계는 오로지 그해 시행된 신고제의 보완 차원에서 시도[175]된 것이라 WCO 또는 선진외국의 경영이론을 논할 틈조차 없었다. 그때는 조직 내 의견 수렴없이 일방적인 조직개편을 하다 보니 과거보다 효율성이 떨어졌고 운영 상 여러 가지 부작용이 발생되었다. 신고제 도입 전만 하더라도 핵심 업무는 면허제와 사전심사제가 원칙이었기 때문에 신고관련 업무는 통관지원국에서 담당하고 화물 흐름에 관한 감시, 그리고 기업지도, 범칙조사는 지도국에서 처리하도록 일원화되어 있었다. 그러나 관세청과 사전 협의가 충분치 않은 상태에서 아무런 준비 없이 세관 행정의 기본 틀을 갑자기 신고제로 전환함에 따라 세관

---
[175] 관세청, '국가경쟁력강화를 위한 WTO체제하의 관세행정 개편방안', 1996. 5. 1

7/
뉴밀레니엄의 조직구조와 혁신을 고민하다.

행정에 큰 혼란이 야기되었다. 역시 "준비 없는 고집스러운 개혁은 혼란만 야기할 뿐이다."라는 교훈을 남겼다. 특히 통관국, 감시국, 조사국으로 개편된 그 당시의 단위 업무별 조직체계는 통관단계의 사전심사가 생략됨과 동시에 신고건별 사후심사는 다른 부서에서 할 것이라는 책임 떠넘기기로 거의 실종되어 버렸고 기업별 사후심사[176)]는 그 담당 부서를 범칙조사 부서와 통합함에 따라 거의 강제조사와 동일시되어 업계의 반발을 불러일으켰다.

그 당시 어려웠던 조직 내 불협화음은 더더욱 심각했다. 첫째 오랫동안 선도적 역할을 하던 통관국 기능이 대폭 위축되고 조사국이 선도부서가 되었다. 모든 활동비 예산을 조사부서가 독점함에 따라 타 부서와의 알력이 심화되었고 부서간 칸막이로 인해 거의 소통이 불가능할 정도까지 이르렀다. 둘째, 신고제는 「선통관 후심사」가 원칙이므로 통관단계에서 세관직원이 무엇을 해야 할지가 불분명했다. 조사부서에서는 통관부서가 대충 일해야 그들이 해야 할 일이 늘어난다는 어처구니없는 발상까지 했다. 셋째, 과거 지도국의 1개 감시과 업무를 기능조정없이 국 단위로 승격함에 따라 조직만 비대하고 업무량은 부족한 우스꽝스러운 사태가 초래되었다. 특히 신고제의 시행으로 화물감시의 범위가 보세구역 반입시점에서 입항시점으로 넓어졌음에도 이동단계별 재고관리가 준비되지 않은 감시 공백이 있었다. 특히 분야별 직원 전문화, 프로세스별 위험관리기법 개발, 고객과의 파트너쉽 형성을 통한 자율심사 등 선진 관리기법과 이론은 자리 잡을 틈조차 없었다. 이러한 불협화음은 IMF 경제위기를 겪으면서 1999년까지 지속되었다.

---

176) 1996년 이전 면허제하에는 본청에 평가과와 서울세관 세무관리과가 사후종합 평가업무를 준비하는 과정에서 기업정보를 시범적으로 수집 관리하고 일부 기획출장 조사를 선택적으로 하는 수준이었다.

통관부서는 비선호부서로 그 기능이 쇠약해졌다. 신고건별 사후심사업무는 통관부서 직원에게 미결 처리 수준의 귀찮은 일로 전락되어 업무량만 많고 책임이 뒤따를 뿐, 수당조차 없다 보니 그들의 불평은 넘쳐나고 있었다.

그러던 중 1999년 새로이 부임한 관세청장(김호식)은 새천년을 맞이해서 그동안의 굴곡진 관세행정의 모순을 털어내고 선진국과 같이 스마트한 관세행정을 준비하고자 구성원을 설득하기 시작했다. 빠른 시일 내 조직구성원의 불평·불만을 털어내고 조직을 안정화시키고자 했다. 그때 WCO의 「심사통제이론」과 미국의 "People, Processes, Partnerships" 「신 관세경영이론」이 새롭게 대두되었다. [그림 7-2-1]에서와 같이 우선 고객의 요구사항을 반영하는 고충처리 전담부서를 신설하고, 업무 흐름별 one stop 조직관리를 위해 통관국과 감시국 기능을 한 곳으로 통합하며, 고객과의 파트너쉽 형성을 통해 Informed Compliance와 Enforced Compliance 등 심사통제의 단계를 조율하는 심사정책국을 신설하기로 했다. 또한 IMF 경제위기의 재발 방지를 위해 외환조사 전담부서를 조사국 내 신설하여 대외거래 질서 유지에 최선을 다하고자 하였다.

언 듯 보기에는 심플한 구상처럼 보이지만 관세청의 조직구조 '리엔지니어링' 작업은 이해관계자를 설득하느라 많은 노력을 했던 기억이 있다. 그리고 관계부처와 국회 협의를 거쳐 2000년부터 본격 시행되었다. 「신 관세경영이론」에 따른 H.R과 성과평가 분야까지 제도개혁이 뒷받침되었고 2003년 정부혁신 최우수기관에 선정되는 등 외부의 좋은 평가를 받았다. 하지만 주변 환경은 나날이 변화하고 있고 새로운 미션[177]은 계속 확대되고 있다. 새천년을 맞이하여 리엔지니어링을 하면서 가졌던 생각은 아직도 유효하다. 남은 자 모두의 분발을 바란다.

[그림7-2-1] 관세행정 조직구조 리엔지니어링 비교표

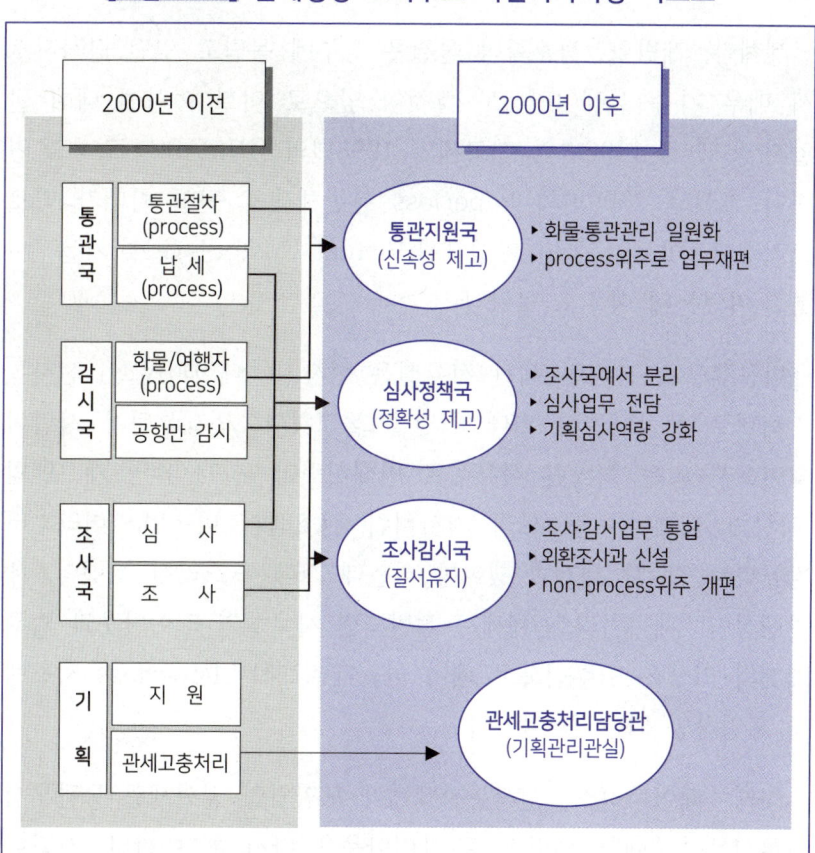

※ 자료 : 21세기 관세행정 발전모델 연구, 2002년, 관세청

---

177) 관세행정 분야는 전통적인 기능(관세징수, 밀수단속) 위주에서 새로운 기능(금융, 환경, 건강, 복지, 안전, 노동, 지재권)으로 미션이 계속 확대될 예정이고 지식정보화 사회로 급속히 진전되고 있어 이에 대한 대비도 충실히 해야 한다.

페이퍼리스 오피스

　세계화, 개방화, 정보화의 물결은 정부에 몸담고 있던 당사자로서 매우 가슴 설레이면서도 그것이 앞으로 미칠 여파에 대해 잘 알지 못했다. 1996년의 신고제와 1998년의 UNIPASS, 그리고 연이어 추진된 1999년의 Paperless 통관체제의 전면 확대가 바로 그러했다. 말로만 듣던 가상세관(Virtual Customs)으로 가는 '지름길'이었는데 아무도 몰랐다.

　방문객들로 붐비던 세관 사무실은 갑자기 「페이퍼리스」 전자통관체제로 전환되면서 일대 혁명을 불러왔다. 언제부턴가 사람이 찾아오지 않는 적막한 사무실로 변해버렸다. 한때 유명 개그맨의 '사랑의 재개발'이란 노래 가사처럼 시스템이 바뀌면 "머리부터 발끝까지 싹 다 재개발"했어야 하는데 그때는 그러질 못했다. 세관행정이 「페이퍼리스」체제로 전환되면 사무실의 레이아웃과 업무체계의 리셋은 필수적으로 해야 하는데 그때는 Paperless 시스템만 도입하면 되는 줄 알았다.

　첫째 「페이퍼리스」 전자통관체제가 도입되면 일선세관 통관부서 사무실은 「패쇄형 오피스」로 레이아웃을 다시 해야 한다. 사람이 찾아오지 않는데 창구에 직원을 배치해야 할 이유가 없다. 과거에 사람을 기다리던 '오픈형 통관창구 사무실'은 하루속히 패쇄해야 했다. 통계에 의하면 전체 세관직원 중 약 30%에 해당하는 1,500여 명의 직원이 한산한 창구에 앉아있다고 한다. 이러한 현상은 2000년대 초반부터 나타나기 시작했으며 사람들은 창구직원을

7/
뉴밀레니엄의 조직구조와 혁신을 고민하다.

「Click-Man」이라 불렀다. 모든 신고는 전산으로 접수되고 찾아오는 사람은 없는데 세관직원이 컴퓨터 화면을 보면서 마우스 클릭으로 신고수리를 했다. 잘 모르는 사람이 보면 창구에서 세관직원이 놀고 있다고 오해할 정도였다. 그래서 생겨난 것이 2005년의 「세관사무실 현대화계획」이었다. 약 5년 정도 매년 리모델링을 하면 전국의 세관사무실을 「페이퍼리스」 환경에 맞게 모두 새롭게 레이아웃(Lay-Out) 할 수 있다고 생각했다.

이러한 「세관사무실 현대화계획」은 미국의 예를 일부 참조한 것이었다. 미국은 ACS 통관시스템 전산화 유무와 무관하게 과거부터 사무실은 폐쇄형이었으며, 민원창구는 따로 두지 않았다. 뉴욕항, LA공항 세관사무실은 직원 전용(Officer Only)이며 통관업자 등 민원인이 사무실로 들어올 수 없다. 세관사무실은 심사도 하지만 그 곳에서 현품검사도 했다. 통관업자 등이 사무실 밖 서류 접수함에 신고서를 제출하면 정기적으로 세관직원이 사무실 내로 서류를 갖고 들어가서 신고서 심사를 한 후 처리가 완료된 신고서는 사무실 밖의 통관업자별 서류보관함에 투입하여 되돌려줬다. 세관사무실은 외부로부터 차단되어 있었으며 밖에서 들여다볼 수도 없었다. 요즘은 모든 업무처리가 「페이퍼리스」화 되었기 때문에 통관업자의 메일박스에 전자신고서를 회송한다. 이 점은 서류송달방식만 차이가 있을 뿐, 옛날이나 지금이나 같다.

국세청의 세무서를 가봐도 그곳 역시 사무실은 폐쇄형임을 알 수 있다. 1층의 종합민원실은 주로 사업자등록 또는 각종 증빙자료 교부 등 순수 민원 업무만 담당한다. 소득세, 법인세, 부가가치세 등 세금납부 관련 업무는 모두 홈택스로 하기 때문에 세무서에는 별도의 신고 접수창구가 없다. 세무서직원은 직접 세무 상담 또는 조사업무 수행을 위해 모두 패쇄형 사무실에 있다. 그곳을 출입하려면 미리 연락해야 한다. 1층 중앙홀에는 안내요원 1명이 순수 안내 업무(Information Center)만 담당한다.

관세청 스스로도 이러한 환경변화를 감지하고 2005년부터 순차적으로 추진했던 「세관사무실 현대화계획」은 대전세관을 필두로 수원세관, 김포세관 그리고 새로이 신축되는 세관에 통관부서 오픈창구를 패쇄하고 사무실밖에 안내요원 2~3명을 배치하는 형태로 사무실 레이아웃을 새롭게 하였지만, 언제부턴가 현대화계획이 시들해지기 시작했다. 그래서 그런지 아직도 심사와 범칙조사부서를 제외한 상당수 통관부서 사무실은 오픈 창구 형태를 유지하고 있다.

둘째는 「페이퍼리스」 통관체제에서는 업무체계도 리셋해야 한다. 1996년 신고제의 도입으로 「선통관 후심사제」가 도입되었는데 도대체 전자신고에 대한 마우스 클릭이 무슨 의미가 있는 것일까? 과거처럼 면허제도 아닌데 전자신고 내용에 문제가 있으면 Hold 조치 후, 보다 정밀 검사를 하거나 심사업무를 담당하는 부서에 인계하면 되지, 아무 문제도 없는 신고서의 항목별 클릭이 무슨 의미가 있다는 말인가?

1996년 영국세관을 방문했을 때의 일이다. 영국은 신고서 접수 후 세관직원이 약 45분이 경과하도록 Hold 조치를 하지 않으면 컴퓨터가 자동으로 전자신고를 수리해 버리는 「일몰제」 통관을 시행하고 있다고 했다. 그들은 통관 후 연 단위로 기업별 사후 회계심사를 따로 시행하고 있기 때문에 이러한 「일몰제」 통관업무체계가 가능하다고 했다. 우리도 신고제 하에서는 「일몰제」 통관이 원칙이 되어야 한다는 생각으로 2004년에 이를 검토한 바 있다. 그

뉴밀레니엄의 조직구조와 혁신을 고민하다.

러나 아직도 면허제의 혼동 속에서 벗어나지 못한 전문가들이 많았다. 그들이 대안으로 제안한 것은 전자신고 「일괄심사제」였다. 마우스 클릭으로 약 10건 정도의 전자신고 목록을 간이하게 일괄 심사하여 신고수리를 하되, 그중에서 Hold 조치한 건은 다시 정밀 심사하여 신고 수리하는 방식으로 변경하겠다는 것이었다. 이 또한 만족스럽지는 않았지만 그렇게만 하더라도 Click Man의 업무 번잡이 어느 정도 줄어들기 때문에 그렇게 한번 해보자고 했다. 그 후 어느 정도 개선 효과가 있었다고 들었는데 지금도 그대로인지는 궁금하다.

그러나 무역규모 1조 불을 넘어가는 시대에 세관이 오픈 창구에서 전자신고 건을 마우스 클릭하면서 신고 수리하는 방식은 이미 세월이 지나도 한참 지났다. 가상세관 체제를 앞두고 세관사무실 현대화와 업무체계의 리셋은 시급히 반영되어야 한다. 아직도 통관부서 오픈창구에서 찾아오지 않는 사람을 기다리며 마우스 클릭하는 세관직원이 남아있다면 그 인력을 대거 검사, 심사 또는 조사 분야로 전환 배치해야 한다.

「세관사무실 현대화계획」은 단순한 환경 개선의 문제가 아니라 통관부서 오픈창구의 패쇄, 「일몰제」 도입, 검사 및 사후심사 업무의 내실화 그리고 세관조직과 인력의 재배치 등 구조개혁작업과 직결되어있다. 지금부터라도 제대로 고민해 보길 권한다.

갈 곳이 없구나. 관우빌라

부동산 경기는 10년 단위로 '오르락 내리락' 한다는 변동설이 있다. 그런데 1997년 IMF 경제위기 때는 부동산시장이 침체되었는데도 고금리 때문에 여러 사람이 고통받았다. 1998년 정부대전청사 이전당시 청사 주변의 'S 아파트'가 특별분양 대상이었는데 수분양자의 95%가 입주를 앞두고 특별분양을 포기하였다. 이유는 IMF 경제위기로 인해 대출금리가 20%를 육박하는 상황에서 도저히 분양을 받기가 막막하였고 조기 경제회복의 전망도 불투명하였기 때문이다. 정부대전청사로 이주해야 하는 공무원 입장에서는 비상이 걸렸다. 관세청만 하더라도 300여 명이나 되는 직원을 갑작스럽게 어디에 거주 환경을 만들어줘야 하는지 막막하기만 했다.

여러 사람이 머리를 맞대고 다양한 방법을 검토하기 시작했다. 그 당시 관세청의 가용재원은 EDI 전산망 사업을 추진하고 있었기에 시스템 개발과 관련한 용역예산 중 낙찰 잔액이 있었고 지방소재 세관시설의 재건축비 예산이 있었다. 그러나 가용재원의 원활한 전용 조치를 위해서는 외부기관을 설득할 수 있는 여러 가지 예방적 선제적 조치가 필요하였다.

첫째는 국회에 먼저 이해를 구하고 설득하기로 했다. 1997년 국회 기획재정위의 국정감사 과정에서 대전청사 이전 준비상황과 관련한 의원 질의가 이어졌고 우리는 시설 및 장비 이전뿐만 아니라 직원 숙소확보 문제를 중요한 이슈로 제기했다. 결국 국회는 이에 관한 종합대책을 마련하도록 국정감사 주요 이행과제로 선정하였다.

둘째는 대전청사 이전과 함께 직원들이 거주할 관사를 별도로 확보하는 방안이었다. 그러나 관사 건립부지는 약 40여 명 수용 가능한 건물 1동을 건축할 수 있는 규모의 토지밖에 없었다. 익산 세관출장소 재건축 예산을 전용하여 관사 건립예산으로 활용하였다. 규모는 크지 않지만 그나마 숨통을 틀 수 있는 '관우빌라'가 완성된 것이었다. 다음 해 감사원은 정부예산의 목적외 사용이라고 지적을 했지만, 누구도 예측하지 못한 IMF 경제위기 상황 속에서 대전청사로 이주해야 하는 정부기관의 급박하고도 현실적인 어려움, 그리고 국회의 국정감사 결과 이전준비에 관한 지적사항 등을 제시하여 그들의 이해를 구하기도 했다. 그러나 관사 건립과정에서 웃지 못할 해프닝도 있었다. 준공식을 하면서 보니 관사 명칭이 「대전지역 세관직원 합숙소」로 명명된 현판을 준비하고 있는 것이 아닌가. 주변 지역주민의 정서를 고려하여 가능하면 현판만큼은 일반 명칭인 '관우빌라' 등 다른 이름을 사용하도록 권고했다.

그러면 나머지 이주 인원은 어떻게 되었을까. 약 5%의 특별분양자들은 'S 아파트'가 미분양 상태이고 앞으로 가격회복 여부도 모르는 애매한 상황에서 가족과 함께 입주했다. 그리고 상당수 직원은 서울과 대전을 매일 출퇴근해야 했다. 참으로 힘든 생활이 시작된 것이다. 서울에서 통근버스라도 놓치는 날은 어떻게 출근 해야 할지 막막하기만 했다. 급기야 일부 국장급 간부들이 자비로 대전 유성지역 숙박시설에 장기 투숙하는 상황까지 벌어졌다. 더 이상 미룰 수 없는 문제라 생각되었다. 관세청의 가용예산 전부를 찾아서 대전청사 주변 아파트를 임차하기 시작했다. 서울로 출퇴근도 어렵고 관사에 입주하기도 어려운 직원이 거주하면서 안정적으로 업무를 볼 수 있도록 임차 숙소 확보방안을 마련했다. 하지만 그 후 부동산 경기는 하루아침에 변해 버렸다.

새천년을 맞이하여 IMF 졸업이라는 경제적 성과와 함께 서울 등 수도권에 부동산 광풍이 불기 시작했으며, 참여정부의 '행정수도 이전계획' 발표로 대전지역 부동산 또한 열기 속으로 빠져들고 말았다. 전세 임차료도 함께 상승하는 바람에 더 이상 청사 주변에 숙소를 구하는 것이 어려워졌다.

얼마 전 언론에서 세종시 아파트 특별분양과 관련하여 일부 공직자의 차익매매 등을 비난하는 기사를 본 적이 있다. 입장 바꿔 그들이 세종시 등 지방에 발령나는 경우 어떻게 살 것인지 생각 한번 해보라. 답답하기만 할 것이다. 특히 관세청과 같이 전체 직원 중 약 7%만 본청에 근무하는 경우 전국을 대상으로 인사교류를 해야 하는데 거주 문제는 어떻게 해결해야 할까. 특히 부동산 가격이 급등하는 시기 말고, 급락하는 시기에는 그 경제적 손실을 누가 보상해 주나. 공직을 은퇴하거나 전직하는 사람이 세종시 등에서 특별 분양받은 아파트를 팔아야 할 때, 매매차익이 과연 투기에 해당은 하는 것인가. 숱한 질문이 있을 수 있다. 이제는 우리의 언론도 공직을 바라보는 시각이 달라져야 한다.

7/
뉴밀레니엄의 조직구조와 혁신을 고민하다.

 역마살의 이삿짐 통관

해외 이삿짐. 어디에서 통관해야 할까요? 요즘은 해외 체류가 특별하지 않지만 1980년대만 하더라도 해외여행이 자유롭지 않아서 해외주재원이나 유학을 다녀오는 것은 꿈만 같은 얘기였다. 해외에서 1년내지 2년을 거주하다가 국내로 들어오면 이삿짐은 무관세 하에 통관되었다. TV, 캠코더, 600리터 이상의 대형 냉장고, 목재가구, 소파, 자동차, 피아노 등 그 당시만 해도 주부들의 로망인 가정용품이 이삿짐으로 통관하려고 사용 흔적을 내는 등 별의별 수단을 다 동원하곤 했다. 그래서 이사화물 통관부서는 '복마전'으로 불릴 정도로 인기부서에 해당되었다. 그러나 역마살이 낀 부서인지 한 장소에서 오랫동안 이삿짐 통관업무를 볼 수 없는 기구한 팔자였다.

1980년대 중반까지만 하더라도 '논현동' 서울세관 청사에서 이사화물 통관이 가능했다. 당시만 하더라도 건설회관 옆 서울세관 앞의 교통이 한가할 정도로 외곽지역에 해당되어 컨테이너 트럭이 '논현동' 일대를 활보하였다. 그러나 서울의 강남 한복판인 '논현동'에서 해외 이삿짐을 통관하는 일은 그리 오래가지 못했다. 올림픽이 끝난 후, 「1가구 1차량 보유 시대」가 열리면서 서울 시내 교통량은 급속히 늘어났다. 특히 '논현동' 서울세관 청사 주변의 주민들로부터 소음과 교통공해로 인한 민원이 빗발쳤다.

따라서 1990년대 초부터는 양재동에 소재한 ㈜천일의 도움으로 물류창고를 빌려서 그곳으로 이사화물 통관부서가 옮겨갈 수밖에 없었다. 양재동의 이삿짐 창고는 민간기업이 보유한 장소라 여러 가지 편리성에도 불구하고 이 또한 항구적인 시설로 볼 수는 없었다. IMF 경제위기 전후로 ㈜천일은 화물유통사업을 재정비하고 양재동 창고를 매각해야만 하는 사정이 발생되었다. 또다시 이전을 검토하지 않을 수 없었다. 이 때문에 1990년대 중반 관세청은 현재의 '가산 디지털센터' 인근의 구로세관 약 2,000평 부지에 이사화물 통관장을 설치하기로 하고 관련 예산을 확보하였다. 하지만 40피트 컨테이너 트럭이 회차하기에는 부지면적이 협소하고 이전 부지 위로 고압선이 지나가고 있어 최종 이전 결정과정에서 탈락하였다.

또 다른 후보지로 선정된 곳이 경기도 분당의 성남세관 부지였다. 성남세관을 신축하면서 세관건물과 창고를 함께 건설하는 것으로 추진을 했다. 성남세관은 물동량 규모가 크지 않은 세관임에도 5층 건물로 크게 건설한 것은 이사화물 통관장으로 사용하려는 관세청의 의도가 반영된 것이었다. 그러나 아뿔싸. 성남세관으로 컨테이너 트럭이 진입하기 위해서는 최소한 35m 이상의 진입도로가 필요하나, 도시 계획상 왕복 16m의 협소한 도로밖에 설계되지 않아 컨테이너 차량의 진입이 불가능하였다. 성남세관 이전안은 세관 건물 완공여부와 무관하게 별다른 대책을 세워보지도 못하고 무산되어버렸다.

이제 이사화물 통관장은 어디에 설치해야 하나? 또 한 번 역마살이 끼였다. 결국 이사화물 통관장은 수도권 내에 최소한 2,000평 이상 되는 부지가 있어야만 가능했다. 부지 물색을 하던 차에 1995년경 용인 신갈 IC 인근의 「국도유지관리사무소」 부지가 국유재산 관리전환 대상 물건으로 나왔다. 재무부의 협조를 얻어 동

부지를 확보한 후 약 38억 원의 예산을 들여 이사화물 통관장을 설치하고 1996년 12월에 양재동에서 신갈로 이전을 마쳤다.

앞으로는 더 이상 옮겨 다니지 않고 한 곳에서 오래오래 업무를 볼 수 있겠다는 다소 희망적이면서도 낙관적인 생각을 했었다. 그러나 이 또한 얼마 가지 못했다. 왜냐하면 분당 등 1기 신도시 개발이 완료되어 입주가 시작되면서 용인시 전역으로 아파트 개발붐이 불어 닥쳤다. 신갈 이삿짐 통관장 주변에도 아파트가 들어서기 시작했고 얼마 가지 않아 주민들의 민원이 속출하였다. 결국은 또 한 번 이전을 고민해야만 했다. 수도권 내에 이삿짐 컨테이너를 다량 취급할 수 있는 곳은 아무리 찾아봐도 없었다. 게다가 수도권에 약 2,000평 이상의 부지를 확보한다는 것은 결코 쉬운 일이 아니며 지금도 불가능한 일이다.

수많은 논의 끝에 결국은 의왕 ICD 내의 CY를 빌려서 임시 이전을 할 수밖에 없었다. 서울세관 이사화물 통관부서가 안양세관 관내에서 통관업무를 봐야 하는 기이한 현상이 발생되었다. 우리나라 전역에 이사화물 통관장은 3곳이 있다. 서울세관, 인천세관, 부산 용당세관에서 취급했는데, 유독 서울세관만 이사화물 통관장 확보 문제로 이곳저곳을 옮겨 다녀야 했다. 논현동에서 양재동으로 그리고 이제는 서울을 벗어나 신갈을 거친 후 의왕시로 가버렸다. 미국에서 오는 이사자는 의왕 ICD에서, 유럽 등 기타지역에서 들어오는 이사자는 인천세관에서 통관하도록 변경되었다. 그러나 이 또한 서울지역 이사자의 불편으로 의왕 ICD 통관장 임시 조치가 오래가지 못했다.

드디어 2014년 8월 김포시 경인아라뱃길 항만터미널 부지의 일부를 관세청이 매입하여 이곳에 이사화물 장치장을 건설하면서

'서울세관 이사화물과'의 역마살은 막을 내렸다. 오랜 고생 끝에 행운이 뒤따랐다고 본다. 당초 경인아라뱃길은 인천항과 서울을 오가는 화물의 해상 수송을 위해 개발한 곳이나, 대부분 육로 수송에 의존함에 따라 경인아라뱃길이 활성화되지 못하고 터미널 운영사가 경영난에 봉착하고 있었다. 항만터미널 부지 또한 활성화되지 못해 이사화물장치장이 들어서기에 충분히 좋은 여건이었다. 아마 뒤늦게 추진했으면 쉽지 않았으리라 본다.

 서울세관 이사화물 장치장이 들어선 후 동 부지는 인천공항과 인천항의 배후단지로 각광을 받으면서 여러 기업이 앞다투어 물류단지로 활용하고 있다. 이제 서울로 오는 해외 이삿짐은 김포 경인아라뱃길의 이사화물과에서 찾을 수 있다. 더 이상 옮겨 다니는 불상사는 없을 것이다.

7/ 뉴밀레니엄의 조직구조와 혁신을 고민하다.

관세국경관리연수원의 비화

인천의 '관세공무원교육원'
수원의 '국세공무원교육원'
천안의 '관세국경관리연수원'
그리고 또 변경된 '관세인재개발원'

국제적으로 세관의 교육기관은 대부분 독립되어있다. 미국 관세청의 교육원은 조지아주 글린코에 소재하는 FLECT에 있다. 그리고 EU, 호주, 그리고 중앙아시아 카자흐스탄까지 마약견훈련센터를 함께 보유하고 있다. 우리나라는 1999년 이전 인천세관 인근에 관세공무원교육원을 별도로 설치하고 마약견훈련센타는 인천공항세관에 본부를 두고 운영하고 있었다. 세관직원에 대한 교육은 일반적인 세법만을 가르치는 것이 아니다. 그들에게는 국경에서 테러 및 마약혐의자를 선별하여 신변검색을 하고 항공기와 선박 내 은닉장소를 수색하며, 피의자에 대한 밀행과 잠행, 범행장소 급습, 피의자 검거 및 체포와 심문, 혐의 차량 추적과 수색, 총기 사용 등 체험학습을 해야 할 전문영역이 있다.

미국 관세청은 이러한 업무를 Basic Course[178]로 가르치고 있다.

---

[178] 기본교육과정에서는 세관의 미션과 역할 그리고 검사 및 심사, 조사직원 실무이론과 테크닉을 가르친다. 예를 들면 입국장과 보세구역에서의 검사대상 선별 요령과 집중검사 방법, 혐의자 동행요구 또는 체포시 Touch Down 기술, 혐의차량 정차 명령 후 체포 또는 수색요령, 혐의차량 곡예주행 및 추적 연습, 실제상황에서 오른손, 왼손 교대 사격연습(Fire Arms) 등 실전 위주의 교육이다.

관세법에 대한 이론교육은 별도로 하지 않으며 입소 시험을 통해 70점 이상이 되어야 비로소 교육원 입소가 가능하며, 교육원 내에서는 철저하게 실전교육 위주로 진행된다. 영화에서나 본 듯한 밀수차량 도심 추적은 교육원 내 차량주행 코스에서 철저히 숙달 교육을 받으며, 총기 사용은 Fire Arms 과정을 통해 실제 총격전을 가장한 훈련을 받는다.

이에 반해 우리나라 교육원은 대부분 법 교육과 이론 중심으로 진행된다. 특수교육기관에 대한 인식이 부족하다 보니, 일반적인 강의수업이나 받는 조직으로 쉽게 생각하는 경향이 있다. 1998년 IMF 경제위기 이후 집권한 '국민의 정부'에서는 공공부문 개혁의 일환으로 정부 몸집을 줄이는 작업을 했으며, 이러한 작업의 일환으로 관세청 산하의 관세공무원교육원은 국세청의 국세공무원교육원과 통폐합되는 불상사를 겪었다. 그 당시 국세공무원교육원은 수원에 위치하고 있었는데 조직은 서로 통합되었지만, 운영은 분리되는 '한 지붕 두 가족' 형태였다. 관세교육부서는 임차인 신세였고 국세교육부서는 집주인이었다.

2002년 수원에서 교수부장으로 있으면서 바라본 관세공무원의 교육 실상은 참담했다. 사무실 공간은 협소했고, 집기와 컴퓨터 등 사무용품은 신품이 없고 수량도 부족했다. 교재를 둘 만한 빈 공간조차도 마땅치 않았고 조금의 도움조차도 집주인의 선처를 받아야만 했다. 국경보호에 관한 실전교육은 거의 실종상태였다. 그 당시의 서러운 '수원살이'는 2006년 들어 다시 '관세국경관리연수원'으로 조직이 독립할 때 큰 교훈을 남겼다. 이 모든 상황이 절망적이었지만, 남을 탓하기 전에 우리 스스로에게 더 많은 문제가 있다고 생각했다. 관세청 간부조차도 이곳은 잠깐 거쳐 가는 곳이

7/
뉴밀레니엄의 조직구조와 혁신을 고민하다.

라 생각하고 아무것도 해볼 생각을 하지 않았다. 이런 상태로는 언젠가 관세분야 교육조직이 따로 독립을 하더라도 아무런 역할을 할 수 없는 '빈껍데기' 조직이 될 것이라는 불안감이 있었다. 그래서 시작한 것이 2002년 「관세교육 혁신방안」이었다.

최우선적으로 교육프로그램을 새롭게 정비했다. 전문가 참여하에 모든 교육과정을 교육공학에 맞게 재설계해서 미국과 유사하게 이론, 실습, 현장견학 등이 골고루 반영되도록 실전교육 중심으로 재편했다. 그다음은 교수실과 강의실, 교재실을 바로 재정비했다. 프로그램 연구와 교육생 상담을 독립적으로 할 수 있도록 리모델링했다. 국세교육원 사람들이 놀랄 정도로 모든 예산은 관세청의 도움을 받아서 했다. 집기와 사무용품은 모두 새것으로 교체했다. 그리고 난 후, 독립경영을 위한 예산 및 인사 운영을 했다. 그러나 가장 우려스러웠던 점은 그동안 소홀히 했던 세관 DNA를 어떻게 다시 부활시킬 것인가 하는 문제였다. 고민 끝에 그동안 방치되었던 '세관가'를 CD로 제작해서 교육시키고 전 기관에 배포하기로 했다. 세관직원의 자부심을 고취하는 DNA로서 조직의 충성심을 불러일으키는 데에는 '세관가'만한 것이 없다고 생각했다.

드디어 우여곡절 끝에 2006년 관세교육기관은 '관세국경관리연수원'으로 새롭게 독립했다. 다시는 '수원살이' 같은 힘든 역경이 재발되지 않도록 외국의 선진사례를 참조하여 탐지견훈련센타를 연수원으로 통합시켰으며, 기관 명칭도 사람과 탐지견을 함께 훈련해서 관세국경을 감시하는 역할에 적합하도록 '관세국경관리연수원'으로 정했다[179]. 청사부지는 때마침 국가에 헌납한 '구 한나라당 연수원' 부지(약 40만 평)가 있어 유사한 국경관리업무를 담

---
179) 당초에는 '국경관리연수원' 명칭으로 협의했으나 법제처의 심의의견을 따라 '관세국경관리연수원'으로 정했다.

당하는 해양경찰청과 컨소시엄을 구성하여 사용 승락을 받았으며, 과거의 '수원살이' 경험을 토대로 연수원 시설의 관리주체는 관세청이 하는 것으로 결론을 맺었다. 한때 '하나원(탈북자)'과의 부지 교환도 검토되었으나, 천안지역 주민의 반대 때문에 반영되지 않았다. 마약견훈련센타 통합에 대해서도 일부 주민의 반대의견이 있었지만, 기능만 통합될 뿐 실제 훈련장은 인천공항에 잔류하는 것으로 이해시켜 더 이상 논란이 되지 않았다.

그 후 얼마 가지 않아 또 한 번의 위기가 찾아왔다. '공공기관 이전계획'에 따라 종전의 국세공무원교육원이 제주 서귀포지역으로 이전하게 되어 있는데 이미 조직이 분리된 관세국경관리연수원도 포함되는지 여부가 논란이 되었다. 마약탐지견은 항공기로 오가면서 훈련받기가 부적절하다는 이유로 심의위원을 설득했고 결국 1표 차이로 이전대상에서 제외되었다. 그 후 연수원에는 CIQ 모의 훈련장과 검색실습장이 추가로 설치되었으며, 영웅적인 세관직원의 순직 기념탑도 미국의 FLETC 사례를 참고하여 세워졌다. 이제는 세계관세기구(WCO)의 RTC[180]센타 역할도 함께 수행하고 있어 동아시아 지역의 세관직원 훈련명소로 널리 알려지고 있다.

그런데 난데없이 '관세국경관리연수원'의 명칭이 그 비전과 미션에 맞지 않게 또 「관세인재개발원」으로 변경되었다고 한다. 세계가 9.11테러 이후 관세국경 보호를 제일의 국가책무로 생각하고 있는 이 시기에 도대체 무슨 생각으로 변경했는지 모르겠다. 그동안 인천에서 수원찍고 천안으로 오는 과정은 결코 쉽지 않은 길이었다. 관세청 사람들이 이러한 고초와 힘들었던 과정을 십 분의 일만이라도 이해하면 좋겠다.

---

180) RTC : Regional Training Center

씁쓸한 지방세관 이전

정부청사는 아무 곳에나 지어서 아무렇게나 있어도 되는 걸까. 수요가 있는 곳에 정부기관이 존재해야지 수요도 없는 곳에 만들어 놓고 국민에게 여기를 이용하라고 강요하는 것은 구시대적 발상이다. 오늘날 정부청사의 세종시, 대전시 이전뿐만 아니라 대구, 광주 등 지방 대도시에 있는 세관, 세무서 등 중앙부처 특별행정기관은 행자부가 합동청사 한곳으로 모은다는 취지로 그 특성과 무관하게 사무용 빌딩을 지어 이전시키고 있다. 또한 여수, 마산 등 지방 소도시별로는 국제항 중심지에 자리 잡고 있던 세관을 박람회 등 국제행사 목적으로 아파트가 밀집한 주택단지 등으로 이전시키는 무리수를 뜨기도 했다.

여기서 한 가지 의문이 있다. 세관은 수출입통관과 밀수감시를 주 업무로 하는 기관이므로 국경 또는 개항에서 멀리 떨어지지 않은 공항과 항만 또는 철도기지 인근에 배치해야 본연의 국가 사무를 수행할 수 있다. 관세청 본청은 무역과 관련성이 떨어지는 대전지역에, 대구본부세관은 대구시 외곽의 허허벌판에, 광주본부세관은 유흥업소가 즐비한 신도시 지역에 이전해 있다. 마산세관은 항만과 먼 지방합동청사에, 여수세관은 선박 입출항이 없는 아파트 지역에 입주해 있다. 쌀 등 주요 농산물의 시장 개방에 대비하여 관세율 적용과 품목분류의 핵심 업무를 다루는 중앙관세분석소는 진주의 신도시 문산지구로 옮겨가 있다. 무역과 관련한 정부기관을 방문해서 상담을 하고 싶어도 파트너들이 어디로 가야 할지 참으로 막막하다.

정치체제가 대통령제인 한국에서 중앙행정기관이 이런저런 이유로 여러 곳에 분산되어있는 현실은 국가경쟁력 차원에서 괜찮은 일인지 다들 다시 한번 생각해 봤으면 좋겠다.

사정이 이러다 보니 한 가지 더 본질적인 의문이 든다. 과거 1970~80년대에는 수출진흥 차원에서 내륙의 수출자유지역이나 공단에 세관을 설치해서 수출지원업무를 담당한 바 있지만, 지금은 내륙지 통관업무의 대부분이 Paperless화 되어 있어 그 존재의 이유가 반감되고 있다. 그러다 보니 각 지역의 지자체장은 도심개발 차원에서 세관 등 특별중앙행정기관을 시 외곽으로 옮겨주길 희망하지만, 막상 그 규모를 축소하거나 폐지하려 하면 또 적극 반대하는 것이 그들의 모순된 입장이다. 여수의 사례가 그러했다. 여수 세계박람회가 끝나면 여수세관을 원위치로 복귀할 수 있도록 도와주겠다고 했지만 이미 지나 가버린 옛날얘기에 불과하다. 앞으로 수출입 통관지원 업무보다 심사통제 차원의 통관 적법성 심사와 조사단속 위주로 세관업무의 방향이 전환되면 내륙지 세관 역할도 이에 걸맞게 변화되어야 하므로 지금처럼 가급적 수요자와 가까운 곳에 위치해야 한다.

한번은 2010년에 있었던 일로 기억한다. 통영세관에서 연락이 왔다. 통영 앞바다에는 '소매물도'라는 섬이 있는데 옛날 세관의 감시초소가 있던 장소였다. 이곳 소매물도 섬의 전기공급시설과 감시초소 건물은 통영세관 소유재산인데 이를 통영시로 관리전환을 해주면 세관직원이 거주할 수 있는 아파트 몇 채를 교환해 주겠다는 제안이 왔다고 했다. 본청의 특별한 이견이 없으면 이를 수락할 생각이라고 했다. 그러나 매물도 감시초소는 세관직원의 애환이 담긴 역사적인 배경이 있는 곳이라 선뜻 이를 받아들이기

뉴밀레니엄의 조직구조와 혁신을 고민하다.

곤란했다. 그곳은 과거 세관직원이 빗물을 받아 식수로 사용했으며, 자가 발전시설로 전기를 얻어 사용하고 남은 전기는 마을주민에게 공급한 민관이 함께 한 아름다운 사연이 있는 곳이기도 했다. 검토 결과 소매물도의 전기공급시설과 부지는 통영시에 관리전환을 해주되, 감시초소 건물과 부지는 '매물도 관세역사관'으로 리모델링하여 계속 사용하기로 하였다. 그 대신 통영세관 직원의 숙소는 관세청 예산으로 임차하여 공급해 주기로 하였다. 과거 매물도 감시초소에는 세관 직원 2명이 번갈아 가며 레이더기지 운영과 밀수감시 단속업무를 담당했었는데 1978년부터 1987년까지 밀수근절에 크게 기여[181]한 것으로 기록에 남아있다. 지금 이곳은 '매물도 관세역사관'으로 멋있게 꾸며놓았으며 매년 수만 명이 찾는 대표적인 섬 관광지로 변모하였다.

이같이 세관처럼 역사가 오래된 중앙행정기관에는 보관해야 할 건물과 기록물 등 유산이 많이 있다. 그동안 지역개발 차원에서 세관이 지방합동청사 또는 타지역으로 이전함에 따라 사라진 역사물이 많아 아쉽기도 하지만, 이전한 현재의 모습을 보면 더더욱 씁쓸하기만 하다. 원래 위치했던 장소에 특별한 의미가 있는 기관이나 단체가 입주한 것도 아니고, 그냥 행자부 계획에 따라 이전한 것에 불과하다. 이전 효과는 고사하고 시너지 효과도 보이지 않는다. 오히려 마산, 여수, 진주 등의 세관과 분석소는 행정기능만 반감되었을 뿐이다. 이에 반해 군산세관은 신축을 하면서 과거에 사용하던 건물을 역사전시관으로 변모시켰다고 한다. 군산항의 역사를 세관 역사와 함께 남기기 위함이었다고 한다. 통영의 매물

---

[181] '제8 대보호' 밀수사건, 냉동운반선 '디오라마' 밀수사건이 매물도 감시초소를 통한 남해안 특별감시선단의 주요 공적에 해당한다.

도 감시초소조차 아무 생각없이 지자체 계획을 따랐더라면 오늘날의 관광명소인 관세역사관은 존재하지도 않았을 것이다. 최근 부산세관은 리모델링 계획을 세우면서 과거의 종탑시설을 다시 복원한다고 했다. 과거의 역사를 기억하고 보존하는 차원에서 매우 의미있는 일이라 생각된다.

특수조사조직의 존재이유

　수사권 독립과 관련한 많은 정치적 논란이 있었다. 그러나 수사는 누가 할 것이냐의 문제도 있지만, 그 수사가 전문역량을 가진 조직에 의해 수행되고 있는지 살펴보는 것도 중요하다.

　관세법상 통고처분 대상인 간단한 법 위반 사건이나 해외 입출국과정에서의 벌금형 정도의 경미한 사건은 교통경찰의 범칙금 처분과 마찬가지로 세관이 독립적인 판단하에 처분하도록 재량권을 최대한 보장해야 한다. 누구도 간섭해서는 안 된다. 하지만 국가적으로 중요한 밀수사건, 대형 조직범죄 사건은 일반 세관직원이 단속하기에는 한계가 있으므로 세관 내에서도 특수 조사역량을 가진 부서가 이를 담당해야 한다. 필요시에는 검찰과 수사 전반에 관해 상호 협의해 가면서 그 근원을 단속해야 한다. 오래전부터 세관은 관세형법 이외에 외환관리법, 수출입관련 법규위반에 대한 범칙조사 권한을 갖고 있었다. 시대별로 보면 사치성 소비재 밀수, 짝퉁 밀수, 녹용 밀수, 농산물 밀수 또는 마약 및 금괴 밀수, 외환 사범 등으로 그 범칙 양상이 다양해지고 그 수법 또한 교묘해지면서 점차 대형화되고 있다. 따라서 이러한 상황에서는 관세청도 감청, 위장거래, 자금추적 등 과학적인 수사기법을 활용해 국가적으로 중요한 대형 범죄사건을 효과적으로 단속할 수 있는 전국 단위의 특수조사조직이 필요하다.

　검찰은 과거 대검에 중앙수사본부가 있었듯이 지금은 반부패수사부이지만 대검 소속으로 특수부 조직이 있다. 국세청도 서울지방국세청의 조사4국이 특수 세무조사를 담당하고 있다. 지난 1996년 서울본부세관(감시국)에서 '특명반'이라는 별도의 조직을 두고 전국 단위의 범칙조사를 수행한 적이 있었다. 그때는 수시로 본청과 수사 진행 상황 등을 협의했으며, 특명으로 하달된 사건을 집중 단속하기도 했다. 그때의 '특명반'은 범칙조사를 하면서 감청, 위장거래 등 최첨단 수사기법을 사용하고 있었고 검찰, 경찰 등 주변 수사기관과 정보기관으로부터 주목을 받기도 했다. 그러다가 지난 2010년에는 드디어 서울본부세관 산하에 정식 직제로 특수조사과를 설치하고 민생을 위협하는 조직범죄와 중대 범죄사건을 전담하도록 했다. 아마 이는 1996년 당시의 경험을 바탕으로 설치했던 것으로 기억한다.

당시 '특명반'이 수사했던 녹용 밀수사건은 전형적인 특수조사의 한 유형이었다. 녹용은 몸보신용으로 국내에 수요가 많은 품목이며, 시장에서 환가성이 높은 밀수 주종품목이었다. 녹용은 러시아산, 뉴질랜드산, 캐나다산 등 나라별로 그 종류가 다양하다. 그런데 그해 10월 어느 날, 서울세관은 녹용 밀수 조직에 대한 대대적인 검거계획을 발표했다. 요지는 뉴질랜드산 녹용이 중국으로 가서 북한산으로 원산지 세탁을 한 후 국내에 다시 비과세로 반입된다는 밀수입 사건이었다. 이미 혐의 입증을 위한 내사가 충분히 진행되었고 압수수색영장을 발부받아 일제 단속을 할 계획이었다. 범칙 금액은 수백억 원대에 달하는 큰 조직범죄 사건이었다.

그러나 수사 진행 상황과 기법은 매우 복잡하였다. 그 당시만 해도 휴대전화가 없던 시절이라 피의자 간 연락은 주로 유선통화로 이루어졌고 혐의 입증을 위해서는 그 근처 사무실을 임대해서 통화내역을 감청해야만 하는 상황이었다. 통신감청허가를 받아 3개월

7/
뉴밀레니엄의 조직구조와 혁신을 고민하다.

여에 걸친 수사결과 녹취된 내용은 실로 충격적이었다. 주범과 북측 공범과의 관계는 매우 밀착되어 있었고, 공범은 북에서 고위직이라고 했다. 북한산으로 원산지 세탁을 해주는 대가로 해외 관광 등 편의를 제공받고 북측과 여러 가지를 모의한 내용도 포함되어 있었다. 본 사건은 단순한 무역 사기 관세포탈 밀수사건으로 시작되었지만 자칫하면 공안사건으로 변질될 우려도 있었다.

마지막 녹취내용을 들어보면 마치 항공기 사고 때의 블랙박스 교신내용을 버금갈 정도로 긴박했다. 압수수색영장 발급사실이 국내 언론에 보도되자 곧바로 중국 측에서 문의하는 전화가 빗발쳤다. 국내 피의자들 간에도 압수수색 사실을 알려주고 대처방안을 공유하는 과정이 나왔다. 이 사건은 그동안의 감청 내용뿐만 아니라, 사무실에서 파기된 서류까지 일일이 증거자료로 확보했고 10명 이상의 국내 판매책과 운반책을 일제히 검거해야 하는 대형 사건이었다. 서울세관 전 조사직원이 인천의 한 호텔에 비밀리에 집합해서 전국 일원의 피의자 검거에 동원되었던 힘든 사건이었다. 결국 주범은 징역형의 실형을 선고받았다. 지금은 휴대전화와 컴퓨터에 대한 '포렌식 수사'가 가능하지만, 당시는 FAX 자료, 사무실에서 흘러나오는 폐기자료밖에 없던 시절이었다. 장기간 유선전화 감청을 통해 피의 사실을 입증한 사건으로서 세관 역사상 전무후무한 특수조사 사건이었다. 그 후 관세청은 감청장비를 예산으로 정식 구매했고 그동안 조사요원이 암암리에 사비로 감청장비를 구매 사용하던 관행은 역사 속으로 사라졌다.

최근 국가 간 무역에 있어 핵물질, 전략물자, 마약 등의 불법유출 등 특수조사를 통해서만 검거가 용이한 국제범죄 사건이 계속 늘어나고 있다. 어떻게 보면 관세청이 다루는 사건은 대부분 대외거래 과정에서 외국인이 포함된 국제범죄라 해도 과언이 아니다. 특히 외환자유화가 확대되고 국부유출을 단속해야 하는 현 상황에서는 감청, 위장거래뿐만 아니라 계좌추적 등 자본거래에 관한 특수기법을 다루는 특수조사부서가 절대적으로 필요하다. 관세청 스스로 특수조사부서의 설치와 역량개발 노력을 하지 않으면, 세관은 점차 단속역량과 힘을 잃을 수밖에 없다.

거듭 느끼는 것이지만, 국가 사명과 사회적 요구에 둔감한 정부조직은 존재 이유를 찾기 쉽지 않다. 반부패수사부가 없는 검찰, 조사4국이 없는 국세청을 상상해 본 적이 있는가? 과연 관세청은 특수조사부서가 그 역량을 다하고 있는지 정밀 진단해 볼 필요가 있다.

7/ 뉴밀레니엄의 조직구조와 혁신을 고민하다.

Third Party로서 관세사

정부를 상대로 일을 할 때 제3자의 조력은 큰 도움이 된다. 변호사, 세무사 등이 그러하며, 관세행정 분야의 '관세사'도 마찬가지이다.

「구 교토협약(2003.2.19. 가입 이전의 것)[182]」에서는 'Third Party'에 관한 부속서를 일찍이 마련하여 수출입을 하는 화주를 대리하여 세관과 업무를 보는 자를 제3자로 폭넓게 인정하고 있다. 여기에는 운송인, 포워더도 포함된다. 그러나 가장 대표적인 제3자는 관세사이며, 그들의 직무범위는 과거의 단순한 통관절차 대리인(Customs Clearance Agent)에서 1980년대 '신 평가협약'과 'H.S 협약' 도입 등으로 인해 세무 대리인으로 그 역할과 지위가 격상됨에 따라 「개정 교토협약」 일반부속서[183] 제8장에서는 관세사 영문 명칭을 'Customs Clearance Agent'가 아니라 'Customs Agent' 또는 'Customs Broker'로 개정하여 총칭하고 있다. 이제 관세사는 국제관세법 상으로도 단순한 통관절차 대리인이 아니라 Liqudation, Post-Audit, Informed Compliance, AEO 등 관세 및 제세와 어떠한 불법행위에 대한 책임도 함께 질 수 있는 권리와 의무가 있으며, 무역업계와 세관의 공식 협의에도 대리인(특히 우리나라는 관세형법 상 범칙조사 과정 포함)으로서 참여가 가능한 전문가이므로 선진화된 그 역할에 맞게 모든 것이 달라져야 한다.

---

182) 대한서울상공회의소, "국제관세협약(구 교토협약)" 부속서 G2. 1985. 10.
183) 관세청, "KYOTO협약 일반부속서 이행지침", 제8장. 2004. 8. pp. 242-247.

그러나 이같은 국제적인 변화에도 불구하고 우리나라 현업에 종사하고 있는 관세사들은 아직까지도 자신의 역할을 과거의 통관절차 대리인으로만 생각하고 세무대리인으로서의 역할은 추가적인 서비스 영역184)으로만 생각하여 고객에게 보수도 제대로 받지 못하는 경향이 있다. 도대체 이러한 왜곡 현상은 어디서부터 잘못되어 지속되고 있는 것일까.

우선 첫째가 '관세사 자격제도'의 태생적인 한계에 있다. 전 세계적으로 통관업을 독점적으로 할 수 있는 「종신 자격제도」를 부여하고 있는 나라는 우리나라가 유일185)하다. 대부분은 자격시험을 통과하더라도 통관업체에 취업하여 Customs Broker186)로서 일을 보고 있으며, 그 통관업체는 허가제로 운영되고 있다. 교토협약에서도 독점적인 통관업 「종신 자격제도」를 언급하지 않고 있다. 우리처럼 관세사 자격을 한번 취득하면 영원히 통관업을 할 수 있도록 한 자격제도는 권익보호라는 측면에서 장점이 있지만 그들의 연령이 높아질수록 세무관련 신지식과 정보기술 습득이 늦어지고 고객 유치 등 영업력에 한계가 발생하는 단점도 있다. 그러다 보니 현재의 관세사 「종신 자격제도」는 영업력이 뛰어난 무자격자 등에게 일부 의존하려는 유혹이 발생할 수밖에 없고 세무

---

184) 대부분의 개인 관세사는 세무대리 분야를 세액정정 등 간단한 통관업무 보조 영역으로만 취급하고 Post-Audit 등 본질적인 분야는 엄두도 내지 못하고 있다.
185) 독일, 프랑스 등은 관세사 제도가 없고 전직 세관직원을 운송업체 간부사원으로 채용하여 신고책임자 세관등록제를 운영하고 있다. 미국의 Customs Broker, 일본의 통관사 등은 자격자가 허가받은 운송관련 통관업체에 취업을 할 수는 있지만 그들 스스로 독점적인 통관업을 영위하지는 못한다.
186) "Customs Broker" are working position that may be employed by or affilated with freight forwarders, independent businesses or shipping lines, imports, exporters, trade authorities, and customs brokerage firms.

7/
뉴밀레니엄의 조직구조와 혁신을 고민하다.

대리인으로서 고유한 본질적 서비스는 불가능해진다. 그래서 그들은 세무대리 역량을 강화하는 선진 관세제도 도입에 소극적일 수밖에 없는 것 같다187).

그다음은 보수체계의 불합리성 문제이다. 관세사의 역할이 교토협약상 세무 대리인으로 격상되고 변호사, 세무사처럼 자격제도화되었음에도 그 보수체계는 아직도 옛날의 구태를 벗어나지 못하고 있다. 다른 자격사가 그들의 역무와 용역에 대한 대가를 대부분 Time Charge, 착수금과 성공보수(민사분야) 또는 단위 업무별 용역보수 형태로 받고 있는데 반해, 관세사는 과거처럼 통관 신고한 건당 얼마씩으로 구시대적인 보수체계를 유지하고 있다. 관세사의 보수체계에는 원가 개념이 없다. 같은 관세사라 해도 경력과 전문성, 연령 등에 따라 시간당 보수 등 용역비는 달라져야 함에도 원가 개념이 반영된 표준계약서를 작성하지 않고 무조건 고객 유치만을 위해 정상적인 할인을 벗어난 저가 수임을 무분별하게 하고 있다. 이래서는 관세행정의 정확성 제고를 위한 자격제도 본래의 취지를 달성할 수 없고 고차원적인 고객서비스도 불가능해진다. 앞으로 이러한 문제를 어떻게 개선 극복해야 할까? 이제는 관세사회 스스로 다양한 대안188)을 마련하여 적극적인 개선 노력을 해야 한다.

---

187) 2003년 주기적신고제에 의한 월별보정 및 정산제도 도입을 반대한바 있으며, 2024년 12월 월별 보정을 위한 관세사 성실신고확인제 반대의견을 제시하여 사실상 시행 시기가 보류된 바 있다.
188) 관세사회가 보수체계의 표준모델과 가이드라인을 정해야 한다. 예를 들면 수임 건당 보수(최저요율 포함)뿐 아니라 전문가별 시간당 보수체계(최저 단위시간 포함) 등이 있어야 한다. 그리고 관세사의 AEO 공인 인증기준에도 반영(AAA, AA, A 등급별 보수체계 구조의 합리성, 원가 개념 반영 유무, 표준계약서 작성 유무, 전문가 등급별 보수체계의 적절성, 저가수임 등 질서 위반행위 유무, 무역업체 AEO 등급과 연계 등 포함)해야 한다.

셋째는 관세사가 사용하는 사무소의 상호, 업태부터 자격사로서의 자존심을 되찾아야 한다. 과거에는 변호사, 세무사처럼 '홍길동' 관세사사무소라는 명칭으로 개인 이름을 사용하도록 제한한 적이 있다. 그러나 1989년경의 일로 기억하는데, 관세청에는 전설 같은 유명한 별명을 가진 고위직 선배가 있었는데 이분이 관세사 개업을 한 후 세관마다 사무소 직원을 호출할 때, 그 이름을 크게 부르다 보니 본인 스스로 민망하고 당황스러웠던 모양이다. 이 작은 해프닝이 관세사사무소 명칭을 일반 상호로 변경 사용하게 되는 단초가 되었다. 일반 상호는 전문자격사보다 과거의 통관업자 느낌이 많이 나므로 개선이 필요하다[189]. 그리고 몇 년 전부터 절세차원에서 관세사의 국세청 사업자등록 시 업태를 '운수 및 창고업'으로 변경하였으며, 세세분류 상으로는 '통관대리 및 관련 서비스업'이 되었다. 세무대리 분야는 아예 없다. 변호사, 행정사가 '법무관련 서비스업'이고 세무사가 '회계 및 세무관련 서비스업'으로 등록되어있는 점을 감안하면 관세사 그들 스스로 포워더와의 차별성이 없는 업태를 등록하고 있으니 걱정스럽기만 하다.

교토협약상 Third Party의 전문성에 관한 권한과 책임은 널리 강조되고 있다. 그러나 우리의 현실은 암담하기만 하다. 현재 관세사의 역할이 아직도 과거의 단순 통관절차 대행자에 머물러 있다 보니, 그다지 전문지식이 필요 없다고 생각하는 이들이 있다. 포워더들은 자기도 충분히 할 수 있다고 계속 통관업의 문호개방을 요구한다. 연령이나 경력에도 불구하고 관세사 자격증만 빌리면 사무장이 명의대여 식으로 통관절차 대행업을 얼마든지 할 수 있다고 생각하는 무모한 이들도 있다. 그러다 보니 보수체계 또한

---

189) 관세법인과 합동사무소는 상호를 사용하더라도 개인사무소는 전문자격사의 이름을 사용하는 것이 자격제도 취지에 적합하다.

7/
뉴밀레니엄의 조직구조와 혁신을 고민하다.

덤핑이 빈번할 수밖에 없다. 전문가 보수에 최저임금 수준에도 훨씬 못 미치는 터무니없는 금액 단위가 있다면 누군가는 책임을 져야 한다. 지난 20여 년 동안 통관업의 전체 매출액은 늘었지만 1인당 보수료는 시장에 배출되는 관세사의 수, 무역규모의 증대와 무관하게 오히려 줄었다[190]고 한다. 1975년에 관세사 전문자격사제도를 입안하면서 Third Party 형태로 관세행정의 효율성을 높이고자 했던 정책당국자들의 희망 또한 무색하기 짝이 없다.

이제는 정부뿐만 아니라 관세사회 스스로가 진정으로 고민해야 한다. 이는 누구를 위해서도 아니며 바로 미래의 자기 자신들을 위해서다. 더 이상 머뭇거리면 언젠가 전문자격사로서 존재의 이유가 위기에 처할지도 모른다.

---

190) 관세사회 발표 자료에 의하면 2010년 대비 2023년 통관업 시장의 매출액은 53.3% 늘어난 6,238억 원이고 관세사의 수는 59.2% 늘어난 2,207명이지만, 1인당 관세사 보수료는 3.7% 줄어든 2.83억 원에 불과하다.

관세사 자격제도의 소회

우리나라 자격제도는 한번 자격을 취득하면 영원히 그 자격과 관련된 업종에 독점적인 영업권을 행사할 수 있으며, 타인이 명의를 도용할 수 없도록 엄격히 규제하고 있다. 관세사의 경우도 이를 위반한 자는 관세사법에 의해 처벌하도록 규정하고 있다.

우리나라 관세사 제도의 연혁[191]을 살펴보면 1975년 12월 22일 관세법개정을 통해 '통관업자 허가제'를 '관세사 자격제도'로 변경하면서 비로소 제도화되었다. 최초 관세법 제정 당시에는 '세관화물취급인'이었으나, 1967년 11월 29일 관세법 개정을 통해 '통관업자'로 명칭이 변경되었다가 오늘날의 '관세사'로 발전하였다. 전 세계적으로 통관업 독점권을 가진 관세사 제도는 우리나라가 최초이다. 앞에서도 언급했지만, 미국, 일본은 자격사나 자격시험제도는 있어도 통관업은 운송관련 업체에서 허가제로 영위하고 있으며 자격사는 취업 대상일 뿐이다. 교토협약에서도 Third Party라는 명칭을 사용할 뿐 독점권을 가진 「종신 자격제도」는 아니다. 그런데 이러한 관세사 제도와 관련해서 그동안 겪었던 웃지 못할 몇 가지 에피소드가 있다.

우선 첫째는 관세공무원 퇴직자에 한해 적용하던 특별전형시험을 재직자에게까지 허용했던 사례이다. 1988년 어느 날, 서울세관에서 30년 이상 밀수단속에 정평이 나 있던 심리직원 2명이 제 사무실로 들이닥쳤다. 왜 5급 사무관 이상에게는 재직 중 무시험

---

[191] 한국관세사회, 「관세사회 30년사」, 2006. 11. PP. 61-65.

7/
뉴밀레니엄의 조직구조와 혁신을 고민하다.

으로 관세사 자격 자동취득의 기회를 주면서 6급 이하 직원에게는 그런 기회를 주지 않느냐는 항변에 가까운 호소였다. 사실 6급 이하 경력자는 실무 면에서 현장 경험이 풍부했기에 설득력이 있다고 생각은 되었지만, 세무사 등 타 자격사 제도와의 형평성을 고려할 때 법 개정은 엄두도 내지 못하는 상황이었다. 그러던 찰나에 하위법령인 대통령령을 개정하면 가능하다는 아이디어가 불쑥 나왔다. 구 관세법 시행령(1988.7.1. 대통령령 제12481호로 개정되기 전의 것)에는 퇴직자를 전제로 한 결격 요건 규정192)이 있어 이 조항을 삭제하면 재직자도 특별전형에 응시가 가능하다는 판단이 들었다. 때마침 관세청은 서울올림픽을 앞두고 안전관리 업무를 전문적으로 수행할 보세사 제도를 신설하기 위해 관세법 시행령 개정을 서두르고 있을 때였다. 그래서 법제처에 긴급 상정될 때 관세사 특별전형 제한규정도 함께 개정하고자 했다. 그 당시 법제처는 신설되는 보세사관련 규정을 심사하는 과정에서 관세사 특별전형 관련 규정은 특별한 심의 없이 통과시켰다. 마치 근무성적 평정 '가' 제도의 비현실성을 익히 알고 있는 듯했다. 드디어 1988년 7월 1일, 관세법 시행령이 개정되면서 재직자도 특별전형 응시를 통해 관세사 자격을 취득할 수 있는 기회를 얻었다. 그러나 세상은 무엇이든지 지나치면 반작용이 있다. 사회적으로 청년 세대의 취업 애로 등 사회진출이 각박해지면서 공정성 시비에 휘말려 지금은 특별전형제도가 폐지되었다.

그다음은 'BH 쉬핑'과의 포워더 통관취급법인 불허가처분에 대한 취소 청구 소송을 수행했던 사례이다. 1987년 8월에 제기된

---

192) 퇴직자를 전제로 한 결격요건으로서 '일반공무원으로서 재직 중 퇴직하기 전 5년간 근무성적평정에서 연속하여 2회 이상 가의 평정을 받은 일이 없을 것' 이라는 규제조항이 있었다.(구 관세법 시행령 제13조의4, 제3호)

행정소송은 그 당시 통관취급법인이 구 관세법(1995.12.6. 법률 제4984호, 관세사법 제정 이전의 것) 제158조에 의해 운송, 보관 또는 하역을 업으로 하는 자에게만 허용해야 하는데 포워더도 운송을 업으로 하는 법인에 해당되므로 통관취급법인 허가를 받을 수 있다고 쟁점화하는 바람에 소송까지 간 사안이었다. 관세사회에서는 포워더에게 통관업이 허용되면 관세사는 피고용인으로 전락되어 관세사 자격제도의 근간이 무너진다는 논리로 적극 방어해 주길 원했다. 관세청장을 상대로 한 행정소송이었기에 2주마다 돌아오는 변론기일에 맞추어 답변서를 제출해야 하는 일은 결코 쉽지 않은 일이었다. 변호사의 조력도 받지 않은 채 토요일 오후 밤늦게까지 준비서면을 작성해야 했고 재판 당일에는 증인으로 출석해서 답변도 해야 하는 등 힘든 시간을 보냈다. 아쉽게도 1심과 2심은 패소를 했지만, 다행히도 대법원에서 관세청의 손을 들어주면서 포워더에게 통관업의 문호는 개방되지 않았다. 그 후 포워더는 통관업을 허용해 주도록 계속해서 행정개혁과제로 제시하였으며, 심지어는 감사원에 소송수행자를 음해하는 민원까지 제기하여 개인적으로도 큰 불편을 겪었다. 그럼에도 불구하고 당시 관세사회는 방어해야 한다는 말만 앞세울 뿐, 스스로 관세사의 역할변화 등 적극적인 대응을 하지 않는 안일한 자세를 취했다.

사실 이쯤에서 우리는 관세사의 역할이 무엇인지 다시 한번 살펴볼 필요가 있다. 관세사라는 제3자가 관세법 제정 당시의 '세관화물취급인' 또는 '통관업자'로서 통관절차 대행만을 주 업무로 하고 사업자등록 시의 업태를 '운송 및 창고업'으로 한다면 운송주선을 업으로 하는 포워더가 통관업을 허용해 달라고 하는 주장이 외부기관이나 중간자 입장에서 볼 때 그리 억지스러워 보이지 않는 꼴이 된다. 교토협약에서도 'Third Party'에 수출입 화주를 대리하여 업무를 보는 자를 폭넓게 인정(forwarders, carrier and delivery services)하고 있다. 그러나 최근과 같이 관세사의 세무대리인 역할이 보다 더 중요시 될 때에는 비전문가인 포워더 등에게 통관업의 문호를 개방하는 것은 분명히 문제가 있다. 관세사 스스로 이점을 각별히 유의해야 한다.

세 번째는 관세법 개정(안) 중 '관세사회 폐지안'이 포함되었던 해프닝이 있었다. 1987년의 7월의 일로 기억되는데, 그때 관세법 개정(안)에는 '관세사회'의 근거 조항인 구 관세법 제171조의 3의 규정을 삭제하는 안이 재무부로 이송되기 직전에 있었다. 이유는 그 당시 관세청장의 서운함이 깔려있었다. 그분은 관세사 제도를 입안하면서 관세사의 명의대여 금지, 성실의 의무 등을 신설하고, 관세사회 설치 근거도 관세법에 명문화했다. 이뿐만 아니라 관세사의 직무 범위도 단순한 통관절차의 대행 이외에 이의신청, 심판청구, 관세에 관한 상담 등 세무 분야까지 확대하여 세무대리인으로서의 위상을 한층 높여놨다고 생각했던 것 같다. 그러나 현실은 관세사가 세무대리인으로서 제 역할을 다하지 못하고 명의대여 등으로 통관질서를 어지럽히고 있는데도 관세사회가 이를 단속하기는커녕 오히려 방기하고 있고 업무의 정확성보다 절차 간소화 등 계속 규제 완화만 해 달라고 하니 그 존재의 이유에 대해 의문을 가졌던 것 같다. 결국 그해 관세법 개정(안)은 포워더와의 행정소송 등이 현안으로 대두되면서 그 진행 과정을 살펴보느라 재무부와 국회까지 가지는 않았다.

이제 정말 관세사는 전문자격사로서 어떤 역할을 할 것인지 스스로 지나온 과거를 딛고 어떤 변화의 길을 모색할 것인지 곰곰이 생각해봐야 한다.

유명무실한 FTA 글로벌센터

한·칠레 자유무역협정을 시작으로 우리는 한·EU FTA, 한·미 FTA, 한·아세안 FTA 등 수많은 국가와 무관세 자유무역협정을 체결해서 오늘에 이르고 있다. 20세기 서울올림픽이 우리나라 경제의 근현대사를 일대 전환시킨 변곡점이었다면, 21세기 들어 FTA 협정의 다원화를 통한 자유무역의 확산은 비로소 우리나라를 선진국 대열에 진입하게 한 역사적인 사건이었다.

그 당시 관세청은 너무나 급속히 이루어지는 FTA의 확산으로 인해 잠시 당황했던 적이 있다. 얼마 전만 하더라도 수입 자유화율은 높았지만, 평균 관세율이 7.9% 내외 수준이었는데 이제는 모든 무역상품에 대해 무관세로 자유무역이 가능하다고 하니 세관의 존재 이유는 무엇인가? 새롭게 바뀐 환경 속에서 관세청과 세관이 국경보호 차원에서 해야 할 일이 어떤 것이 있는가 하는 고민에 빠지게 되었다. 그러나 일찍이 FTA 경험이 있었던 미국, 유럽 등의 세관은 FTA를 통해 세관 업무가 더욱더 복잡해졌다고 우리에게 얘기하곤 했다.

바로 무관세하에서 자유무역이 실현되려면 원산지 확인이 필수적이며, 나라마다 다른 원산지 기준을 적용하려면 상품분류에 대한 해박한 지식과 전문적인 회계지식 그리고 가공공정을 이해하는 공업 지식이 필요했다. 원산지 기준은 쌍방 간 FTA 협정 체결 시 그 나라의 국내산업 보호를 위해 나름대로 적합한 기준을 정하기에 각기 다를 수밖에 없고, 세번변경기준, 부가가치기준과 가공공정기준 그리고 미소기준 등 나라별로 다양하고 복잡한 기준을 모두 적용하려면 세관뿐만 아니라 무역업계 전반의 전문지식 함양이 필요했다. 다행히 우리나라는 이미 10년 전부터 수입선다변화제도와 원산지표시제도를 관리하기 위해 원산지확인제도를 국내적으로 시행한 경험이 있었기에 이에 대응하기 위한 기초지식은 충분히 준비되어 있었으나 나라별로 각기 다르고 복잡한 기준을 세관직원, 무역업계 종사자 모두에게 습득시키기에는 한계가 있었다.

우선은 세관직원부터 FTA 불법 우회수입 차단을 통한 국내산업 보호를 위해 여러 가지 원산지 확인에 관한 기술적 노하우를 습득해서 계속 발전시켜나가야 하고 기업들은 상대방 수입국에서 FTA 무관세 적용[193]을 받을 수 있도록 업종별 비즈니스 모델을 개발해서 대처해 나가야 FTA 협정체결의 실익이 국가경쟁력 향상으로 바로 이어지는 결과를 얻을 수 있다고 판단했다.

그래서 생각한 것이「FTA 글로벌센터」를 육성하자는 아이디어였다. 처음으로 시도한 것이 우선 이 업무를 담당할 민·관 합동의 전담 기구 설치였다. 그러나 기획재정부 예산실에서는 FTA 교육과 홍보를 위한 예산을 줄 수는 있으나, 정부 내 별도의 전담 기구 설치는 완곡하게 반대했다. 할 수 없이 한국관세사회 소속으로「한국원산지정보원」을 신설해야만 했다. 관세사들 스스로 FTA 교육과 홍보를 담당하도록 하게 한 것이었다. 하지만 예상과 달리 관세사 업계에서는 FTA 기업컨설팅을 자신들의 수익사업으로 이해하고 원산지정보원이 이를 담당하는 것에 대해 매우 못마땅하게 생각했다. '관세사회'조차도 회원들 의견을 무시할 수 없게 되자 그들을

---

[193] 2023년 기준 관세청 자료에 의하면 아직도 우리나라의 기업들이 상대방 국가에서 FTA 무관세 적용을 받는 비율이 대기업은 약 80%대 수준, 중소기업은 약 60% 내외 수준에 불과하다고 한다.

경쟁상대로 보고 예산을 충분히 활용하지 않았다. 관세청이 고심 끝에 내린 결론은 당초 구상대로 정부와 민간이 함께하는 「FTA 글로벌센터」의 본격 가동이었다. 위치는 수도권 내 적정부지를 물색하다가 성남세관의 공실을 활용194)하기로 했다. 성남세관의 1개 층에 본청 FTA 원산지 담당과를 이동 배치하고 2개 층에는 한국원산지정보원을 관세사회로부터 독립시켜 그 명칭을 「국제원산지정보원」으로 개칭한 후 새롭게 발족하기로 한 것이었다. 이들을 한 곳으로 모으면 무역업계의 약 70% 이상이 수도권에 위치하고 있기 때문에 그들의 고민을 정부와 민간이 함께 Just-in time, one-stop 방식으로 해결해 줄 수 있을 것이라 굳게 믿었다.

그다음은 무역업계의 FTA 전문지식 함양을 위해 자격제도를 신설하고 기업들 스스로 비즈니스 모델을 구현해 나갈 수 있도록 지원하는 일이었다. 우선은 총괄적인 FTA 업무분야에 대해 「원산지관리사」 자격제도를 최초로 신설한 후, 미국, 유럽, 아세안, 남미, 인도, 중국 등 각기 다른 국가별·분야별 「원산지상담사」 자격제도를 보다 세분화하여 만들고자 했다195). 교육은 인터넷 강의방식으로 하되 자격시험은 「국제원산지정보원」 주관으로 실시하면 되겠다는 구상이었다. 「원산지관리사」 자격제도는 최초의 순수 민간자격제도로 운영되다가 2012년 국가공인 취득 후 10년 이상된 '국가공인자격제도'로 발전되었다. 그리고 「자유무역의 이행을 위한 관세법의 특례에 관한 법률 시행규칙」 제17조에 따라 인증수출자가 되려면 반드시 「원산지관리사」가 상주하도록 하는 수준까지 그 지위를 공고히 하였다.

---

194) 성남세관은 당초 이사화물통관장을 이전시킬 목적으로 신축되었으나, 이전이 불가능하게 되자 성남세관 건물 내에는 3층~5층까지 공실이 발생되었다.
195) 원산지상담사제도는 증권사의 펀드, 선물상담사 등의 자격증 제도를 벤치마킹한 것이었다.

그러나 정부 내에는 사람이 바뀌면 아무리 좋은 정책이라 하더라도 이를 계승하지 않는 습관이 있다. 2010년 관세청은 민·관 합동의 「FTA 글로벌센터」보다 정식 직제로 국 단위 FTA 조직을 신설하는 방향으로 정책변환을 시도했다. 그 후 「FTA 글로벌센터」는 유명무실화되어 버렸다. 본청 FTA 전담과의 수도권 배치는 더 이상 거론되지 않았으며, FTA 협정별로 세분화된 「원산지상담사」 자격증 제도의 추진도 더 이상 없었다. 특히 공직유관단체에 불과하던 「국제원산지정보원」을 공공법인화 함에 따라 오히려 활동의 탄력성을 위축시키는 결과만 초래했다. 자유롭게 정책을 개발하고 대기업과 중소·중견기업과 협력을 증대시켜 나가야 할 FTA 전문기관이 국회와 감사원으로부터 감시 대상이 되고 '김영란법'을 적용받는 우를 범했다.

이제 FTA 협정국이 59개국으로 그 숫자도 많이 늘어났다. 원산지 기준은 더 세밀화되고 복잡해졌다. 외국의 민간기업은 자사의 통관시스템 내에 수출국별 원산지 기준이 탑재되어있어 반드시 이를 자율점검 후 신고하도록 시스템화되어 있으며 세관도 함께 활용한다고 했다. 이를 우리도 벤치마킹할 필요가 있다. 그리고 무엇보다 우리 기업이 외국에서 FTA 무관세 혜택을 제대로 받지 못한다면 협정대상국을 계속 늘려나가는 것이 무슨 의미가 있을까. 「국제원산지정보원」 설립을 주도했던 당사자로서 변화과정을 유심히 지켜보고 있다. 민·관 합동의 「FTA 글로벌센터」 육성에 모두가 한 번 더 관심 가져주면 좋겠다.

여덟 번째 가는 길...

싱글커스텀스로 가는 **관세경영의 길**

> 공항만 감시와
> 북방교류 현실을
> 마주하다.

- 9.11테러와 부산항 25시
- 올바른 항만감시기법 선택
- 보이지 않는 공항감시비법
- 선진형 CIQ 통합시스템 구현
- 세관신고서와 Free Pass 카드
- 휴대반출확인제 소고
- 숨어버린 SEX Shop
- 살아있네. 보따리상
- 몰수품 처분의 역사와 실상
- 7.7 선언과 북한산 석탄
- 남북경제협력 3통 협상

9.11 테러와 부산항 25시

불시에 일어나는 대형 사건은 세상의 가치를 180도 바꿔버린다. 20세기 초반의 경제 대공항과 제1차, 제2차 세계대전이 그러했고 우리에게는 6.25 전쟁, 그리고 세월호 사건 등이 그러한 부류에 속한다.

특히 2001년의 9.11 테러는 국제무역질서를 완전히 바꿔버렸다. 개방화와 자유화를 최대의 가치로 여기던 미국과 EU 등 서방 국가는 무역원활화도 중요하지만 무역안전을 보다 더 중시하는 체제로 급변했다. 뉴욕 맨하탄의 참상은 실시간으로 전 세계에 전파된 뉴스로 인해 모두가 초긴장 상태에 빠져버렸다. 무너져 버린 뉴욕 'World Trade Center'의 모습은 개인적으로도 큰 슬픔과 충격이었다. 그곳은 1986년 미국 연수 시절 매일 출퇴근 하던 장소인데 7층에는 뉴욕관세청이 입주해 있었던 것으로 기억한다. 그들의 안부도 걱정스러웠다.

9.11테러로 인해 온 세계가 떠들썩하고 국제 공항만의 경계가 매우 삼엄하던 시절, 부산항에서 바라본 우리의 모습은 어떠했을까. 우리도 남북이 대치하고 있는 상황에서 이라크 파병 등으로 중동의 불안한 정세에 평화유지활동 목적으로 직·간접적으로 관여하고 있던 시절이라 정부 내에서도 테러 위협에 대한 강한 경계심을 갖고 있었다. 그날 이후로 관세청은 부산항만의 안보감시체제를 고정초소 감시 위주에서 기동 감시체제로 전환하였다.

8/
공항만 감시와 북방교류 현실을 마주하다.

그러나 부산항의 모습은 9.11테러라는 긴장감 속에서도 의외로 침착했다. 부산항은 물동량 규모로도 세계 상위권에 달하는 국제무역항이었다. 그래서 그런지 부산항은 역사적으로 외세침략의 고통 속에서도 늘 국제교류의 전진기지 역할을 했던 곳이다. 1883년 부산해관이 최초로 창설된 이후 일제강점기와 6.25 전쟁을 거치면서도 부산항과 주변 도심은 특별히 위해를 받은 사실이 없다고 했다. 그래서인지 세계인이 모두 놀란 9.11 테러 사건에도 불구하고 평소 때와 별반 차이 없는 차분한 분위기 속에서 세관 감시활동을 수행하고 있었다. 특히 세관은 테러 위협으로부터 안전을 지키는 활동뿐만 아니라 평상시와 다름없이 해상 밀수와 농산물 밀수의 단속을 위해 불철주야 고생하고 있었다. 한탕주의 농산물 밀수가 수년째 국회나 언론 등으로부터 지적을 받거나 사회문제화되고 있었기 때문에 이를 어떻게 더 효과적으로 단속하느냐 하는 것이 부산세관의 급한 책무이기도 했다.

「부산항 25시」는 부산항을 통한 농수산물 등 각종 밀수와 테러방지를 위해 하루 24시간이 부족할 정도로 잠복, 밀행, 단속업무에 열중하는 부산세관 직원들의 노고를 플러스알파로 대표하는 말이다. 컨테이너 내에 밀수품을 커텐치기하거나 정상 수입품 내에 알박기하는 등 그 수법은 다양하기만 했다. 보세운송 과정에서 밀수품과 정상품을 바꿔치기도 하기 때문에 최종 범행 장소까지 운송차량을 추적·단속해야 했다. 새로이 도입한 컨테이너 X-Ray 투시기도 밀수단속에 한몫을 했다. 또한 러시아 등 공산권 국가 선원의 총기류 등 테러용품 무단반출 이외에도 외화 밀반출과 환치기 사범 등 사소한 사건이 이루 말할 수 없이 많았다. 거기에다가 일본을 오가는 '부관페리호'와 중국을 오가는 화객선에는 농산물과 가짜 명품시계, 각종 소비재 등을 운반하는 보따리상이 있어 국제

여객터미널은 늘 소란스러웠다. 과거 1960년대 조직적이고 폭력적[196]인 대마도의 일명 '이즈하라 특공대' 밀수에 비할 수준은 전혀 아니었지만, 세관 입장에서는 테러방지 만큼 밀수단속도 매번 단속역량을 집중해야 하는 현안 과제였다.

그러나 아무리 열심히 해도 누가 이러한 고충을 십 분의 일이라도 알아줄까 하는 상실감과 의구심이 들었다. 9.11 테러라는 국가적 위협상황 속에서는 밤낮없이 수고하는 세관 직원의 노고와 고민이 빛을 발하기는 어려웠다. 누가 24시간 비상 근무하는 세관직원이 있다고 상상이나 할까. 부산항 내항과 외항에는 매일 순찰하는 세관 감시정이 출입 선박을 야간에도 불 밝히고 검색하고 있는 것을 알기나 할까. 밀수 컨테이너 트럭을 고속도로에서 세관 순찰차로 위험스럽게 추적하는 장면은 본 적이 있을까. 범행 장소에 잠복하고 있다가 밀수꾼을 검거하는 장면은 TV 드라마가 아닌 실제 상황이라는 사실을 이해나 할까. 이같이 아무도 알아주지 않는 일들을 사명감 하나만으로 이겨 나가는 것은 그 당시 부산세관 현장을 보면서 쉽지 않은 일이라 생각했다.

그러던 중 우리는 9.11과 같은 무자비한 테러의 방지를 위해 불철주야 노력하는 세관감시 활동도 중요하지만, 밀수단속에 전력을 다하고 있는 「부산항 25시」세관의 모습도 대외적으로 함께 알리는 것이 중요하다고 생각했다. 고민에 고민을 거듭한 끝에 「부산항 25시」를 타이틀로 한 영상물을 만들기로 했다. 마침 조사직원들이 밀수단속 과정에서 비디오 촬영을 해 놓은 녹화물이 있어서 시나리오만 잘 정리하면 훌륭한 영상물을 만들 수 있겠다는 자신

---

[196] 부산세관 전시관에는 대마도를 오가는 소형 밀수선박에는 탱크엔진을 장착하여 무장까지 하고 세관원과 총격전을 벌이기도 했다는 기록이 남아있다.

8/
공항만 감시와 북방교류 현실을 마주하다.

감을 가졌었다. 용두산 공원을 하늘에서 내려다보면서 부산항을 배경으로 테러 방지와 밀수단속과정을 생생하게 기록한 「부산항 25시」는 주요 언론과 유관기관에 많은 공감을 주었다. 별다른 홍보가 필요 없을 정도였다.

그 후 「부산항 25시」는 관세청이 전국적인 상황을 토대로 영상물을 업그레이드하는 데 도움을 주었다. 제1편 '밀수와 싸우는 사람'이 제작되었고 그 해 국정감사 과정에서는 제2편 '관세국경을 지키는 사람'이 후속편으로 소개되어 많은 호평을 받았다. 그리고 영상물의 말미에는 항상 「안전과 신속」을 모토로 열심히 일하고 있는 세관 직원의 눈물겨운 다짐이 담겨져 있었다.

"누가 알아주지 않아도
아무도 알아주는 이 없어도
거센 파도가 치는 관세 국경에서
24시간 밤낮없이 우리의 관문을 지키는
경제 파수꾼이 여기에 있습니다!"

9.11 테러로 유명을 달리했던 많은 분들의 명복을 빈다. 그해 「부산항 25시」는 정말 감동스러웠다.

올바른 항만감시기법 선택

무슨 문제이든 의문이 있을 때는 왜 그런지, 언제부터 그랬는지, 그리고 그 방법은 괜찮은지, 앞으로도 계속할 것인지 고민해 봐야 한다. 왜냐하면 현재의 일 처리 방식이 항상 옳은 것은 아니기 때문이다.

부산항, 인천항을 가보면 출입구마다 2개의 사무실이 있다. 그 중 하나는 세관이 운영하는 감시초소이며, 또 하나는 부두 운영주체가 고용한 경비업체의 사무실이다. 세관 초소의 역할은 부두 보세구역을 출입하는 선원 등 승무원과 입출항 선박에 물품을 조달 또는 행정사무를 지원해 주는 선용품공급업체, 선박대리점의 출입자 관리와 휴대품 밀반출 여부를 감시하는 CIQ[197]현장과 같은 세관구역이다. 그러나 우리처럼 항만 전체의 보세구역을 철망으로 둘러싸고 출입구를 따로 만들어 그곳에서 집중 감시하는 방식은 과연 국제적으로 통용되는 선진화된 시스템인지, 그 운영의 효율성은 있는 것인지 다시 한번 생각해 볼 필요가 있다.

역사적으로 세관의 항만감시기법에는 3가지 종류와 변천사가 있다. 첫 번째 방식은 최일선의 CIQ식 승감제도[198]이다. 해방 이후부터 시행된 제도로서 세관원이 해당 선박에 승선해서 출항할 때까지 직접 출입자와 화물을 감시하는 방식이다. 과거 1980년대 이전 입출항 선박의 수가 많지 않을 때는 유용한 감시방법이었다.

---

197) CIQ : Customs, Immigration, Quarantine
198) 관세청, 「관세청 50년사」 2권, 2020.12. pp. 109-110.

8/
공항만 감시와 북방교류 현실을 마주하다.

그 당시 세관직원은 총기류와 무전기를 휴대하고 승하선하는 출입자를 일일이 단속하고 휴대품 확인 검사를 하기도 했다. 입출항 수속 시 세관에서는 당해 항구에서 하선하지 않는 물건은 전부 모아 창고에 반입시킨 후, 봉인(seal) 조치를 했다. 그리고 선내의 비창 등 은닉장소를 수색(search)한 후 필수 휴대품 이외의 물건이나 밀수우려 품목은 이를 추가로 봉인 조치하고 나머지 물건만 반출입관리를 했다. 세관직원이 24시간 승선하느라 육체적 피로감도 컸지만, 선내에서 까다롭게 일을 보면 신변에 위협을 받을 수도 있었고 느슨하게 일을 하면 부조리 시비에 휘말리기도 했다. 이러한 승감제도는 1971년 부산항을 시작으로 폐지되었지만, 일부 항만은 1980년대 초까지 초소 중심의 고정감시제도가 정착되기 전까지 활용되었다.

두 번째 방식은 선내에 CIQ용 임시 검색실을 설치하고 일괄 검사하는 시스템이다. 이는 미국 관세청이 시행한 제도로서 선박 입출항 수속과정에서 모든 세관검색을 일시에 완료한다. 1986년 9월 어느 날, 아침 7시부터 실시하는 뉴욕 항만세관의 선박 입출항 수속과정에 참여한 기억이 있다. 세관직원 4~5명이 입출항 수속을 위해 선내에 진입하면 선내의 휴게실 또는 통로 등 넓은 공간에 CIQ와 같이 세관 간이검사대를 설치하고 모든 승선자는 휴대품을 소지한 상태로 입국심사를 받는다. 언제 승선했으며, 경유지는 어디이며, 소지한 물품은 무엇인지 간단한 인터뷰 후, 반출할 휴대품의 신고서 제출과 납부할 세금을 현장에서 수납한다. 그 사이 나머지 세관원은 선내 구석구석을 검색하고 잔여 물품에 대한 봉인 조치를 한 후, 입출항 수속과 세관 1차 감시활동은 종료된다. 세관의 2차 감시활동은 정보에 입각해서 항만 보세구역 밖에서 잠복과 미행 등 수사기법을 통해 보완된다. 이 방식은 한때 벤치마킹할 필요가 있다고 생각했던 제도인데 이미 부산항 고정감시체제가 운영되고 있던 상황이라 내부적으로 공론화조차 하지 못했던 기법이다. 그러나 지금처럼 정밀한 입출항 수속이 쉽지 않은 상황에서는 우범선박의 수속기법 중 하나로 선택 여부를 진지하게 고려해 볼 필요가 있다. 수많은 선박이 입출항하는 뉴욕항에서도 했던 세관 감시기법인데 우리가 관세국경 보호차원에서 하지 못할 법도 아니지 않은가?

세 번째 방식은 현재 우리나라에서 시행하고 있는 세관 초소의 CIQ 고정 또는 기동감시 방식이다. 마치 DMZ의 철책선 감시와 유사한 방법이다. 항만 보세구역 주요 출입구별로 세관초소를 CIQ용으로 설치하고 출입자를 감시하는 방식이며, 보세구역 외곽은 CCTV 등 과학장비를 통해 영상 감시하는 방법이다. 언 듯 보기에는 매우 효과적으로 보이나, 아이러니하게도 CCTV가 일반화되기 이전, 1990년대 중반까지 한 때는 세관초소가 밀수통로로 이용되기도 했다. 처음에는 선원 개개인이 밀수품을 휴대해서 소량 반출을 시도하다가 어느 정도 허용되면 그때부터 리어카로 여러 사람의 물건을 모아서 반출을 시도했다. 그러다가 규모가 커지자 차량을 통해 한꺼번에 물건이 초소를 빠져나가는 불상사가 있었고 이로 인해 관련 세관원이 처벌받는 사태까지 있었다. 9.11테러 이후 2004년부터는 주요 항만의 CCTV 영상 감시시스템이 보강되었으며, 2011년에는 전국 공항만을 대상으로 「관세국경 상황관리 시스템」이 설치되었지만, 너무 외곽감시에만 치중하는 현행 방식이 과연 최선인지는 계속 검토가 필요하다. 입출항 수속 시 체계적인 선내 검색과 감시 과정도 선택적으로 병행할 수 있도록 제도 개선을 생각해봐야 한다.

8/
공항만 감시와 북방교류 현실을 마주하다.

　우리나라는 지난 50여 년간 수출입 물동량 뿐만 아니라 입출항 선박도 대폭 늘었다. 이럴 때마다 신속성과 정확성의 유지 문제는 세관의 딜레마에 속했다. 처음에는 수출진흥 차원에서 세관 단속을 최소화하고 과감한 절차개선을 추구해 왔지만, 공·항만 관세국경에서의 감시활동마저도 물량증가에 밀려 입출항 수속 등 주요 감시활동의 일부가 생략되거나 소홀히 되는 것은 세관이 국가적 책무를 도외시하는 것이다. 세관의 감시활동은 여행자나 선박의 외양을 보는 것이 아니라 그들이 소지하거나 적재한 화물을 검색하는 일이다. CCTV의 영상을 보는 것은 간접적인 감시활동에 불과하다. APIS, ACIS처럼 사전 정보분석을 통해 검색 대상 선박을 미리 선별하고 선별된 선박에 대해서는 철저한 검색이 이루어지도록 항만감시기법을 보완해야 한다.

　무엇이 올바른 항만감시기법인지는 정답이 없다. 입출항 선박의 우범성 여부와 항만별 특성에 맞게 3가지 방법(승감제도, 선내 CIQ검색제도, 고정 또는 기동초소 영상감시제도)중 하나를 선택하거나 서로 병행해서 혼용하는 것도 한 방법이다. 더 나은 감시기법의 발굴을 위해서는 외국세관과의 정보교환을 활발히 하고 벤치마킹을 지속적으로 해야 한다. 차라리 밀수범 하나를 놓치더라도 감시에 실패해서는 안 된다.

보이지 않는 공항감시비법

한때 우리의 공항감시시스템은 매우 엄격했다. 1974년 김포공항을 통해 반입된 총기에 의해 영부인이 저격당하는 사건까지 있었다. 서울올림픽을 앞두고 1987년 Dual Channel 방식의 여행자 자진신고 검사제도가 도입되기 전까지 10년 이상을 단속 위주의 공항감시시스템으로 운영했다. 그러나 2000년대 들어 연간 입출국 인원이 2,000만 명을 넘어서면서 공항감시시스템은 일대 전환기를 맞이했다.

사실 선진사회일수록 정부의 단속 활동은 가급적 눈에 띄지 않는 것이 바람직하다. 직접적인 교통단속보다 카메라 단속이 훨씬 더 저항감을 느끼지 못하는 것과 같은 이치이다. 최근 해외를 다녀온 사람 중에는 그 많은 여행자를 세관이 어떻게 단속하는지 궁금해하는 사람이 가끔 있다. 물밀듯이 입국장으로 들어서는 사람을 보면 그냥 방치하는 것이 아니냐고 오해할 수도 있다. 그러나 거기에는 숨겨진 비법이 있다.

세계 각국은 나름대로 국제공항에서 여행자 검색과 관련한 다양한 감시기법을 갖고 있다. 현재 우리는 Invisible Customs Control 방식으로 공항감시체제를 운영하고 있다. 우선 우리나라는 APIS제도를 선도적으로 도입한 국가로서 사전에 검색해야 할 여행자를 공항도착 전에 미리 선별해 둔다. 필요하면 PNR[199] 정

---
199) PNR : Passenger Name Recode

보를 활용해서 항공권의 동반자까지 파악할 수 있다. 여행자가 출입국심사대를 통과하면 세관 Rover가 추적을 해서 세관검사대로 안내를 한다. 여기에는 테러 용의자, 마약 우범자, 과거 범죄이력 등으로 리스트에 등재된 자와 과다반입자가 대상이 된다. 한번 등재된 사람은 일정 기간 해외를 다녀올 때마다 매번 검사대상으로 선별된다. 따라서 일반 여행자는 이 사실을 전혀 모를 수밖에 없다. 얼마 전 언론보도[200])에 의하면 2025년부터 관세청은 인공지능(AI)기술을 활용해서 위험인물을 색출해 낼 수 있도록 과기정통부와 합동으로 시연회를 가졌다고 한다. 날이 갈수록 공항감시는 첨단화·과학화되고 있다.

  그다음은 우리나라만이 갖고 있는 독특한 X-Ray 검색시스템에 의해 검사대상 탁송품이 걸러진다. 인천공항 도착 후, 탁송품은 컨베이어 벨트를 따라 입국장으로 올라와 여행자에게 인도된다. 최초 탁송품이 컨베이어 벨트에 투입되면 빠른 속도로 이동하며, X-Ray 검색구간으로 물건이 들어오면 분당 이동속도가 뚝 떨어진다. 그리고 가방 크기별로 초 단위 검색을 하며, 문제 가방은 Seal이 부착된다. 그리고 난 다음, 마약견 검색을 받는다. 입국장에서 가방을 찾기 위해 기다리는 사람들은 이러한 사실을 모르지만, 이미 가방을 찾을 때는 세관검색이 모두 완료되고 난 다음이다. 그리고 Seal이 부착된 가방은 세관검색없이 입국장을 빠져나갈 수 없다. 그냥 통과하면 경고음이 들리도록 설계되어 있기 때문이다. 한 번도 이러한 검색을 받아보지 않은 여행자는 스스로 성실한 여행자라 자부심을 가져도 된다.

---

200) 매일경제신문, A10면, "입국장서 땀흘리던 밀수범, AI에 딱 걸렸네."
    2024. 11. 1.

이와 같이 전 세계의 국제공항에서는 나라별로 세관마다 보이지 않는 감시기법을 사용해서 우범여행자를 선별하고 정밀검색을 실시하며 테러 예방과 마약 단속, 그리고 법규위반 사례를 적발해 내고 있다.

경험상 가장 눈에 띄지 않으면서도 엄격했던 시스템은 호주, 뉴질랜드의 Invisible 세관검사장이었다. 호주, 뉴질랜드 입국 시 화이트 색상의 환영 문구는 여행자에게 환경 청정국의 깨끗한 이미지를 느끼기에 충분하다. 그러나 외관과는 다르게 CIQ 업무가 통합된 입국장 게이트를 들어서는 순간, 좌우에는 세관검사장으로 들어가는 출입구가 숨겨져 있다. 세관검사를 받도록 선별된 여행자는 출입문을 들어서는 순간 당황하지 않을 수 없다. 어두컴컴한 분위기 속에 수많은 검사 대기자가 긴장 상태로 여기저기 줄 서 있다가 정밀검사를 받는다. 중앙 헤드테이블에는 세관현장 감독자 여러 명이 여행자의 동태를 하나하나 살피면서 질서유지를 한다. 바깥에서 본 입국장의 스마트 함과 숨겨진 검사장 안의 분위기는 흑과 백처럼 180도 달라도 너무나 다르다.

미국 역시 입국 심사업무는 세관이 도맡아 One-Stop 방식으로 하며, 뒤편 세관 검사구역으로 들어서면 세관직원이 미리 APIS 정보, PNR 정보를 기초로 검사대상자를 선별하고 있으며, 동태 관찰도 유심히 해서 위험인물을 색출하기도 한다. 일단 검사대상자로 선별되면 그때부터 분위기는 사뭇 달라진다. 입국목적이 무엇인지, 신고대상물품 소지 유무 등 여러 가지 질문을 한 후 X-Ray 검색을 한다. 이상이 발견되면 밖에서는 볼 수 없는 별도의 조사실로 이동하는데 그때부터는 피의자 취급을 받으며, Inspector가 아닌 수사 전문가(Special Agent)가 심문 조사를 한다.

8/
공항만 감시와 북방교류 현실을 마주하다.

일본은 과거 우리의 김포공항시스템과 유사하게 설계되어있다. 입국심사는 출입국관리사무소에서 하지만, 세관검사는 입국장 현장에 공개된 세관검사대에서 한다. 우리의 인천공항은 세관 검사 구역이 낮은 칸막이로 가려져 있지만, 일본은 이마저도 없이 전면 공개되어있다. 세관직원은 여행자로부터 휴대품신고서를 받으며, 면세통로(Green Line) 통과자에 대해 필요시 질문과 간이한 검사를 하나 가장 고지식한 전통적인 모델을 운영하는 나라이다.

유럽은 진정한 의미로 가장 완벽한 Invisible Customs Control 체제를 운영하고 있다. 역사적으로 유럽은 EU 단일 경제공동체이기 때문에 대부분의 여행자는 역내를 자유롭게 넘나들고 있고 공항 내에는 세관검사 구역이 보이지 않는다. 그러나 입국장을 나서는 어느 한순간, 세관직원이 나타나서 검사를 하는 경우도 있다. 그들도 APIS 정보로 여행자를 선별하고 입국장 주변의 숨겨진 곳에서 동태 관찰을 한다.

이같이 전 세계 어디를 가나 국제공항에서는 "보이지 않는 손"처럼 세관이 은밀하게 Invisible Customs Control 체제를 운영하는 것이 대세이다. 그중에서도 우리나라 인천국제공항은 약 1천여 명의 세관직원이 상주하고 있음에도 대부분 잘 보이지 않는다. 앞서 설명한 바와 같이 독특한 검색비법을 갖고 있기에 입국장 분위기가 다른 나라처럼 위압적이지도 않고 느슨하지도 않으며 전 세계에서 가장 스마트하다. 인천국제공항은 2004년부터 11년 연속 세계공항 서비스 평가에서 1위를 차지했다. 출입국시스템의 편의성은 항상 1등이다. 이러한 성과를 올린 데에는 복합적인 요인도 있지만, "보이지 않는 세관 감시시스템"의 성과도 한 몫 기여를 했다고 본다.

선진형 CIQ 통합시스템 구현

　세계공항 여러 곳을 다녀보면 입국장 모습이 각기 다름을 알 수 있다. CIQ 업무는 대부분 성격이 유사한데 왜 나라 별로 그 모습이 다를까?

　앞서 설명한 바와 같이 미국, 캐나다, 호주 등과 같이 CIQ 업무가 세관 한 곳으로 통합(Single Authority)된 나라와 그렇지 못한 나라 간에 레이아웃(Lay-Out)의 차이가 있고 세관직원의 역할과 권위에도 차이가 있다. 공항입국장 설계를 할 때 CIQ 레이아웃은 그 나라 법무부, 세관 등 정부조직 문화의 차이를 대변한다. 크게 구분해 보면 미국형, 유럽형, 호주형, 그리고 우리나라와 일본의 아시아형 4가지 유형이 있다. 입국장의 레이아웃을 어떻게 하느냐에 따라 공항에 근무하는 세관직원의 역할과 권위는 사뭇 다르다. 세관직원이 권위있는 법 집행자의 모습을 띨 수도 있고, 경우에 따라서는 입국장에서 여행자를 신속히 통과시키는 교통정리원의 역할에 국한될 수도 있다.

　첫째는 미국형이다. 그들은 세관과 이민국의 입국심사 및 검사업무가 통합되어있다. 왜냐하면 이민국의 Primary Inspection 업무가 대부분 1차 심사업무이므로 세관에서 통합 심사하더라도 큰 문제가 없다고 오래전부터 생각했다. 만약 입국심사 과정에 문제가 있어 Secondary Inspection이 필요한 경우라면 이민국 직원을 호출하여 별도 심사를 받게 하면 된다는 생각이었다. 미국은 1984년 LA 올림픽을 앞두고 LA 공항부터 세관과 이민국 심사업

8/
공항만 감시와 북방교류 현실을 마주하다.

무를 One-Stop 방식으로 통합하였으며 입국심사대는 'H' 자형으로 설계하여 세관직원이 입국심사와 우범여행자 색출을 위한 인터뷰가 용이하도록 하였고 그 후 성과를 보아 전 공항으로 확대하기로 하였다. 한때 세관과 이민국 업무가 분리되었을 때는 우리처럼 'I' 자형 세관검사대가 따로 있었으며, 항공기 게이트 입구 또는 이민국 심사대 뒤편에서 세관직원이 인터뷰를 통해 검사대상 선별을 하느라 대기자가 줄을 서야 하는 등 많은 불편이 있었다. 세관직원이 교통정리원 역할까지 해야 했다. 그러나 세관과 이민국 업무가 통합된 이후에는 원스톱 방식으로 업무 분담이 효율화되었다. 특히 9.11 테러 이후 관세국경보호청으로 Single Authority 된 이후에는 더더욱 조직적인 효율성이 높아졌다. 이제는 우리나라도 출입국 관리업무를 세관 한 곳으로 통합해서 선진형(Single Authority)으로 발전시켜야 한다. CIQ 업무는 그 목적과 성격 자체가 유사하기 때문에 굳이 별도 기관에서 이중 처리할 필요가 없다.

둘째는 유럽형 스타일이다. EU 국가는 입국심사가 완료되면 별도의 세관 신고나 검사를 받는 구역이 없다. 왜냐하면 대부분이 경제통합 이후 EU 역내를 오가는 사람이기 때문에 별도의 세관검사구역을 두는 것이 논리상 맞지 않다. 다만 위험성이 있는 여행자라 판단되면 어느새 세관직원이 나타나 검사받을 것을 요구한다. 그렇기 때문에 공항 내에서 세관직원을 보기는 쉽지 않다. EU 국가는 진정으로 Invisible Customs를 실현하는 국가이다.

셋째는 호주, 뉴질랜드의 유형이다. 1998년부터 호주관세청은 법무부 산하 외청으로 전환되었으며, 출입국 심사업무와 세관 검사업무는 일원화되었다. 호주의 시드니 공항을 들어가 보면 입국장 벽면에 "Welcome To Australia"라고 크게 쓰여있는 넓은 백색의 파티션과 함께 '] [' 형 CIQ 통로를 만나게 된다. 파티션 사이 '] [' 통로에는 세관직원이 서서 지나가는 여행자의 입국신고서를 심사 후 검사대상(Red Line)은 통로 좌·우의 출입구를 통해 네모난 칸막이 검사구역으로 들여보낸다. 그곳에는 수많은 검사 대기자가 줄 서서 기다리면서 세관검사를 받는다. 신고대상이 아닌 여행자(Green Line)는 아무런 제지없이 CIQ 통로를 나가기 때문에 세관직원을 눈여겨볼 겨를이 없다. 이러한 시스템은 뉴질랜드의 오클랜드 공항도 마찬가지였다. 우리나라 CIQ 제도 혁신을 검토할 때에는 반드시 미국형, 호주형을 비교 분석할 필요가 있다. 우리의 인천국제공항은 CIQ도 통합되어있지 않지만, 세관검사대가 외부에서 보이도록 칸막이가 없거나 그 높이를 아주 낮게 설치한 것이 문제다. 공항공사 측은 환경미화적인 면에서 바람직하다고 하나, 여행자 소지품을 검사하는 문제는 개인의 사생활 보호와 보안관리 차원에서 호주처럼 외부에서 볼 수 없도록 차단함이 상책이다.

마지막으로 네 번째는 우리나라, 일본과 같은 전통적인 형태이다. 법무부 출입국관리 업무와 세관 업무는 각기 분리되어 있기 때문에 입국심사를 마친 후 쏟아져 들어오는 여행자 하나하나를 일일이 인터뷰하면서 세관검사를 할 수가 없다. APIS 시스템에 의해 사전에 선별된 검사대상과 X-Ray 검색과정에서 seal이 부착된 검사대상은 별도로 검사를 하지만 그 외의 여행자에 대한 검사는 사실상 쉽지 않다. 거기다가 최근에 세관신고서 제출 의무까지 생략되다시피 했기 때문에 우리나라는 세관신고서를 제출하는 일본보다도 여행자에 대한 정보가 더 없는 상태가 되어버렸다.

8/
공항만 감시와 북방교류 현실을 마주하다.

사실 공항 입국장에서 세관검사를 하는 목적은 휴대품 과다반입자에 대한 세금징수 목적보다 우범여행자 색출을 통해 마약, 폭발물 등 수출입금지품과 안보 위해물품의 반출입 저지에 더 큰 목적이 있다. 이러한 우범화물의 반출입을 차단하기 위해서는 여행자 인적정보에 대한 사전분석, 항공기 티켓 상의 예약자, 동반자, 예약 및 지불수단에 관한 정보를 포함한 모든 PNR 정보의 입수 및 심사가 필수적이다. 따라서 출입국 심사과정에서 위험인물을 색출하고 그들의 소지품을 검사하는 세관업무는 이제는 한 곳으로 일원화해야 한다. 인천국제공항 2층의 입국심사대에서 세관이 위험인물 색출을 위한 입국심사를 충분히 할 수 있으며, 그들이 1층으로 내려와서 기탁화물을 찾은 후 선별된 검사대상자만 세관검사를 받게 하면 훨씬 더 효과적이다. 이는 어느 한 정부부처의 권한을 주고받는 문제가 아니라 국경관리를 어떻게 하는 것이 더 효과적인지를 판단해야 하는 문제이다. 필요하다면 관세청 또한 이제는 미국이나 호주처럼 '관세국경보호청'으로 그 역할을 확대하거나 법무부 소속으로 변경하는 것도 함께 고려해봐야 한다.

앞으로 차기 정부에서 우리나라 정부조직 구조개혁과 전반적인 혁신을 논할 때, Single Authority 개념의 '관세국경보호청' 설치와 선진형 CIQ 통합시스템의 구현은 공론화가 반드시 필요한 과제이다.

세관신고서와 Free Pass 카드

　해외 여행자는 기내에서 도착 전 입국신고서 또는 휴대품 세관신고서 작성 안내를 받는다. 나라별로 미국, 캐나다, 호주 등은 입국신고서만 제출받고 일본은 둘 다 제출받는다. 우리나라도 그동안 일본처럼 입국신고서와 휴대품 세관신고서(이하 '세관신고서'라 한다) 둘 다 제출받는 나라 중 하나였다. 그러다가 2023년 5월부터 신고대상물품이 없는 여행자는 세관신고서 제출을 생략했다. 사실상의 세관신고서 폐지와 같은 효과다. 그러면 나라별로 왜 다르며, 무엇이 올바른 것일까?

　WCO 교토협약 특별부속서 'J' 권고관행 제7조에 의하면 "여객이 입국하는 운송 수단과 관계없이 여행자 또는 이들의 수하물에 대해 세관 목적으로 특별히 작성한 별도 목록을 제출하지 않도록 하여야 한다"라고 규정하고 있고 권고관행 제8조에서는 "세관은 여행자에 대한 세관통제 및 휴대품 통관을 원활하게 하기위해 국제적으로 표준화된 여객 사전정보를 활용할 수 있도록 하여야 한다." 그리고 권고관행 제9조에서는 "여행자휴대품에 대하여 구두신고가 허용되어야 한다. 그러나 상업용 물품을 수입하거나 면세수량을 초과하는 경우 서면신고 또는 전자신고를 요구할 수 있다."라고 권고하고 있다. 즉 교토협약에서는 세관의 서면 신고서는 필요한 경우를 제외하고 가급적 제출을 생략하며, 구두신고에 의하도록 유도하고 별도 자료가 필요하면 여객 사전정보를 활용하도록 권고201)하고 있다. 그러나 이는 강제 규정이 아니다.

8/
공항만 감시와 북방교류 현실을 마주하다.

    국제적으로 해외 입국시 세관신고서의 생략 여부는 그 타당성을 검토하기 전에 각 나라별 CIQ 제도를 먼저 이해할 필요가 있다. 미국은 9.11테러 이후 관세청과 이민국, 국경순찰대 업무를 통합한 관세국경보호청(CBP)이 입국신고서를 받아 세관검사와 출입국심사를 하도록 일원화하고 있다. 호주관세청은 1998년 입국신고서와 세관신고서를 통합하여 세관이 이를 담당하고 있으며, 캐나다 역시 2003년부터 세관, 출입국, 검역관련 국경업무를 한 곳에서 처리하는 Single Authority 체제가 되었다. EU는 역내 여행객이 많기 때문에 최초 입국하는 나라에서만 입국신고서를 제출하며, 입국장에 별도의 세관구역을 설치하지 않고 Invisibe Control 방식으로 Spot Check만 하고 있다. 따라서 CIQ 운영을 Single Authority 체제로 운영하는 국가는 APIS202)에 의해 우범성 여부를 미리 확인한 후 입국검사와 세관검사를 함께 하기 때문에 입국신고서 이외에 별도의 세관신고서를 이중으로 받을 필요가 없다.

    그러나 일본이나 우리나라처럼 입국 검사를 하는 출입국관리사무소와 세관검사를 수행하는 세관이 별도 조직으로 분리되어 있고 여행자 정보관리를 통합적으로 하지 않는 나라는 입국신고서와 세관신고서를 각자 제출받아왔다. 그런데 우리나라는 2006년 8월부터 내국인에 대해 전자여권 체크로 별도의 입국신고서 제출을 생략하고 2023년 5월부터는 신고대상물품이 없는 여행자에 대해 세관신고서 제출도 생략하기 때문에 여행자에 대한 APIS 정보 이외에는 더 이상의 정보가 없다고 해도 과언이 아니다. 과연 국경관리의 안전성 차원에서 바람직한 것인지 다시 한번 생각해 볼 필요가 있다.

---

201) EU, 미국, 호주 등 상당수 국가가 CIQ를 세관 중심으로 통합했기 때문에 별도의 세관신고서 제출을 생략하도록 권고하는 것이며 우리와는 상황이 다르다.
202) APIS : Advanced Passenger Information System

이러한 관점에서 2004년과 2008년경 두 차례에 걸쳐 세관신고서 제출이 생략될 경우를 대비하여 이를 대체할 「CFC[203]카드제」 도입을 검토[204]했던 기억이 있다.

미국, 호주 등은 공항 CIQ시스템을 세관 중심으로 통합하여 One-Stop 처리하고 있기 때문에 모든 여행자 정보를 세관에서 입출국 시 현장 관리할 수 있다. 그러나 우리의 경우는 법무부, 세관, 검역소별로 CIQ 시스템을 각자 운영하고 있고 입국자 도착 정보는 출입국관리사무소에서 가장 먼저 입수하므로 세관이 별도로 도착 정보를 관리하지 않는 한, 현장에서 즉시 대응이 쉽지 않다. 현재 세관은 APIS 제도를 통해 입국자 정보를 미리 받지만, 실제 현장에서 대상자를 포착하려면 출입국관리사무소와의 공조가 필수적이다. 과거 세관신고서를 별도로 제출받아 이를 일부 보완하기도 했지만 이마저도 얼마 전 대안없이 세관신고서 제출을 사실상 폐지에 가까울 정도로 생략해 버렸다.

그 당시 「CFC카드제」는 세관신고서 생략의 제도적 허점을 보완하기 위해 지하철 교통카드 개념을 벤치마킹한 것이었다. 공항 입국장 세관 출구에서 카드체크를 하면 성실 여행자는 그대로 통과하되, 불성실 또는 우범여행자는 카드체크와 동시에 차단기가 내려져 검색대상으로 분류되도록 하는 구상이었다. 지금은 여권 체크로 자동 입출국심사가 완료되기 때문에 세관을 통과할 때는 중복적인 여권 체크보다 간단한 카드 체크가 교통카드처럼 더 편리하다고 생각했다. 그 당시에는 L 카드사 또는 S 카드사와 업무협력을 논의하다가 금융위기 등의 문제로 검토가 중단된 바 있지만,

---

203) CFC : Customs Free-pass Card(국내 거주자에게 적용함)
204) 관세청, 「해외여행자 Free-Pass 카드」 제도 도입 추진계획, 2008. 10

8/ 공항만 감시와 북방교류 현실을 마주하다.

지금은 모든 카드사와 교통카드 방식으로 제휴할 수 있다. 그러나 현재는 세관신고서 제출이 거의 생략되다시피 한 상황이므로 「CFC카드제」로 대체했을 경우의 반응과 장단점을 곰곰이 생각해 볼 필요가 있다.

지금 우리나라는 인천국제공항을 비롯해 공항 입국장이 여행객 교통 정리하기에도 바쁜 구역이 되어버렸다. 당초 「CFC카드제」를 도입하게 되면 Red-Line 무신고 검사대상 여행자만 별도 구역에서 검사하고 나머지 여행자는 CFC카드를 교통카드처럼 체크하고 나갈 수 있게 되어 세계에서 가장 「이상적인 CIQ시스템」이 될 것이라고 생각했다. 그리고 CFC카드 여행자 정보는 APIS정보, PNR정보, 여권정보 및 범죄이력 정보와 연계될 경우 출입국, 세관 단속 등 국경관리의 효율성 측면에서 우범자 색출을 보다 더 정확히 할 수 있는 계기가 될 것이다.

아쉽게도 지금에 와서 생각해 보면 다소 때늦은 감이 있지만, 지금이라도 늦지 않았으니 「CFC 카드제」의 도입 타당성을 한 번 더 검토해 보면 어떨까. 지금처럼 세관신고서 제출을 무작정 생략하다시피 하는 것보다는 낫지 않을까? 향후 세관 중심으로 CIQ 통합이 되더라도 그 유용성은 충분히 있어 보인다.

휴대반출확인제 고찰

 우리나라에서는 해외여행을 갈 때 출국장에서 국내 여행자가 소지한 물품 중 귀금속 등 신변장식품과 골프채 등을 세관에 반출신고 및 확인받는 제도가 있다. 교토협약에서도 국내 거주자(비거주자는 제외)가 해외 출발 당시 본국에서 가져갔던 개인 휴대품은 수입관세 및 제세를 면제받아 재수입(이하 "휴대반출확인제"라 한다.)할 수 있도록 규정[205]하고 있다.

 이는 해외출국 시 세관장이 일시반출 확인을 한 물품은 재반입 시 여행자휴대품으로서 관세 면제가 가능했기 때문이다. 그러나 이러한 물품이라 하더라도 여행자의 입국사유, 체제기간, 직업과 해당 재반입 물품의 변경유무 등 그 밖의 사정을 고려하여 세관장이 이를 인정해야만 가능하다. 그러나 우리나라는 해외출국 여행자가 고가의 물품을 휴대해서 나가는 경우라 하더라도 특별한 제한이나 심사없이 세관의 반출 확인(사실상 '수출신고'와 동일함)만 받으면 입국 시 면세처리가 가능했다.

 1995년 어느 가을날, 스키폴 공항에서 네델란드 세관직원을 만났을 때의 일이다. 유럽에서는 세관 직원 보기가 쉽지 않은데 청록색 제복을 착용한 세관직원의 모습이 참으로 스마트했다. 사실은 네델란드 세관의 항공화물 처리시스템을 알아보기 위해 방문연락을 취했는데 그들은 예상과 달리 출국장의 예치품 검사구역으

---

[205] 관세청, "세관절차의간소화 및 조화에 관한 개정교토협약" 2004. 8. p.220
    (특별부속서 J. 18. 표준)

8/
공항만 감시와 북방교류 현실을 마주하다.

로 우리를 안내했다. 모두들 의아한 표정으로 설명을 들었는데, 요지는 네덜란드의 '휴대반출확인제'와 휴대반출 불허물품의 예치 제도를 설명하고 있었다. 그들의 설명은 아주 간단했다. 해외여행을 나가는 사람 중에는 간혹 고가의 다이아몬드 등 귀금속을 소지한 사람들이 있는데 무슨 이유로 왜 그러한 물건을 소지하고 나가는지 이해하기 어렵다는 것이었다. 외국 귀빈의 초청에 따라 중요한 국제행사 등에 참여하는 경우가 아니라면 굳이 고가 물품을 휴대 반출해야 할 이유가 없다는 것이다. 특히 그러한 물건은 상대방 국가에 입국할 때 반드시 세관에 신고해야 하는 물품이고 일시 수입허가를 받아 기한 내에는 재반출해야 하는 물품인데도 불구하고 국제간의 까다로운 세관규정과 불편을 감수해 가면서까지 휴대품으로 갖고 나가려는 이유는 반드시 규명이 필요하다는 주장이었다. 그래서 네덜란드에서는 휴대반출신고가 들어오면 그 이유와 타당성을 정밀하게 심사[206]한 후 이를 허락하며, 허가받지 못한 물품은 세관에 유치한 후 입국 시 찾아간다는 설명이었다. 너무나 진지한 설명이었고 세관 유치구역 내에 물품이 많이 보관되어 있어 우리와 달라도 참으로 많이 다르다는 생각을 했다.

우리나라에서도 '휴대반출확인제'는 오래전부터 있었지만, 현안으로 대두된 것은 2000년 전후로 해외 골프가 유행하기 시작하면서이다. 언제부터인지 많은 이가 골프채를 들고 해외여행을 다녀왔다. 골프채는 웬만한 브랜드라 하더라도 모두 면세범위를 초과하기에 세관의 집중관리대상이었다. 그래서 해외 여행시 세관에

---

206) 관세청, "교토협약 특별부속서 이행지침" 2004. 11. p.90(국내 재수입면세로 반입이 가능한 물품은 과거 수입관세와 제세가 납부된 물품과 국내에서 생산된 물품이 포함되며, 필요시 해당물품이 국내에서 구입하였음을 증명하는 서류를 여행자가 소지하도록 할 수 있다고 규정하고 있음)

반출신고 및 확인을 받은 후, 통관필증을 골프채마다 하나씩 부착하여 입국시 동일성 여부를 체크받아야 했다. 앞서 설명한 바와 같이 유럽에서는 '휴대반출확인제'를 제한적으로 운용하는 데 비해 우리나라는 너무나 쉽게 반출확인을 해줬다. 특별히 이를 제한하거나 정밀 심사하는 지침도 없다. 사정이 그렇다 보니 2000년대 중반까지는 골프채를 둘러싸고 웃지 못할 해프닝이 있었다. 골프채 반출신고와 통관필증 부착을 위해 출국장 세관사무실 앞에 긴 줄이 서 있는 것을 본 적이 있다. 지금은 그러한 이상한 풍광이 다 사라져버렸지만 참으로 보기 싫은 군상이었다.

할 수 없이 2005년 9월 관세청은 골프채, 시계, 보석, 악기, 카메라 등에 대한 '휴대반출확인제'를 거의 폐지하는 수준까지 제도 개선을 했다. 골프채는 휴대반출 확인과 통관필증 부착을 생략하였으며, 여행자가 원할 경우 한 번의 신고로 평생 신고에 갈음하도록 했으며 입국 시에도 재반입 여부에 관한 확인검사를 생략하도록 했다. 중고품은 아예 신고를 생략하고 고가 신품의 경우에만 과세할 수 있도록 개편하였다. 그리고 시계와 보석, 악기, 카메라 등은 출국시 한 번만 세관에 신고하면 추가신고없이 자유롭게 휴대 반출입이 가능토록 했다. 한 걸음 더 나아가 2012년에는 휴대품 반출신고를 출국 전에라도 인터넷으로 세관에 미리 할 수 있도록 하여 출국 현장에서의 혼잡을 최소화하도록 했다.

이 시점에서 우리는 '휴대반출확인제'를 어느 수준으로 운영하는 것이 과연 적합한지 다시 한번 곱씹어볼 필요가 있다. 국민소득 향상과 함께 일반 생활용품 수준이 되어 버린 시계, 귀금속 악세사리, 카메라, 악기, 골프채 등의 경우에는 한국식으로 아주 간편하게 운영하는 것도 필요해 보이지만, 정말로 고가의 다이아몬드,

8/
공항만 감시와 북방교류 현실을 마주하다.

귀금속, 명품시계 등은 유럽처럼 제품의 규격, 반출 사유 등을 면밀히 심사한 후 반출 허용 여부를 결정해야 하며 추후 입국 시 재가공 유무 또는 교체 유무 등에 관한 동질성 확인 검사를 반드시 해야 함이 타당하다.

과거 이와 관련된 안타까운 사연 하나를 소개하고자 한다. 1993년 어느 날, 오래전부터 알고 지내던 미국 정부의 Special Agent인 한국계 미국인 P 씨로부터 도움 요청이 있었다. 그의 모친은 한국 거주자인데 본인이 소지하던 귀금속을 휴대해서 홍콩으로 갔다가 디자인 setting 작업을 한 후 다시 재반입하는 과정에서 관세법 위반 혐의로 입건되었다고 했다. 아무리 한국에서 휴대 반출한 물건이라고 설명해도 세관에서 믿어주지 않으니 도와달라는 얘기였다. 고령의 모친이 자녀들에게 남겨 줄 목적으로 디자인을 새롭게 했는데 마치 밀수꾼 취급을 받으니 너무나 모욕적이라고 하소연했다. 그의 뜻을 충분히 이해하고 직접 진술 과정에서 소명자료와 증거를 제시하도록 조언도 하고 해당 세관에 안내도 했지만, 결과가 만족스럽지 못했던 것 같다. 그 일이 있은 후, 그와 다시는 연락이 되지 않았다. 미리 문의했더라면 '휴대반출확인제'를 이용하도록 안내를 했을 텐데 그분과의 오랜 우정이 이런 일로 마무리되는 것이 안타까웠다. 지금도 가슴 아픈 기억으로 남아있다.

사실 '휴대반출확인제'는 일반인이 세세히 알기 어렵다. 충분한 안내와 홍보가 필요하다. 휴대반출신고의 대상, 출입국과정에서 원상태 재수입면세 또는 수리비 과세 등 안내할 내용이 너무나 많다. 참으로 쉬우면서도 일반인이 이용하기 어려운 제도이다.

숨어버린 SEX Shop

세상에는 뿌리채 근절이 어려운 일들이 더러 있다. 이러한 일들은 '두더지 게임' 하듯이 머리를 들 때 바로 차단해야 하며, 모두가 보는 앞에서 버젓이 성행하지 않도록 단속해야 한다. 세관의 단속대상 중 밀수, 마약, 불법 외환사건 등이 그러하고 사회적으로는 성범죄 단속 같은 일이 이러한 부류에 해당한다.

1996년 어느 날 서울세관(감시국)은 SEX Shop 단속을 하느라 갖은 고생을 한 바 있다. 서울, 부산, 제주 등 전국의 판매상에 대해 소재 파악을 한 후 일제 단속을 했다. 이 사건의 발단은 서울 신촌에 소재한 E 여대 앞에 버젓이 SEX Shop 간판을 단 업체가 나타나면서부터이다. 위장거래를 통해 파악한 전국의 40여 개 업체에 대해 압수수색 영장을 발급받은 후, 그날 오후 4시를 기해 전국의 웬만한 업소는 모두 일제 단속대상이 되었다. 단속반이 압수해 온 물품은 서울세관 기자브리핑실에 모아 놓았는데 그 수량이 얼마나 많은지 하나하나 세기가 곤란할 정도였다. 압수된 물품 중에는 기자들이 보기에도 언론에 보도하기가 껄끄러운 물건들이 꽤나 있었다.

사실 SEX Shop의 판매물품은 일반인이 보기에는 낯부끄러워 보일지 모르지만, 일부 품목을 제외하고는 대부분 법원판결에 의해 관세법상 수출입금지품인 미풍양속을 해하는 물품에 해당되지 않아 압·몰수가 곤란한 물품이었다. 그중에는 보따리상을 통해 밀수된 물품도 일부 있었기 때문에 제한된 범위 내에서 그나마 단속

8/
공항만 감시와 북방교류 현실을 마주하다.

이 가능했다. 그 뒤로 SEX Shop은 도심 번화가에서 사라지고 뒷골목이나 위성도시, 변두리에 소규모로 숨어버릴 수밖에 없는 신세가 되었다.

그러나 웃지 못할 에피소드도 있었다. 우선 SEX Shop에서 판매되는 물품은 개개인의 은밀한 사생활과 직결된 물품으로서 대량 밀수품이 아닌 한, 아무리 세관이라 하더라도 이런 부분까지 단속해야 하는지 의문이 들 때가 있다. 뉴욕의 45번가 주변을 가보면 성(SEX)관련 제품을 파는 Shop이 즐비하고 영화관도 다수 있다. 그러다 보니 단속과정에서 일부 판매상들은 오히려 항의까지 하는 해프닝이 있었다. 그들의 주장에 의하면 "성 도구를 무조건 나쁘다고 배척만 할 것이 아니라. 어떻게 개인용 소지품을 풍기 문란으로 매도하는지 모르겠다. 사회적으로 성매매가 금지되고 불법이 되어버린 상황에서 정상 영업을 하는 우리같은 사람을 왜 단속하느냐"는 등 할 말, 못할 말 할 것 없이 항변하는 경우가 있었다. 결국 SEX Shop은 일제단속 결과 피의자 구속은 생각도 하지 못하고 단순 밀수품 취급에 따른 경미한 벌금 처분으로 유야무야되고 말았다.

그러나 세월을 거슬러 올라가 보면 사회적으로 '성' 도구를 관세법상 「수출입금지품」으로 엄격히 다루던 시절도 있었다. 1980년대 초에 있었던 일로 기억한다. 매주 토요일만 되면 거나하게 한 잔한 취객이 세관(목포세관) 앞에 나타나 큰 소리를 지르고 항의하는 일이 있었다. '성' 도구를 선박 내 유류통에 은닉해서 밀수하다가 들통이 나서 선박회사뿐만 아니라, 집에서도 쫓겨났다고 육두문자로 큰 소란을 피웠다. 그 당시만 해도 장발, 미니스커트까지 단속 대상이던 시절이라, 특히 비창을 통한 밀수는 그 품목이 금괴, 시계 등의 고가품도 아니고 '성' 관련 망신 품목일 때에는 밀수꾼끼리도 이상한 잡범으로 취급하는 경향이 있던 터였다. 처벌도 처벌이지만, 사회적 인식 때문에 피의자의 고통은 이루 말할 수 없었던 것 같았다.

이에 반해 서울올림픽 이후에는, 개방화와 세계화가 확산되면서 사회 전반적으로 '성'에 관한 인식 수준이 매우 관대해졌다. 특히 1992년 「즐거운 사라」의 외설 논란은 우리나라에서 음란물의 사회적 인식을 다시 돌아보는 계기가 되었다. 저자(마광수)는 1995년 대법원 유죄판결 후 특별사면을 받고 대학에 복직하였지만, 표현의 자유를 침해받은 '성해방론자'라는 주장과 야한 음란물 저자에 불과하다는 주장이 대립하면서 많은 논란을 일으켰다.

SEX Shop 일제단속 사건은 한창 이러한 사회적 논란이 떠들썩할 때 벌어진 일이다. 어떻게 감히 여대 앞에 SEX Shop을 버젓이 차려놓고 장사할 수 있느냐는 '엄숙주의[207]'가 잠재하고 있던 시절이라 가능했던 일인지도 모른다. 지금과 같이 호주제, 간통죄가 법적으로 폐지된 상황에서 SEX Shop 사건을 다시 들여다보면 밀수품 판매죄 이외에는 아무것도 아닌 일로 치부할 수도 있다. 아이러니하게도 일제 단속결과 SEX Shop에 물품을 공급했던 판매 총책은 수출입금지품 밀수에 관한 관세법 위반으로 구속되지 못하고 엉뚱하게도 소매 판매상들에게 수익금 배분과 관련한 사기 혐의로 구속되어 실형을 살았다. 흐지부지되었던 SEX Shop의 세관 일제단속 사건은 이렇게 20세기 추억의 한 단면이 되었다.

---

[207] 국어의 사전적 의미는 "엄격한 도덕적 규율을 따르려는 입장이나 태도를 말하는 것임"을 뜻함.

8/
공항만 감시와 북방교류 현실을 마주하다.

 살아있네. 보따리상

　국제무역은 국경을 오가는 보따리 무역에서 시작되었다고 한다. '북한의 장마당'이 아마 전 세계에서 마지막 남은 가장 원시적인 형태가 아닐까 추측된다. 우리나라에서도 보따리 무역이 성행했던 시절이 있었다. 그들은 수입제한이 많고 해외여행이 자유롭지 못하던 시절에 비록 세관 단속도 많이 받았지만, 최일선의 무역일꾼 역할을 한다고 자부하고 있었다.

　그들은 국내외 정치 상황과 시대적 변화에 매우 민감했기 때문에 흥망성쇠를 거듭해 왔다. 1980년대 초만 하더라도 김포공항을 통한 오사카, 대만 보따리가 있었고 부산항을 통해서는 '부관페리호'로 일본의 시모노세키를 오가는 보따리상이 있었다. 주로 전자시계, 전자계산기, 카메라, 심지어는 코끼리 밥통까지 들고 다녔으며, 의류 등 소비재 위주의 생필품을 돼지 백에 담아 다니기도 했다. 특이하게도 김포공항에는 이들이 가지고 들어오다가 단속된 야동 테이프까지 수북이 쌓여있었다.

　얼마 전 "살아있네~~"라는 유행어를 만든 영화 '범죄와의 전쟁'에서 주연인 최민식은 부산세관의 말단 공무원이지만 건달 역할을 하면서 조폭 두목역의 하정우와 그 당시 세관과 밀수를 둘러싼 어둠의 비화를 소설처럼 써 내려간다. 또한 해녀 밀수단을 소재로 한 영화 '밀수'에서는 주연인 김혜수와 염정아가 일본을 오가는 해상의 바다 속에서 세관원과 결탁하여 전자제품, 금괴 등을 밀수하는 현장을 마치 사실인 양 생생한 연기력으로 보여준다. 사실

영화 속에서의 세관 모습은 픽션이기에 엄청난 과장을 전제로 한다. 부산세관의 역사박물관을 가보면 일본 대마도를 오가는 이즈하라 특공대 밀수를 단속하느라 온몸을 희생한 세관원208)의 열정을 볼 수 있다. 적어도 세관직원이 해상을 통한 직접밀수에 눈감아 줄 정도로 혼탁하지는 않았다. 그것이 오래된 전통이자 역사적 사실이다.

그러나 1980년 겨울 어느 날 바라본 부산항 국제여객터미널의 모습은 매우 혼란스러웠다. 휴대품 검사 담당간부가 멀쩡한 관사를 두고도 늘 거처를 배회해야만 했다. 왜냐하면 보따리상 할머니들이 밤마다 그를 찾아다니기 때문이었다. '부관페리호'가 입항하는 날에는 여객터미널 밖에 속칭 "나까마仲間"들이 줄지어 기다리고 있었다. 그들은 주로 의류, 화장품, 전자계산기, 카메라 등을 한 가방씩 꾹꾹 눌러 담아 들어오는 보따리상으로부터 물건을 인계받아 국제시장에 팔아오곤 했다. 그들은 입국장 검사 시 누가 더 까다로운 세관직원 인지를 알고 있었고, 조금이라도 편하다고 알려진 직원 앞에는 긴 줄이 서 있었다. 당시 휴대품 검사 담당간부는 검사를 엄하게 했기 때문에 보따리상들은 이대로 가다가는 다 굶어 죽는다고 난리였다. "일본 조총련의 온갖 유혹을 뿌리치고 어렵게 살고있는 재일 애국동포의 삶을 짓밟고 생계권을 위협하는 세관공무원은 쫓아내야 한다."는 민원을 청와대에 내기도 했고 겨우 사태가 진정되면 물건을 많이 내주도록 애원하기 위해 밤마다 그를 찾아다니기도 했다.

---

208) 관세청, '사진으로 보는 한국세관 130년', 2008. 12. pp.242-243(특공대밀수란 1950년대 사회의 혼란한 틈을 타서 소형 쾌속선을 이용하여 대마도 이즈하라항과 우리나라 남해안을 오가며 자행한 밀수를 말하며, 1959년과 1962년 여수와 목포세관 직원이 밀수단속과정에서 순직하는 사건이 있었음)

8/
공항만 감시와 북방교류 현실을 마주하다.

지금은 세월이 참 많이도 흘렀다. 수입이 자유화되어 돈벌이가 신통치 않겠지만, 아직도 부산항을 비롯해 우리나라 공·항만에는 보따리상들이 있다. 1990년대 중국과 수교가 이루어진 후에는, 대만 보따리상이 없어지고 인천항, 평택항, 군산항을 오가는 중국 보따리상이 더 많아졌다. 최초에는 소량의 한약을 갖고 오다가 참깨 등 농산물을 거의 밀수에 가까운 수준까지 과다 반입하는 사례가 생겼다. 중국에서 오는 보따리상은 규모도 커지고 행동도 거칠어졌다. 단속이 심할 때에는 가끔 농성도 했다. 입국장에서 통관해줄 때까지 무작정 기다리기도 하고, 대전청사까지 단체 버스로 내려와 데모도 했다. IMF 경제위기 때에는 한 때 소상인 보호를 위해 보따리무역을 장려한 적도 있지만, 이들을 역사 속에서 완전히 사라지게 할 수는 없었다. 그들 또한 관세국경에서 생계를 이어가는 소규모 무역상들이며 그때그때 시대변화에 따라 반입물량과 특성이 다를 뿐, 꾸준히 세관 역사와 함께 하는 조연들이기 때문이다.

그리고 게 중에는 하루 벌어 하루 먹고사는 단순 생계형 보따리상뿐만 아니라 아예 기업형 물주가 운반책 보따리상을 여러 명 고용하여 밀수를 도모하는 조직적인 밀수꾼도 있었다. 2000년대 들어, 보따리상에 대한 세관단속이 집중되자 정상 무역을 가장한 형태로 변화하기도 했다. 하지만 세관 입장에서는 이 또한 물품 명세나 개별 화주가 불분명하고 저가의 의류, 신발 또는 가짜물품 등이 섞여 있기 때문에 세관검사 때 여러 논란이 되었다. 그래도 아직까지 인천항, 부산항, 김포공항 등을 통한 보따리상은 살아있다. 그들이 그나마 생계형일 때에는 어느 정도 낭만도 있었다. 하지만 도처에 숨 쉬고 있는 기업형 보따리 밀수는 최소한 그들이 번성하지 않도록 지속적인 단속이 필요하다.

몰수품 처분의 역사와 실상

서울 강남의 중심가 논현역 주변에는 「세관 위탁물품 매장」이 있다. 이곳에는 주로 여행자 휴대반입품 중 세금 문제로 찾아가지 않아 국고귀속이 되었거나 밀수품 중 몰수처분을 받은 물건이 대부분 위탁 판매되고 있다. 정식 통관된 물품이 아니기 때문에 A/S가 불가능하지만 그래도 쓸만한 물건들이 있어 소비자들의 관심을 받는 곳이기도 하다. 가전제품도 있지만 주로 화장품, 의류, 주류 등이 주종품목이다.

과거부터 세관은 몰수품 등을 처분함에 있어 직접 공매처분을 할 것인지 아니면 제3의 기관에 위탁판매를 할 것인지를 효율성 측면에서 다각도로 검토해 왔다. 세관이 직접 공매를 하게 되면 공매공고, 입찰, 예정가격 산정, 낙찰 및 매매금액 입금 등 여러 가지 부수적인 일을 해야 하는 부담이 있고 위탁판매를 하는 경우는 업무효율의 장점은 있지만, 처리 과정의 투명성과 위탁수수료의 발생 등으로 특혜시비가 있을 수 있기 때문에 단계별로 많은 보완을 해야 했다.

우선 예로부터 세관은 공매나 위탁판매 과정에서 예정가격 산정을 투명하게 하는 것이 중요했다. 위탁판매를 하더라도 공매 처분하는 경우와 비교해서 국고 손실이 발생되지 않도록 예정가격을 공정하게 관리해야 했다. 과거 공매의 경우에는 국내도매가격에 낙찰자 업종의 이윤 및 일반 경비율을 제외한 금액을 예정가격으로 정하여 낙찰자가 최소한의 이익을 가져갈 수 있도록 예정가격

8/
공항만 감시와 북방교류 현실을 마주하다.

을 설계했던 기억이 있다. 그리고 위탁판매의 경우도 같은 원리를 적용했는데 그 이유는 위탁판매를 한다고 해서 더 많은 이익을 줄 수는 없기 때문이었다. 이러한 원리로 위탁판매 수수료율은 매년 국세청이 발표하는 위탁판매 업종별 이윤 및 일반 경비율에 따라 그 수준을 조정[209]해야 하는 번거로움과 논란이 있었다.

그다음은 위탁판매사업자 운영을 안정감 있게 유지하는 문제였다. 과거 몰수품 등의 위탁판매는 1982년 대통령 지시에 의해 '원호보훈복지공단'이 최초로 맡았다. 수익 일부를 원호복지사업에 활용하고자 하는 취지였다. 1990년대 들어 참깨 등 농산물 밀수가 성행하자 공단은 큰 수익을 올릴 수 있게 되었고 일반 국고귀속품까지 위탁판매 사업을 하겠다고 자신감을 표출하였다. 이에 따라 1994년 6월 관세청은 몰수품 등의 처분방식을 위탁판매 하나로 일원화했다. 그러나 일시적으로 사업성이 좋다고 해서 늘 좋은 것은 아니다. 밀수 농산물이 시중에 유입되는 것에 대해 사회적 비판 여론이 일자, 2013년 국회는 밀수 농산물의 위탁판매를 중단시키고 농림축산부로 이관토록 관세법을 개정하였다. 그 후 보훈복지공단은 수익성 악화로 위탁판매사업을 접을 수 밖에 없었다. 2016년 관세청은 사업자 선정을 경쟁입찰 방식으로 변경했으며 '대한민국상이군경회'가 동 사업을 맡았다가 2022년부터는 '보성유통사업단'으로 변경되었다. 이제는 수익성이 부족해서 위탁판매를 대행하겠다는 사업자단체가 많지 않을 것 같은데 어떻게 해야 할까? 아무리 경쟁입찰 방식에 의하더라도 위탁판매 수수료는 국

---

[209] 2014년 국회예산정책처에 의하면 관세청이 매년 32%대의 위탁판매 수수료율을 지급했으며, 2011년 32.4%, 2012년에는 32.8%에 달했다. 2016년부터는 사업자 선정을 경쟁입찰방식으로 변경한 후 대한민국상이군경회가 동 사업을 맡았으며 수수료율도 경쟁을 통해 27% 수준으로 인하 조정되었다.

세청의 업종별 이윤 및 일반 경비율 기준으로 최소한 보장해 주는 것이 바람직하다. 무조건 최저가 입찰만이 능사는 아니다.

 마지막으로는 위탁판매 곤란품목210)에 대해 다양한 처분방법을 모색하는 일이다. 기본적으로 몰수품 등은 가급적 시중에 유통되지 않도록 하는 것이 바람직하지만 위탁판매가 곤란하다고 해서 국가가 예산을 들여 모두 폐기 처분할 수는 없다. 1982년 위탁판매제도가 시행되기 이전에는 공매제도 이외에 배정제도가 있었다. 일반 시중판매가 적합하지 않은 물품은 국가기관별로 일정 수량을 배정해서 시중 유출을 막으면서도 재활용이 가능하도록 했다. 사실상 지금의 '밀수 농산물 농림축산부 이관제도'는 또 다른 배정제도의 하나이다. 구전에 의하면 과거에 몰수된 골프채는 군부대의 체육용으로 일부 배정되기도 했고, 시계 등은 시상식 때 부상으로 전달되기도 했다는 후문이 있다. 물론 가짜 비아그라, 건강 위해품 등은 당연히 폐기해야 하지만 상표, 라벨 제거 등으로 진정화 작업이 가능한 품목은 현재와 같이 후원, 기증 등의 용도로 배정해서 재활용하는 것도 좋은 방법이다. 매사 획일적인 위탁판매나 폐기처분만이 항상 정답일 수는 없다. 이제는 시중 유출을 시키지 않는 범위 내에서 국가기관 활용 등 배정제도를 외부기관과 본격 협의하여 다각적인 처분 방법을 고려해봤으면 좋겠다.

---

210) 관세청에 의하면 지난 2017년~2021년 사이 몰수품은 약 1만 2천여 건(범칙시가 기준 4,470억 원)으로서 의류, 가방, 신발, 기계, 시계 순이었으며 그중 2%만 위탁 판매되어 국고에 환수된 금액은 약 248억 원에 불과하며 98% 대부분은 위탁판매 곤란품목으로서 모두 폐기 처분되고 있다고 한다.

8/
공항만 감시와 북방교류 현실을 마주하다.

7.7 선언과 북한산 석탄

1988년 북방정책의 일환으로 대통령의 7.7 선언[211])이 있었다. 그리고 이에 대한 후속 조치로 남북교류 확대 정책[212])이 발표되었으며, 원산지가 북한인 물품은 관세 비과세 조치로 국내 반입이 허용되었다.

그 후, 7.7 선언에 따른 경제부문의 남북교류 확대조치로 북한산 석탄도 덩어리 탄 형태의 '갈탄'은 국내 반입의 길이 열렸다. 그러나 북한산 석탄의 국내 반입은 탄광 노동자들의 불만과 저항의 대상이 되었다. 1989년 정부는 석탄산업의 채산성 악화에 따른 폐광 등 사회적 문제를 해결하기 위하여 비경제 탄광을 정리하고 경제성이 높은 탄광의 집중육성을 골자로 하는 「석탄산업 합리화 조정정책」을 발표하였다. 이에 따라 수많은 탄광 노동자의 생계가 위협받는 사회적 분위기가 조성되었다. 북한산 석탄 또한 이러한 이유로 인해 우리나라에 가루 상태의 연탄인 '분탄'은 반입을 제한하고 덩어리 상태인 '갈탄'만 반입이 가능하도록 변경하는 계기가 되었다.

그러던 차에 인천항에 북한산 '갈탄'이 대량 수입되었다면서 상공부로부터 다급히 연락이 왔다. 입항된 북한산 석탄이 '갈탄'인

---
211) 경제기획원, 「7.7선언 경제부문 조치사항」, 1988.10. 7. p.11.
212) 남북간 물자교역을 전면적으로 허용하고 북한산 물자에 대해서는 국내거래로 간주하여 관세를 포함한 내국세 모두를 비과세 처리하도록 조치했다. 그리고 민간상사의 북한물자 중계허용, 북한 원산지표시 상표부착 허용, 남북 경제인 상호접촉 방문허용, 북한 상용선박의 입항 허용 등을 취하기로 조치했다.

지, '분탄'인지 현장 확인을 해달라는 요청이었다. 왜냐하면 탄광 노조원들이 상공부 장관실까지 몰려와서 북한산 '분탄'이 인천항에 대량 수입되었으니 이를 막아달라는 농성을 하고 있다고 했다. 인천세관에 하역 중인 북한산 석탄을 확인해 보니 수입신고는 '갈탄'이 95% 이상이라고 했지만, 사실은 95% 이상이 '분탄'이라고 했다. 담당 수입과장이 겁이 났는지 전량 수입면허를 취소하고 반출을 금지시켜 버렸다. 수입한 H물산도 난리가 났다. 한번 수입면허를 했으면 그만이지 법에도 없는 면허취소를 하는 경우가 어디 있느냐고 항의가 빗발쳤다.

그러나 엄격히 법 적용을 하면 수입업체는 밀수입죄로 관세법상 처벌 대상이 된다. 북한산 물품이라 하더라도 관세 등 제세는 비과세 처리하지만, 반입절차는 관세법을 적용하도록 규정하고 있기 때문이다. 관세법상 수입면허를 받으면 이미 해당 물품은 내국물품화 되어 국내 반입된 것으로 간주하기 때문에 수입업체는 동 사실의 인지 여부를 떠나 '분탄'을 '갈탄'으로 허위신고하여 국내반입이 제한되는 북한산 물품을 몰래 들여온 것으로 처리할 수밖에 없었다. 상공부를 비롯해 관세청 내에서도 일선세관이 현품 확인을 제대로 하지 않고 수입 면허를 성급히 한 것에 대한 질책이 있었다.

어찌 되었든 여러 곳으로부터 비난은 수없이 들었지만, 북한산 '분탄' 수입은 저지되었고, 탄광노조원의 농성은 풀렸다. 그러나 수입업체에 대한 관세법상의 처벌 여부와 국내 반입된 분탄 처리가 문제였다. 그제야 수입업체는 '갈탄'으로 알고 수입하였으며, 북한이 '분탄'을 선적하리라곤 전혀 예상치 못했다고 했다. 세관조차도 남북교류 활성화 차원에서 세세한 현품 검사없이 서류만 보고 수입면허를 한 잘못이 있었다. 확인결과 세관에서는 해당 수입업체 그들도 피해자라고 주장하고 있고 고의성이 없다고 판단되어 처벌 여부는 고려하지 않는다고 했다. 그러나 국내에 이미 반입된 북한산 '분탄'의 처리 문제는 곤혹스러웠다. 「석탄산업 합리화 조정정책」 때문에 공매 후 시장에 내다 팔 수도 없고 그렇다고 외화 판매 조건으로 해외에 팔 수 있는 상태의 물품도 아니었다. 그 후 상공부 등 관계기관과 머리를 맞대고 고심한 결과, 석탄공사에 전량 수입 원가로 인수하게 하는 대안이 모색되었다. 그 후 북한산 '분탄'은 석탄공사에서 국내 수급 조절용으로 모두 인수해 갔다는 얘기를 들을 수 있었다.

정부 일을 하다 보면, 미처 생각지도 못한 이유 때문에 실수할 수도 있다. 그러나 실수를 확인했으면 바로 시정하는 것이 올바른 방법이다. 그다음에 일어나는 문제는 그때 상황을 봐서 또 해결방법을 모색하면 된다. 이를 감추려하거나 외면하면 돌이킬 수 없는 더 큰 일이 벌어진다. 그 당시에도 수입업체인 H물산은 여러 경로를 통해 이미 수입면허가 났으니 북한산 석탄을 따지지도 말고 그대로 국내 반입할 수 있도록 도와달라는 요청을 했었다. 그러나 '분탄'은 '분탄'이며, 국내 반입이 제한되는 물품인 것은 분명히 맞다. 만일 세관에서 업무처리를 잘못했다면 이를 시정하거나 그에 상응한 책임을 지면되는 것이지 책임을 회피하기 위해 더 큰 법규를 위반할 수는 없었다.

대통령 7.7 선언 이후 대북 교류는 석탄 문제부터 꼬이기 시작했지만, 그 후 2003년 남북경협제도 실무회의에서 원산지 확인에 관한 방법과 절차에 관해 서로 합의하는 등 큰 진전이 있었다.

남북경제협력 3통 협상

설마 하던 일이 벌어졌다. 2003년 12월 평양에서 열린 제4차 남북경협제도 실무회의 때213)의 일로 기억한다. 대통령 7.7 선언 이후, 15년 만에 관세청이 「남북원산지실무위원회」 협상대표로 처음 대북 접촉에 참여한 것이었다.

중국의 어느 한 공항에서 평양행 고려항공에 탑승했다. 기내에는 대부분 한국 측 대표단이 있었는데 북측 장교 한 사람이 예약과 다르게 앉아있었다. 이해하기 어려웠지만, 기내는 모두 만석이라 그는 승무원 대기석에서 평양까지 가야 했다.

드디어 평양 순안공항에 도착했다. 예상과 달리 공항은 매우 한산했다. 지금은 리모델링을 했다고 하나 그 당시에는 시설이 낡고 CIQ도 별도로 없었다. 면세점 또한 시설이 남루하고 유로화로 가격을 표시한 점이 특이했다. 우리 대표단 숙소는 대동강 인근의 '양각산 호텔'이었다. 호텔 입구에서부터 열렬한 환대를 받았고 바로 오후에 「남북원산지실무위원회」 대표단 상견례를 포함한 1차 회의가 열렸다. 그들은 역시 상상했던 대로 기조연설 자체가 무례하고 억지스러웠다. 남북 간의 물자교역을 위해 원산지증명서 발급현황을 남측에 통보해 줬는데도 일언반구 고맙다는 인사가 없다며 언성을 높였다. 우리는 이에 아랑곳하지 않고 준비해간 남측 기조연

---

213) 통일부는 2003년 12월 17일부터 나흘동안 평양에서 남북경제협력제도 실무협의회 4차 회의와 청산결제실무협의회, 남북원산지실무협의회 1차회의가 열린다고 밝혔다. (전자신문, 2003. 12. 13)

설문을 차분히 답례형식으로 읽었다. 금번 회의에서는 제3국 위장 반입을 방지하기 위해 원산지 증명서의 진위여부 확인 방식을 상호 협의하고 원산지 세부기준에 관해 논의하자는 주제로 인사말을 대신했다. 1차 회의를 마치고 일어서는 순간 북측 대표 중 한 명이 우리에게 "남측 기조연설문 1부를 복사해서 자기들에게 줄 수 없느냐."고 귓속말하듯이 부탁했다. 북측의 고압적인 자세와 너무나도 달라 잠시 당황했으나 그 자리에서 복사본을 건네주고 회의를 마쳤다. 저녁에는 대표단 환영 만찬이 있었다. 북측 수석대표는 남측에서 원산지 전문가가 왔다고 들었다면서 잘 좀 지도해달라는 부탁을 했고 지금처럼 추운 겨울에는 '믿거나 말거나' 퇴근할 때 아이들 주려고 '이열치열(以熱治熱)'의 심정으로 얼음 보숭이를 사 간다고 농담까지 했다.

다음날 2차 실무회담에서는 북측의 원산지 증명서 발급장소와 기관을 정하고 진위여부 확인은 중국의 북측 대사관이나 영사관을 통해서 진행하기로 했다. 그러나 원산지 기준에 관해 북측은 HS 품목분류체계와 회계 기장 여부가 불분명하여 세번변경기준, 부가가치기준 등 국제기준을 적용하자고 주장하기가 쉽지 않았다. 우리 대표단 중 한 명이 추후에라도 국제기준을 적용하자고 했더니 북측 대표가 "우리 모두 이날까지 외세 때문에 어려움을 겪고 있는데 또 외세의 Rule을 적용하자는 것이냐."며 역정을 냈다. 우리는 "아무리 남북 간 민족끼리의 교류라 하더라도 외국에서 이를 다 보고 있기 때문에 국제사회가 이를 인정할 수 있도록 떳떳하게 기준을 운영해야 한다."는 점을 강조했다. 결국 우리는 북측과 원산지 기준에 관해 더 이상 논의를 하지 않고 나머지 사항만 회의 진행을 순조롭게 했다.

그러던 차에 3통(통행, 통신, 통관) 분야 중 통행 분야는 양측의 시각 차이 때문에 회담이 교착 상태에 있었다. 요지는 남측 근로자가 개성공단 내에서 북측 체제를 비난하거나 법규 위반을 하였을 경우 북한법을 적용하여 처벌하겠다는 북측 주장에 대해 우리측이 강력히 반대했기 때문이다. 남측에서는 정치권을 비난하는 행위가 얼마든지 가능하므로 북한법을 적용해서는 안 되며 굳이 필요하다면 남측으로 추방하면 된다는 논리로 대응했다. 결국 그날 우리는 더 이상의 논의를 진행하지 못하고 남측 초청에 의한 북측대표단과의 만찬을 끝으로 실무회담을 마쳤다.

그들도 회담의 성과 때문인지 만찬 후에라도 의견 차이가 있는 부분은 실무회담을 계속하자고 했고 어느 정도 의견일치가 되면, 새벽에라도 전체 회의를 열자고 했다. 그날은 3일 차 마지막 날이었는데 새벽 한밤중에 회의를 다시 하자는 연락이 왔다. 결국 우리는 지금까지의 논의내용에 대해 공동보도문 형식으로 격을 낮춰 발표하기로 했다. 차기 회의는 남측의 문산에서 개최하기로 하고 회담을 마무리했지만, 후속 회담은 열리지 않았다. 그 후 정치적인 차원에서 통행 분야는 북측이 우리의 주장을 받아들이면서 개성공단이 가동에 들어갈 수 있었다.

회담을 마친 그날은 아침 이른 시간부터 중국행 고려항공을 타기 위해 순안공항으로 이동을 해야 했다. 날씨는 영하 20도에 가까울 정도로 춥고 매서웠다. 우리가 탄 1호 차 버스는 공항에 도착했지만, 수행원이 탔던 2호 차는 도중에 고장이 나서 할 수 없이 우리가 탔던 버스를 다시 보내 수행원을 공항까지 무사히 데려올 수 있었다. 순안공항을 이륙하는 순간 잠이 들었고 눈을 떠보니 중국의 어느 한 공항이었다.

그 후 2005년 3월 관세청은 「개성공업지구 반출입물품 관리에 관한 고시[214]」를 제정하여 일반적인 공단 소요 자재뿐만 아니라 전기, 가스, 용수 등 남측에서 전선이나 배관을 통해 공업지구에 연속적으로 반출되는 물품까지 반출입 절차를 정하고 개성공단은 본격 가동에 들어갔다. 사실은 특별법 형태의 입안이 필요했으나, 수시로 변화하는 남북관계의 특수성을 고려하여 일단은 행정규칙 형태로 운영하기로 했다. 그러나 안타깝게도 2016년 북한의 4차 핵실험으로 개성공단 가동은 전면 중단되었고 지금은 재개될 전망 조차 없다.

2009년경 개성공단을 실사하러 가는 길에 만났던 통일부 관계자의 전언에 의하면 상당한 세월이 흘렀음에도 그들은 우리의 안부를 궁금해 한다고 했다. 우스운 얘기지만, 매사 그들은 늘 관심이 있으면서도 앞에서는 없는 척한다. 나 역시 회담 진행 과정에 당시 북측 대표가 원산지 국제기준 적용을 논의하면서 불쑥 내뱉은 말 한마디가 오랫동안 기억에 남아 웃음 짓게 했다.

"이빨도 안 난 어린애한테 강냉이 씹으라는 말입니까."

그해 평양에서의 3일은 날씨처럼 춥고 매서웠지만, 개성공단 가동과 남북교류의 원산지 신뢰성 증진이라는 기대감 속에서 일말의 실낱같은 희망을 갖게 한 날이었다.

---

214) 관세청고시 제 2005-10호, 2005. 3. 10

아홉 번째 가는 길...

싱글커스텀스로 가는 **관세경영의 길**

세계화와 국제화, 정보화의 위기를 접하다.

- 수출입신고제의 파장
- 좌초된 세관절차 선진화
- 무역수지 적자와 대기업 조사
- 편법적인 무역금융의 종말
- IMF와 한보철강 법정관리
- 시장개방과 한국적 고민
- 성철스님과 품목분류의 모순
- 다국적기업의 절세이기주의
- 영원한 숙제, 데이터 정제
- 빅데이터 검증사업자 출현
- 반쪽짜리 CUPIA의 미래

수출입신고제의 파장

　파급효과가 큰 정책은 준비과정부터 Infra와 Back-Up 시스템을 반드시 고려한 후 시행해야만 한다. 의욕만으로 시행하게 되면 그 부작용은 나중에 감당하기 어렵다. 1995년 관세법 개정으로 1996년 7월부터 시행된 「수출입신고제」가 바로 그러했다. 중기계획이라도 마련해서 최소한 3년 정도 준비 후 시행했더라면 좋았을텐 데, 급한 마음에 아무런 준비없이 섣부르게 시행함에 따라 30여 년이 흐른 지금에 와서도 제대로 정착되지 못하고 있다.

　"누가 신고제를 반대했나요." 1995년 12월 새로이 부임한 청장이 업무보고를 받는 자리에서 한 질문이다. 그는 신고제를 주도했던 이유를 들면서 통관 지체의 주요 원인으로 깐깐한 면허제를 들었으며, 세관이 공항이나 항만에서 검사업무를 잘 수행하지 않으면서도 화물의 흐름을 계속 간섭하기 때문에 불필요한 지체현상이 생긴다고 했다. 심지어는 세관의 주요 통관장소인 공·항만 화물터미널이 없으면 곧바로 화물이 나갈 수 있다고 과장해서 말하기까지 했다. 어디서 그러한 보고를 받았는지는 몰라도 신고제는 그러한 착시현상 속에서 국내에 도입되었다.

　사실 1996년 시행된 「신고제」는 그 속내를 들여다보면 단순한 제도개선이 아니라 향후 가상세관을 지향하는 혁명적인 제도개혁이 포함되어 있었다. 「신고제」가 어떻게 가상세관과 연관이 되냐고 의문을 제기할 수 있다. 그러나 모든 수출입을 신고한 대로 수리부터 하게 되면 일선 세관의 통관창구는 통과의례에 불과하고

9/
세계화와 국제화, 정보화의 위기를 접하다.

사전 단속기능은 상실되어버리기 마련이다. 이러한 수출입 신고가 향후 전자신고 형태로 제출되면 물리적으로 세관 통관부서에서 사전심사업무를 담당하는 직원은 더 이상 존재의 의미를 잃어버리게 된다. 그것은 바로 가상세관으로 가는 첫걸음이다.

그 당시 「신고제」는 관세청 실무 책임자들의 의견을 수렴함이 없이 일부 정책적 과욕으로 아무런 준비없이 시행되었다. 그들은 실무적인 반대 의견을 단순히 기득권 세력의 반발로 치부해 버렸다. 그러나 조금만 선진사례와 WCO 등 국제 환경변화에 대한 이해가 있었으면 무리한 추진을 하지 않았을 것이라 생각된다. 예를 들어 미국의 「선 통관 후심사제」는 사실상 신고제와 유사한 제도로서 1968년부터 도입 시행되었다. 그들은 사전 준비 조치로 통관과정에서 검사업무와 통관 후 심사업무를 별도로 분리하였으며, 담당 직원도 Inspector, Import Specialist, Special Agent로 구분하여 분야별 전문화와 직위분류제를 채택했었다. 그럼에도 불구하고 미국에서의 신속 통관은 급속히 늘어나는 물동량 때문에 지지부진했으며 신고납부 세액의 사후정산도 쉽지 않았다고 기록하고 있다. 미국은 할 수 없이 10년을 충분히 경험하고 난 뒤, 1978년에 Entry(수입신고)와 Entry Summary(납세신고)를 아예 분리하고 각각 독립적으로 업무를 보도록 개편하였으며 「ACS 정보화 10개년계획」으로 사후심사 및 재고관리 업무체계를 뒷받침하게 했다. 그러나 우리는 불행하게도 1996년 신고제 도입 시 이러한 사전 준비를 생각조차 하지 못했다. 단순한 제도개선으로만 너무나 쉽게 생각했었다.

돌이켜보면 미국과 달리, 우리는 「신고제」를 시행하면서 입출항 단계에서 제출받는 적하목록이 표준화되지 않아 화물 재고관리가 되지 않는다는 사실을 간과했다. 면허제하에서는 입항화물 총량 재고관리를 하지 않더라도 면허 없이는 보세구역에 반입된 개개의 물건 그 자체가 통관될 수 없으니 큰 문제가 아니라 생각할 수 있으나 신고제하에서 그렇지 않았다. 입항된 물량이 얼마만큼인지도 모르면서 물건부터 신고한 대로 빼주자는 무책임한 주장이었다. 특히 신고사항이 적법하게 이루어졌는지 Check and Valance 하는 사후심사 체제는 필수적인 백업시스템인데도 불구하고 사전 준비가 없었다. 너무 급작스럽게 신고제가 시행됨에 따라 사후심사를 담당할 조직과 인력도 없었으며 업무체계 또한 준비조차 할 수 없는 상황이었다.

결국「수출입신고제 실시 이후의 동향」을 파악 정리한 자료[215]에 의하면 많은 곳에서 신고제에 대한 인식의 불일치가 계속 문제가 되었다. 일선 세관에서는 신고제라 하더라도 부당한 통관이 없도록 일부 확인 업무는 계속해야 한다는 주장과 그렇게 하면 신고제의 취지에 위배되므로 형식적인 요건만 보고 그냥 신고수리를 해야 된다는 극단적인 주장이 대립하였다. 세관 직원의 책임 한계도 모호해졌다. 신고제 시행 후 부실 통관사례가 발견되더라도 세관직원의 책임을 물을 수 없다는 주장과 그래도 최소한의 범위 내에서 책임을 물어야 한다는 주장이 혼선을 심화시켰다.

뒤늦게 이를 보완하고자 신고제 시행 시기에 맞추어 1996년 하반기에 관세청 조직을 대대적으로 개편하였다. 백업시스템을 보강하는 차원에서 사후심사 담당 조직을 만들면서 범칙조사부서와 국 단위 조직으로 통합하였다. 그러나 조직만 신설한다고 해서 업무

---

215) 1996년 말 관세청에서는 수입신고제 실시 이후, 세관직원들이 혼선을 겪고 있는 내용이 무엇인지를 파악하기 위해 실태조사를 한 바 있다.

9/
세계화와 국제화, 정보화의 위기를 접하다.

체계까지 그냥 만들어지는 것은 아니었다. 오히려 통관 후에 발생되는 여러 가지 문제에 대해 통관부서, 조사부서 중 누가 주도적으로 일관된 지침을 줄 것인지 새로운 혼선216)이 생겼다. 또한 직원 전문화와 직위분류제를 뒷받침하지 않고 신고제를 시행하다 보니 비인기부서가 새로이 생기는 부작용이 있었다. 세관 직원은 누구든지 검사, 심사, 조사업무를 수행할 수 있는데 그들은 당연히 좀 더 편하고 책임지지 않는 보직을 원했다. 면허제하에서 그 위상이 대단했던 통관부서는 하루아침에 아무도 희망하지 않는 비인기부서로 전락하고 말았다. 그리고 몇 년 뒤, 세관의 수출입 신고가 EDI 또는 Web 방식으로 전자화됨에 따라 통관부서 직원은 컴퓨터 신고화면에 마우스 클릭으로 업무를 수행하는 Click-Man 신세를 면하지 못하게 되었다. 사람이 찾아오지 않는 Paperless 통관체제임에도 과거처럼 Off-Line 사무실에 불필요한 인력을 창구에 배치하고 있다. 사후심사 대상인 납세신고사항은 미결정리 차원의 귀찮은 일로 분류되어 완전한 사후심사체제가 완성되기에는 더 많은 시간이 필요했다. 그나마 불행 중 다행이었던 것은 신고제와 무관하게 1994년부터 추진했던 화물관리 EDI 사업이 1998년에 완료되어 적하목록에 의한 재고관리시스템이 2년 뒤 백업된 점이었다.

20세기 말, 무심코 도입했던 「신고제」는 선진화 차원에서 도입 필요성을 충분히 검토할 수 있는 제도였다. 그러나 관세행정의 기본 철학까지 바꾸는 대형 프로젝트였기에 선진 외국 사례도 벤치

---
216) 신고제 실시후 부실 통관사례가 적발되자 30% 이상 검사지시 등 신고제와 상반된 조치가 시달되고, 본청 각 국실이 직접 자료분석을 해서 조사대상을 일선세관에 지시함에 따라 세관장의 역할이 축소되고 감사관실은 종전에 없던 연대책임을 강조하는 등 업무 전반에 혼선이 야기되었다.

마킹하면서 인프라와 백업을 어떻게 할 것인지, 조직과 인력은 어떻게 재배치할 것인지 등 사전 준비를 한 후 시행했으면 어떠했을까 하는 아쉬움이 남는다. 너무나 준비없이 시행한 관계로 아직도 사후 심사체제는 제자리를 잡지 못하고 있고 이를 보완하기 위한 각종 난개발 조치로 인해 오히려 세관은 수많은 물리적. 화학적 장애를 겪고 있다. 언제쯤 우리는 이를 조화롭게 극복할 수 있을까?

9/
세계화와 국제화, 정보화의 위기를 접하다.

 좌초된 세관절차 선진화

국가경영은 위험관리에 기초한다. 세계 각국의 세관은 위험관리를 하기 위해 2가지 종류의「핵심신고 프로세스」를 운용한다. 그 중 하나는 무역법에 적합하게 수입물품을 통관하기 위한 '수입신고절차'가 있다. 또 하나는 세법에 따라 관세 등 제세를 정확히 납부하기 위한 '납세신고절차'가 있다. 하지만 이 같은 2가지「핵심신고 프로세스」를 각각 분리해서 별도로 하게 할 것인지, 아니면 한꺼번에 하도록 설계할 것인지는 WCO의 권고기준에 불구하고 그 나라의 무역량과 정치·행정 및 납세 문화에 직결되어있어 각기 다른 것이 현실이다.

앞서 설명한 바와 같이 미국은 1978년부터 2가지「핵심신고 프로세스」를 분리해서 수입신고절차(Entry)와 납세신고절차(Entry Summary)를 별도 신고하도록 제도개혁을 했다. 나날이 급증하는 무역화물을 동시에 신고받아 함께 심사 후 처리하는 것이 지난 수십 년간의 경험에 비추어보면 업무의 정확성과 효율성을 해친다고 생각했던 것 같다. 유럽도 마찬가지였다. 국경 통과시 간이한 단일신고서식(SAD[217])으로 우선 통관부터 하고 세금은 일정 기간분을 나중에 주기적으로 납세신고하도록 분리했다. 그 대신 미국과 유럽은 납부세액에 대한 정산절차(Liqudation) 이외에 자율심사(self Assessment)의 결과를 본 후, 연 단위 회계심사 또는 관세조사(Post Audit) 방식으로 통관의 적법성을 보완하도록 했다.

---
217) SAD : Single Administration Document

사실 2가지 「핵심신고 프로세스」를 과거처럼 한 번에 하게 하면 국제간 거래되는 상품의 다양성과 거래가격의 자율성, 그리고 다기능 복합상품의 출현 등으로 세관의 위험관리는 결코 쉽지 않다. 아무리 수입자유화가 되었다 하더라도 GATT 협약상 용인된 국가안보, 사람의 생명과 안전 그리고 상품의 품질 등에 관한 요건을 충족해야만 수입이 가능하며, 우리나라만 하더라도 세관을 제외한 여러 정부 부처에서 약 55개 법령에 의한 수입 요건을 법제화하고 있기 때문에 짧은 시간 안에 이 모든 사항을 확인하여 세관이 통관 여부를 결정하는 것은 사실상 불가능한 일이다. 또한 관세 등 세금 납부를 위해서는 상품가격과 세율을 결정해야 하는데 과세가격은 '신평가협약'에 의한 실거래가격이므로 거래당사자가 아닌 세관이 이를 정확히 파악하기 어렵다. 반대로 관세율은 HS 품목분류가 어렵고 FTA 등 복잡한 양허세율의 적용으로 납세자가 이를 정확히 신고하는 것이 더더욱 불가능하다.

따라서 미국, 유럽 등 서방국가와 달리 유독 우리나라만 2가지 프로세스를 동시에 하도록 고집하는 것은 수입자 입장에서 한 번의 신고로 통관이 마무리된다고 쉽게 생각하겠지만, 업무의 부정확성으로 인한 적법성 시비 등 위험관리의 폐해는 생각보다 심각할 수 있다.

자세한 사항은 후술하겠지만, 서울올림픽을 마친 후 1989년 6월경 관세청은 큰 결심을 한 바 있다. 미국식과 유럽식 제도와 같이 '수입신고절차'와 '납세신고절차'를 분리해서 선진형으로 우리의 모습을 바꾸자는 최초의 '프로세스 혁신 3개년 계획안'을 제시한 적이 있다. 한국형 기업관리방식의 통관 프로세스는 물품반출을 위한 수입신고를 먼저 하고 세금 납부는 15일 뒤 관할지 세관에 별도 신고 후 정산하자는 취지였다. 그러나 이러한 선진화 방안은 계획만 보고되고 관세법 개정은 재무부와 협의가 원만히 이루어지지 않아 좌초되고 말았다. 그 후 관세청은 1996년에 신고제를 도입하였지만, 이때에도 물품 수입신고와 납세신고 프로세스를 구분하지 않고 일괄 신고 형태를 유지함에 따라 별도 분리에 따른 사후심사(Post-Audit) 체제는 백업되지 못했다.

그 뒤 관세청은 새천년을 맞이하여 또다시 2가지 「핵심신고 프로세스」의 선진화를 위한 본격적인 구조개혁에 나섰다. 관세청 조직을 전면 재설계하여 본청에 심사정책국, 본부세관과 일선에 심사국 또는 심사과를 신설했다. 그러나 '수입신고절차'를 이행할 때 '납세신고절차'가 분리되지 않은 상태에서 조직만 분리해서는 만족스러운 심사업무수행체계까지 발전할 수 없었다. 결국 2001년 6월 수입신고와 납세신고 사항에 대한 심사를 분리하기 위해 전산시스템 개선작업을 했다. WCO에서 언급[218]한 바와 같이 수입자는 수입신고를 할 때, 전산으로 함께 납세신고를 하지만 UNIPASS 시스템에서는 납세신고 항목을 따로 분리해서 심사부서에 별도로 신고 접수가 되도록 했다. 수입자가 2번 신고함에 따른 불편이 없도록 하면서, 세관은 통관과 세액심사를 각각 다른 부서에서 처리하도록 하였다. 「납세심사업무 처리에 관한 고시」는 그때 심사업무수행체계의 새로운 설계를 위해 처음으로 제정된 것이었다.

그리고 2003년 초일류세관 프로젝트 추진시 미국과 유럽처럼 월 단위로 주기적 납세신고(이하 '주기적신고'라 한다.)와 세금납

---

218) 교토협약 일반부속서 이행지침 제6장의 3. 서문에서는 "전자신고에 의한 정보교환이 발전하게 되면 종전의 단일 통합신고로 포괄되었던 정보의 분리를 원활하게 할 것이다. 물품신고 DB와 사후심사통제를 위한 거래 DB 두 개로 쉽게 분리될 수 있다."고 소개하고 있다.

부를 하되, 6개월 내 가산세 부담 없이 보정할 수 있도록 다시 한 번 2가지「핵심신고 프로세스」의 분리를 위한 선진화 작업을 하고자 하였다. 그러나 관세사들의 저항이 예상외로 거셌다.「주기적 신고제」를 도입하게 되면 통관수수료 만으로 사후심사 업무까지 이중 일을 보게 되어 경영 애로가 있다고 항의성 불만이 심했다. 이제는 관세사도 제대로 된 세무전문가로서의 보수를 받고 역량 발휘를 해야 한다고 설득도 했지만 이미 악의적인 내용이 관세사회 중심으로 퍼지는 바람에 관세법 개정이 지연되고 말았다. 결국 제대로 된「주기적 신고제」는 도입도 하지 못하고 관세 등 제세만 월별 징수하는 방식으로 제도 개편이 마무리되고 말았다. 세관 절차의 선진화는 또 한 번 좌초되고 말았다. 그래도 그나마 다행이었던 것은 6개월 보정 절차 이후에 파트너쉽에 의한 자율심사가 가능토록 관세법(제38조 3항)에 정식으로 법적 근거를 마련한 것이었다.

앞서 충분한 설명이 있었지만, 사실 여기서 언급하는 2가지「핵심신고 프로세스」는 단순한 세관 절차의 분리가 아니다. 그 안에는 월별단위의 주기적 신고에 따른 보정뿐만 아니라 파트너쉽을 통한 자율심사(Informed Self Compliance)제도라는 민·관 공유의 철학이 있고 위험관리기법도 함께 숨 쉬고 있다.「핵심신고 프로세스」의 선진화가 이루어지면 모든 무역업체는 일정기간 수출입한 내역에 대해 보정뿐만 아니라 연말 정산하듯이 연 1회 자율심사를 한 후 세관장의 확인을 받아 심사종결 등이 가능해진다. 이 경우 관세사는 세무대리인으로서의 위상을 한껏 높일 수 있다. 그런데도 우리는 왜 다른 나라처럼 프로세스의 선진화를 매번 성공하지 못하는 것인가. 이대로가 좋은가. 정말 아쉽기만 하다.

9/
세계화와 국제화, 정보화의 위기를 접하다.

 무역수지 적자와 대기업 조사

올림픽 후 한국경제는 폭발적으로 성장했다. 급속히 늘어난 수출입물동량은 공·항만 등 SOC 기반시설이 감당하기 어려울 정도였으며, 국가경쟁력 강화를 위한 인천 신공항, 부산신항 등 H/W 확충과 S/W의 개선은 숙명적인 과제로 대두되어 많은 보강이 이루어졌다.

특히 경제성장에 따른 자신감은 문민정부 들어 세계화와 국제화를 국가 주요 전략으로 채택하게 했고 「신경제 5개년 계획」을 내세우면서 개방화의 열차는 속도감을 내기 시작했다. 경제의 투명성 제고를 위한 금융실명제 조치와 더불어 UR 쌀시장 개방 등 수입자유화 촉진과 OECD 가입 등으로 대외 개방을 사회 전반적으로 확대시키는 전략을 구사하기도 했다. 그러나 한 나라의 경제는 정부 스스로 개방화에 따른 재정 및 외환 리스크를 얼마나 잘 관리하느냐에 달려있듯이 기업도 이에 편승하여 해외 또는 국내 할 것 없이 문어발식 차입경영에 열을 올리면 스스로 대외채무가 늘어날 수밖에 없고 국민경제도 함께 멍들 수밖에 없는 것이다.

불과 3년이 지난 1996년부터 한국경제는 어려워지기 시작했다. 문민정부들어 세계화·국제화 추세의 확산과 OECD클럽 가입 등으로 우리나라도 드디어 선진국 대열에 합류했다는 정부의 안일한 착시현상이 경제현장 곳곳에 스며들기 시작했다. 대기업은 '세계는 넓고 할 일은 많다'는 식으로 해외 경영에 박차를 가하고 일부 종합상사는 제조업의 경쟁력 강화보다 사치성 소비재 수입에 열을 올리는 등 정부와 기업의 윤리의식은 서서히 무너지고 있었다. 1985년 이후 외채망국론과 만성적인 무역적자에서 벗어나 최초로 무역수지 흑자를 달성했던 우리나라는 그 후 외환사정이 좋아지자 정부, 기업 할 것 없이 방만경영을 하기 시작했고 애써 이룩했던 무역수지 흑자도 적자로 다시 돌아서는 등 경제체질이 한꺼번에 약화되는 문제가 발생되었다.

이러한 상황에서 1996년 하반기 관세청에서는 여러 가지 혼란 상황이 교차하고 있었다. 얼마 전까지만 해도 개방화 추세에 발맞추어「신고제」도입 등 물류 신속화를 촉진해야 한다는 입장을 견지해 왔고 그해 7월부터는「신고제」를 본격 시행할 예정이었다. 그런데 경제 상황이 악화되자, 아이러니하게도 그토록「신고제」도입을 강조했던 관세청의 책임자들이 갑자기 더 이상 대외개방으로 인한 경제적 위기가 확대되지 않도록 통관관리에 신경을 써야 하며, 무역수지 적자[219] 해소를 위해서는 다소의 무리가 있더라도 관세조사 등 수입관리대책을 시행해야 한다는 매파적 메세지를 내기 시작했다. 그해 5월에는 이에 관한 종합대책[220]을 마련한 후 7월에는「국제수지 개선과 국내산업보호를 위한 관세행정 대책」을 수립하여 시행했다.

세관은 혼란스러웠다.「신고제」도입으로 통관부서에서는 시스템이 무력화된다고 아우성이었는데 다른 한편에서는 그해 말부터 대기업 종합상사에 대한 통관적법성 조사를 개시한다고 하니 모두

---

[219] 1996년도 상반기에만 무역수지는 총 77억불의 적자를 기록했는데 대기업 6개그룹이 전체의 90%인 69억불의 무역적자를 보이고 있었다. 특히 대기업들이 소비재 수입을 하기 시작하면서 수입품의 국내시장 침투가 급속히 확대되었다.
[220] 관세청, '국가경쟁력강화를 위한 WTO체제하의 관세행정 개편방안', 1996. 5. 1

9/
세계화와 국제화, 정보화의 위기를 접하다.

가 어리둥절해했다. 그해 A물산, B종합상사, ㈜C, ㈜D 등 주요 대기업에 대한 관세조사는 그렇게 시작되었다. 그 당시 무역적자 축소를 위한 관세청의 각종 규제조치에 대해 정부 내에서도 엇갈리는 시각이 있었다. 특히 소비재 수입이 과다하거나 국산품과 경쟁관계에 있는 물품 또는 중소기업 생산물품과 동일한 소비재를 수입하는 대기업 종합상사에 대한 관세조사는 그 취지에도 불구하고 기업들의 반발과 외국과의 통상마찰 우려 등으로 이를 마땅치 않아 하는 정부 당국자들이 많았다. 그러나 시장 개방에 따른 부작용을 최소화하는 차원에서 관세청은 다소 무리가 있더라도 그 대책을 시행하기로 하였다. 지금에 와서 밝히는 얘기지만, 그 대책은 관계부처 간에도 사전협의조차 원만하지 않았다.

주요 내용을 보면 첫째, 기업별 통관관리를 강화하기 위해 무역수지 적자를 주도하는 대기업에 대하여는 소비재 수입을 자제하도록 유도하고 이에 협조하지 않는 기업은 법에 규정된 모든 검사를 엄격히 할 뿐만 아니라 국내 유통단계까지 추적조사를 실시하여 관세의 추징 등 필요한 제재를 가하며, 둘째 고가소비재의 철저한 가격심사와 의약품, 화장품 등의 품질 허위표시 단속 등으로 품목별 통관관리를 보다 더 강화해 나가기로 했다. 셋째는 선진국과의 사소한 통상마찰을 감수하더라도 미국, EU 등에서 우리 수출품에 대해 부과하는 통관규제와 대등한 수준으로 지역별 통관관리를 강화하며, 넷째는 여행수지 적자개선을 위해 사치성 해외여행을 억제하고 과다반입자에 대한 정밀검사 방침을 대외적으로 공표했다.

1996년 말, 대기업 종합상사에 대한 관세조사 결과는 실로 의외였다. 우선 상당수 기업이 금괴 수출입을 동시에 하고있는 사실이 발견되었다. 일부 종합상사는 국내 매출 1위 기업이라는 명성을 얻기 위해 매출 부풀리기 차원에서 금괴 수출입을 하고 있었고 또 다른 종합상사는 금괴 수출입을 통해 편법적인 무역금융을 하고 있는 사실이 밝혀졌다. 사실상의 해외 차입경영이나 마찬가지였다. 이를 중단시키면 당장 치명적인 타격을 입을 상황이었다. 또한 수입선다변화 규제를 받는 화려한 영상장비를 계열사를 통해 편법 수입하는 사례도 있었다. 그 당시 대기업들은 소비재 수입에 대한 국내의 부정적 여론을 감안하여 스스로 자제하기로 하였지만, 평소 갖고 있던 문어발식 경영에 관한 방만한 인식과 해외 차입을 통한 외채 양산 등 편법적인 윤리의식은 또 다른 분야에서 경제 상황을 더 악화시키는 계기가 되었다.

당시 관세청이 만들었던 「국제수지 개선과 국내산업 보호를 위한 관세행정 대책」은 전략적인 관점에서 제시한 대책으로서 신고제 도입과 맞물려 다소 혼란스럽기는 했으나, 세월이 흘러 IMF 경제위기를 겪으면서 되돌아보면 결과적으로 어느 정도 필요한 조치가 아니었나 하는 생각도 든다. 왜냐하면 정책부처 그들이 범정부적인 차원에서 개방화에 따른 부작용을 미리 예측하고 대책을 수립했으면 얼마나 좋았을까. 일선 무역현장의 관세청이 나서서 쓸데없는 규제 일변도의 조치를 한다고 비난만 하는 것은 옳지 않다고 생각되었다. 당시는 정부 내에도 개방론자들이 다수 있었기에 관세청의 보고 자체를 청와대 내에서도 탐탁찮아 하는 사람이 있었다고 했다.

그러나 1997년 말의 IMF 경제위기는 '위기를 준비하지 않는 자에게 미래는 없다'는 교훈을 철저히 인식시키는 계기가 되었다.

편법적인 무역금융의 종말

흔히 맛있다고 과식을 하다 보면 체하는 경우가 있다. 국가경영이던 기업 경영이던 과욕을 부리면 언젠가 회복할 수 없는 큰 상처를 입는다. 우리나라 역사 속에서 기업 문화의 한 페이지 신화를 창조한 거대기업이었지만 지금은 그 명성에도 불구하고 사라져 버린 기업이 있다.

1996년 10월 어느 한 언론 보도에 의하면 "국내 D전자가 세계 최대 TV업체 중의 하나인 톰슨 멀티미디어 인수를 계기로 프랑스 투자를 확대키로 했다. 이와 관련하여 프랑스에 브라운관용 유리벌브를 생산할 대규모 공장을 건설하는 것을 비롯해 비메모리 반도체 사업에도 참여, 유럽 지역에 전자 복합생산체제를 구축할 방침이다."라고 했다. 그리고 톰슨전자를 미화 1불에 인수해서 투자한다는 보도가 대대적으로 있었다. 하지만 결국은 프랑스 정부의 반대로 무산되었다. "세계는 넓고 할 일은 많다"라는 책으로 유명세를 타고 해외 경영의 초석을 다진 영웅적인 인물이 회장으로 있는 기업이었는데 그에게 그만한 투자자금이 비축되어 있었는지는 의문이다.

앞서 언급한 대기업 종합상사에 대한 관세조사는 우리나라 최초로 수출입을 가장한 무역금융의 운용실태가 수면 위로 올라온 사건이었다. 대부분이 금괴 수출입을 하였는데, 다른 종합상사에 비해 D그룹은 그 목적이 달랐다. 그들은 해외투자에 필요한 재원을 금괴 수출입을 이용한 무역금융으로 조달하고 있는 것으로 추정되었다. 그 당시 수십억 불 상당의 금괴를 수출입하면서 수입자로부터 수출선수금은 미리 받는 조건으로 수출을 하고 수입은 Usance[221] 외상지급 방식으로 수출자에게 지급하는 조건으로 동시 거래를 함에 따라 상당 기간 외화자금 융통이 가능한 재무구조를 갖고 있었다. 유전스 어음을 활용한 이자 지급은 해외 현지법인의 영업비 등 무역외비용으로 지급하는 편법을 쓰기도 했다. 더더욱 문제인 것은 금괴의 원상태 수출입을 동시에 함에 따라 관세 등 제세를 환급받지만, 실제 수출대금 수령시점과 수입시점의 과세환율이 다르다 보니 환급시스템 적용 상의 여러 가지 문제가 있었다. 그럼에도 불구하고 이러한 무역금융은 수년간 지속되고 있었다.

종합상사에 대한 관세조사 결과는 정부 차원에서도 수습방안을 모색하기가 쉽지 않았다. 수출입을 가장한 무역금융[222] 행위는 그 자체가 법규 위반은 아니지만, 관세 및 내국세 환급 상의 문제가 필연적으로 발생할 수밖에 없고 외환관리법상으로도 금융이자 지급방식이 비정상적인 무역외비용 지급방식이라 더 이상 계속 유지하는 것이 힘든 상황이었다. 그러다 보니 심각한 문제는 이미 무역금융을 통해 조달한 재원으로 해외투자를 벌려놓은 상황이기 때문에 이를 강제적으로 중단시키면 소위 「자전거 이론[223]」과같이 갑자기 멈추게 되는 우려를 하지 않을 수 없었다. 그들 스스로 연착

---

221) Usance L/C는 기한부 신용장으로서 수입자가 화물도착과 동시에 일정기간 외상으로 받고 차후에 대금을 지급하는 방식을 말한다.
222) 무역금융은 수출입 소요자금을 금융기관이 지원해 주는 제도로 이해하지만, 지원방식에 있어 신용장 거래일 때에는 수출선수금을 미리 받고 수입대금은 일정기간 외상 지급하는 형태로 거래조건을 만들어 그 기간 동안 해외자금을 활용할 수 있도록 지원하는 방식도 있고 또는 국내로 물품 이동이 없는 상태에서 곡물, 비철금속 등 주요 원자재를 해외에서 해외로 수출, 수입할 때 거래대금을 지원해서 환차익과 매매차익을 실현하거나 자금 활용을 지원하는 방식도 있다.
223) 자전거로 계속 달리려면 페달을 밟아야 하는 것과 마찬가지로 다자간 무역체제가 지속하려면 후속협정을 계속 해야만 한다는 경제적 용어이나, 여기서는 계속 페달을 밟지 않으면 쓰러질 수밖에 없다는 경제위기 측면에서 원용하였다.

9/
세계화와 국제화, 정보화의 위기를 접하다.

류할 수 있는 시간적인 여유가 필요하다고 생각했지만, 그들은 힘들어했다. 우리는 이러한 현상이 단순한 특정 기업의 위험한 일탈이라기보다는 무역금융제도의 편법적인 운용에서 오는 부작용이라고 보고 재정부 등 금융관련 기관에 제도개선에 필요한 정보를 제공하기에 이르렀다. 금융당국 또한 이를 한꺼번에 개선하지는 못하고 유전스 기간을 점차 단축하고 수출선수금 지급시기를 조정하는 등 연착륙을 위한 제도개선에 착수하여 단계적으로 시행했던 기억이 있다.

당시 우리나라는 이미 3년 이상 만성적인 무역적자로 돌아선 상황이었고 외환보유고 또한 넉넉하지 못한 상황이었다. 여러 대기업의 무분별한 해외 차입과 문어발식 경영 그리고 자동차, 화장품, 골프용품 등 소비재 수입은 국내외적으로 많은 비판을 받고 있었다. 하지만 모두들 세계화·개방화 정책에 몰입되어 OECD 클럽 가입 등 경제 전망을 아주 낙관적으로 하고 있던 시기라 무역적자와 외환위기 해소를 위한 강력한 규제 등 새로운 정책 수단의 선택은 거들떠보지도 않았을 뿐만 아니라 이를 주장하는 매파적인 정책당국자를 아예 무시해버리는 상황까지 있었던 것으로 기억한다.

결국 그다음 해인 1997년 11월. IMF로부터 구제금융 지원을 받을 수밖에 없는 외환위기가 실제 현실이 되어 돌아왔다. 국민기업으로 불리던 기아그룹과 한보, 해태, 진로 등 대기업과 은행권조차도 도산 또는 합병되는 사태가 있었다. 그 후, IMF 외환위기 극복과정에서 D그룹은 구체적인 이유를 알 수는 없지만 도산하고 말았다. 결국은 무분별한 해외 차입이 하나의 원인이 되지 않았을까 추정해볼 뿐이다.

IMF와 한보철강의 법정관리

IMF 외환위기가 도래하기 전, 수많은 기업이 쓰러졌다. 그중에서도 말도 많던 한보철강. 당시 재계 14위였던 한보그룹의 주력 계열사 한보철강이 1997년 1월 23일 부도가 난 것은 대한민국 IMF를 논할 때 빼놓을 수 없는 중요한 사건이다.

사실 1997년의 한국경제는 침몰 직전에 있었다. 1997년 IMF 구제금융을 받은 후, 국내 언론과 인터뷰한 '루디거 돈부시' 미국 MIT 대 석좌교수의 말이다. 그는 "한국은 그동안 나라 전체가 오버나이트(하루짜리) 자금에 의해 살아왔으며, 국민들만 그것을 몰랐을 따름이다. 차를 천천히 운전하면 사고가 나지 않지만, 한국처럼 음주운전으로 고속질주를 하게 되면 금융시장에서 발생한 아주 사소한 뉴스에도 부도가 날 수 있다."는 논리로 냉정한 비판을 한 바 있다.

IMF 외환위기의 신호탄이 된 한보그룹은 1990년부터 '당진 제철공장' 설립을 시작했다. 해당부지가 조수간만의 차가 심해서 대형 선박이 드나들기 적합한 지역이 아니었음에도 매립 허가는 단 9개월 만에 났다고 여러 언론에서 정경유착의 결과로 의심하는 보도가 있었다. 이러한 가운데 1996년 대통령 비자금 사건에 한보가 '수서 택지개발 특혜분양 사건'으로 연루된 사실이 드러나면서 주 자금원이었던 주택건설사업에서 손을 뗄 수밖에 없는 상황이 되었다. 이로써 사실상 한보그룹은 자금조달 능력이 없어진 셈이 되었고 결국 부도가 났으며 한보철강 역시 같은 길을 걸을 수밖에 없었다.

9/
세계화와 국제화, 정보화의 위기를 접하다.

그 당시 IMF의 도화선이 된 부실기업은 한보철강 이외에도 여러 곳이 있었다. 우리나라 제빵 역사인 삼립식품은 1997년 5월, 국민기업 기아그룹은 1997년 7월, 문어발식 경영을 하던 진로그룹은 1997년 9월, 해태그룹은 1997년 11월에 최종 부도 처리되었다. 문어발식 경영과 해외 차입 확대로 인한 기업 부실과 금융권의 위기는 갑작스럽게 닥친 일이 아니고 그동안 누적되어왔던 폐해가 하나둘씩 한꺼번에 수면 위로 드러나면서 시작된 것이었다.

1996년 가을부터 한보철강의 부도 우려 소식이 간간이 언론에 내비치고 관가 주변에는 소문이 왕성하게 돌았다. 정부 내 금융정책 책임자들이 앞으로 미칠 경제적 파급효과와 책임 등을 우려하여 매우 곤혹스러워 한다는 소문도 있었다. 드디어 1997년 1월에 이르러 한보철강이 부도 처리된 후, 한보철강의 기업회생절차가 난데없이 관세청의 도마 위에 올랐다.

한보철강 입장에서는 당장 세금 낼 돈은 없지만, 공장 가동은 해야 그나마 기업회생에 도움이 된다고 생각했던 것 같다. 한보철강으로부터 고철 통관 시 관세 등 제세납부에 대한 '고지유예'를 해 달라는 요청이 들어왔다. 얼마나 다급했으면 재경원조차도 비슷한 의견을 제시할 정도였다. 그러나 관세법상 납세고지 후 납기를 연장해 주는 제도는 있어도 납세고지 자체를 원천적으로 유예하는 제도는 존재하지 않는다. 얼마나 부탁 아닌 호소를 했던지, '납기연장'과 '고지유예'를 두고 정부 내에서도 한참 실랑이가 벌어졌다. 한보철강이 그동안 정경유착을 통한 부실 경영으로 부도 처리 되었다는 사회적 여론이 비등한 상황에서 '고지유예'는 또 다른 특혜시비와 위법의 문제가 있으므로 절대 이를 허용할 수 없다는 것이 관세청의 일관된 입장이었다.

결국 한보철강은 고철 통관 시 납세고지 후 6개월 범위 내에서 '납기연장'만 해 주는 쪽으로 관계부처 입장이 정리되었다. 그리고 얼마 가지 않아 한보철강은 기업회생절차를 밟을 수밖에 없었고 결국 법정관리에 들어가고 말았다. 관세청의 판단이 옳았다. 그 당시 체납관리를 하는 일선 세관은 한보철강이 법정관리 하에 있더라도 계속 공장을 가동하고 영업을 해야만 하는 상황이므로 6개월 납기 연장이 만료되면 또다시 재연장해 주도록 법원 쪽에 요청을 할 것이라는 우려를 하고 있었다. 부실채권을 관리하는 법원 쪽에서도 납기 연장 재요청을 해 왔으나 이를 수용하지 않았다. 뻔히 체납과 부실이 예상되는 상황에서 그렇게 할 수는 없었다. 그리고 이러한 특혜성 지원은 관세법상 허용할 법적 근거도 없고 또 하나의 위법한 선례가 된다는 점을 법원 쪽에 계속 전달했다.

특히 그다음 해인 1998년 말에 대통령선거가 있었기에 이러한 특혜성 지원이 정치권의 소재거리로 등장하는 것에 대해 경계해야만 했다. 관세청 입장에서도 아무리 우리의 주장이 옳다고 하더라도 IMF 경제위기의 충격이 워낙 컸던 탓이라 관계부처끼리도 의견조정이 쉽지 않았다. 특히 책임지지 않는 외부기관의 의견은 참고만 할 뿐, 정책 결정에 반영하지 않았다.

결국 한보철강 법정관리 과정에서 채권추심을 위한 각종 압류조치는 관세청의 일관된 독자적인 판단하에 이루어졌다. 등기부상 압류된 관련 거증 서류만 해도 라면박스 크기로 몇 개나 된다고 채권관리 담당 세관직원이 하소연하기도 했다. 그렇게 한보철강은 기업회생절차를 밟으면서 역사 속으로 사라졌다. 오늘날의 현대제철이 바로 한보철강의 전신임을 다들 알고나 있는지 모르겠다.

시장개방과 한국적 고민

해외의존도가 높은 우리나라는 세계화가 필수적이며 시장개방은 경쟁을 촉진하는 차원에서 매우 바람직한 정책이라고 다들 믿고 있다. 그러나 국내시장 여건을 고려하지 않거나 농업보호 등 집단이기주의에 매몰된 준비없는 개방은 그 폐해가 심각하지 않을 수 없다. 실제 UR 협상 과정에서 농산물 시장 개방과 관련하여 한국만이 갖고 있던 고민과 부작용은 없었는지 그리고 이러한 문제들을 어떻게 수습했는지 한번 되짚어볼 필요가 있다.

문민정부하에서는 쌀시장 개방과 관련한 '우르과이라운드' 최종의정서가 1996년에 발효되었다. 청와대를 비롯해 정부 부처 간 정보공유가 부족한 상태에서 대통령은 농림부장관을 통해 일방적으로 '쌀시장 등 농산물 수입개방'을 발표했다. 그날 우리는 청와대 내에서 미리 이러한 정보를 전파하지 못한 책임추궁으로 하루를 시작했다. 그러나 한국은 UR 농산물 수입개방 조치 이후, 몇 년 지나지 않아 고민품목인 쌀, 참깨, 땅콩 등 농산물 조제품의 무분별한 수입 때문에 여러 가지 난처한 입장에 빠지게 되었다.

우선 정부 차원에서 수입 개방은 멋있게 발표했는지 몰라도 개방 후의 대처방안에 대한 관계부처 간 실무적인 협의나 준비는 전혀 없었기 때문에 농산물의 품목분류 문제와 관련한 여러 가지 기술적인 혼선이 있었다. 기초 농산물의 가공 정도와 다른 원료의 혼합 유무에 따라 어느 것은 수입이 제한되고 어느 것은 수입이 개방되는지가 불분명했다. 특히 쌀, 참깨, 고추, 감자, 밀가루, 옥

수수, 도토리, 마늘, 생강, 전분 등 한국만이 가지고 있는 고민품목은 수백만 농민의 생계와 직결되기 때문에, 농민단체의 반발과 저항이 극렬한 수준이었다. 이러한 문제는 통관과정에서 오롯이 관세청 몫이 되어 참으로 고생했던 기억이 있다. 미국 등은 한국이 수입 개방을 시늉만 하고 실제로는 까다로운 기준을 두어 예전과 같이 비관세장벽에 해당하는 수입제한 조치를 한다고 통상이슈를 제기해 왔고 국내 농민단체는 무분별한 수입을 관세청이 허용하지 않도록 적절한 제한조치를 취해 줄 것을 요구하고 있었다.

일례를 들면, 쌀은 시장접근물량 범위 내 일정 수량만 개방하고 나머지는 수입이 제한되도록 규정되어 있었다. 그러나 튀긴 쌀 등 일부 조리된 쌀은 조제품으로 분류되기 때문에 관세율 8%로 수입이 전면 개방되어 있었다. 그러면 어느 정도 튀긴 것이 조제품이냐는 품목분류의 문제가 있었고 이는 곧 수입이 제한되느냐 여부와 관련된 중요한 정치적 쟁점이 되었다. 이러한 예는 쌀뿐만 아니라 모든 농산물에 걸쳐 문제가 발생되고 있었다. 볶은 땅콩, 볶은 참깨는 농산물 조제품으로서 8% 관세율이 적용되지만, 생땅콩 등 기초 농산물은 300% 이상의 고율 관세가 부과되었다. 특히 고춧가루와 같이 한국인 정서에 지대한 영향을 미치는 품목은 심각한 고민이 아닐 수 없었다. 고추다대기 같이 혼합품(Mixed Goods)의 경우에는 다량의 고춧가루에 물과 조미료를 섞어 수입하는데 이를 관세율 8%의 조제품으로 인정하면 고춧가루 수입제한 규정은 사실상 유명무실해지는 문제가 있었다. 따라서 이 같은 한국적 고민 품목은 수입 개방의 취지와 무관하게 고세율 적용을 통해 수입을 계속 제한해야 하느냐 아니면 조제품으로 봐서 낮은 관세율로 수입 개방을 해야 하느냐의 문제가 있었다.

9/
세계화와 국제화, 정보화의 위기를 접하다.

결국 관세청은 외교적 통상이슈의 우려에도 불구하고 한국적 고민품목에 대해 몇 가지 억지스러운 차선의 조치224)를 단행했다. 국제적으로 H.S 협약에 의한 품목분류체계는 6단위까지 통일적인 분류원칙을 적용하지만 보다 세부적인 분류기준은 체약국이 각자의 사정에 맞게 품목분류를 세분화하여 운영할 수 있도록 보완조치를 두고 있기 때문이다. 첫째, 튀긴 쌀은 전자현미경으로 봤을 때, 쌀의 세포조직이 완전히 파괴된 것만 조제품으로 분류하기로 했다. 이는 튀긴 쌀로 밥을 지었을 때 쌀의 형상 유지가 어려운 상태의 수준까지를 의미하기 때문에 생쌀의 위장수입을 방지할 수 있는 비교적 효과적인 조치였다. 둘째 볶은 땅콩, 볶은 참깨 등은 볶은 후의 적색도 값을 높게 책정하여 거의 탄 맛이 날 정도의 것만 조제품으로 인정하기로 품목분류기준을 정했다. 볶은 참깨의 경우 과다하게 볶으면 참기름 수율이 떨어져 생산성이 없기 때문에 자연스럽게 수입이 제한되는 효과가 있었다. 이외에도 고추다데기, 전분 조제품 등 같은 혼합품은 원료 혼합비율 기준으로 조제품 인정 여부를 결정하도록 하였으며, 그 기준은 일본의 예(85%)를 원용하기도 했다. 그리고 한때 미측에는 다른 원료가 10% 이상(cut off rule) 함유되어야 조제품 분류가 가능하다는 기준을 제시하여 USTR과 통상이슈화 되기도 했었다.

그러나 상기와 같은 행정조치들은 단기적으로 한국적 고민품목에 대한 차선의 대응 방안이 될 수는 있으나, 국제사회에 드러내놓고 주장하기에는 논리적 결함이 있었다. 예를 들어 혼합품(Mixed Goods)의 경우 UR 협상 과정에서 미국은 수입 후의 실제 사용 용도에 따라 용도별 관세율을 적용하고, EU는 혼합된 재료

---

224) 관세청훈령 제1415호, '품목분류기준에 관한 시행세칙', 2010. 12. 27

별로 분리과세를 적용하며, 일본은 혼합비율 기준에 따른 과세방안을 협상테이블에 올려 치열하게 논의 후 양해를 받았지만, 우리는 전혀 그러하지 못했다. 국내적으로 반발 여론 때문에 수입개방 방어전략에만 전념하느라, 정작 식품가공업에 영향을 미치는 혼합품 과세방법에 관한 정책적 판단을 하지 못했다. 이는 협상 과정에서 대부분 품목분류 기술전문가가 참여하지 못한 때문이기도 하다. 그 결과 기초 농산물을 주원료로 하는 국내 식품가공업은 설 자리를 잃어버렸고 대부분 중국 등 해외임가공업체를 통해 조제품 형태로만 수입할 수밖에 없는 현실에 직면하고 말았다. 국내 농가보호를 위한 명분 때문에 국내 식품가공업이 무너지는 아픔을 겪어야만 했다.

사실 우리나라 농산물 식자재의 국내 생산 및 자급도가 매우 부족한 지금, 수입개방은 불가피한 현실이다. 이러한 상황 속에서 아무리 한국적 고민품목이라 하더라도 다른 원료가 상당량 함유되어 기초 농산물로서의 본질적 특성이 상실된 것조차 고율의 관세를 부과하는 것은 이제 선진무역국으로 취할 자세가 아니라고 본다. 미국, EU, 일본 등 주요 교역국의 품목분류기준을 참고하고 향후 협상 과정에서는 우리나라 국내산업 보호에 필요한 기준을 반드시 반영하도록 노력해야 실질적인 국가경쟁력 향상과 농촌 진흥에 도움이 될 수 있을 것이다.

성철스님과 품목분류의 모순

"산은 산이요, 물은 물이로다"라는 화두는 성철 스님이 원용한 소중한 어록이다. 수도자의 득도가 작고 대수롭지 않을 때는 물이 산으로, 산이 물인 듯 혼란스럽지만, 득도하는 규모가 확대되면 물은 물로, 산은 산으로 보게 된다. 자연의 이치, 외부세계나 사물을 객관적으로 보게 되는 이치를 터득하게 된다는 뜻이다.

그는 1993년 입적하기 전, 자신을 위한 기념물을 만들거나 남기지 말라고 훈시를 했다고 한다. 그러나 1999년 어느 날, 국내 대기업에서 일본의 유명한 예술작가에게 의뢰하여 금으로 세공한 성철스님 '사리함'이 국내에 반입되면서 해당 물품에 대한 관세율 적용 논란이 벌어지고 말았다. 상기 물품은 불사에 기증되는 물품이기는 하나 관세율표 해설서에 의하면 '귀금속 제품'으로 볼 것인지, 아니면 '예술품'으로 볼 것인지가 쟁점이었다. '귀금속 제품'은 관세율 3%뿐만 아니라 사치품에 부과되는 특별소비세(지금은 개별소비세임)까지 부과되지만, '예술품'은 관세 무세에 기타 내국세까지 면제되므로 세액 차이가 크게 났다. 이 때문에 관세율표상 품목분류를 어느 것으로 할지가 문제였다. 한 마디로 "귀금속 제품은 귀금속 제품이요, 예술품은 예술품이로다"가 웃지 못할 정답이었다.

관세법상 품목분류는 이같이 국제적으로 상거래되는 상품에 대해 사물을 무엇으로 볼 것이냐에 따라 관세율과 내국세의 적용이 달라지며, 세액의 차이가 크게 나는 경우가 자주 있다. 쌀과 일부

가공된 쌀의 경우가 그러하고 태블릿 PC의 경우 휴대전화기로 볼 것인지, 아니면 컴퓨터로 볼 것인지 등이 비슷한 예에 해당한다. 그리고 이러한 품목분류를 함에 있어서는 관세율표의 해석에 관한 통칙에서 정한 순서에 따라 분류를 하도록 규정하고 있다. 아무리 자연과학적인 스팩 등에 의해 사물을 정의하더라도 그 규격과 기능의 특성을 사람에 따라 달리 볼 수도 있고, 그 제품의 기능이 한가지가 아니라 여러 가지 기능이 함께 있는 복합기인 경우, 또는 한가지 재료만으로 구성되지 않고 여러 가지 원료가 섞인 혼합품의 경우에는 보는 이의 시각과 해석에 따라 품목분류는 천차만별 달라질 수 있다. 특히 나라별로 각자의 산업구조 비교우위가 다른 경우에는 산업별 특성을 고려한 품목분류를 할 수 있다. 예를 들면 최첨단 정보기술이 발전한 미국의 경우에는 통신기기를 컴퓨터 등 정보기술 제품과 함께 저세율 또는 무세 품목으로 분류하는 경향이 있으나, 그렇지 못한 EU의 경우에는 자국산업 보호를 위해 이를 별도로 분리하여 품목분류를 하는 성향이 있다.

따라서 품목분류를 함에 있어서는 H.S 협약을 통해 최소한의 혼선을 방지하고 통일적인 품목분류를 하기 위해 세계 각국이 국제적 노력을 과거부터 함께 해왔다. 왜냐하면 일부 후발개도국이 자국 산업의 보호를 위해 특정품목을 관세율이 높은 품목으로 분류하여 수입 규제를 하는 불합리함을 사전에 제거하기 위함이었다. 일반적으로 우리나라는 납세자가 품목분류에 의문이 있는 때에는 관할지 세관에 미리 물어보고 신고할 수 있도록 「품목분류사전회시제도」가 있으며, 납세자와 세관 간에 이견이 있거나 둘 다 혼선이 있는 때에는 중앙관세분석소, 관세평가분류원 등 중립적인 전문기관에 질의해서 그 결과에 따라 처리하도록 운영하고 있다. 그리고 중립적인 전문기관조차도 쉽게 판단을 못 내리면 관

9/
세계화와 국제화, 정보화의 위기를 접하다.

세청에 설치된 위원회에서 이를 결정하도록 법제화하고 있다. 특히 국가 간에 품목분류에 의견 충돌이 있는 때에는 세계관세기구(WCO)의 품목분류위원회에 상정[225]하여 회원국들의 의견을 종합한 후 다수결 원칙에 따라 품목분류를 권고 및 결정한다. 이와같이 품목분류를 최종 결정함에 있어서는 국내외적으로 모두 다수결의 원칙이 적용된다.

성철스님의 귀금속제 사리함도 납세자는 '예술품'임을 주장한데 반해 통관지세관은 '귀금속제품'이라고 상반된 주장으로 일관하여 관세청의 품목분류위원회 안건으로 상정하게 되었다. 위원회 석상에서 열띤 토론이 이어졌다. 당시 납세자 입장을 대변하는 전문가들이 참석하였는데 그 중 불교계 전문가 한 분이 "요즘 공직자들은 매장문화재[226]에 대해 너무 모른다."면서 성철스님의 귀금속제 사리함은 땅속에 매장되는 물품으로서 시중에 거래되는 상품이 아니라고 주장했다. 향후 문화재로서 충분한 가치가 있는 예술작품이며, 시중에 판매되지 않는 물품에 대해 특별소비세 부과대상 품목으로 분류하는 것은 부당하다고 강조했다. 그 당시 위원회는 처분청의 반대의견에도 불구하고 대다수 민간위원의 찬성의견에 동조하여 예술품으로 분류하는 결정을 하였다.

앞서 언급한 바 있지만, 관세율 적용에 관한 품목분류 결정은 이같이 다수결의 원칙이 적용됨에도 실제 운영상 많은 모순을 안

---

[225] 삼성전자 '갤럭시 기어'에 대해 인도세관이 ITA협정상 관세무세인 무선통신기기가 아닌 시계(관세 4~10%)로 분류함에 따라 제55차 WCO 품목분류위원회 (179개국)에서 인도, 터기 등을 제외한 대다수 국가가 무선통신기기로 분류할 것을 권고했다.
[226] 매장문화재란 토지, 해저 또는 건조물 등에 포장된 문화재로서 보통 발굴에 의해 그 모습이 드러나는데 국보 39호인 금동사리함, 국보 208호인 세존사리탑 금동사리기 등이 이에 해당한다.

고 있어 논란이 된다. 품목분류에 관한 전문지식은 납세자에 비해 세관이 훨씬 더 많은 정보와 지식을 갖고 있기 때문에 그들의 결정이 우선한다. 만일 성철스님의 사리함뿐만 아니라 그 어떤 품목이 관세 무세품으로 품목분류가 되면 그 이전에 수입된 다른 유사 물품은 모두 관세등 징수한 세금을 돌려줘야 하는가. 아니면 관세율이 높은 제품으로 분류된다면 과거에 관세율이 낮은 품목으로 통관된 물품에 대해서는 관련 세액을 모두 추징해야 하는가의 문제이다. 기본적으로 품목분류의 결정은 대법원 판결과 같이 다수결의 원칙이 적용되기 때문에 소급적용을 금지하는 것이 마땅하며, 결정일 이후에 적용하는 것이 타당하다. 그 이유는 첫째, 품목분류 결정과 관련하여서는 소수의견이 존재하기 때문이다. 다른 결정을 주장하는 소수의견에도 불구하고 과거분을 소급 적용하는 것은 합리적이지 않다는 지적이다. 둘째는 세관 등 1차 판정기관의 분류의견이 최종적인 관세청 품목분류위원회에서 논의 후 변경되는 경우가 자주 있기 때문에 1차 판정기관의 결정만으로 소급 추징하는 것은 불완전하다는 점이다. 셋째는 신뢰보호의 원칙에 따라 품목분류 변경 이전의 결정은 납세자에게 유리한 경우가 아니면 소급 적용하지 않도록 관세법 제86조에서 규정하고 있는 점도 명확한 이유이다.

품목분류 결정은 대법원의 판결과 같이 미래에 적용된다는 법리적인 속성에도 불구하고 과거분에 대한 소급 적용으로 관련 세액을 추징하거나 환급처분하는 모순이 종종 발생한다. 성철스님의 "산은 산이요. 물은 물이로다"라는 경지까지 품목분류에 관한 득도가 충분하지 않은 일반 납세자에게 신고제라는 이유만으로 통관된 내역을 갖고 그들에게 세율적용의 착오를 문제삼아 소급 적용을 운운하는 것은 모순이다.

다국적기업의 절세이기주의

1949년 제정된 '세관 목적을 위한 물품의 평가에 관한 협약(일명 : 브뤼셀 평가협약)'은 「일물일가주의」에 의존하는 방식이다. 하나의 상품에는 하나의 가격만 성립한다는 이론은 세관 당국의 계산에 의존하는 정상가격(Normal Price)이라는 개념을 사용함으로써 무역업계로부터 많은 개선요구를 받아왔다. 예를 들어 국내 가전 3사가 동일한 A 부품을 각자의 영업력으로 각기 다른 P1, P2, P3 가격으로 국내에 수입하더라도 세관은 이를 인정하지 않고 세관이 정한 정상가격 P로 과세가격을 산정한다는 뜻이다. 이 경우 납세자는 아무리 절세를 하고 싶어도 세관의 정상가격 인정과세를 피할 수 없기 때문에 불가능하다. 또한 세관의 정상가격을 사전에 알 수가 없기에 납세자 스스로 신고납부가 불가능한 불편도 있었다. 이에 반해 세관당국 입장에서는 임의적이고 가공적인 가격을 정상가격으로 사용하는 편의성이 있었다.

이러한 문제점들로 인해 선진국은 GATT 체제 하에서 다자간 라운드를 통해 관세율 인하를 하더라도 특정 국가가 과세가격을 임의적으로 높게 책정하면 수입억제 효과 등이 발생되어 국제간 물적교류의 확대를 기대할 수 없다고 호소했다. 때문에, 미국의 주도로 1979년 GATT 신평가협약이 체결된 이후, 우리나라에서도 1980년대 중반부터 "실제로 지급했거나 지급하여야 할 가격"을 과세가격으로 산정하도록 그 적용방식을 변경하였다. 이제 과세가격은 세관보다 납세자가 더 잘 아는 P1, P2, P3 가격으로 각자 신고를 할 수 있게 되었고 세관은 그 신고가격의 적정성을 다시 살펴봐야 하는 힘든 입장이 되었다.

이를 계기로 일부 납세자들은 「절세이기주의」에 눈을 뜨게 되었다. 특히 특수관계에 있는 기업들로 구성된 '다국적기업'은 그들 간의 원재료, 제품 및 용역을 공급하는 경우 국가 간 관세율과 법인세율 차이를 이용한 세후 이익 극대화를 위해 수입시 과세가격에 적용되는 이전가격을 조작하는 경우가 다반사로 발생하게 되어 「절세이기주의」가 극에 달하는 문제까지 발생하였다.

2011년 9월 어느 날, 국회 기획재정위에서는 개인적으로 아주 곤혹스러운 관세청 국정감사가 있었다. 다국적기업인 외국계 D사가 관세청으로부터 위스키 수입 시 이전가격을 조작했다는 이유로 약 2,000억 원 상당의 관세 등 추징 처분을 받았는데 이에 대한 불복 청구를 하여 조세심판원으로부터 재조사 결정을 받은 것이 문제가 되었다. 위스키는 관세, 주세 등 합산세율이 약 150%를 넘어가는 고세율 품목인데 법인세 최고세율 24%에 비해 수입관세 합산세율이 너무 높기 때문에 당연히 수입자는 위스키 수입 시 상표권, 로얄티, 기타 구매비용 등 이전가격 요소를 최소화하여 세관 신고가격을 낮추는 절세 노력을 하기 마련이다. 설사 영업이익이 나더라도 법인세율은 수입관세 합산세율에 비해 상대적으로 낮기 때문에 그 차액만큼 절세가 가능하다고 판단했을 것이다. 그러나 세관당국에 의해 신고가격이 '실거래가격'으로 인정받지 못함에 따라 관세조사를 받은 후 해당 세액을 다시 추징 처분을 받게 된 것이었다. 그러나 국회에서는 전직 관세청 고위직(차장)이 퇴직 후 로펌으로 취업해서 전관예우 등으로 관여를 함에 따라 조세심판원이 재조사 결정을 내린 것이 아니냐는 의혹 제기를 했었다.

사실 본건은 추징을 위한 과세가격 결정 과정에서 최후의 합리적인 제6방법을 적용하였는데, 원가 이외에 동종업종의 이윤 및 일반경비 등 가산 요소와 관련하여 처분청과 납세자 간 의견이 아주 첨예하게 대립하였기 때문에 입장 차이가 매우 컸다. 결국은 행정소송까지 가서 법원에 의한 가산 요소 및 세액조정 합의로 일단락되었다.

살다 보면 이와는 반대되는 웃지 못할 경우도 있다. 일부 무선통신기기는 ITA 협정에 따라 관세율이 무세이므로 향후 영업이익에 대해 부과하는 법인세율에 비해 통관 시 납부하는 세율은 거의 '0'라고 봐야 한다. 그러다 보니 오히려 법인세 절세를 위해 세관 수입신고시 무선통신기기의 실거래가격을 실제 수입가격보다 배 이상 높게 신고하는 경우가 있을 수 있다. 따라서 관세청과 국세청 간에도 관세 또는 법인세 부과와 관련하여 상호 이견이 발생되어 서로 조정을 해야 하는 경우까지 있다. 국세청은 선행 과세한 세관 신고가격을 인정하기 곤란한 경우가 있고 세관은 추후 세무서에서 결정한 정상가격에 이견이 있을 수 있기 때문이다.

이와 같이 GATT 신평가협약에 의한 과세가격 결정방법은 가격 정보가 부족한 세관보다 납세자에게 훨씬 더 유리한 제도이며, 납세자의 「절세이기주의」가 쉽게 뿌리내릴 수 있는 기반이 되기도 한다. 미국 등 무역강국은 자국 기업의 무역확대를 기하고 불편을 해소하기 위해 이러한 점을 고려했는지도 모른다.

다들 알다시피 관세의 과세가격 결정방법에는 6가지 방법이 있으며, 이를 순차 적용하도록 법제화되어 있다. 제1방법은 상거래에 있어 수출자와 수입자 간에 실거래가격(Transaction Price)을 기준으로 하고 거래조건 등에 영향을 미친 요소는 가감이 가능하도록 하였으나, 세관은 정보 부족의 사유로, 납세자는 지식의 부족 등으로 이를 정확히 신고하기가 어렵다. 그래서 세관은 제1방법

적용이 곤란한 경우 제2방법 및 제3방법(동종동질 또는 유사물품의 거래가격)을 적용하며, 이 또한 적용이 불가능하면 제4방법(국내판매가격), 제5방법(산정가격), 제6방법(합리적 기준에 의한 가격)을 순차적으로 적용한다. 어떻게 보면 '신평가협약'하에서 납세자의 「절세이기주의」는 전 세계적으로 당연한 유혹인지도 모른다. 우리나라는 대부분 제1방법으로 세관에 가격신고가 되고 있으며, 세관은 '선통관 후심사제'가 원칙이므로 이를 모두 효과적으로 거르기에는 한계가 있다. 그래서 관세 분야의 과세 행정은 여러 방면으로 일대 혁신이 필요하다고 지적한다.

우선 업계 스스로 자율심사 체제를 보강해야 한다는 점을 강조한다. 그리고 세관 인력의 전문역량을 향상시켜야 하며 과거의 낡은 방식에 익숙해져 있는 통관대행업 분야도 세무 대리인으로서 제 역할을 할 수 있도록 개선해야 한다. 납세자의 조세저항을 최소화하기 위한 노력도 병행해야 한다고 주장한다. 사실상 제2방법 이하의 과세방법은 세관의 부과고지 방식으로서 납세자와의 합의를 전제로 한 과세방식이나 같다. 납세자가 두려워하지 않도록 부족세액 발견 시 보정 또는 정산을 편안하게 해 주는 조치가 필요하다. 그리고 과세가격 사전심사제도(ACVA[227])도 매번 높은 세금의 부과 목적이 아니라 납세자에게 정확한 과세가격을 회시해 주는 제도로 인식되도록 그 운영을 개선해야 한다. 경우에 따라서는 ACVA 사전심사 결과가 납세자의 예상보다 낮은 세금으로 결정받을 수도 있다는 희망을 갖게 해야 한다. 이제 세관이나 납세자 모두 파트너쉽에 의한 정보공유체제로 과세제도가 정착되면 「절세이기주의」조차도 합리적인 방향에서 바라볼 수 있을 것이다.

---

227) Advanced Customs Valuation Arrangement for Transactions

9/
세계화와 국제화, 정보화의 위기를 접하다.

 영원한 숙제, 데이터 정제

요즘 전 세계적으로 AI, chat GPT[228])의 유용성이 많이 언급되고 있다. 관세행정 차원에서도 Risk Management에 AI 기술을 활용하려고 여러 가지 시도를 하고 있다고 한다. 그러나 중요한 사실은 축적된 정보가 정확하지 않고 쓰레기 정보라면 무슨 소용이 있는가? 빅데이터의 정확성과 이를 유지하기 위한 사전정제, 사후정제는 그래서 현대사회에서 가장 중요한 덕목임에도 이를 간과하고 있다.

미래의 관세행정에서 데이터의 정확성은 국제간 싱글윈도우를 통한 위험관리 경영을 위해 필수적이다. 세관의 핵심 데이터는 품명·규격과 가격, 수량 그리고 구매자와 판매자에 관한 상세정보이다. 왜냐하면 HS 품목분류와 관세율 적용을 정확하게 할 수 있으며, 실거래가격 또한 포착할 수 있기 때문이다. 게다가 적하목록 정보와의 매칭은 화물 전반의 재고관리와 국제간 정보교류가 가능해진다. 그동안 우리나라뿐만 아니라 WCO 등 국제기구와 미국 등 외국의 세관은 이러한 차원에서 핵심 데이터의 입력오류 방지와 시스템 정제 등 정확성 유지를 위해 많은 노력을 해 왔다.

우선은 상업서류인 「송품장(Invoice)」의 핵심 데이터를 표준화해서 정확성을 기하고자 노력했다. 1980년대 미국은 구매자와 판매자 간 주고받는 서류부터 '송품장 기재요령'을 만들어 품명, 규격, 가격 등 품목분류와 과세가격에 영향을 미치는 항목을 정확히

---

228) GPT : Generative Pre-trained Transformer

기재하도록 의무화했다. 부실하면 세관용 「특별 송품장(Special Invoice)」을 따로 작성하여 제출하도록 했고 세관의 엄격한 심사를 받도록 했다. 1989년경 우리도 이와 비슷한 일을 추진했던 기억이 있다. '송품장 작성 표준화를 위한 품목별 기재요령(안)'을 만들어 전국 세관과 무역업계에 의견조회를 한 적이 있다. 하지만 통관 지체를 우려하여 이를 과감하게 채택하지 못한 아쉬움이 있다. 그러나 송품장 기재요령의 표준화는 통관제도의 기본골격이 사전심사제일 때 그 빛을 발할 수 있는 제도였는데 우리나라를 비롯한 대부분이 「선통관 후심사제」를 채택하고 있어 이를 사전에 통관단계에서 강제하는 데에 한계가 있다. 결국 사후심사 과정에서 다른 대안을 모색할 수밖에 없었다.

그래서 채택한 것이 1990년대 중반 들어 「품목별 품명·규격 기재요령」에 따라 관세사를 포함한 모든 신고인에게 대표품명, 규격과 등급, 상표명 등 상세 내역을 세관에 신고하도록 의무를 부여했으며, 사후심사 과정에서 부실 기재사실이 발견되면 신고인에게 오류점수 부과와 Paperless 정지 등 제재를 가하는 방식으로 제도개선을 했었다. 그러나 세관의 핵심 데이터 정확성 유지에 관한 경각심은 부여했는지 몰라도 데이터 정제방법으로는 한계가 있었다.

영국 등 일부 국가는 의류, 가방류와 같이 세부 품명, 규격, 브랜드별로 가격이 천차만별이거나, 채소류와 같이 대표품명만으로 데이터 세분화가 어려운 경우에는 HS 자리 수를 10단위에서 22단위까지 늘려서 품명 세분화를 하고 있다고 했다. 그러나 이 또한 데이터 입력의 정확성을 높이는 한가지 선택 수단은 될 수 있어도 데이터 정제 그 자체가 될 수는 없다.

9/
세계화와 국제화, 정보화의 위기를 접하다.

 그다음은 WCO가 권고하고 미국이 채택한 적하목록과 수출입신고 내역을 Cross Checking하는 MDCD-MS 방식이 있다. 가장 기초적인 데이터는 적하목록(Manifest) 정보인데 이는 최초 예약단계의 부실한 Booking 정보를 기초로 하므로 품명, 규격, 수량 기재가 정확하지 않은 경우가 있고 House B/L 정보의 경우에는 세분류가 제대로 되지 않는 경우도 있다. 한때 1990년대 중반 미국은 민간 VAN 업체(PIERS)에게 적하목록 정보를 기초로 데이터 서비스사업을 할 수 있는 대가를 주면서 적하목록상의 품명정보를 다시 한번 상세히 재분류하는 정제방식을 채택한 적이 있다. 하지만 이는 사후 데이터 정제에 불과하며 통관과정에서 전자적으로 신고 데이터와 일치시키는 전략으로서는 부족함이 있었다. 그래서 미국은 WCO의 권고안과 같이 전자신고 접수 시 적하목록 데이터와 수입신고 데이터의 일치 여부를 매칭 정제한 후 Entry NO를 부여하는 방식으로 MDCD-MS 시스템을 설계했다. 우리도 1998년 이와 비슷한 노력을 한 적이 있다. 적하목록 EDI시스템 개발 완료 시 통관 EDI시스템과 매칭하여 품명, 수량 정보 등의 일치 여부를 확인한 후 전자신고 접수 및 화물 재고관리가 가능하도록 개선하고자 하였다. 그러나 그 당시만 하더라도 물류지체 우려로 어느 정도 신속통관 기반이 조성되면 추진하기로 그 시행 시기를 늦춘 잘못이 있다. 지금도 우리나라는 품명조차도 적하목록과 수출입신고 데이터가 일치되지 않고 서로 이원화[229)되어있다. 이제는 우리나라도 신속통관 시스템이 매우 안정적으로 구축되었기 때문에 MDCD-MS 매칭방식을 선택해도 무방하다[230).

---

229) 적하목록상의 품명은 'Unknown Goods' 등으로 작성되고 수입신고시에는 다른 품명으로 신고되면 재고관리를 할 수가 없다. 특히 해외직구의 경우 목록상 "Clothes 외 30종"이라 작성하면 수입신고시 각각의 House B/L정보와 품명이 달라 이 역시 재고관리가 불가능하다. 이 경우에는 목록상 B/L 정보의 세분류가 불가피하며 이를 묵인하면 빅데이터의 정확성을 기할 수가 없다.

마지막으로는 IT 정보기술이 관세행정 전반에 본격적으로 접목됨에 따라 제3의 「데이터 검증사업자 NDRC[231]」의 두고 세관의 핵심 데이터를 사후 정제하는 방식이다. 왜냐하면 IT시스템은 단순 입력 오류뿐만 아니라 일정한 데이터 판단기준을 적용하여 신뢰성 검증을 통한 오류의 확인이 가능하도록 설계하기 때문이다. 앞서 언급했던 품명·규격 기재 표준화 방안과 MDCD-MS는 모두 입력상 오류를 정제하는 방식에 불과한 것이며, 데이터를 업데이트하거나 유지관리하는 수준에서 정확성과 신빙성을 담보하는 것은 아니다. 따라서 이러한 데이터 검증업무까지 현재의 세관 인력이 담당하기에는 한계가 있으므로 2010년경에 데이터 검증사업자를 따로 두자고 강조했던 것이다. 지금 세관의 모든 핵심 데이터는 100% 전자화되어있다. 따라서 관세청의 UNIPASS 앞에 제3의 검증사업자를 두고 그들에게 화주나 대리인 등 사용자로부터 데이터의 검증업무를 위탁받도록 설계해야 한다.

전 세계적으로 핵심 데이터의 정확성 유지는 영원한 숙제이다. 빅데이터의 중요성이 그 어느 때 보다 중요한 시기에 잘못된 쓰레기 정보로 어떻게 세관이 위험관리 경영을 할 수 있으며 국제간 싱글윈도우를 통한 데이터 교류를 할 수 있겠는가?

---

230) 교토협약 일반부속서 제7장 정보기술의 이용, 4.4.1.에서는 "적하목록 관리시스템과 물품신고 처리시스템에 입력된 데이터를 자동으로 조정하거나 대비하는 것은 세관의 시스템 처리 과정에서 가장 중요한 사항 중 하나이며, 대비된 차이점은 부각시킬 수 있다"고 규정하고 있다.
231) NDRC : National Data Refining Company

9/
세계화와 국제화, 정보화의 위기를 접하다.

〞 빅데이터 검증사업자 출현

　최근 세계적으로 정보화 추세가 가속화됨에 따라 수많은 정보가 양산되고 있다. 특히 G2B, G2C 등 빅데이터는 정보보호가 중요[232] 하지만 관세행정 차원의 수출입관련 데이터는 정확성 유지가 보다 더 선결되어야 한다. 특히 검사, 심사, 조사대상 선별 등 효과적인 Risk-Management를 위해서는 정확한 빅데이터가 생명이다.

　그래서 앞서 설명한 바와 같이 수출입에 따른 세관신고 시 데이터 입력오류 방지를 위한 다각도의 정제전략을 추진해 왔다. 2010년경 우리는 관세청에서 검증사업자 성격의「CusData」를 출범시켰던 기억이 있다.「CusData」는 Customs Data의 줄임말로 빅데이터 정제 업무를 기본사업으로 하는 법인체였다. 운영 재원은 과거 무역통계 오류 정정사업 예산(약 10억 원 상당)을 활용했다.「CusData」가 무역 통계의 단순한 오류정정 수준을 넘어 관세행정 전반의 빅데이터 정제사업을 총괄적으로 할 수 있을 것이라 믿었다.

　우선「CusData」는 최우선적으로 관세청의 핵심 파트너인 [파트너Ⅰ], [파트너Ⅱ] 등 국내외 무역업체의 정보부터 정확히 관리 및 정제되도록 사후관리 업무를 주업무로 발족하였다.

　그 첫 번째는 [파트너Ⅰ]인 국내 무역업체의 '통관고유부호' 관리[233]상의 문제를 정제 및 사후관리하는 일이었다. 이는 Hometax

---

232) 교토협약 일반부속서 이행지침 제9장. 규범 9.6에서는 "세관에서 정보를 제공할 때 국내 법령에서 요구되지 않는 한 제3자에게 영향을 미치는 정보가 누설되지 않도록 기밀성을 요구하고 있다"

의 사업자등록번호와 유사한 무역업체 통관등록번호이다. 2023년 기준 약 56만여 개의 사업자가 등록되어 사용234)중인 것으로 나타났으나, 한 업체가 여러 개를 중복 사용하거나, 어떤 업체는 주소지에 사업장이 없는 무적업체도 있다. 우리나라 무역 규모와 관세 징수 및 환급 규모의 약 80% 이상을 1천여 개 업체가 점유235)하고 있음을 감안했을 때, 기타 수많은 통관고유부호 사업자에 대한 위험관리가 얼마나 중요한지 새삼 느끼지 않을 수 없다. 왜냐하면 1천여 개 업체는 자율심사 방식으로 법규준수도 관리가 어느 정도 가능하지만, 기타 업체는 법규위반의 위험성이 매우 높기 때문에 정확한 등록과 사후관리가 필수적이다. 그럼에도 세관이 현장 방문하거나 직접 사후관리하기에는 한계가 있으므로, 제3의 검증기관에서 이를 집중적으로 사후 관리할 수밖에 없다고 생각된다.

두 번째는 [파트너Ⅱ]인 '해외 공급자부호'의 시급한 정제였다. 해외공급자는 수출자 또는 판매자를 의미하므로 실거래가격과 상품정보에 대해 가장 잘 알고 있는 무역 당사자이다. 따라서 WCO의 규범과 같이 약 65만여 개의 해외공급자를 코드화하여 정확히 사후관리236)하지 않으면 효율성을 담보하기 어렵다. 한때 COCOM

---

233) 교토협약 일반부속서 이행지침 제7장 정보기술의 이용, 4.11에서 "무역업체 등록시스템은 고유 등록번호(가능한 경우 모든 국가기관에서 사용), 기본사항 (이름, 주소, 전화번호), 은행계좌, 담보금액에 관한 사항을 보유하도록 하고 있다."
234) 통관고유부호는 개인이 약 27백만 개, 기업은 약 56만 개가 등록 중이며 실제 기업 중 약 70%는 미사용 중이거나 중복된 가공의 번호이므로 조속한 시일 내 정비가 필요한 상황이다.
235) 교토협약 일반부속서 제6장. 6.2.4.1에서는 "일부 국가 경제공동체에서는 무역업체의 10%가 전체 수출입액의 80% 이상을 차지한다."고 언급하고 있다. 우리와 유사한 상황이다.
236) 2023년 기준, 총 65만여 개의 해외거래처 부호가 등록 중이며 최근 2년간 수출입신고시 사용하지 않거나, 중복된 부호가 많은 것으로 드러나 이 또한 조속한 정비가 필요한 상황이다. Cumputer No 자동부여 방식도 고려할만 하다.

9/
세계화와 국제화, 정보화의 위기를 접하다.

협상관련 미국 관세청의 '전략물자통제과'를 방문했을 당시, 수많은 해외 생산업체와 제품의 상세정보를 검색하던 세관직원의 모습이 아직도 기억에 생생하다. 그리고 'NTC'의 섬유제품 심사과에서 한국의 아동복 수출업체 정보를 확보하고 일일이 쿼타심사를 하던 모습이 인상적이었다.

그다음으로 「CusData」가 주력해야 하는 임무는 [파트너Ⅰ]과 [파트너Ⅱ] 등 핵심 파트너가 세관에 제출하는 데이터를 시스템적으로 사전, 사후 검증하고 정제해야 하는 일이다.

지금 대부분은 인터넷으로 자유롭게 수출입 신고할 수 있고 「선통관 후심사」가 원칙이기에 사전에 오류정보가 입력 과정에서 모두 걸러지기에는 한계가 있다. 앞서 언급한 '품명·규격의 표준화 방안'도 하나의 대안은 되지만 오류정보가 다시 반복되지 않도록 단순히 이를 권고하거나 제재하는 것만으로 해결될 문제는 아니다. 또한 적하목록과 수출입신고 데이터의 대조를 통한 MDCD-MS 시스템의 화물 재고관리 방안도 입력오류 최소화를 통한 빅데이터의 정확성을 향상시키는 수단으로 충분히 가치는 있지만, 궁극적으로는 데이터 검증의 완벽한 대안이 되지 않는다는 경험적 반성이 앞섰다.

거듭 강조하지만, 빅데이터를 그때그때 정제하지 않고 쌓아놓으면 관세청의 UNIPASS는 결국 쓰레기 무덤이 될 수밖에 없다. 정확하지 않은 데이터를 갖고는 AI, chat GPT 등 그 어느 것도 신뢰할 수 없다. 그래서 2010년의 「CusData」는 데이터 정제를 전문으로 하는 검증사업자로 출범한 것이었다. 관세청 UNIPASS Gateway 입구에 「CusData」라는 데이터 검증기관[237)]을 두고 중계사업자는 사용자그룹별로 1차 형식요건에 대한 자율 검증 후 검증사업자(NDRC)에 전송해서 실질요건 검증을 받으며, Web 기반의 개인 사용자는 NDRC에 형식과 실질 요건에 대한 사후 검증을 위탁하여 전송하도록 검증시스템 구도를 설계한 것이었다. 그러면 UNIPASS는 데이터 검증이 완료된 정보만 DW에 저장하여 위험관리의 정확도 향상뿐만 아니라 향후 미래의 글로벌 Single Window 구현에 한 발 더 가까이 다가설 수 있다고 생각했다.

그런데 2011년 어느 날, 「CusData」의 사업구도가 안정화도 되기 전에 관세청이 정보화관련 하위규정을 정비하면서 검증사업자의 설치 근거 규정을 삭제해 버리는 아쉬운 정책 판단을 하고 말았다. 이유는 정확히 알 수 없으나 「CusData」의 출범과 함께 KTNet이 자신의 무역통계서비스 사업 및 중계사업 측면에서 역할이 축소되거나 제한[238]될 것을 우려하여 반대했었다는 전언이 있다. 그러나 무역통계서비스 사업의 활성화를 위해서는 빅데이터의 정제가 필수적인데도 어떻게 이해관계가 충돌된다는 말인가. 모든 이치가 그러함에도 관세청 또한 그 당시에는 빅데이터 검증사업자의 필요성을 더 이상 설득하거나 밀어붙이지 못했다.

결국 빅데이터 검증과 정제라는 중차대한 전략사업은 「CusData」의 실종 후 10년 이상 갈 길을 정하지 못하고 있다. 지금은 무역통계서비스 사업을 전담하는 기관이 별도로 있기에 오히려 그 전보다 사업환경은 유리하다고 볼 수 있다. 아직도 늦지 않았으니 빅데이터 검증사업자의 설치를 다시 한번 생각해봐야 한다.

---

237) 검증기관은 중계사업자와 개인으로부터 데이터 검증수수료를 받아 운영하며 전자문서 외부사용자 프로그램도 반드시 검증을 받도록 의무화해야 한다.
238) KTNet은 무역통계 서비스사업의 부실운영 시비로 위축된 상황에서 CusData가 향후 중계사업에 진출할 것을 우려하여 검증사업자 출범을 반기지 않았다.

9/
세계화와 국제화, 정보화의 위기를 접하다.

반쪽짜리 CUPIA의 미래

정부가 하는 일 중에는 공익과 관련하여 직접 수행하는 것이 효과적인 업무도 있지만, 전자 수출입통관업무와 같이 민·관 커뮤니티 협업체가 담당해야 하는 업무도 있다. 특히 후발개도국에 전자통관시스템을 수출하는 사업은 정부가 이를 직접 보증하고 예산사업으로 수행하기가 어렵다. 또한 순수 민간은 보안성과 공공성 때문에 외국의 정부기관이 꺼리는 경우가 있기 때문에 부득이 민·관 협력기구를 설립하여 추진하는 경우가 있다.

「한국전자통관국제화재단(CUPIA[239])」은 그러한 이유로 2006년 8월 2일 태어났다. 관세청은 1990년대 초부터 수출입통관 EDI시스템 구축을 위해 본청 국 단위 조직으로 '자료관리관실'을 두고 추진했다. 이후 CUPIA를 따로 설립한 이유는 우선 UNIPASS가 단순한 세관내부 정보처리시스템이 아니라, 무역과 통관, 물류 전반의 G2G, G2B, G2C, B2B, B2C 등 GTP망과 PTP망이 상호 연계된 싱글윈도우 방식의 커뮤니티망이므로 그 '망(Network)' 관리 운영 및 유지보수 자체를 정부 조직이 총괄하기에는 인력과 비용 면에서 한계가 있다고 판단했기 때문이다. 그리고 Web기반 인터넷 정보기술의 급속한 발전 속도에 비추어 수많은 사용자와 중계사업자, SI 업체 등 민간 Community의 자발적인 협력을 정부가 직접 주도하기에도 한계가 있다고 생각했기 때문이다. 게다가 장미빛 전망인지는 몰라도 후발개도국의 UNIPASS 시스템 전수 요

---
239) CUPIA : Coree UNI-PASS International Assosiation

구를 지속적으로 받아들이기 위해서는 별도의 민관협력기구가 필요하다고 판단했다.

따라서 CUPIA는 관세청의 전자통관시스템과 다자간 싱글윈도우망 구축을 전담하는 기구로서 그 역할을 다하면서도 후발개도국 전자통관시스템 수출과 표준화 사업을 지원할 목적으로 설립되었다. 그 당시 「한국전자통관국제화재단」의 영문 약칭을 KUPIA, CUPI, CUPIA 등으로 여러 가지 대안이 제시되었으나, 그중 발음이 가장 무난한 CUPIA로 결정했던 기억이 난다.

특히 후발개도국에 대한 전자통관 해외수출사업은 WCO나 세계은행으로부터 큰 관심을 받았다. 세계은행은 후발개도국의 낙후된 통관시스템이 물류비의 증가뿐만 아니라 국제간 물적교류의 원활화에 지장을 초래하고 후발개도국의 경제성장을 더디게 하고 있다고 생각했기 때문에 굳이 한국의 UNIPASS 예를 들지 않더라도 객관적인 전자통관시스템의 전수가 필수적이라고 판단했다. 오래전부터 UN은 ASYCUDA[240] 전자통관 표준프로그램을 후발개도국에 공급해서 물류선진화를 위한 노력을 해왔으며 베트남, 캄보디아, 이라크 등이 ASYCUDA 프로그램을 사용하는 국가로 알려져 있다. 그러나 ASYCUDA는 각 나라별 환경을 세세하게 반영하지 못하는 표준패키지에 불과하기 때문에 정보화의 완성도 측면에서는 기대에 못 미치는 단점이 있다.

이에 반해 CUPIA는 표준 패키지형보다 완성형 전자통관시스템을 수출하는데 주력했다. 한국과 상호 관세협력협정을 체결한 국가를 대상으로 양자 간 회의를 통해 2007년부터 2009년까지 케

---

240) ASYCUDA : Automated System for Customs Data

9/ 세계화와 국제화, 정보화의 위기를 접하다.

냐, 탄자니아, 라오스, 도미니카 등에 완성형 UNIPASS 전수를 위한 ISP/BPR 타당성 조사를 지원했다. 2010년부터 중남미지역 에콰도르에 최초로 완성형 UNIPASS를 수출해서 시스템 운영까지 안정화시키는 큰 성과를 거뒀다. 2013년 에콰도르 전자통관시스템 개통과 관련하여 현지를 방문했을 때의 일이 기억난다. 설명회 과정에서 에콰도르 세관직원의 평균 재직 년수는 약 5년에 불과하였으며, 그들에게 표준화된 전자통관시스템은 이해시키기도 쉽지 않았지만, 과연 잘 될 수 있을까 하는 의구심마저 들었다. 그럼에도 에콰도르의 장·차관급 고위직은 시스템 혁신에 매우 의욕적이었으며 검역소 등 다른 정부 기관과의 싱글윈도우 구축까지 염두에 둔 큰 그림을 그리고 있었다. 한국이 왜 전자 통관시스템을 도입했으며, 도입과정에서 어떤 어려움이 있었는지, 그리고 앞으로 추가 발전시켜야 할 과제는 무엇인지 등 설명회 과정에서 질문은 끊이지 않았다. 이와 같이 에콰도르에 완성형 EDI 전자통관시스템 수출은 CUPIA 주도로 잘 마무리되었다. 그리고 알제리, 이디오피아, 가나, 탄자니아 등 주요 아프리카 국가로 수출 대상을 늘리고 있다. 지금은 사업 범위도 수출입 통관과 물류 분야 싱글윈도우를 넘어 내국세 등 국세 전반과 일반행정 및 시스템 운영 분야까지 확산하는 단계에 이르고 있다.

그러나 CUPIA는 그간의 성과에도 불구하고 앞날이 밝지는 않다. 2010년 관세청은 CUPIA를 「국가관세종합정보망운영연합회」로 그 기능과 역할을 확장하면서 UNIPASS가 엄연한 하나의 GTP 국가망임을 법제화하고 글로벌 싱글윈도우망 관리사업자로서 해외 수출사업을 주도하도록 하였다. 법인의 성격도 Community 방식으로 모든 사업자가 출연토록 해서 '은행연합회'처럼 참여사업자 간에 자유로운 경쟁을 통해 상호이익을 공유하도록 했다.

하지만 얼마 전 외부기관 감사를 받고 난 다음, 관세법을 개정하여 2024년 7월부터 느닷없이 「국가관세종합정보망운영연합회」를 국내 UNIPASS 운영사업자(한국관세정보원)와 해외 UNIPASS 수출사업자(전자통관국제협력재단)로 분리해서 그동안 공들여 쌓아온 Community 체제를 분리 해체해 버렸다. 이제 CUPIA는 해외 수출만 전담하는 반쪽짜리 기구에 불과하다. 게다가 분리된 「한국관세정보원」은 관세법상의 공공법인으로서 국가관세종합정보망인 GTP망의 총괄사업자[241]가 아니라 관세청의 내부 정보처리시스템을 개발하고 관리하는 하나의 단일 사업자[242]로서 그 모양을 축소시켜 버렸다. 「전자통관국제협력재단」은 해외사업의 연속성을 위해 CUPIA라는 약칭을 그대로 사용하지만, 과거와 같은 굿 거버넌스의 장점이 탈색되어 앞으로의 전망은 매우 불투명하다.

솔직히 왜 그렇게 하는지 이유를 잘 모르겠다[243]. 앞으로 「반쪽짜리 CUPIA」가 외부사용자의 Needs에 탄력성이 부족한 현재의 4세대 UNIPASS를 계속 수출 상품화할 수 있을지, 그리고 재원조달[244]은 또 어떻게 할 것인지 걱정 반, 우려 반이다. 더욱 암담한 것은 국제간 싱글윈도우 구현을 앞으로 누가 주도할 것인지 앞이 보이지 않는다는 점이다. 국가관세종합정보망 GTP 사업은

---

241) 구 관세법 제327조 제1항은 관세청장이 '국가관세종합정보망'을 구축 및 운영하도록 규정하여 외부시스템과의 Networking이나 Integration을 할 수 있다.
242) 개정관세법(2023. 12. 31) 제327조 제1항은 관세청장이 '관세정보시스템'을 구축 및 운영할 수 있다고 변경하였으나, 망(Portal)과 시스템은 그 범위가 엄연히 다르며 Integration은 쉽지 않다.
243) 글로벌 싱글윈도우 구현과 전자통관시스템 해외수출 사업의 소요재원은 별도 예산부담없이 민관합동방식(UNIPASS운영수익과 자체 수익)으로 조달해 왔는데 금번 분리조치로 인해 2가지 사업 모두 재정지원이 중단된 것과 같다.
244) CUPIA의 재무구조는 선투자 방식의 해외사업이므로 매우 취약하다. 현시점에서 해외사업의 확장 지속성도 관건이지만, 자체 수익이 일시적으로 크다는 이유만으로 정부 지원을 중단해 버리면 향후 전망은 안정적이지 못하다.

9/
세계화와 국제화, 정보화의 위기를 접하다.

민·관 Community Network 사업이기 때문에 작은 문제에도 사업자 간 서로 이견이 있으면, 빨리 수습하고 협력하는 것이 필수적이다. 국내 사업과 해외 사업이 따로 있을 수 없다. 국제 표준에 입각해서 각자가 GTP망과 PTP망을 구성하고 연계하여 글로벌 싱글윈도우를 구현하는 것이 미래 비전에 보다 더 적합하다. 국가 어젠다의 경쟁력은 고려하지 않고 과거 지향적인 외부기관의 경도된 지적 한마디에 미래의 글로벌 GTP 국가망 정보화 정책을 바꿔 버리는 안일함에 한숨을 쉬지 않을 수 없다.

열 번째 가는 길...

싱글커스텀스로 가는 **관세경영의 길**

「신관세경영학」의 배움을 체득하다.

- 신 관세경영이론
- 프로세스를 재설계하라
- 파트너쉽을 복원하자
- 실종된 자율심사제도
- Post Audit 정책을 조율하라
- AEO 사후관리의 성패
- Manpower를 키워라
- Hometax의 철학을 생각한다
- 가상세관 프로젝트
- Customs Bond의 변화모색
- 쇼윈도 위험관리시스템

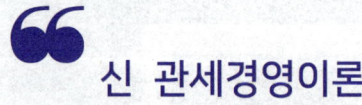
신 관세경영이론

 관세행정 분야에도 경영이론이 존재할까. 어느 날 잠자고 일어나 보니, 21세기로 들어가는 문턱 앞에 「신 관세경영이론」이라고 하는 것이 떡 펼쳐져 있었다.

 1994년 미국 관세청의 "People, Processes, Partnerships"[245] 라는 제목의 보고서는 21세기 관세행정 서비스를 쇄신하기 위해 1993년부터 준비한 「신 관세경영이론」이었다[246]. 이는 미국의 "세관현대화촉진법"의 근간이 되기도 했다. 새천년을 앞두고 「제2창업」이라는 구호 아래 전면적인 관세청 조직개편을 준비하고 있던 우리로서는 신선한 이론일 뿐만 아니라 충격 그 자체였다. 미국은 앞서 소개한 바와 같이 1968년 이전에는 우리와 같은 면허제와 사전심사제를 원칙으로 하고 있다가 그 이후에는 「선통관 후심사제」를 도입했으며, 그마저도 1978년부터는 Entry와 Entry summary로 세관절차를 분리해서 업무의 신속성과 정확성을 동시에 구현하고자 하는 미래 관세행정의 꿈을 꾸는 선구자 역할을 하고 있었다. 그럼에도 불구하고 쉽게 이해하기 어려운 '3P'기법을 「신 관세경영이론」으로 제시한 것은 뜻밖의 변화였다.

---

245) US Customs Service, 「People, Processes, Partnerships」, 1994. 9.
246) 혹자는 30년 전의 '3P 이론'이 「신 관세경영이론」이라고 명명하는 것에 대해 동의하지 않을 수 있다. 그러나 그사이 9.11테러, 인터넷 등 정보기술 발전, 세계무역량의 급증, 반도체·AI 산업 육성 등 환경변화는 있었지만, 관세행정의 철학과 정신, 그리고 본질은 변하지 않았기에 지금도 충분히 연구와 습득이 필요한 이론이며, WCO의 교토협약도 같은 방향으로 나아가고 있다.

10/
「신관세경영학」의 배움을 체득하다.

우리는 한 번도 경험해 보지 못한 새천년의 새 시대를 맞이하여 관세청 조직을 대폭 혁신하고자 1999년 7월부터 많은 준비를 하고 있었다. 그때 미국 관세청의 「신 경영이론」에서는 다음과 같은 의지를 표명하고 있었다. 요약하면 "지난 30여 년 전, 미국 관세청은 조직개편 이후 현재의 조직구조와 관리방식을 계속 유지시켜 왔지만, 그 성과는 의문스럽다. 성과평가를 통해 앞으로 관세청이 국가이익에 공헌하고 주어진 업무를 보다 더 충실히 수행하기 위해서는 지금이 포괄적인 조직개혁 청사진(Blue Print)을 제시해야 할 때이며, 가장 큰 특징은 우리의 조직과 기관을 이끌어가는 방법과 우리의 고객을 대하는 방식들. 즉 3P 관점에서 조직문화를 혁신하는 데에 촛점을 맞추어야 한다"라고 관세청장[247]의 전언이 소개되고 있었다. 그리고 브루킹스(Brookings)연구소는 미래수요에 대비한 자동화시스템 개발, 연방품질연구소와 국립공공행정학술원은 파트너와의 공조체제(Patnership) 형성을 혁신과제의 주 테마로 제시하였다. 미 관세청은 T/F팀을 구성하여 각계의 의견을 청취하고 목표와 이행과제를 설정한 후 새로운 조직구조로 개편을 단행했다. 그리고 업무체계 개편은 적응에 다소의 시간이 걸리기 때문에 꾸준히 개선해 나가기로 하였다.

우리는 관세행정 조직이나 업무체계를 개편할 때 한 번도 이러한 경영이론에 입각한 고차원적인 생각을 한 적이 없다.

우선 첫째로 우리는 고객(People) 중심의 행정개념을 IMF 경제위기 극복과정에서 일부 대기업이 최초로 사용했던 개념으로 알고 있지만, 국가행정에 있어 국민을 수요자가 아닌 고객 개념으로 이해해야 한다는 이론은 매우 생소했다. 더욱이 고객의 범주 안에는

---

247) 'George J, Weise', Commisssioner, U.S. Customs Service

외부고객뿐만 아니라 일선 세관직원도 내부고객으로 함께 고려해야 한다는 점과 그들의 역량향상을 위한 각종 인사, 교육, 전문직위제, 성과보상 시스템 등이 단순한 고과 평정의 수단이 아니라 궁극적으로 고객서비스를 향상시키는 주요 원동력이 된다는 주장은 새롭다 못해 실로 충격적이었다.

두 번째 새롭게 본 이론은 고객과의 프로세스(Processes)에는 관세행정의 비전과 미션 달성을 위한 검사, 심사, 조사 등의 핵심업무 프로세스와 이를 뒷받침해 주는 지원업무 프로세스가 있으며, 이를 서로 합리적인 수준에서 작동되도록 조직구조와 업무체계를 설계해야 한다는 주장이었다. 즉 한가지 흐름 선상의 핵심업무를 행정 편의성만 고려하여 단위 조직별로 세분화해버리면 고객이 여러 부서를 경유해야 한 가지 일을 볼 수 있으므로 이러한 비효율성은 과감히 제거해야 한다는 이론이었다. 또한 핵심업무의 원활한 작동을 지원해야 할 인사, 예산, 감사 등의 Back Office가 오히려 이들을 통제해서 고객서비스의 질을 떨어뜨리는 부작용이 초래되지 않도록 조직 문화적으로 철저히 차단해야 한다는 주장은 매우 인상적이었다.

마지막으로는 고객을 대하는 인식을 180도 바꿔서 서로 파트너(Partnerships)로 인정하고 도움을 받아야 한다는 주장이었다. 미국 역시 이러한 인식 전환은 시대변화와 세대 차이 때문에 업무체계에 반영하여 항상 일관성을 유지하기가 쉽지 않은 일이라 지적하고 있다. 우리도 무역 1조 불을 넘어서는 시대에 외부고객을 성실한 대상(Partner)으로 볼 것인지 아니면 경제개발 초기 단계처럼 아직도 그들을 불성실한 대상(Control)으로 보고 감시 및 통제하는 일에 집중할 것인지 세대별로 인식의 차이가 있을 수 있으므로 곰곰이 생각해 봐야 한다. 혹자는 고객이 항상 자신에게 유리한 방향으로 법규를 해석할 위험성을 내포하고 있기 때문에 늘 그들을 통제해야만 한다고 생각하는 경향이 있다.

그러나 관세행정의 목표와 비전을 '법규준수도 100% 달성'에 두게 되면 그러한 생각은 바뀔 수밖에 없다. 어떻게 그들과 공조체제(Partnership)를 형성하지 않고 세관 혼자만의 힘으로 목표를 달성할 수 있을까? 일방적인 관세조사만으로 법규준수도 100%를 달성할 수 있다고 생각하는 이는 아무도 없을 것이다. 우리나라만 하더라도 수많은 무역업체 중 약 1%에도 못 미치는 1천여 개 업체가 전체 무역량의 약 80% 이상을 점유하고 있다고 했다. 그들과의 공조체제가 형성되면 자발적 법규준수만으로도 관세행정의 목표를 상당 수준까지 달성할 수 있지 않을까. 결국 파트너쉽 형성을 위해서는 그들을 신뢰하고 그들에게 관세청이 보유하고 있는 모든 통관 및 세제 정보를 제공해야 하며, 그렇게 한 후 그들 스스로 일정기간 자율점검 및 사후정산을 할 수 있도록 도와줘야 한다. 국세청이 모든 사업자를 대상으로 연말정산을 하듯이 그들 스스로 자율심사를 통한 법규준수(Informed Compliance)의 길을 터 줘야 한다.

이렇듯 우리는 새천년을 앞두고 미국의「신 관세경영이론」에 흠뻑 빠져 이를 벤치마킹하면서 관세행정 조직을 재편하고 업무체계를 새롭게 개선한 바 있다. 새로운 경영이론이나 철학에 대한 이해도가 충분하지 않아 어색해하는 이들도 있었다. 추진 주체들조차도 금번 조직개편만으로 효과를 바로 보는 것은 쉽지 않다고 생각했었다. 이는 조직과 업무체계의 단순한 개선이 아니라 조직문화 전체의 일대 혁신이라는 포괄적인「신 관세경영이론」을 내포하고 있었기 때문에 중장기적인 관점에서 일관성있는 정책추진이 필요한 사업이었다.

그럼에도 지금까지 관세청은 정책추진의 책임자가 바뀔 때마다 「신 관세경영이론」에 의한 '3P'의 철학과 전략이 망각되어 수시로 변경되거나 위축되고 또다시 복원되는 과정을 거쳐왔다. 참으로 아쉽기만 하다. WCO와 국제사회에서 최고의 관세 전문가들이 오랫동안 고심한 '신 관세경영전략'이 주춤하거나 좌초될 때마다 '3P'를 처음 봤을 때의 신선했던 충격이 그립다.

10/
「신관세경영학」의 배움을 체득하다.

💬 프로세스를 재설계하라.

대부분의 프로세스 개선은 세관 입장에서 절차 간소화를 의미하나 여기서 논의하는 프로세스의 재설계는 전혀 그러한 개념이 아니다. 프로세스의 재설계(Re-design)는 고객의 개념을 새롭게 정의하고 그들과 세관이 파트너쉽을 형성하여 조직과 기능 면에서 프로세스 구조를 재편하는 것을 말한다.

「신 관세경영이론」에서 보았듯이 여기에는 2가지 영역이 있다[248]. 하나는 외부고객인 파트너를 상대하는 통관, 심사, 조사 등 「핵심업무 프로세스」의 영역이고 또 하나는 핵심업무를 수행하는 세관직원. 즉 내부고객이 능률적으로 일을 볼 수 있도록 인사, 예산, 감사, 성과 보상 등에 관한 「지원업무 프로세스」 영역이다. 우리는 1999년에 「21세기 관세행정 개혁방향」을 추진하면서 이러한 「프로세스 재설계 이론」을 충분히 반영했다.

우선 「핵심업무 프로세스」를 '조직'과 '기능'면에서 전면 재설계하기로 했다. 이는 수출입 물류 흐름의 one-stop 서비스 개념을 절차개선이 아닌 조직개편 차원으로 승화시킨 새로운 개념이었다.

따라서 '조직'면에서 1996년부터 고착화된 통관국, 심사국, 조사국 그리고 감시국 등 분야별로 각자 벽을 쌓고 블록화된 업무구분을 허물기로 했다. 화물 입항단계는 감시부서, 통관 후 반출까지는 통관부서에서 각자 처리하던 것을 '통관지원국' 하나의 부서에

---

[248] 관세청 기획관리관실, 'A report on the customs service for the 21st century 번역본' 1999. 11.

서 전 과정을 전담하도록 했다. 매 신고 건별 사후심사는 통관부서, 기업별 사후심사는 조사부서에서 담당하던 것을 신설된 '심사정책국'으로 일원화했으며 공항만 감시업무는 조사부서에서 일괄 수행하도록 '조사감시국'으로 통폐합하였다.

그리고 '기능'면에서는 업무분장 체제를 개편해서 한 직원이 업무수행 중 발생된 후속 업무를 다른 부서로 넘기지 않고 일괄 처리하도록 하였다. 관세법상 세관공무원은 누구든지 검사, 심사, 조사업무를 수행할 수 있다. 그럼에도 불구하고 검사직원이 심사나 조사업무를, 조사직원이 검사나 심사업무를 연계해서 볼 수 없도록 업무분장이 되어있었다. 예를 들면 통관부서 직원이 검사과정에서 과부족 세액의 환급과 추징사유를 발견하거나 범칙 혐의를 확인하더라도 이를 자체 처리하지 못하고 심사 또는 조사부서로 각각 이첩해야만 했다. 따라서 미국의 예를 참고[249]하여 처음 관련업무를 시작한 사람이 한 번에 모든 업무를 처리할 수 있도록 개편하였다. 즉, 검사직원이나 심사직원이 업무처리 과정에서 범칙 혐의를 발견하면 이를 자체 조사하여 벌금 등 통고처분(검찰 기소가 필요할 때만 사법경찰관 소속 조사부서에 인계)을 하며, 조사과정에서 범칙물품 검사·감정과 세액추징 또한 조사부서 직원이 일괄 처리하도록 일원화시켰다. 게다가 한 걸음 더 나아가 조직이나 기능 면에서 검사, 심사, 조사 등 모든 핵심업무를 한 곳에서 전담할 수 있는 특수조직도 신설했다. 대검의 반부패수사부, 국세청의 조사4국과 같이 처음부터 통합기능을 수행할 수 있도록 서울본부세관 내에 특수조사과를 두었다.

---

249) U.S. Customs, ' The Role Of The Import Specialist' 1983. 12.

10/
「신관세경영학」의 배움을 체득하다.

그다음은 「지원업무 프로세스」를 재설계했다. 이는 핵심업무 못지않게 중차대한 과제였다. 일선세관 현장의 내부직원도 고객으로 분류해서 그들의 애로사항이 미리 최소화되도록 Back Office 프로세스를 과학적으로 공정하게 재설계해야 한다는 주장이었다. 왜냐하면 그들이 어떤 기분으로 어떻게 업무를 수행하느냐에 따라 관세행정의 목표인 고객만족도 향상에 직접적인 영향을 미치기 때문에 그들을 울고 웃게 하는 인사, 예산, 감사, 성과 보상 등 지원업무까지 프로세스 재설계의 대상에 반드시 포함시켜야 했다.

이를 위해 지방 세관 단위부터 개편을 시작했다. 본부세관 총무과를 폐지하고 권역 내 2급지 세관의 지원업무까지 총괄해서 담당하도록 '세관운영과'를 신설했다. 그러나 우리는 미국처럼 본청 산하에 세관운영 관리조직을 직속250)으로 두지 않고 지방 본부세관 소속으로 두는 것이 한국적 문화에 더 적합하다고 생각했다. 하지만 이는 실수였다. 세관운영과는 내부고객인 권역 내 세관직원의 인사와 예산 등을 포괄적으로 지원해줘야 하나, 그들은 부서 명칭만 변경되었을 뿐 여전히 종전의 본부세관 총무과와 같이 권역 내 세관 지원은 자기 일이 아닌 것으로 생각하고 있었다.

게다가 관세청 본청 단위의 지원업무 프로세스 개선은 아이러니하게도 3년이나 지난 2003년 참여정부하에서 정부혁신과제로 뒤늦게 시작되었다. 조직 면에서는 본청의 인사, 예산, 성과평가 등의 지원업무가 기획관리실, 총무과로 각각 분리되어 있던 것을 기획관리실로 통합하면서 총무과를 폐지하고 '인사기획관실'과 '운영지원과'를 신설했다. 그리고 기능 면에서는 기획관리관실이 내부

---

250) 미국 관세청은 조직개편 과정에서 301개의 공·항만 세관과 본청 사이에 20개의 세관관리센터(Customs Management Centers)를 신설하며, 센터의 장은 본청의 세관운영실장에게 보고의무를 진다고 설명하고 있다.

고객의 의견을 반영하여 인사평가제, 보직경로제, 전문직위제 등의 인사원칙를 새롭게 만들어 운영하도록 했다. 또한 세관직원의 만족도와 생산성 향상을 위한 수당 등 각종 예산을 신설하고 기관활동비를 증액하였으며 이와 동시에 BSC 평가제를 시행하여 그들의 업무성과가 극대화될 수 있도록 하였다.

그 결과 관세청은 2003년 정부혁신평가에서 7개 부문 최우수 또는 우수기관에 선정되는 영광을 누렸으며, 이러한 성과는 거의 10년 가까이 좋은 평가로 이어졌던 것으로 기억한다. 그러나 세월이 한참 흐른 지금에 와서 보면 그 당시 설계했던 프로세스 재설계 작업의 결과가 오늘도 일관성을 유지하면서 잘 안착[251]되고 있는지는 의문이다.

새천년을 앞두고 추진했던 혁신의 성과는 어느 날 갑자기 하늘에서 뚝 떨어진 것이 아니다. 「21세기 관세행정 개혁 방향」에 따라 관세행정 조직을 개편하고 초일류세관 프로젝트의 일환으로 프로세스를 재설계한 것이 그나마 바탕이 되었다고 생각한다. 이 모든 것은 시작에 불과하며, 아직도 갈 길은 멀다. 부디 일관성을 유지하면서 프로세스 혁신의 취지가 변질되지 않도록 꾸준한 안정화 조치를 지속해주면 좋겠다.

---

[251] 현재 지원업무 프로세스는 당초의 제도개혁 취지를 잘 유지하지 못하고 일부는 폐지되거나 과거 수준으로 회귀되어 아쉽다는 평가를 받고 있다.

10/ 「신관세경영학」의 배움을 체득하다.

> ## 파트너쉽을 복원하자.

일찍이 고전에는 '성선설'과 '성악설'이 있었다. 여기서 말하는 파트너쉽은 결국 관세행정의 Compliance 대상인 무역업체와의 공조를 의미한다. 우리는 그들을 모두 성실하다고 보고 제도를 운영하고 있는가? 스스로 자문해 보지 않을 수 없다.

우리는 한때 관세행정의 파트너인 그들을 신뢰하지 못하고 세관이 전부검사, 사전심사를 한 경험이 있다. 1987년 도입한 선별검사제도도 그들을 모두 성실하다고 보고 Negative 검사방식으로 전환한 것이 아니었다. 급증하는 수출입물동량을 제한된 인력으로 전부 검사하기가 어려우니까 어쩔 수 없이 선택한 제도에 불과했다. 1996년 면허제에서 신고제로 통관제도를 변경할 때도 마찬가지였다. 파트너에 대한 인식이 변한 것이 아니었기 때문에 사후심사업무를 범칙조사부서에서 통합 운영하거나 세관 일방의 관세조사 방식으로 수행했던 것이다.

그러나 현실을 보면, 한 나라의 무역 규모가 급격히 늘어날수록 세관 혼자만의 힘으로 통관 및 세금납부에 관한 정확도를 완벽히 유지하기에는 한계가 있다. 우리만 하더라도 수출입 무역 규모가 1조 불을 넘어서고 통관고유번호, 해외공급자부호 등 등록된 파트너의 수가 120만 개 이상 업체에 육박하므로 그들 하나하나를 세관이 혼자서 매건 별로 직접 상대하면서 업무의 정확성을 높이는 것은 불가능하다.

그래서 개정 교토협약252)뿐만 아니라 미국, EU 등 각 나라의 세관은 파트너의 '성선설'여부에 불문하고 그들과의 협력을 필수요건으로 규범화하고 있다. 세관 혼자서는 다할 수 없으니 자율심사(self assessment)의 기회를 주고 법규준수의 책임을 세관과 공유하게 했다. 그 대신 주기적 신고제253) 등으로 세관과 무역업체 둘 다 편리하도록 일정기간 분의 '묶음 신고 및 심사'가 가능하게 간소화된 제도 도입을 권고했다. 그리고 WCO와 미국은 한 걸음 더 나아가 파트너들이 맨땅에 헤딩하지 않도록 관세청이 보유하고 있는 수출입 통관관련 모든 정보를 제공해줘서 그들 스스로 자발적인 법규준수방식의 자율심사가 가능하도록 이를 규범화하거나 시스템화 했다.

우리도 새천년에 관세행정 조직개편을 추진하면서 파트너인 무역업체와의 공조 필요성을 새삼 강조하고 재정비를 시도한 바 있다. 왜냐하면 한국은 1996년 신고제 도입 후, 세관과 무역업체와의 파트너쉽이 대단히 불안하고 혼란스러웠기 때문이다. 특히 1997년의 IMF 경제위기는 그나마 명맥을 유지하던 파트너쉽 조차도 와해시켜 버렸다. 구조조정과정에서 세관업무 관리책임자(Account Manager) 역할을 하던 무역업체 인력이 모두 현장을 떠나버렸다. 세관은 신고제 도입과 동시에 매건 별 사후심사제가 도입되었지만, 세관 혼자서 감당하기에는 이를 담당할 인력이나 시스템이 전혀 준비되지 않았었다. 그럼에도 불구하고 무역수지

---

252) 교토협약 일반부속서 이행지침 제6장 '세관통제'에서 세관과 무역업계의 협력을 규범화하고 있으며, 요약 제5항은 "세관과 무역업계의 협력은 필수적이다. 상호협력은 세관입장에서 평가와 심사를 위한 수입관련 정보를 제공해야 하며, 업계는 자발적인 법규준수를 이행해야 한다."라고 규정하고 있다.
253) 주기적 신고제의 경우 스웨덴은 1주일, 독일은 월별로 운영하고 있다.

10/
「신관세경영학」의 배움을 체득하다.

개선 차원에서 대기업 종합상사에 대한 관세조사 등을 실시하자, 무역업체와의 파트너쉽은 거의 실종상태가 되었다. 1996년부터 이어진 3년이라는 시간은 그렇게 우리에게 잃어버린 세월이 되어 버렸다.

기나긴 방황 끝에 2000년 관세청은 무역업체와의 파트너쉽을 재건하고 사후심사업무를 글로벌 스탠다드에 맞게 체계화하는 차원에서 본청에 심사정책국, 본부세관에 심사국을 새롭게 신설했다. 조직을 만들면 새로운 파트너쉽과 심사업무수행체계는 자연스럽게 만들어질 것으로 기대했었다. 그런데 그것은 대단한 착각이었다. 관세법상 파트너와 책임을 공유할 자율심사관련 규정이 함께 정비되지 못해 세액 등 사후심사는 여전히 세관 혼자만의 책임으로 남아 있었고 파트너는 스스로 책임을 공유할 수 있는 자율심사의 법적 근거가 없었다. 큰 조직을 만들어 놓고 겨우 1년간 한 일은 세관이 오류를 발견한 건에 대해 해당 업체에 자율법규 준수안내문을 보내는 것이 다였다.

그래서 2001년 6월 관세청은 사후심사 업무체계를 전면 재설계했다. 관세법에 법제화되기 이전에라도 「납세심사업무 처리에 관한 고시」를 제정하여 당초의 조직개편 취지에 맞게 세관과 파트너간 책임을 공유하는 Informed Compliance 방식의 자율심사제도를 시행하고자 했다. 그때 행정규칙254)으로 신설된 것이 바로 자율심사방식의 종합심사제도였다. 세관의 사후심사업무는 무역업체로부터 자율심사 결과를 제출받아 진행하는 방식이었으며, 파트너와는 상호 법규준수에 관한 MOU를 체결하여 사후관리를 해 나가도록 했다. 그러나 자율심사제도가 시행된 3개월 뒤, 9.11 테러가 발생

---

254) 2001년 6월 「종합심사와 기획심사에관한 시행세칙」을 제정 운영했다.

되자, 파트너를 바라보는 인식이 한순간에 경색되어버렸다. 2002년 6월 새로이 부임한 관세청장은 시행도 제대로 해보지 못한 자율심사 방식의 종합심사제도를 변경하여 또다시 세관이 혼자서 모든 것을 감당해야 하는 사실상의 관세조사 체제로 전환해버렸다. 그동안의 모든 노력이 물거품이 되어버렸다.

그러다가 2003년 「초일류세관 프로젝트」를 추진하면서 우리는 또다시 파트너쉽 복원을 이번만큼은 반드시 해야겠다는 생각으로 관세법을 개정했다. 2004년부터 관세법 제38조에 자율심사에 관한 법적 근거가 신설되었으며 하위 행정규칙에 자율심사대상과 심사절차, 우대조치 등에 관한 사항이 종합적으로 마련되어 시행[255] 되었다. 파트너인 무역업체는 보정심사, 수정신고와 자율심사 정산으로 참여하고 세관은 보정심사, 경정, 관세조사방식으로 관세행정의 법규준수도 향상을 다 함께 성취하고자 했다. 그러나 이 또한 UNIPASS에서 파트너의 자율심사에 필요한 통관관련 정보를 무역업체에 알려주는 상세정보 제공시스템을 곧바로 뒷받침해 주지 못하다 보니 제대로 착근[256]조차 되지 않았다.

특히 2009년 AEO 제도가 신설된 이후에는 관세법 제38조에 의한 자율심사 대상을 AEO업체로 국한함에 따라 파트너쉽에 의한 공조 대상의 범위는 더욱 좁아졌다. 지금처럼 자율심사 대상을 최소화하면 그만큼 세관이 직접 사후심사 해야 할 범위가 커지게 되

---

255) 자율심사제 도입 첫해인 2004년 60개 업체가 대상업체로 지정되었으며, 연간 수입규모는 총 477억 달러로 2003년 전체 수입의 27%를 차지할 정도로 비중이 컸다. 2004년도 운영결과 추가납세한 세액은 277억원으로 세관이 전년도 강제조사로 추징한 57억원의 4.8배가 많은 실적이었으며 자율심사업체는 연간 약 39억원의 가산세 부담이 경감되었다.(관세청 50년사. 2권. p.189)
256) 자율심사제도 개혁의 3박자는 이를 추진할 조직, 업무체계와 관련 정보화 시스템의 구축이며, 파트너와의 공감대가 형성되어야 착근이 가능하다.

는데 과연 현실적인지 재검토가 필요하다. 사실 파트너쉽에 의한 공조체제 구축은 자발적인 법규준수도를 100% 수준까지 향상시키자는 관세행정의 목표와 직결되어 있다. 모든 파트너가 자발적 법규준수에 최선을 다한다면 세관의 관리부담은 대폭 경감될 것이다.

이제 세관 혼자만의 사후심사는 효율성도 낮고 무의미하다. 교토협약에서 파트너쉽에 의한 자율심사를 강조하는 이유도 바로 여기에 있다. 파트너쉽이 복원되면 관세사 등 세무 대리인의 역할도 매우 중요시될 것이다. 현직에 있는 동안 파트너와의 공조체제를 잘 복원하지 못했던 기억은 단순한 아쉬움을 떠나 큰 후회로 남아 있다.

실종된 자율심사제도

Informed Compliance 기법에 대한 주제발표는 1999년 9월 어느 날 관세청의 미래전략 회의 석상에서 있었다. 이는 다름 아닌 파트너쉽을 통한 공조체제 하에서 기업 스스로 자율심사체제를 갖추어 관세행정 전반의 법규준수도를 향상시키고자 하는 내용이었다. 당시만 해도 참으로 참신한 발상이라고 생각되었다.

이는 WCO 교토협약에서 이론적으로 제시된 바는 있지만, 미국이 1994년에 세관현대화법을 제정하면서 세관은 수입관련 모든 정보를 수입자에게 제공하고, 수입자는 자발적으로 법규를 준수(Informed Compliance)할 책임을 지는 양자 간의 책임분담방식(Shared Responsibility)[257]을 일선 세관 현장에 채택하여 신속통관과 정확성을 동시에 구현하고자 했던 제도였다.

국제사회에서 Informed Compliance와 Shared Responsibility의 새로운 이론이 등장하게 된 것은 바로 1980년대 초반의 '신평가협약'의 발효가 시초가 되었다. 한가지 품목에도 여러 가지 실거래가격이 존재했다. H.S 협약에 의한 관세율을 적용함에 있어서도 생산기술의 발전으로 인해 충분한 품목분류 전문지식이 있어야만 했다. 세관은 납세자의 실거래가격을 잘 모르고 납세자는 다양한 제품의 품목분류 및 관세율 적용을 잘 알 수 없었다. 결국 세관은 과거처럼 통관단계에서 매건 별로 간섭하는 것이 불가능해졌으며

---

[257] 관세청, 「WCO, APEC 및 미국의 관세행정발전방향」, 1998.6. p.309.

무역업체와 공조하지 않고는 실거래가격과 상세규격 등 품목분류 정보를 구할 수가 없게 되었다.

일찍이 미국과 유럽은 기업별·기간별 단위의 사후심사 방식이 매 수입 건별 보정 심사방식보다 훨씬 더 효과적이라는 생각을 하게 되었다. 세관 혼자서 모든 심사의 정확성을 책임지기보다 파트너인 무역업체와 공동 책임으로 법규준수도를 향상시키자는 생각이었다. 따라서 자율법규 준수(Informed Compliance)방식의 심사 통제기법은 이러한 공조 사상의 토대 위에 교토협약의 일반부속서 규정에 반영되었으며 미국, EU 등 세계 각국이 도입 시행 중에 있다.

[표10-4-1] 자율심사제도의 현주소

	법인심사		기획심사	주체
	AEO	비 AEO		
보정절차 (Liqudation)	보정 (법 제38조의2)	보정 (법 제38조의2)	보정 (법 제38조의2)	세관/ 납세자
자율심사 (Informed Compliance)	자율심사 (법 제38조 3항)	자율심사 (법 제38조 3항)	수정신고 (법제38조의3)	납세자
사후관세조사 (Enforced Compliance)	부정기 관세조사 (법 제110조의3)	정기 관세조사 (법 제110조의3)	부정기 관세조사 (법 제110조의3)	세관
예외	◆ AEO 업체라고 해서 관세조사가 면제되는 것은 아님 ◆ AEO 인증심사 사후관리(자율평가 + 주기적 점검) ◆ AEO 법규준수도 자율심사(정기통관적법성 자율검증)			

[표10-4-1]에서와 같이 우리나라 자율심사(Informed Compliance) 제도의 현주소를 살펴보면 자율심사제도는 2000년 본청 심사정책국을 신설한 후, 21세기 제도개혁 차원에서 기획한 제도였으나, 관세법에 그 근거를 마련하지 못해 행정규칙 상 종합심사제 형태로 시행한 제도였다. 조기 안정화를 위한 노력을 했지만, 2004년에야 정식으로 관세법에 법제화(제38조)되었다. 앞서 우리나라의 기업별 유형을 보면 1천여 개 기업이 수출입통관과 세액 징수, 환급의 약 80% 이상을 점유하고 있다고 했다. 충분히 파트너쉽 형성으로 자발적 법규준수를 해 나갈 수 있고, 국세청의 홈택스처럼 조세 문화적으로도 정착이 가능하다고 생각했다.

그러나 일부 매파적 세관직원들은 이를 무역업체에 편의만 주는 제도로 그 뜻과 철학을 오해했다. 또한 Informed Compliance 방식의 자율심사는 수출입관련 정보를 무역업체에 충분히 제공해 주는 UNIPASS 시스템의 뒷받침이 필수적인데도 이를 제대로 시스템화하지 않는 등 실행전략의 부족함도 있었다. 그리고 2009년 자율심사 대상업체를 AEO업체로 제한한 뒤로는 AEO업체 공인인증 사후관리와 법규준수도 사후관리가 서로 중첩되어 도대체 관세법 제38조의 자율심사제도가 존재하는지 유무도 의문시되는 등 뭐가 뭔지 알 수 없을 정도로 뒤죽박죽[258]이 되어버렸다.

그러면 자율심사제도가 실종되어버린 이유가 무엇일까. 앞으로 심사통제의 효율성 문제를 어떻게 개척해 나가야 할까?

---

[258] AEO업체 공인인증 심사는 종전의 자율심사제도인 종합심사기법을 원용했다. 그러다가 2017년 '정기 수입세액 정산제'가 도입되었는데 이는 AEO 업체에 대한 법규준수도 관리제도로서 관세법 제38조의 자율심사규정이 근거가 되었을 것으로 추정한다. 이 또한 2022년에 폐지되었으며 2024년 10월 '정기 통관적법성 자율검증'이라는 명칭으로 부활되었지만 이 것 역시 법적근거는 불분명하다.

10/
「신관세경영학」의 배움을 체득하다.

우선 첫째, 자발적 법규준수(Informed Compliance)방식의 자율심사는 무역업체에 주는 편익이 절대 아니라는 사실을 모두가 인식해야 한다. 이는 파트너로서의 책임과 의무259)에 해당하므로 그 대상을 AEO업체로 제한할 것이 아니라 적어도 수입규모 상위 약 1,000대 업체260)까지는 확대해야 한다. 왜냐하면 그 대상이 적으면 적을수록 세관의 부담만 커지기 때문이다.

둘째, Informed Compliance 자율심사제도는 그 자체로서 최종심사가 종료되는 것이 아니라는 사실을 명확히 인식해야 한다. 세관이 자율심사의 결과를 받아본 후 심사종결을 할 수도 있지만, 부족함이나 보완해야 할 사항이 있으면 강제적인 법규준수(Enforced Compliance)방식의 관세조사가 가능하다. 이때 자율심사 결과 정보는 관세조사 여부를 결정하는 사전정보로서 충분한 유용가치가 있다.

셋째, Informed Compliance는 양자간의 책임분담 방식(Shared Responsibility)이므로 반드시 관세청으로부터 제공받은 연 단위 수출입내역 관련 상세정보와의 일치성을 바탕으로 자율심사 결과를 세관에 제출하여 세관장의 심사를 받도록 해야 한다. 그러나 관세법 시행령 제32조의2에 그 근거가 명확함에도 UNIPASS를 유지보수하거나 제4세대 개발 시 이를 반영하지 못한 과오가 있다.

마지막으로 Informed Compliance는 세관과 파트너에게 모두 편리한 주기적 신고제 등 특별통관제도를 도입해야만 묶음 단위 자율심사의 효율성 확보도 가능하다고 교토협약에서 권고261)하고 있다.

---

259) 조세 체계상 소득이 있는 곳에 세금이 있고 연말정산이 필요하듯이 수출입을 하는 기업 모두에게 자율법규준수의 의무가 있고 자율 심사의 책임이 있다.
260) 1,000대 기업 이외의 기업은 세관장에게 자율심사 대상기업으로 승인을 득한 후 자율 심사를 할 수 있도록 EU의 '간이통관승인제도'를 준용해야 한다.

우리 모두 이를 특혜제도로 잘못 이해하거나 자율심사의 본질적 특성을 간과해서는 안 된다.

이상에서 살펴보았듯이 Informed Compliance 제도는 국내에 일찍 소개되었으며, 2004년 이후 시행 근거도 마련했지만, 아직도 혼란스럽다. 그 이유가 무엇일까?

후술하는 [표10-4-2]의 우리나라 심사제도 변화추이표를 보면 그 변천 과정이 화려하다 못해 변화무쌍하다. '신고제' 도입 시 「선통관 후심사제」하에서 당연히 정치시켰어야 할 심사기법이었는데 오랜 기간 WCO와 외국의 심사제도 가이드 라인을 심사숙고하지 못했다. 지금이라도 자율심사제도의 현주소를 정확히 파악하여 제자리를 찾을 수 있도록 심사통제 기법의 종류를 단순화하고 새롭게 재설계하길 희망한다.

---

261) 교토협약 일반부속서 제6장 규범 6.6 규정

10/ 「신관세경영학」의 배움을 체득하다.

[표10-4-2] 우리나라 심사제도의 변화추이표

관세법				행정규칙(고시, 세칙, 직제규정)	
종전	면허제	사전심사 (건별)			사후평가(기업)
1996.7	신고제	사후심사 (건별)			사후평가와 통관적법성심사(기업)
2000.1	〃		관세조사 262)	2001.6	납세심사(매건별) 종합심사1 263) 기획심사
				2002.5	종합심사2 264) (관세조사 방식)
2003.12	〃	자율심사 (기업)		2004.1	자율심사 (성실기업/종합심사방식)
2009.4	〃	AEO시행 (공인관리)		2009.5	자율심사(AEO한정) 종합심사3 265) (AEO 사후관리)
				2017.4	정기수입세액 정산제(신설)
2021.12	〃	AEO기업 (사후관리)			
				2022.1	정기수입세액 정산제(폐지)
				2024.3	종합심사3(폐지) 갱신심사 266) (AEO 사후관리)
				2024.10	정기통관적법성자율검증 267) (신설) : AEO업체

---

262) 관세조사제도는 2000년 1월 관세법에 최초로 신설 법제화되었다
263) 자율법규준수 방식의 '종합심사1'은 파트너의 법규준수책임을 처음으로 입안한 제도이며, MOU를 통해 법규준수도 향상을 목표로 입안되었다.
264) '종합심사2'는 사실상의 관세조사 제도와 유사한 형태로 제도변경이 되었다.
265) '종합심사3'은 '종합심사1'과 유사하나 AEO업체 공인심사제도로 활용되었다.
266) 2024년 3월 신설된 '갱신심사'제도로서 그동안의 '종합심사3'을 대체했다.
267) 정기통관적법성 자율검증은 2024년 10월 신설되었으나, 정기수입세액정산제의 변형인지, 법적근거는 어디에 두는지 불명확하다.

Post Audit 정책을 조율하라.

국제간 심사통제기법을 비교해 보면 [표10-5-1]에서 보는 바와 같이 공통적으로 신고 건별 보정심사(Liqudation)제도 이외에 기업 단위별 사후심사제도(Post-Audit)가 있다. WCO와 세계 각국은 세관의 심사 통제활동(Post-Audit) 과정에서 파트너와의 책임 공유에 입각한 공조 체제를 바탕으로 관세행정의 법규준수도를 100% 수준까지 향상시키고자 최선을 다하고 있다.

[표10-5-1] 국제간 심사통제기법 비교표

		WCO	미국	EU	한국
Liqudation		Amendment Error	Liqudation	Amendment Error	보정심사
Post Audit	IC [268]	Self Assessment [269]	ISA	Internal Corporate Review	자율심사
	EC [270]	Post Clearance Audit	FA[271] or CA[272]	Annual Audit	관세조사
비고		Traders System Audit[273]	CM[274]	Periodic Goods declaratio	AEO 공인심사 (자율심사)

268) IC : Informed Compliance(자발적 법규준수방식의 자율심사)
269) 교토협약 일반부속서 이행지침 제4장 2.1.2에서는 현대적 세관당국은 신고인 스스로 관세 및 제세의 금액을 스스로 평가할 권한을 부여한다고 규정한다.
270) EC : Enforced Compliance(세관의 강제적인 실지 관세조사)

그러나 세계 각국의 Post- Audit 운용실태를 살펴보면 대부분 자발적 법규준수방식(Informed Compliance)의 자율심사와 강제적 법규준수방식(Enforced Compliance)의 관세조사로 구분하여 서로 적절히 조율해 가면서 법규준수도 향상을 도모하고 있음을 알 수 있다.

[표10-5-1]에 의하면, Liqudation[275]은 단순한 매건 별 세액보정 절차로서 보정기한이 경과하면 최종 납부세액의 확정이라는 법률적 의미를 부여함에 불과하다. 매건 별 보정 심사는 고객이나 세관입장에서 번거로운 일일 뿐만 아니라 비효율적인 업무처리 방식으로서 정확성을 담보하지는 않는다. 따라서 법규준수도 향상 차원에서 어떻게 하는 것이 더 효율적일까 하고 고민한 것이 교토협약의 Audit-based controls 방식으로서 미국, EU 등이 도입한 기업별, 기간별 Post Audit 제도이다. 이는 보정 절차(주기적신고 및 보정을 포함한다)가 완료된 이후에도 그다음 단계에 기업별로 사후심사하는 과정을 따로 두는 것[276]이며 그 심사 범위에는 앞서 언급한 통관적법성 심사까지 확장된 개념을 포함하고 있다.

그러면 앞으로 Post Audit 제도는 어떻게 조율하고 구현하는 것이 바람직할까. 만일 모든 기업을 불성실 대상으로 보고 강제적 법

---
271) FA : Focused Assessment(우리나라 기획심사 차원의 부정기 관세조사와 유사하고, 2001년 10월 도입되었으며, 매년 100~150개 기업을 심사하고 있음)
272) CA : Compliance Assessment(우리나라 정기 관세조사와 유사)
273) 교토협약 일반부속서 이행지침 제6장 7.2.2.1 서론에서 "수출입통관 자체에 대한 심사보다 전체 처리과정(The entire processing cycle)의 심사를 의미함"
274) CM : Compliance Measurement(파트너에 대한 법규준수도 측정제도를 말함)
275) 미국은 1년 내 전산시스템에 의한 건별 보정(정산)을 권고하며, 최초 정산일로부터 90일 이내에는 재정산도 할 수 있게 운영한다.
276) 우리나라 국세청의 사례를 예시하면 1차 소득세 연말정산, 2차 종합소득세 신고 및 자율 정산, 그리고 위험관리를 통한 3차 세무조사 단계와 유사하다.

규준수(Enforced Compliance) 방식을 적용한다면 이는 세관 혼자서 매건 별 보정 또는 사후심사를 기업 단위로 모아서 강제적으로 수행하는 것 이외에 별다른 의미가 없을 것이다.

따라서 교토협약에서는 Post Audit 심사통제방식으로서 1단계 보정절차를 이행한 후, 2단계 자발적 법규준수 방식의 자율심사(Self Assessment)를 거쳐야 하며, 그 결과 이상이 없으면 심사를 종결하고, 문제가 있는 때에는 3단계의 강제적 법규준수 방식 실지조사(Post Clearance Audit)를 할 수 있도록 단계별로 규범화하고 있다.

특히 미국은 2단계 우량기업의 자율적인 사후심사(ISA)와 3단계 FA, CA를 별도로 구분해서 실시하도록 조율하고 있으며, EU는 약 70%의 간이 통관업체를 대상으로 2단계와 3단계의 별도 구분없이 연 1회 회계심사 방식의 사후심사제(Annual Audit)로 조율하고 있다. 이는 미국과 EU의 정책 조율에 관한 생각이 다를 뿐이다.

EU는 Annual Audit 때, 미리 전제조건으로 업계에 ICR(Internal Corporate Review) 기회를 준 후, 한 번에 Audit-based control을 하나, 미국은 수많은 기업을 모두 다 강제적인 사후조사(CA, FA) 방식으로 통제하기 어렵다고 생각하기 때문에 먼저 파트너의 자발적 법규준수 책임을 강조하는 ISA 자율심사 대상(2단계)을 따로 정해서 선행적으로 심사한 후 조율하는 것 같다.

그러나 외국의 Post Audit 운용실태를 보면 또 하나의 전략적인 고민이 숨어 있음을 알 수 있다. 특별히 법규준수도가 높은 우량 기업에게는 수출입 통관기록 심사보다 좀 더 효과적인 심사 방법을 적용하는 것이 필요하지 않느냐는 생각이다. 그래서 WCO는

10/
「신관세경영학」의 배움을 체득하다.

무역업체 시스템 심사(TSA : Traders System Audit) 방식을 권고하는지도 모른다. 교토협약에서는 특별 통관절차를 적용받는 우량 기업에게 매건 별 수출입 통관내역이 아닌 내부통제 시스템의 사후관리 측면에서 전체 처리 과정의 자율적인 내부평가(ICR) 기회를 먼저 준 후 세관의 TSA를 하나의 심사과정으로 선택할 수 있도록[277] 했다. 우리 관세법에도 Post Audit는 이러한 취지를 반영하여 자율심사, 관세조사 이외에 AEO업체 공인인증 자율 평가 및 검증 절차를 두고 있는 것으로 추측된다.

어찌 되었든 관세청은 새천년을 앞두고 '심사정책국'이라는 국 단위 조직을 신설하고 나름대로 Post Audit의 전략과 정책 방향을 조율하기 위해 노력해 왔다. 2001년 자율심사제도는 행정규칙 상 종합심사 형태로 처음 시작되었다가 2002년 세관 일방의 강제 조사방식으로 전환되었고 2004년에 가서야 관세법에 정식으로 법제화되었다. 이같이 심사정책의 방향은 관세행정의 책임자가 바뀔 때마다 서로 조율되지 못하고 계속 오락가락했다.

그 이유는 Post-Audit 제도에 관해 파트너와 책임을 공유(Shared Responsibility)하는 인식 자체가 부족했기 때문이다. 아직도 법규준수도 관리는 세관 혼자만이 하는 것이라는 생각이 강하다. 그래서 자율심사라는 제도가 자리 잡을 공간이 없다. 자율심사와 관세조사제도는 둘 다 명확히 관세법에 법제화된 제도[278] 임에도 불구하고 서로 조율하는 것은 상상도 하지 못했다. 게다가 AEO 공인인증심사와 통관 적법성 자율검증까지 뒤죽박죽이 되어 정책조율은 고사하고 혼선만 가중시키고 있다.

---

277) 관세청, '교토협약 일반부속서 이행 지침' 제6장, 2002. 10. pp. 167-170.
278) 2000년에 관세조사제도(관세법 제110조의3), 2004년에 자율심사제도(관세법 제38조 제3항)가 신설되었다.

앞으로 관세청이 국제적으로 표준화된 심사통제기법을 제대로 정착시키기 위해서는 「표10-4-1」과 「표10-5-1」처럼 자율심사(Informed Compliance)와 관세조사(Enforced Compliance) 그리고 AEO업체 사후관리제도 간에 정책 조율을 반드시 해야 한다. 그리고 일선 세관에서 혼선없이 보정심사, 자율심사, 관세조사 등 3단계의 심사통제 과정이 순차적으로 작동될 수 있도록 간단명료하게 재정리할 필요가 있다.

아쉽게도 2000년대 관세행정 개혁과 심사제도 개편에 참여했던 당사자로서 Post Audit의 정책 조율에 성공하지 못한 것을 자책한다. 현재의 혼란 상황이 유감스럽지만, 앞으로 많은 발전이 있길 기대해 본다.

10/
「신관세경영학」의 배움을 체득하다.

AEO 사후관리의 성패

9.11테러 이후의 국제무역환경은 너무나 급속하게 변화되었으며, 그 후 모든 수출입업체는 위험관리의 대상이 되었다. 미국은 관세청 조직 중 Customs Boarder Protection기능을 국토안보부 소속으로 병합하고 기업별 법규준수도에 따라 소수의 C-TPAT[279] 대상에게만 특별통관 혜택을 부여했다. WCO는 미국의 C-TPAT 제도를 참고하여 국가 간 상호인증을 통해 특별통관 혜택을 부여하는 AEO 제도를 출범하였다.

2008년 어느 날, 우리는 뜻밖의 얘기를 접하게 되었다. AEO 제도 운영과 관련하여 국토부는 '물류안전법'을 검토 중이라고 했고 또 다른 안보관련 부처에서는 자기네가 총괄할 테니 관세청은 구성원의 일원으로 참여해주면 좋겠다고 했다. 그런데 AEO 업무는 WCO의 제도로서 국제적으로 관세청의 고유사무에 속한다. 국가 간 AEO 상호 인증업체는 무역안전에 관한 법규준수도와 신뢰도를 갖춘 업체이므로 그들이 취급하는 무역화물에 대해서는 각국의 세관이 화물검사 등 각종 세관통제를 간소화하고 최대한의 통관 편의를 제공하고자 한다. 즉, 9.11테러는 매우 불행한 일이지만, 이를 이유로 국가 간에 인적·물적 교류가 지체되거나 제한받아서는 안된다는 국제적 공감대가 밑바탕이 되었다. 따라서 AEO 제도의 속성이 이러함에도 왜 다른 정부 기관이 나서서 직접 무역화물의 안전관리 업무를 총괄하겠다고 나서는지 의문이었다.

---

279) C-TPAT : Customs- Trade Partnership Against Terrorism

결국 우리는 WCO의 SAFE Framework(무역안전과 원활화를 위한 표준규범)을 기초로 관세법에 AEO 인증과 사후관리에 관한 규정을 신설하기로 했다. 2008년 12월 관세법 제255조의 2 규정을 신설하여 수출입 물품의 제조, 운송, 보관, 통관 등 무역과 관련된 자가 안전관리 기준을 충족하는 경우에는 수출입 안전관리 우수업체로 공인할 수 있도록 그 법적 근거를 마련하였으며 다른 국가에서 공인받은 우수업체에 대해서도 상호 같은 수준으로 통관절차 상의 혜택을 제공할 수 있도록 하였다. 우여곡절 끝에 막상 관세법령이 개정되어 수출입 안전관리 공인기준과 절차, 그리고 통관절차 상의 혜택 등 세부 규정이 마련되자 국토부를 비롯한 다른 정부 기관은 더 이상 의견을 제시하지 않았다. WCO 지침과 관세청의 세부 운영규정을 살펴보면 세관 이외에 다른 기관이 관여할 소지가 전혀 없어 보였기 때문이다. 그렇게 2009년 4월 관세청은 AEO제도 운영과 관련한 하위규정을 원만하게 만들어 시행할 수 있었다. 그러나 관세청이 AEO 제도의 시행을 준비하면서 몇 가지 고민했던 사항과 시행착오가 있었다.

우선 첫째는 AEO 적용 대상을 누구로 할 것이냐의 판단 문제였다. 관행적으로 세관은 무역업체를 법규준수도 관리 대상으로 보는 경향이 있다. 그러나 앞서 「신 관세경영이론」에서 관세행정의 파트너는 무역업체뿐만 아니라 항공사, 선사 등 운송인과 운송주선업체, 그리고 보세운송업체, 창고업체, 하역업체 이외에 관세사 등 이해 관계자를 모두 포함해야 한다고 언급한 바 있다. 9.11 테러의 경우와 같이 수출입 안전관리는 무역업체뿐만 아니라 항공사 등 모든 이해 관계자를 대상으로 하는 것이 옳다는 교훈을 얻었으며 법규준수도 관리 대상으로 9개 직군을 포함해야 한다는 결론을 내렸다.

둘째는 AEO 등급관리를 어떻게 할 것이냐의 문제였다. 원칙적으로 법규준수도 90점 이상 업체를 AEO 공인 대상으로 할 예정이었으나, 최초 시행단계부터 너무 높은 수준이라는 의견이 많았다. 운송인이 제출하는 적하목록 정보와 House B/L정보의 오류율, 신고인의 수출입신고 정정 등 오류비율 등을 감안할 때 80점 정도로 시작을 하는 것이 좋겠다고 판단했다. 그리고 AEO 업체에 대한 사후관리를 지속하다 보면 법규준수도 향상은 필연적으로 이루어질 것이라 기대감을 가졌었다. 등급 구분은 1등급, 2등급 등 줄 세우기 표현보다 A(80점), AA(90점), AAA(95점) 등급으로 정하였다.

셋째 마지막으로 가장 큰 고민은 AEO 업체의 법규준수도를 지속적으로 향상시키기 위해 어떠한 방식으로 사후관리를 해 나갈 것이냐 하는 전략적인 판단의 문제였다. 2001년 시행한바 있는 자율심사방식의 종합심사제도[280]를 원용하였는데 여의치 않았다. 우선 2가지 사후관리 과정이 있는데 하나는 관세법 제255조의 4에 의해 AEO업체 9개 직군의 인증등급 및 갱신관련 사후관리 과정이 있고 또 하나는 관세법 제38조에 의해 AEO업체 중 수입자 1개 직군에 대한 법규준수도 사후관리 과정[281]이 있다. 따라서

---

[280] 2001년의 종합심사제는 업체 스스로 자율심사를 하고 법규준수도 미흡 분야는 그 원인과 대책을 규명하여 세관과 상호 MOU를 체결한 후 그 이행여부를 5년간 관리하며, 반복적인 오류가 발견되거나 위법사항이 발견되면 강한 제재와 함께 세무조사 방식의 Enforced Compliance를 부과하는 법규준수도 사후관리 방식을 의미했다. 그러나 2009년 AEO제도 도입이후 2024년까지 이를 AEO 공인인증 사후관리제도로 원용해서 운영하다가 갱신심사라는 용어로 대체되었다.

[281] 「수출입안전관리우수업체공인및운영에관한고시」 제20조의2(정기통관적법성 자율검증)에 의해 매년 공인일자가 속하는 달에 자율검증을 하고 보정, 수정 등의 조치를 한 후, 다음 달 15일까지 세관장에게 보고하도록 규정하고 있으나 관세법 제38조의 자율심사와 다른 용어를 사용하고 있어 혼란스럽다.

AEO업체 사후관리는 수입자의 경우 이중의 중복감이 있으므로 앞으로 법규준수도 관리 차원의 자율심사와 공인인증 관리 차원의 자율평가 및 점검은 심사정책의 전략적인 측면에서 어떻게 조화시킬 것인지 새로운 숙제로 부각될 것이다.

우선 AEO업체 중 수입자 1개 직군은 우량기업이므로 공인인증 사후관리 이외에 일반적인 Post Audit 방식의 Self Compliance 과정을 반드시 거쳐야 한다. 1단계 보정심사 절차 이외에 2단계 자율심사(Informed Compliance)과정은 관세법 제38조에 근거한다. 그러나 관리책임자(AM)을 두고 미흡분야는 세관과 MOU 체결 등을 통해 매년 공인인증 등 안전관리 충족 여부를 관세법 제255조의4 자율평가절차를 통해 종합적으로 사후관리하고 있으므로 관세법 제38조에 의한 법규준수도 자율심사와 하나의 사후관리 과정으로 통합282)함이 필요하다. 그리고 '통합 사후관리' 내역 중 문제가 있는 때에는 Enforced Compliance방식의 관세조사로 전환되어야 한다. 최근 AEO업체로 공인받으면 세관의 실지 심사나 관세조사가 면제된다는 잘못된 인식이 퍼져있기 때문에 최우선적으로 이를 바로잡을 필요가 있다.

그다음은 AEO 공인기준을 2009년 당시의 80점보다 최소한 90점으로 더 높여야 한다283). 그들은 대규모 무역량을 취급하기에 1%의 오류도 방치하기 어렵다. 게다가 AEO 공인심사와 갱신도 인정주의로 흐르지 않도록 엄정히 집행할 필요가 있다. AEO업체 그들은 우리나라뿐만 아니라 수출국에서 각종 특별 통관편의 혜택을 받기에 특별한 차등 대우는 이것만으로도 충분하다.

---

282) WCO에서는 TSA 심사제도를 소개하고 있다.
283) 교토협약 일반부속서 제6장 세관통제, 6.2.4.2 측정과정에서는 95%의 준수율이 위험관리에 수용할 수 있는 수준이라 언급하고 있다. 90점도 결코 높지 않다.

10/
「신관세경영학」의 배움을 체득하다.

앞으로 관세행정은 AEO 사후관리의 성패에 따라 정확성과 신속성 그리고 사후심사의 효율성이 담보되며 AEO 제도는 관세행정에서 가장 모범적인 대표 전략으로 성장해야 할 것이다. 향후 가상세관(Virtual Customs) 하에서도 가장 중심에 서 있는 제도가 될 것이므로 지속적인 관심을 갖고 성공적인 운영에 최선을 다해야 한다.

Manpower를 키워라!

우리모두 21세기 관세행정은 "People, Processes, Partnerships"에 초점을 맞추는 조직문화로 변화되어야 한다는 점을 새삼 화두로 삼았다. 사실 관세행정을 움직이는 주체(People)는 무역업체 등 외부 고객도 있지만, 이들을 대상으로 전문가역량을 갖춘 세관직원이 함께 협업할 때 비로소 혁신이 가능한 것이다.

Manpower 향상은 외국의 「신 관세경영이론」을 벤치마킹한다고 해서 실현되는 것은 아니다. 철학은 배울 수 있지만, 구체적인 실천방안은 우리 환경에 적합하도록 스스로 개발해야 한다. 「21세기 관세행정 개혁방향」에서 Manpower 향상에 관한 기본방향을 제시한 바는 있지만, 인적자원관리에 관한 연구경험이 부족하고 기관장부터 인사는 자기 권한이라는 생각이 강하여 Mannpower 향상을 위한 시스템 인사는 엄두조차 못 내고 있었다. 계획만 있고 실천은 없는 Manpower 향상방안은 참여정부 들어 정부혁신 정책의 일환으로 선정되면서 그때부터 본격 추진되었다.

2004년 11월로 기억한다. 한창 정기국회가 진행되고 있던 날. 당시 초일류세관 프로젝트를 역점사업으로 삼고 있던 관세청장(김용덕)은 국장급 보직변경을 하면서 한 통의 전화를 주었다. 연말까지 승진, 전보를 마무리해야 하는데 각종 불협화음으로 쉽지 않다고 했다. 이번 기회에 H.R(Human Resources) 혁신을 하자고 했다. 당시 관세청은 도처에서 인사불만이 제기되는 등 새로운 도전에 직면하고 있었다. 따라서 인적자원관리284) 프로그램을 전면적으로

10/
「신관세경영학」의 배움을 체득하다.

재검토해서 혁신해야만 했다. 누군가가 "인사는 만사라고 했다." "인사를 잘하면 예술이지만, 못하면 백정의 난도질과 같다."고 위험성을 지적하기도 했다.

그래서 우리가 최우선적으로 시도한 것은 승진제도의 개편이었다. 아태지역 글로벌기업이 채택하고 있는 「442 인사평가제도[285]」를 도입하였다. 연공 서열이 승진 인원수의 3배수 내에 들면 누구라도 인사평가 결과에 따라 승진할 수 있게 하였다. 그동안 연공서열만 믿고 성과 창출에 무관심하던 직원들이 긴장하기 시작했다.

둘째는 Fast Track(특별승진) 비율을 전체 대상자의 30%까지 높여서 경쟁을 촉진시키고 침체된 조직 분위기를 쇄신하고자 했다. 그 적용 대상을 중·하위직뿐만 아니라 간부급까지 확대하여 조직문화로 정착하게 하였다.

셋째는 역량평가시스템의 도입이었다. 세관장 등 기관장급 간부는 성과평가도 좋아야 하지만, 발표, 집단토론, 인터뷰, 과제수행 역량 등 조직관리역량도 중요하므로 이를 보완하였다.

네 번째는 하버드 경영스쿨에서 개발한 BSC 성과관리시스템의 도입이었다. 매년 정부 기관은 당해연도 업무계획을 수립하고 이행실적을 관리한다. 부서별로는 업무계획의 성과 달성을 위해 평가를 실시하고 국민에게는 세관 전체가 목표 달성을 위해 얼마나 노력했는지를 지표로 보여줘야 한다.

---

284) 교토협약 일반부속서 이행지침 제6장. 8.4에서는 인적자원개발과 관련하여 "세관통제는 GAAP 회계기술, 심사통제기준과 절차, 금융과정을 포함한 국제무역거래, 관세법규 및 절차, 전자기록과 컴퓨터시스템에 관한 전문적인 훈련을 받은 세관직원에 의해 수행되어야 한다"고 규정하고 있다.
285) 442제도는 인사평가점수 100점을 기준으로 외부평가 40%, 내부평가 40%, 그리고 다면평가 20%를 합산하며, 다면평가 하위 10%는 승진대상에서 누락시켜 전체 인사의 합리성을 높이고자 설계했다.

마지막으로는 오래전부터 논의된 전문분야별 직위분류제의 시행286)이었다. 의사의 경우 '전문의'제도가 있듯이 세관직원도 검사, 심사, 조사업무를 골고루 다 잘하기는 쉽지 않으므로 각각의 기능별로 자기 전문분야를 정하고 그 분야에 특화되도록 했다. 특히 미국의 예287)를 참고하여 전문분야별 보직관리 제도를 도입했다.

그 후 관세청은 인적자원관리 시스템의 혁신으로 말미암아 그동안의 인사 불협화음이 일시에 해소되는 큰 성과를 이루었다. 내부 고객에 대한 권한만 행사하던 인사, 예산부서는 성과평가 등 지원 업무 프로세스를 수행하는 고달픈 서비스 기관으로 변모되었다. 전문분야별로 직원 간의 경쟁을 촉진시키는 활동은 조직 전체의 효율성을 높이는데 기여를 하였으며 관세청이 정부혁신 최우수기관으로 선정되는 영광을 누리기도 했다. 타 부처의 벤치마킹 사례로도 소개되어 많은 기관이 관세청을 방문하기도 했다.

그러나 Manpower 향상을 위한 인적 관리 시스템의 개편은 기관장 개인의 권한을 축소시키고 시스템에 의한 인적자원관리를 하도록 제한하기 때문에 인사권한을 자기의 전유물로 생각하는 사람이 최고책임자가 된 경우에는 그동안 쌓아온 공든 탑이 하루아침에 무너지는 안타까운 현상이 벌어지기도 한다. 특히 외부에서 온 일부 기관장은 관세행정의 철학과 이념을 이해하기도 전에 조직장악을 위해 인사부터 서두르는 경향이 있다. 내부직원의 지지와 인기를 얻기 위해 보편화되지 않은 건의 사항을 무리하게 받아들이는 것도 서슴치 않는다. 2010년 이후 벌어진 442 인사시스템과

---

286) 산업연구원, 「2000년대 대내외환경변화와 관세행정발전방향」, 1990. 10.
287) 미국은 1968년부터 신고제와 유사한 「선통관 후심사제」를 도입하면서 Inspector, Import Specialist, Special Agent로 직원전문화를 시행하여 오늘에 이르고 있다.

경력관리제 등의 붕괴가 바로 그것이다. 특히 성과관리시스템을 불편해하는 직원이 있다고 해서 이를 아예 없애버리는 무책임한 처사도 했다. 전문직위분류제는 시행조차 해볼 생각도 하지 않고 사장시켜 버렸다.

그렇게 원칙을 없애버리면 그동안 지원업무 프로세스를 담당하던 H.R 관련 부서는 다시 자의적인 Back Office로 복원될 수밖에 없고, 원칙이 없으니 그들의 행동 자체가 무소불위의 권한이 될 수밖에 없다. 1999년 새천년을 시작하면서 관세행정 개혁이 시작되어 2004년 참여정부에서 꽃을 피웠던 초일류세관 전략은 그 후 눈에 띄게 힘을 잃어버렸다. "우리는 무엇을 위해 왜 이 일을 하려고 하는가?"라는 목적의식은 비전과 목표설정, 그리고 이행전략과 성과평가 및 보상체제가 일관성있게 추진되어야 비로소 그 가치를 성취할 수 있다.

Manpower 향상은 단순히 직원 개개인의 인사, 후생 또는 성과관리 차원의 문제가 아니다. 파트너와 함께 관세행정 전반의 법규준수도와 고객만족도 향상을 책임져야 할 당사자로서 양자 간의 책임분담체제(Shared Responsibility)를 완성시켜 나가기 위한 최선의 수단이다. 그 어떠한 관세정책도 Manpower가 효과적으로 뒷받침되지 않으면 성공할 수 없다. 이러한 진리는 국내외를 가리지 않는다.

Hometax 철학을 생각한다.

이제는 먼 나라 얘기만 할 것이 아니라 우리 주변을 한번 살펴보자. 세제 업무는 관세청보다 국세청이 훨씬 더 광범위한 분야를 커버하고 있다. 부가가치세 등 간접세뿐만 아니라 소득세 등 직접세까지 관리하고 있다. 관세청은 관세와 수입품 부가세 등 세수 규모는 전체 세수의 약 20% 내외에 불과하나 그 대신 무역규모 1조 불을 초과하는 수많은 물품이 수출입관련 법령에 적합하게 통관되고 있는지를 감시하는 한 가지 더 중요한 임무를 맡고 있다. 국세청과 관세청은 이러한 복잡하고 힘든 업무를 각자 어떻게 관리하고 있을까.

국세청은 Hometax 라는 강력한 무기를 갖고 있다. 그 속내를 들여다보면 업계와의 파트너쉽을 통해 자율 신고와 정산 시스템을 갖추되, 늦게 신고하거나 잘못 신고하면 가산세 부과 또는 엄중한 세무조사를 받도록 시스템화되어 있다. 어떻게 보면 국세청이 Partnerships에 의한 「신 경영이론」을 먼저 도입했는지도 모른다. 국세청은 1999년 관세청과 마찬가지로 대대적인 구조개혁과 조직개편 작업을 단행했던 것으로 기억한다. 세정개혁 차원에서 3년간(1995.11~1998.8) 준비를 해서 전국의 1개 지방청과 35개 세무서를 통폐합하고 일선 조직을 조사전담 부서로 일원화하는 구조개혁을 했었다. 모든 세금 신고는 현장에서 하지 않고 Hometax의 전신인 통합국세전산망(ITS)을 이용하도록 했으며, 이때부터 사실상 가상세무서(Virtual National Tax Service) 구현이 시작되었다고 해도 과언이 아니다.

이에 반해 관세청은 구조개혁과정(약 8개월)이 너무 짧았고, 물류신속화(Facillitation)를 중시하다 보니 심사통제(Post Audit Control) 분야는 상세설계가 소외된 감이 없지 않다. 왜냐하면 IMF 경제위기 극복을 위해 범정부적으로 「무역하기 좋은 시스템」을 만들자는 구호가 국가 어젠다로 부상하던 시기였기 때문이다. 당시 관세청은 국제간 인적, 물적 교류를 신속히 하기 위해 물류흐름 중심으로 Processes를 일원화하고 통관, 감시조직과 업무체계를 통폐합했다. 그리고 심사통제 분야를 안정화시키기 위해 심사조직과 범칙조사조직을 별도로 분리하고 업계와의 파트너쉽을 통한 자율심사체제(Informed Compliance)를 구현해 나가고자 했다. 그러나 국세청처럼 사후심사 및 정산 경험이 풍부하지 못했기 때문에 조기에 정착되지 못했다. 할 수 없이 2004년에 가서야 관세법을 개정하여 매건별 보정을 주기적신고 및 보정제로 개편하고 자율심사제를 정식으로 법제화하고자 했다. 하지만 관세사 등 이해 관계자의 '신 관세제도' 도입에 따른 불안감과 정책 당국의 협조 부족으로 자율심사제의 법적근거만 마련하고 주기적신고제 도입은 성공하지 못했다. 20여 년이 지난 오늘에 와서 보면 그 당시 왜 이를 체계적으로 밀어붙이지 못했나 후회스럽기만 하다. 오늘날 관세행정은 사후심사역량이 매우 약하다. 통관단계에서 일회성으로 통과만 하면 그만이다. 자율심사는 제자리를 찾지 못하고 있고 관세조사나 범칙조사는 운 좋으면 계속 생략된다. 수십 년간 주창하던 기업관리방식의 심사제도는 아직도 갈 길을 찾지 못하고 있다.

여기서 Hometax의 철학을 곰곰이 생각해 볼 필요가 있다. 거기에는 몇 가지 매력적인 부분이 있다. 첫째, 정확한 고객관리시스템의 구현이다. Hometax에서는 고객인 납세자 정보의 정확성 유지를 매우 중요하게 여긴다. 사업자 등록신청을 받아 업종코드를 부여하고 관련 증빙서류를 확인한 후 세무서(Hometax)에서 직접 발급한다. 사업자 등록번호는 세적 관리의 기초자료이며, 모든 세금신고는 사업자등록번호와 개인 주민번호로 귀착된다. 모든 지급명세서와 지출명세서는 Hometax에서 사업자별로 정확하게 관리되며 혹시 누락되거나 틀린 부분이 있으면 납세자 책임하에 자진 정정하도록 의무를 부여하고 있다. 이에 반해 관세청의 고객정보인 통관고유번호와 해외 공급자부호는 그 관리가 생각보다 부실하다. 등록증조차도 없으며, 한 기업이 여러 개의 통관고유번호를 갖고 있기도 하고 해외 공급자부호는 표준화되어 있지도 않다. 그들이 제출하는 품명정보와 가격정보 또한 정확성 여부는 의심스럽다. 정확한 빅데이터의 관리를 위해 Hometax의 구도를 참고해야 한다. 그렇지 않으면 관세행정의 정확도는 계속 떨어질 것이며 그 위력도 되찾을 수 없다.

둘째는 가상세무서(Virtual National Tax Service) 개념이다. 전국에는 아직도 많은 세무서가 존재하지만, 그들이 현장에서 직접 납세업무를 담당하는 경우는 드물다. 간혹 고령자 등 도움이 필요한 경우가 있을 수 있으나, 현장에서 Hometax를 통해 신고하는 것을 도울 뿐이다. 대부분은 Hometax에 신고한 대로 수납부터 된다. 사업장 관할 세무서는 일정기간 후 자율정산 결과까지 포함하여 정확성 여부를 심사한 후 다시 조정하거나 세무조사를 하기도 한다. 관세청도 UNIPASS라는 비슷한 중앙 HUB 시스템을 운영하고 있다. 그러나 근본적인 차이점은 세무서와 달리 세관은 신고 때마다 그 내용을 미리 들여다보고 간섭한다는 점이다. 수출입 제한품이 부실 통관되지 않도록 검사대상을 미리 선별하고자 하는 취지에는 공감하나, 문제없는 서류까지 마우스 클릭을 하면서 체크하는 시스템은 너무나 구시대적이다. 그렇다고 통관단계에

10/
「신관세경영학」의 배움을 체득하다.

서 세액정정 등 보완이 다수 있는 것도 아니다. 이제는 Hometax 처럼 UNIPASS라는 가상세관(Virtual Customs)에서 법 취지대로 수출입 자동 신고수리와 함께 사후 자율심사 및 정산할 수 있는 시스템이 정착되어야 한다.

마지막으로 중요한 시사점은 업체와의 양자 간 책임분담 방식(Shared Responsibility)을 통해 100% 자율정산 시스템을 가동하는 점이다. 매년 개인과 법인은 자신의 책임하에 연말정산, 종합소득세 정산을 의무적으로 한다. Hometax에서는 한 해 동안 거래된 지급명세서와 지출명세서, 공제항목 등 필요경비에 관한 모든 정보를 납세자에게 제공하고 그들이 자율 정산한 결과, 과부족 세액은 추가 납부 또는 환급 등의 보정 조치를 하도록 시스템화하고 있다. 세무서는 오직 그들의 자율정산 결과를 심사하여 사후 정정 또는 세무조사를 통한 시정조치만 할 뿐이다. 그래서 납세자들은 모든 것을 다 알고 있는 세무 당국을 무서워한다. 세관도 모든 수출입 통관정보와 관세 등의 제세납부 정보는 UNIPASS에 신고 수리한 대로 저장된다. UNIPASS 보유정보를 연 1회 제공(지역별로 분산된 사업장은 본사중심으로 제공)해 주고 그들 스스로 자율심사 및 정산할 수 있도록 시스템을 구현하면 Hometax와 같은 Informed Compliance 방식의 대기업 관리를 할 수 있다. 그런데 정작 문제는 관세법 제38조의 규정에 자율심사 제도가 있음에도 불구하고 UNIPASS에서 이러한 자율심사 시스템이 개발 및 반영되어 있지 않고 심사부서에서도 이를 개발할 노력조차 하지 않고 있는 점이 더욱 큰 문제이다.

앞서 살펴본 미국, 유럽 등의 선진 시스템을 벤치마킹하는 것도 좋지만 바로 우리 주변에 있는 국세청의 Hometax 철학부터 배울 점은 없는지 살펴봤으면 좋겠다.

가상세관 프로젝트

2010년 어느 날 누군가에게 가상세관제도(Virtual Customs)를 추진하자고 했더니, 한마디로 「황당 프로젝트[288]」라 했다. 아마도 우리 모두는 자신도 모르는 사이에 이미 가상세관 시스템이 일부 도입된 사실을 까맣게 모르는 듯했다.

가상세관은 특별한 것이 아니다. UNIPASS 그 자체가 국세청의 Hometax처럼 이미 가상으로 통관업무를 수행하고 있다. 대부분의 무역업체는 통관관련 각종 신고, 신청을 Paperless 형태로 전자신고하고 있다. 과거에는 서류를 들고 현품 소재지 세관을 방문하였으나, 지금은 세관에 가지 않아도 된다. 전국 어디서든지 소재지 세관을 수신처로 전자신고하면 UNIPASS를 통해 해당세관 통관담당자 컴퓨터 화면에 신고 접수한 내용이 나타나서 신고수리 여부를 결정하게 된다. 최근의 인터넷 등 정보기술의 발전 속도로 볼 때, 어차피 가상세관으로 갈 수밖에 없는 상황이라면 신고제하에서 전자신고 수리는 UNIPASS가 담당할 수밖에 없다. 그러나 물품 이동통제와 기업의 심사통제는 어떻게 해야 하는지 현실적인 고민이 뒤따른다.

우선 물품의 이동통제(Movement Control) 분야는 전면적인 구조개혁이 뒷받침되어야 한다. UNIPASS(가상세관)에 접수된 전자신고는 전국세관 통관부서가 그들의 판단으로 검사, 심사를 하는 것이 아니라 미국 관세청의 NTC[289]처럼 우리도 '가칭'「중앙이동

---

[288] 관세청, '대한민국의 문, 세계로의 창. 관세청 40년사' 2010. 8. p.294

통제센터(MTC[290])」를 설치하여 리스크 여부를 일괄 심사 후 해당 세관에 검사 행동지령을 내려서 업무를 수행하게 해야 한다. 과거처럼 각각의 세관이 접수해서 그들의 판단하에 어떤 것은 쉽게 통관되고 어떤 것은 통관 자체가 되지 않는 그런 Port Shopping이 허용되어서는 안 된다. 왜냐하면 지역 세관의 통관부서 직원이 전 세계에서 생산되는 모든 품목에 대해 속속들이 알고 있는 전문가도 아닌데, 이들에게 신고 건을 무작위로 자동 배부해서 검사 및 심사를 보게 하는 것은 큰 의미가 없기 때문이다. 앞서 미국 관세청의 NTC 예를 보았듯이, 그곳에는 한국의 유아복 섬유제품의 수출자별 생산능력, 모델별 규격과 가격, 원자재 조달처, 중국 쿼타와의 연관성 등 모든 상세정보를 관리하는 팀이 별도로 있었다. 그들은 전국세관 어디서나 한국의 유아복 수입신고가 접수되면 리스크 여부를 1차 Review 후 해당 세관에 추가 검사나 심사 지령을 내리고 그 결과를 모두 Feedback 했다. 앞으로 가상세관에서는 우리도 MTC가 1차 Review를 해서 위험관리의 일관성과 정확성을 유지하도록 해야 한다. 오로지 지역별 세관은 MTC 지령을 받아 검사업무를 수행해야 하며 그 결과 정보는 MTC에서 프로파일화하여 2차 Review 정보로 심사부서가 활용할 수 있게 해야 한다.

그다음은 사후 심사통제(Audit Control) 분야를 전면 재설계해야 한다. 이 역시 국세청의 Hometax 종합소득세 정산과정을 생각하면 대충 유추해 볼 수 있다. 1단계 보정, 수정신고는 가상세관에서 스스로 해당 신고 건을 조회하여 매건 별 또는 주기적으로

---

289) NTC : Nation Targeting Center
290) MTC : Movement Targeting Center로서 미국의 NTC처럼 그 권한과 책임 그리고 기능의 확장이 요구된다.(2017년 2월 관세청차장 직속으로 설치한 관세국경위험관리센터는 일선을 지휘 하는 조직이 아니라 통관, 심사, 조사분야로 각각 흩어진 위험관리 선별기준을 통합관리하는 역할에 머물고 있다.)

보정 신청 또는 수정 신고하면 된다. 그러나 2단계 기업별 사후심사는 관세법 제38조의 자발적 법규준수(Informed Compliance) 방식 자율심사를 할 때 어떻게 업무수행체계를 지원해야 할지가 관건이다. 이 또한 미국의 전략무역센터(STC)처럼 우리도 '가칭' 「중앙심사통제센터(SAC291))」를 운영해서 전반적인 심사통제 진행 과정을 총괄 지휘해야 한다. 우선 관세법 시행령에서 정한 대로 UNIPASS에서 연 단위 수출입통관 기록과 통관 적법성 정보를 통관고유번호 기준으로 제공해서 수입자가 조회 가능토록 해야 한다. 그리고 수입자는 UNIPASS 제공 정보를 토대로 기한 내 자율심사를 실시하여 이상 유무를 확인하고 자율심사 결과를 제출해야 하며, 세관은 그 결과를 검토 후 심사종결 또는 3단계 추가 관세조사 여부를 결정한다. 이 경우 자율심사관련 정보는 SAC에서 취합·축적하며 강제 법규준수(Enforced Compliance) 방식의 관세조사에 필요한 자료 파일의 근원지 역할을 하게 된다. 여기서 SAC의 자료에 대한 2차 Review는 정기 또는 수시 관세조사 대상을 선별하는 데 활용될 것이며, 특히 SAC는 향후 AEO의 종합지휘소 역할도 함께 담당하게 해야 한다.

그러나 가상세관은 UNIPASS 시스템 개발 및 유지보수만으로 완성되는 것이 아니다. 실제 운용을 위해서는 관세청 조직과 그 기능에 적합한 종합적인 외과적 수술이 필요하다. 첫째. 본청의 주무국은 가상세관(UNIPASS) 관리부서가 담당해야 하며, 그들이 프로세스를 포함한 전반적인 설계기능을 담당하도록 해야 한다. 과거 물

---

291) SAC : Strategic Audit Center(미국 관세청의 전략무역심사국 또는 지방청의 전략무역센터와 유사한 기능을 관장하는 조직으로서 기업에 대한 자율심사와 관세조사를 지휘통제하는 기구이며, 본청과 본부세관의 심사정책을 담당하는 부서가 이를 담당한다)

품 이동통제 차원에서 신속통관(Facilitation)을 주도하던 업무국이 주무국 역할을 하던 시대는 지났다. 그들은 MTC를 지휘해야 한다. 둘째, 심사부서는 심사통제에 관한 정책 조율기능을 복원해야 한다. Informed Compliance와 Enforced Compliance 간의 조율을 생명으로 해야 하며 SAC 지휘 및 심사기법 지원에 총력을 기울여야 한다. 셋째, MTC와 SAC는 각각 관세청장 직속기구로서 산하 세관을 지휘할 수 있는 국 단위 조직 또는 별도의 직할조직으로 운영해야 한다. MTC는 물품 이동통제 차원에서 입항단계 관리대상화물 선별검사, 수출입 신고단계의 현품검사 등 전반적인 화물 총량 재고관리를 지휘해야 한다. 그리고 산하에 품목별 전문팀(전략물자, 마약류, 밀수 주종품목 등)을 두어 일선세관 검사부서와 집중검색 체제를 갖추어야 한다. 그리고 SAC는 자율심사와 관세조사 및 AEO 업체의 사후관리를 총괄하고 산업별·품목별(식음료, 농축산물, 섬유의류, 기계류 등)로 전략심사 전문팀을 두어 특별 기획심사부서로 발전시켜야 한다. 넷째, 전국세관은 그야말로 검사, 심사, 조사 등을 행동하고 실천하는 조직이 되어야 한다. 본부세관 조직은 구성원 전원이 기업심사와 범칙조사를 전담하는 심사통제조직으로 변모시켜야 한다. 본부세관 통관기능은 권역 내 2급지 세관으로 이관해야 하며, 2급지 세관은 현장검사 위주로 업무를 수행하고 그 이외에 본부세관이 감당하기에는 규모가 적은 업체의 자율심사 또는 관세조사 업무를 맡아야 한다. 이를 위해 전자신고 접수담당 직원 전원을 현장 검사부서로 재배치해야 하며, 임무가 불분명한 기동감시 인력은 검사부서나 범칙조사부서로 재배치해야 한다.

　이제 가상세관은 더 이상 「황당 프로젝트」가 아니다. 우리도 모르는 사이에 아주 가까이에 자리 잡고 있다. 다 같이 지혜를 모아 가상세관 프로젝트를 구체적으로 실천하는 것만이 정답이다.

Customs Bond의 변화모색

오늘날 관세청보유 체납액은 얼마나 될까. 크게 관심갖는 사람이 없을 듯하다. 최근 통계를 보면 1조 원대를 넘어섰다고 한다. 국가채무가 계속 늘어나고 있고 국가재정은 여유가 부족한 상황에서 정말 골칫거리가 아닐 수 없다.

1996년 면허제 이전만 하더라도 관세청 체납액의 규모는 국세청의 서울도심 1개 세무서 보유분보다 적다는 우스갯소리가 있었다. 하지만 신고제 이후 체납액이 점차 늘어나기 시작하다가 1999년 관세포탈 사범에게 적용하던 형사벌 차원의 「몰수에 갈음한 추징제도」가 폐지되고 난 다음에는 관세 체납액의 규모가 급속히 늘었다[292]. 주로 바지사장을 앞세운 관세범 사건 때문으로 보이며, 2000년 이후 납세의무자 변경 등 다각적인 제도개선에도 불구하고 체납액 감소에 별다른 효험을 보지 못하고 있다.

외국세관은 불법 수입과 체납 방지를 위해 담보제도를 중요시하고 있는데 반해, 우리는 소위 수출입을 지원한다는 명분으로 관세 담보생략 비중이 너무 커서 문제다. 기본적으로 관세 담보는 '선통관 후납부제' 또는 '신고수리전 즉시반출제' 하에서 통관 적법성과 관세 납부 등 관세법에서 정하고 있는 의무이행을 보증하기 위한 제도이나, 이를 지나치게 온정주의로 운영하다 보면 담보

---

[292] 관세청에 의하면 2023년 기준 공개대상 체납자 228명의 총 체납액은 1조 2,576억원으로 전년대비 인원은 21명 감소했지만, 체납액은 2,569억원 증가하였다.

생략 비율은 높아질 수밖에 없고 체납은 상대적으로 늘어날 수밖에 없다.

　WCO의 교토협약에서는 담보제공으로 인한 무역업계의 추가 비용부담을 우려하여 담보 설정의 한도를 최소한의 범위293)내에서 운용하도록 하고 담보제공 면제 대상도 나라별로 국내 법령에서 자율 운영토록 규범화294)하고 있다. 그러나 담보제공이 원칙이며, 예외적으로 세관 절차를 정기적으로 이용하는 자, 의무이행을 보증할 수 있는 재정 상태를 유지한 자, 중대한 위반사항이 없는 자에 한해 담보면제 요청을 할 수 있도록 규정하고 있다. 그리고 담보제공자는 신고인과 제3자(관세사 등 통관업자)도 허용된다.

　미국은 대부분이 Immediate Entry에 의해 즉시 반출되므로 미화 2,500불 이상은 관세 등 제세의 채권확보와 추가적인 의무이행을 확보하기 위하여 물품반출 전에 제세 담보와 통관절차 전반에 대한 보증을 확약하는 세관채권(Customs Bond295))을 제출하도록 하고 있다. 이는 교토협약의 Security와는 담보의 성격, 책임 범위, 제공 방법에 있어 차이가 있다. Customs Bond는 관세, 내국세, 수수료 및 Liqudated Damage 등 금전적 채권 확보와 신고 시 미비 서류의 보완, 수입규제관련 의무의 이행, 보세구역 반입회수 등 장래의 불확실한 상황에 대비하여 신고인의 의무이행을 보장받기 위해 마련된 제도이다. Customs Bond는 Principal(발행인, 수입자, 대리인 포함), Surety(보증인으로서 주로 보험회사), Beneficiary(세관)의 3각 법률관계로 구성되며, 세관채권은

---

293) 담보(Security)의 한도는 관세법상 의무이행과 관련하여 잠재적인 위험관련 금액을 기초로 하며, 벌과금이나 이자를 포함하지 않는다고 규정하고 있다.
294) 교토협약 일반부속서 제5장 '담보'의 규범 5.4와 규범 5.6
295) Customs Bond는 세관채권이라 불리며, 보험회사의 납세보증서와 유사하다.

보험회사를 통해 구매할 수 있으며, 관세사가 수입자를 대신해서 신고할 때도 수입자 또는 관세사의 세관채권을 이용할 수 있다296). 미국은 담보면제 대상이 미화 2,500불 미만이므로 그 이상은 의무적으로 Customs Bond를 제출해야 하며, 관세 등 제세뿐만 아니라 damages, 수수료 및 기타 리스크 비용도 포함되는 것으로 이해해야 한다.

이에 비해 우리나라는 면허제에서 신고제로 전환하면서 담보제도 운영방법에 대해 특별히 고민한 적이 없었다. 왜냐하면 관세청 보유 체납액 수준이 너무 미미했기 때문에 무역업체에 추가 부담을 강요하는 담보제도 운영을 강화할 생각이 전혀 없었다. 우리나라의 경우 보증보험회사의 보증수수료가 신용등급에 따라 차이가 있지만, 대부분 미국297)과 유사한 보증채무 1% 내외 수준298)이기 때문에 담보제공 생략 대상을 축소하면 그만큼 무역비용은 늘어날 수밖에 없다. 그러나 관세 등의 체납액 규모가 1조 원 수준을 넘어서면 담보제도의 변화를 전략적으로 고민해봐야 한다.

우선 첫째, 신고제하에서는 과거의 면허제와 달리 관세 등 제세 납부 불이행에 따른 채권확보도 필요하지만, 신고와 동시에 선 통관에 따른 통관적법성 위반 우려와 위험성도 있기 때문에 사회적 손실을 최소화하는 차원의 채권확보 전략이 필요하다. 관세법상 밀수입은 형사벌로서 '몰수에 갈음한 추징'제도가 적용되지만, 관세포탈사범은 순수 관세 등 미납에 따른 추징 의무만 발생되기 때

---

296) U.S.Customs. customs publication No. 590. 1985. 10.
297) 미국 보증회사를 이용하는 경우 1회성 단수보증(single bond)은 채무 감가의 3~5%, 유효기간 1년의 복수보증(annual bon)은 1~2% 수준의 보증수수료 부담이 발생한다.
298) 2023년 기준 관세청의 관세 등 제세 징수실적이 약 68조 원 내외인 데 반해 체납액은 1.2조 원으로서 약 1.7% 수준에 해당한다.

문에 반드시 관세 등 제세와 수수료, 단속비용과 벌금까지 포함한 담보 보증제도가 부활되어야 한다. 둘째 담보제공 대상은 미국처럼 일정금액299) 이상은 보증회사의 보증서를 담보로 제출하도록 의무화해야 한다. 최근 해외직구만 해도 연 1억 건이 넘어가는 상황이므로 개별 수입자 보증이 어려우면, 사실상의 수입자로 준용되는 특송업체 또는 대리인인 관세사의 보증을 담보로 운영할 수 있도록 제도개선을 해야 한다. 관세법상 담보제도가 엄연히 있음에도 불구하고 대부분을 생략 대상으로 분류하여 사실상 사문화시키는 현재의 담보제도 운영방식은 반드시 재고되어야 한다. 셋째는 누구든지 쉽게 적은 비용으로 담보제공이 가능하도록 편리성을 증진시키는 노력도 병행해야 한다. 수출 우량기업과 AEO 업체 등은 신용담보로 대체하되 기타 업체는 특별한 사유가 없는 한 보험회사의 세관채권 등 미국식의 간이한 보증방식으로 담보제공이 가능토록 개선할 필요가 있다.

국가정책 또는 제도 중에는 명맥만 있고 실제 적용은 되지 않는 사문화된 제도들이 있다. 관세법상 담보제도도 이에 해당되는 것이 아닌지 신중히 살펴봐야 한다. 오늘날 일선 세관 현장의 문제는 실제 작동되지 않는 시스템이 너무나 많다는 점이다.

---

299) 우리나라 관세법은 담보제공 생략을 원칙으로 하지 않고 있다. 미국의 경우를 준용하여 최소한 1회 과세가격 300만 원 이상은 담보제공을 의무화해야 한다. 이 경우 AEO 업체 등 우량기업과 기준가격 미달 물품은 예외 적용이 가능하다.

쇼윈도 위험관리시스템

우리 주변에는 리더들이 말로는 중요하다고 하면서 IT를 활용한 위험관리 분야는 너무 미시적인 분야로 치부하고 그 실행 및 작동 과정을 살펴보지 않는 경향이 있다. 아무리 옷을 유행에 맞게 잘 만들면 뭐 하나. 쇼윈도에 걸려만 있는 옷은 전시품이지 즐겨입는 옷이 아니다. 바로 세관행정에서 위험관리 분야가 이에 속하지는 않는지 고민해 볼 필요가 있다.

WCO는 위험관리기법이 최초 금융, 보험, 무역 및 산업 분야에서 성과개선을 촉진시키는 경영기법[300]으로 시작되었다고 했다. 공공부문인 세관 행정에서도 잘만 활용하면 최대한 위험에 노출된 분야를 찾아내서 효과적인 단속이 가능하다고 강조하고 있다. 바로 관세행정에 있어 위험관리 Targeting이 필요한 이유다.

WCO와 세계 각국은 이러한 위험관리기법의 발전을 위해 수많은 노력을 해왔다. 우선 교토협약에서는 효과적인 세관통제를 위해 법규준수도 측정(Compliance Measurement)이 필요함을 강조하고 위험관리기법의 종류에는 전략적(Strategic), 운용상(Operation), 전술적(Tactical) 위험관리의 3가지가 있다고 분류[301]했다. 특히

---

[300] 교토협약 일반부속서 제6장 세관통제 6.1에서 위험관리의 기본개념, 위험관리과정, 세관의 위험관리에 관해 소상히 기술하고 있다.
[301] 전략적으로는 마약, CITES, 공중보건, 환경, 쿼터 등 특정 분야의 위험관리 활동을 의미하며, 운용상 위험관리는 Informed Compliance와 Enforced Compliance 심사통제방식의 정책 조율과 선택을 뜻한다. 그리고 전술적으로는 물품 이동통제에 관한 프로세스 진행 과정에서 세관직원에 의해 이루어지는 C/S(Cargo Selectivity) 위험관리를 말한다.

9.11 테러 이후 미국은 교토협약 상의 분류체계를 Pre-Entry, Entry, Post-Entry의 3단계 다층적인 위험관리기법302)으로 구분하여 일선 현장이 이를 수행하도록 했다. 첫째 Pre-Entry는 적하목록 입수단계에서 우리나라의 '관리대상화물 선별절차'와 동일하다. 여행자의 경우는 APIS 선별 절차이며, 미래의 Single Window 체제에서는 ACIS와 같다. 미국은 이 과정에서 CET303)팀에 의한 집중검사체제를 엄격히 운영하고 있으며, 호주는 영상정보와 화물정보를 결합한 위험관리시스템인 Water Front Project304)를 지원하고 있다. 그다음은 수출입신고 Entry 과정의 위험관리는 우리의 C/S와 동일하며 선별기준의 정확성을 높이기 위해 기준관리(National Criteria와 Local Criteria)의 과학화에 최선을 다한다. 마지막으로 사후심사 단계의 Post Entry 위험관리 과정은 앞서 설명한 CA, FA를 통한 ISA 등 기업심사를 의미하며, 우리나라의 자율심사, 관세조사와 같다. 따라서 WCO의 전략적, 전술적 위험관리는 물품의 이동통제 방식으로서 미국의 Pre-Entry, Entry 단계의 위험관리를 말하며 운용상 위험관리는 심사통제에 관한 것으로서 미국의 Post-Entry 단계 기업심사(Post Audit)를 의미한다고 요약할 수 있다.

그러면 우리의 현실은 어떠할까? 물품 이동통제에 관한 Pre-Entry 와 Entry 단계의 위험관리는 일선세관 현장에서 어느 정도 작동되고 있지만, 심사통제에 관한 Post Entry 위험관리는 아직까지

---

302) 관세청, 「CBP Trade Strategy 2009~2013」, 2009. 1.
303) CET(Contraband Enforcement Team)팀은 본부세관 소속이며, Inspector, Dog Team으로 구성되며, 필요시 Import Specialist, Special Agent, Patrol Officer의 지원을 받고 있다.
304) 호주관세청의 Water Front Project는 적하목록 사전분석 결과와 공항만 CCTV 영상정보를 상호 연계하여 터미널내 하역, 보관 등 실물이동 과정을 상시 감시하면서 위험화물을 선별하는 기법이다.

도 체계가 뒤죽박죽이고 제대로 작동조차 되지 않고 있다. 쇼윈도에만 걸려있으니 우리 스스로 세관이 힘이 없다고 한탄할 수밖에 없다.

사실 우리나라에서 위험관리 개념이 최초로 도입된 것은 어떤 과학적이거나 논리적인 이유보다 1987년 불거진 서울세관 수출과 사건이 계기가 되었다. 수출입화물 전부 검사제가 갖고 있는 부조리와 모순을 제거하기 위해 통관단계(Entry)에서 C/S 선별검사제가 채택되었다는 점이 아이러니하다. 그 당시만 해도 위험관리 정보의 축적이 전무한 상황이었으므로 H.S 단위 필수 검사와 난수표 방식에 의한 불규칙 검사제에 의존하는 초보적인 수준이었다. 이는 1986년 미국 관세청에서 체험한 C/S 사례를 참고한 것이었는데 그 후 우리나라 위험관리제도의 효시가 되었다. 1997년에는 신고단계(Entry) 위험관리 선별기준을 정교화하는 본청 조직(검사분류과)까지 설치되어 비약적인 발전을 했다.

입항단계(Pre-Entry)의 위험관리 역시 1996년 준비없이 도입된 신고제의 불안감 때문에 서둘러 시행되었다. 화물입항 단계부터 선제적으로 우범화물을 색출하지 않으면 신고와 동시에 불법수입 우려가 있다는 위기의식이 발동되어 적하목록 표준화와 화물 EDI 정보화를 추진하는 과정에서 도입했다. 현재 입항 적하목록 심사로 우범성 관리대상화물을 주요 공항만 세관에서 밀수단속 차원에서 어느 정도 조사 단속해 나가고 있으나, 아직도 House B/L 화물, 해외직구 특송화물의 위험성은 상존한다.

그리고 통관 후 심사통제를 위한 위험관리(Post-Entry)는 2000년에 WCO와 미국의 예를 참고하여 파트너쉽에 의한 심사통제를 하고자 본청에 심사정책국, 본부세관에는 심사국을 신설하여 추진하였으나, 자율심사, 관세조사, AEO업체 사후관리 등 그 어느 것 하나도 지금 온전히 작동되는 것이 없다. 게다가 지금까지 관세청은 이러한 Post-Entry 단계 위험관리시스템을 조직과 업무체계에 실질적으로 작동시키는 노력을 하지 못했다. 2017년에 관세국경위험관리센터(CBTC305)를 관세청 차장 직속으로 설치했지만, AI 선별모델 등 기법 개발에만 주력할 뿐, 일선세관의 위험관리 실행 조직인 검사, 심사, 조사부서를 지휘하지도 못하고 선별기준만 과학화하면 모든 것이 해결된다는 속칭 「IT 만능 바이러스306)」에 감염되고 말았다.

교토협약에서는 미래의 세관 통제 중심은 위험관리기법을 토대로 하되, 과거의 배타적인 물품이동 통제방식에서 벗어나 간소화된 세관절차 하에서 무역업계의 자율심사(Self Assessment)를 통한 사후 심사통제방식으로 전환되어야 한다고 강조하고 있다.

이제 우리는 위험관리 분야를 더 이상 탐구 영역으로 관리해서는 안 된다. '잠'들어 있다면 빨리 깨어나야 하며, 만연되고 있다면 「IT 만능 바이러스」도 치료받아야 한다. 세관 행정에 있어 위험관리는 일선에서 작동되어야 의미가 있다. 불법 수출입을 상시 감시하고 단속해야 하는 관세청의 무기가 쇼윈도에만 걸려있으면 아무도 두려워하지 않는다. 특히 Post-Entry 사후심사 통제는 신속히 재정비되어야 한다.

---

305) CBTC : Customs Border Targeting Center
306) 「IT 만능 바이러스」는 정보기술이 발전하면서 AI, chat GPT 등이 모든 의사결정을 하고 이것만 완성되면 위험관리는 자동적으로 실행된다는 착각이 믿음으로 전이되는 현상을 말한다. IT 정보기술이 아무리 발전하더라도 정확한 데이터를 기반으로 검사자, 심사자의 효율적인 통제없이는 무용지물에 불과하다.

발걸음을 멈추면서...

싱글커스텀스로 가는 **관세경영의 길**

모든 기억을 담아 싱글커스텀스로 간다.

- 변화의 역사는 흐른다
- 너무 앞서갑니다. 미래혁신
- 5번의 도전. 세관현대화법
- 표준화된 단일신고서
- 글로벌 싱글윈도우로 가는길
- 올바른 무역통계의 활용
- 불편한 동거의 극복
- 리더의 성공스토리
- 생각하는 소통학 개론
- 굿 파트너와의 동행
- 싱글커스텀스로 가는 길

변화의 역사는 흐른다.

어디든지 변화의 역사는 있기 마련이다. 관세청도 나름대로 지나온 역사와 혁신의 흐름이 있다. 「한국세관 130년[307]」, 「한국경제와 함께한 30년사[308]」, 「대한민국의 문, 세계로의 창, 관세청 40년[309]」, 「관세청 50년사[310]」, 「관세사회 30년사[311]」 등 지나온 과거의 역사를 기록하고 회고하는 문헌들이 바로 그것이다. 그러나 정작 미래를 준비하고 설계한 자료는 기록물로 남아 있는 것이 별로 없다. 일부 혁신작업에 참여했던 몇몇 분의 개인 소장자료는 있어도 정형화된 인쇄물로 보존된 것은 그 어디에도 없다.

굳이 찾아보자면 1989년 8월 관세청이 발간한 「관세행정발전 3개년 기본구상」이 그나마 최초의 자료로 보인다. 그 당시는 서울올림픽을 성공리에 개최하고 해외여행 자유화와 무역 선진화를 위해 수출입통관제도의 일대 혁신을 기한 한 해였다. 주요 골자를 보면 우선 제1단계로 수입자가 신고한 대로 관세등 제세를 수납하고 정확성 여부는 나중에 따지는 '사후심사제' 도입을 위해 「신고납부제도」를 조기에 정착시키고자 했다. 사실상 신고납부제는 1978년 관세법에 최초로 도입하였지만, 세관이 교부한 납부서에 의해서만 세금납부가 가능토록 되어 있어 부과고지제도와 별반 차이가

---

[307] 관세청, 「사진으로보는 한국세관 130년」, 2008.12.
[308] 관세청, 「경제국경에서 한국경제와 함께한 30년」, 2000.12.
[309] 관세청, 「대한민국의 문, 세계로의 창, 관세청 40년」, 2010.8.
[310] 관세청, 「관세청 50년사」, 2020.8.
[311] 한국관세사회, 「관세사회 30년사 1976~2006」, 2006. 11.

없었다. 모든 수입자를 성실 납세자로 보고 스스로 자진 계산한 납부서에 의해 세금을 내도록 철학을 근본적으로 변화시켜야만 미래의 '선통관 후심사제'가 정착될 수 있다고 생각했다. 제2단계로는 성실 신고납부제도가 정착되면 미국이나 유럽처럼 물품 반출을 위한 '수입신고절차'와 '납세신고절차'를 분리하여 기업별 세적관리가 가능토록 선진화시키자는 구상이었다. 물품통관은 신고제처럼 세관 간섭을 최소화하고 그 대신 세금납부 등 통관적법성 확인은 기업별로 포괄적인 사후점검이 가능토록 개선하자는 취지였다. 이는 그 당시 미국 관세제도를 벤치마킹했던 전문가그룹에 의해 주도되었다. 제3단계로는 아무리 시스템을 효율화하더라도 수작업의 한계가 있으므로 미국의 ACS처럼 전산화를 확산시켜야 한다고 대응책을 제시했으며, 관세청 조직도 기획관리관, 전산관리관, 징수국, 감시(검사)국, 심사국, 수사국 체제로 전환해야 한다고 했다. 관세청 조직 명칭 중 '통관국'이라는 명칭을 삭제한 것은 지금 생각해 봐도 아주 특이했다. 그리고 여행자 휴대품 통관과 관련하여 Dual Channel System(Green, Red Line) 설치의 필요성을 최초로 제시하기도 했다.

그 후 1990년 10월에는 산업연구원 주관으로 「2000년대 대내외 환경변화와 관세행정 발전방향」을 발표하였다. 제3의 국책 연구기관이 관세행정의 발전방향을 검토하고 발표한 것은 처음이었던 것 같다. 여기서도 우리나라는 지속적인 대외개방 등으로 2000년대에는 선진국 입문이 예상되므로 환경변화에 걸맞게 무역하기 좋은 나라가 될 수 있도록 관세행정의 많은 부문에서 혁신을 기해야 한다고 했다. 미국, 유럽, 일본 등의 통관제도, 전산화, 불법·불공정 무역의 통제, 세관인력의 전문화 등 선진사례를 예시한 후, 세관의 효과적인 업무수행을 위해 물품통관과 세금납부절차를 분리해야 하며, 이를 위해 실질적인 자진신고납부제도의 정착과 담보제도의 개선이 필수적이라고 했다. 이와 더불어 사후 일괄 수출입신고제 도입과 사후 종합평가제도의 확대, 선별 차등검사제의 시행 등이 병행되어야 하며, 이를 포괄적으로 뒷받침할 수 있는 정보화시스템이 구축되어야 한다고 했다. 그리고 향후 EDI 도입에 따른 전자신고의 데이터 표준화(UNEDIFACT)와 법적 근거도 마련해야 한다고 권고했다.

1998년 6월에는 관세청이 나서서「WCO, APEC 및 미국의 관세행정 발전방향」이라는 책자를 발간하고 우리의 관세행정 대응방향을 제시했다. 여기에는 WCO 세관개혁 및 현대화 계획, APEC 통관제도 현대화를 위한 청사진, 미국 관세행정 장기발전계획과 자발적 법규준수제도(Informed Compliance) 수용방안, 전자상거래 발달이 관세행정에 미치는 영향 그리고 가상세관(Virtual Customs Service)의 출현 가능성을 언급하기도 했다.

그리고 얼마 지나지 않아 새천년이 다가왔다. 관세청은「21세기 관세행정 개혁방안」을 마련하고 그동안 여러 경로를 통해 제시된 미래 관세행정 발전 방향의 공통분모를 찾기 시작했다. 늘 계획만 있고 실천은 지지부진하다 보니 조직 전체가 피로감에 물들어 있고 조직의 역량집중도 쉽지 않았다. 여러 군데에서 불협화음이 발생되고 신고제 등 준비없는 제도개혁이 불러온 부작용이 컸기 때문에 전반적으로 업무와 조직체계의 재정비가 필요한 상황이었다. 우선 물품통관과 세금납부 절차를 UNIPASS 정보화시스템 내부에서 분리해서 신속통관의 촉진과 함께 사후적으로 납세심사 업무에 집중할 수 있도록 반영하였으며, 본청과 본부세관에 대기업관리 차원의 심사업무를 전담하는 국 단위 조직을 신설하여 Informed

Compliance 방식의 사후 심사와 법인심사 등을 활성화하도록 했으며 무역안전을 위한 AEO제도 도입 기반도 함께 마련하였다. 그리고 자금세탁 방지를 주 업무로 하는 외환조사 부서를 신설하여 국제금융 범죄를 효과적으로 차단하도록 했으며, 마약, 테러방지에 관한 국제범죄 조사부서도 함께 신설했었다. 또한 생산성 향상을 위해 미국의「신 관세경영이론」을 도입하여 조직 내부의 HR시스템도 전면적으로 쇄신하였다.

그 후 많은 변화가 있었다. 초일류세관 프로젝트, 정부혁신 최우수기관 선정 등 그간의 성과는 매우 놀라웠다. 현재도 관세청은 살아있는 생물처럼 변화의 꿈틀거림 속에 있다. 그러나 변화는 무에서 유를 창조하는 것이 아니라 과거의 공·과를 디딤돌로 하여 새로운 환경변화에 맞게 리모델링[312]을 해 나가는 것이다. 지난 시절에 만든 혁신프로그램이 시대에 뒤떨어진다고 해서 단순히 이를 없앨 것이 아니라 더 좋은 혁신프로그램으로 대체해야 한다. 지난 수십 년간 제시된 변화와 혁신프로그램의 주요 내용을 살펴보면, 물품 이동통제에 관한 프로세스 개선, 사후심사 통제를 위한 파트너쉽 공조체제 구축 등 그 골자는 대동소이하고 역사는 반복됨을 알 수 있다. 지금부터라도 기본에 충실하게 구조개혁을 실천하고 혁신의 디테일에 집중해야 한다.

---

[312] 2021년의 관세청 조직개편과 업무체계 개선은 과거의 공·과 분석을 바탕으로 전 분야의 업그레이드를 추진했지만, 이 역시 교토협약의 물품 이동통제와 심사통제에 관한 경영이론이나 철학을 충분히 수용하지 못해 오히려 부서별 임무와 역할이 불분명하고 통제역량이 약화되었다는 평가를 받는다.

너무 앞서갑니다. 미래혁신

관세행정 스스로 조세 및 국경관리 분야를 쇄신하는 것은 결코 쉬운 일이 아니다. 한때 공·항만 지역 세관장은 웬만한 지자체장보다 더 인기가 있었다고 한다. 그럼에도 1980년대 중반 관세청은 스스로 권한을 내려놓고 혁신을 하겠다고 했다. 다름 아닌 올림픽을 앞두고 변화와 혁신을 시작하고자 한 것이다.

관세청은 지난 1985년부터 1987년까지 3년에 걸쳐 미국 관세청 시스템을 벤치마킹하기 위한 프로그램을 운영했고 다른 외국의 관세 시스템도 함께 비교연구를 했다. 그 결과 한국의 관세청 내에는 과거의 규제위주 통제방식에서 벗어나 보다 효율적인 서구식 제도로 변화해 나가야 한다는 새로운 공감대가 조성되었다. 미국과 일본, 그리고 유럽의 관세 제도를 꾸준히 비교해 보고 내린 결론이었다.

우선 미국은 직제상 국세청과 관세청으로 구분되어 있고 지리적으로는 대서양과 태평양을 끼고 있어 유럽보다는 우리가 벤치마킹하기에는 더 환경적으로 유사하다고 생각했다. 또한 미국은 유럽과 달리 1968년 이전까지 우리나라와 비슷한 통관시스템을 운영하고 있었기 때문에 그들의 변화과정을 살펴보는 것이 우리에게 더 도움이 된다고 생각했다. 미국은 1968년 이전에 모든 화물은 수입신고와 동시에 사전심사를 거쳐야 하는 면허제 방식의 통관시스템이었다. 그야말로 정확하다고 믿는 세금을 내지 않으면 유치권이 발동되어 통관조차 할 수 없는 세관 중심의 행정편의적 제도였다. 그러나 이러한 업무체계는 수출입물동량이 급증함에 따라 더 이상 유지하기 어렵게 되었다. 1968년부터 1978년까지 약 10년간은 신고납부한 세액에 대한 사전심사제를 사후심사제로 변경하여 통관은 신속하게 하면서 시간이 걸리는 세액심사업무는 나중에 보정 및 정산하는 방식으로 개선하였다. 하지만 효과 면에서 크게 달라진 점은 없었다. 이 또한 변화의 노력이 물동량 증가 속도를 따라가지 못하자 1978년부터는 아예 사후납부제를 도입하였다. 수입신고시 세관채권(Bond)을 담보로 제공하면 수입신고와 동시에 즉시 반출이 이루어지고, 세액은 통관 후 10일 이내에 별도로 신고납부 후, 1년 내 사후 보정하는 방식으로 개편하였다.

결국 시사점은 당시 일본식 제도를 답습하고 있던 한국으로서는 미국의 1968년 이전 제도와 같은 사전심사제를 앞으로도 계속 유지할 것인지, 아니면 미국에서 개선 운영 중이던 1978년식「선통관 후납부」방식의 관세 제도로 새로운 변화를 모색할 것인지를 판단해야 하는 상황이었다.

그 당시 한국의 상황 역시 만만치 않았다. 1988년 올림픽을 전·후로 수출입물동량의 급증과 해외여행 자유화로 대외 개방은 확산된 데 비해 과거 전량 검사방식의 사전심사제는 현실성도 부족하고 효율성도 낮아 그 운영이 쉽지 않았다. 특히 수출은 부조리 사건으로 인해 세관규제에 대한 사회적 비난을 감수해야 하는 상황속에서도 까다로운 공산권 전략물자 수출통제제도를 도입해야만 했다. 수입은 매년 급증하는 물동량 때문에 매건 별로 사전심사후 통관 처리하는 대물관리 방식보다 기업 단위로 심사 통제하는 방식이 보다 효과적이라고 주장하면서도 1978년의 미국식과 같은 통관절차의 근본적인 쇄신은 꾀하지 못했다. 오히려 통관절차는 면허제를 그대로 두고 이중으로 업체를 사후 관리하는 유럽식의 '지정세관제도'를 도입하여 업계로부터 환영받지 못했다. 유럽식은 '간이통관승인업체'가 국경에서 3% 미만의 간이한 세관검사로 쉽게 즉시 통관하는 것처럼 보이지만, 관할지 세관이 연단위로 회계심사를 통해 업체별로 정확성을 사후관리하는 이중 관리방식이라는 점을 간과했다.

결국 우리는 여러 가지 비교검토 끝에 미국식 제도의 벤치마킹 결과를 토대로 제도 선진화를 추진하기로 결심했다. 관세 제도의 기본틀을 미국식의 일부 장점을 반영하되 수많은 토론 끝에 사후심사제를 기업관리방식으로 도입키로 내부방침을 정했다. 그리고 곧바로 관세법 개정안을 마련하여 재무부와 협의를 시도했다. 그 당시 재무부에는 관세국이 있고 그 위는 제2차관보가 관세 업무를 관장하고 있었다.

관세청의 개편안은 모든 무역업체를 성실 업체로 상정하고 '수입신고절차'와 '납세신고절차'를 분리하며 통관검사와 세액심사를 따로 하되, 물품검사는 전량검사가 아닌 불규칙 검사로 전환하고, 관세 등은 통관 후 15일 내 자진 신고납부하는 내용이었다. 그리고 이를 효과적으로 뒷받침하기 위해 관세청 조직을 대대적으로 개편하고자 했다. 이는 1985년 경험했던 서울세관 수출과 사건의 아픔을 쇄신하고자 하는 의지가 담겨져 있었으며, 서울올림픽을 전후해 우리의 제도를 선진화시켜 서비스 기관으로서 그 면모를 일신시키고자 하는 결심이 있었다.

그러나 이 모든 것은 재무부와의 관세법 개정 협의 과정에서 한마디로 좌절되었다. 당시 제2차관보는 회의 과정에서 "너무 앞서 갑니다. 조금만 더 짚어보고 기회가 되면 내년에 합시다. 재무부에서도 선진제도를 조사해서 생각이 비슷해지면 그때 가서 하면 되지 않겠습니까?" 우리는 그 말에 일말의 희망을 걸었다. 그래서 '금년에 하지 못하면 내년에 하면 되지'하는 생각이었다. 그러나 그 말은 실무진이 볼 때 하지 않겠다는 뜻과 같다고 했다. 그리고 그분은 얼마 있지 않아 관세청장으로 부임했고 관세행정 발전구상 등 중장기 계획만 세우다가 임기를 마치고 떠났다. 그로부터 관세행정이 제도혁신을 다시 시작하기까지는 무려 10년 이상의 세월이 소요되었다.

정부 기관 중 관세청과 같은 집행부서 사람들은 가슴속에 늘 하나의 의문이 있다. 왜 세계와 시스템 경쟁을 해야 하고 관세국경 보호를 위해 just-in time 방식으로 대처해야 할 세관절차 현대화와 제도개선을 재무부 등 경제부처와 협의해야 하는지 곤혹스러울 때가 자주 있다. 그들은 재정과 세제 분야 전문가일 수는 있어도 무역화물 이동통제와 기업 심사통제 등 관세국경 감시 분야에는 전문가일 수가 없다. 국세청의 Hometax와 마찬가지로 관세청의 UNIPASS와 Global Single Window, Single Authority 등 관세행정 현대화의 길은 그들의 손에 '해도 그만, 안 해도 그만'인 과제들이다.

이제 우리나라도 미래 관세행정의 발전을 위해 프로세스 현대화 분야는 관세청 스스로에게 자율적인 법령개정 권한을 줄 의지가 없는지 정치권에 묻고 싶다.

5번의 도전. 세관현대화법

WCO에서는 세계 각국의 세관개혁과 현대화계획 및 모범사례 발굴을 위해 여러 회원국을 대상으로 설문조사313)를 한 바 있다. 그 결과 미국은 1993년 세계 최초로 세관현대화법(Customs Modernization Act)관련 내용을 관세법 개정 시 반영했으며, 영국을 비롯한 EU와 호주 등은 2000년대 이후 세관현대화 프로그램을 법 개정에 반영한 사실이 소개되었다.

우리나라 또한 그동안 5차례에 걸쳐 세관현대화법 도입을 검토한 바 있으나 아직도 관계부처 간 법안의 형식과 내용에 대해 의견을 좁히지 못하고 국회에 법률개정안조차 제출하지 못하고 있다.

그 과정을 살펴보면 2004년 9월 관세청은 초일류세관 프로젝트의 일환으로 세관현대화법 제정을 검토했었다. 2008년에는 세관현대화관련 법제화 전략을 자체 검토한 후, 2009년 관세청의 용역과제314)로 선정하여 법제처와 공동연구에 착수한 바 있다. 여기서는 현재의 관세법으로 대내외 환경변화에 신속한 대응이 곤란하므로 순수 세법 부분을 분리하고 세관절차관련 사항과 현대화 부분은 별도의 법으로 제정하는 관세법 분법방안을 하나의 대안으로 제시한 바 있다. 그리고 2012년에는 관세법을 3개 법률(관세법, 관세율 등에 관한 법률, 관세행정 현대화에 관한 특별법)로 분법화하는 경우 구체적 조항별 구성과 법문 정비방안을 전문기관에

---

313) Survey of customs reform and modernazation trends/best practices
314) 관세청, '관세법체계 개편 등에 관한 연구용역', 2009. 6.

의뢰315)하여 타당성을 검토한 바도 있다. 특히 2019년 2월에는 기획재정부 주관으로 제203회 '대외경제장관회의'에서 「신 통관절차법」 제정방안316)을 논의하고 이를 추진하기로 정부방침을 정했으며, 주요 내용은 기존에 협의된 대로 관세법 규정 중 통관절차 규정을 분리하여 세관현대화에 관한 「신 통관절차법」을 제정하고 4차 산업혁명 신기술의 관세행정 접목을 통해 글로벌 무역환경에서 수출입지원 강화와 전자 상거래관련 법령을 체계화함과 동시에 관세국경에서 안전위해 물품 통제를 위한 합리적인 규율체계를 검토하여 기존의 관세법이 안고 있는 세법 규정상의 한계를 극복하고자 했다.

그러나 기획재정부, 법제처, 관세청 등 여러 전문가가 십수 년 검토해 왔던 세관현대화에 관한 법제화 노력은 뒤이어 부임한 기재부 세제실 책임자의 실망스러운 접근 자세로 인해 「신 통관절차법」이 좌절된 후 아직까지 새로운 논의조차 하지 못하고 있다. 그들은 관세법도 세제 중 하나라 생각하고 관세율을 제외한 통관절차 규정을 따로 분리해야 한다면 이를 국세기본법으로 통합해야 한다고 황당한 의견을 제시했다고 한다.

이는 9.11테러를 경험한 WCO와 세계 각국의 세관당국이 들으면 아마 기가 찰 노릇이라 했을 것이다. 관세법상 통관절차를 무역안전이나 국경관리의 주요 통제수단으로 보는 국제 시각과 다르게 단순히 세금내는 절차로만 보는 좁디좁은 시각에서 파생된 웃지 못할 해프닝이었다. 기존 관세법의 낡은 테두리를 벗어나 국제사회

---

315) 법무법인(유한) 태평양, '관세법 분법에 관한 체계정비방안', 2012. 12.
316) 세계 각국이 세관현대화 관련 법규만 따로 독립된 특별법으로 추진한 사례는 없다. 여기서는 일본의 분법 사례와 같이 절차법을 분리하는 경우 현대화 관련 조항을 추가하여 「신 통관절차법」을 제정하고자 한 것이다.

가 지향하는 세관현대화와 정보기술의 발전 추이를 반영하고 이를 기반으로 한 물품 이동통제와 심사통제에 관한 위험관리기법의 법적 근거를 마련한 후 업계와의 파트너쉽을 통한 Informed Compliance 방식의 자율심사 등 신기술을 「신 통관절차법」에 반영하고자 했던 당초의 구상은 산산이 부서지고 말았다. 그 후 관세법 분법이나 세관현대화에 관한 법률 제·개정 논의는 더 이상 하지도 못하고 또 몇 년의 세월이 흘렀다. '진정으로 세관현대화법은 왜 필요한가?' 세계 각국이 어떤 식으로 추진하고자 했는지 이를 세밀히 검토해 보지 않으면 지금의 답답함을 풀어낼 길이 없다.

우선 미국은 9.11 테러 이후 세관의 국경 안전관리와 테러방지 기능을 대폭 강화하는 방향으로 세관 현대화관련 법률조항을 관세법과 무역법, 해상운송안전법 등 관세국경관련 타 법령에 개정형식으로 반영하였다. 미국은 EDI 수준의 ACS 세관시스템을 이민국, 운수성, 농무성, 식약청 등 ITDS[317] 기관이 참여한 Web 기반의 ACE[318] 싱글윈도우망 수준으로 9년(2001~2009)에 걸쳐 업그레이드를 추진했다. 이를 통해 무역원활화를 촉진하면서도 무역 안전에 관한 위험관리 차원에서 수입은 화물과 승객 도착 24시간 전에, 수출 또한 출항 24시간 전에 모든 정보를 세관에 사전 전자신고하도록 의무화하였다. 그리고 자발적 법규준수(Informed Compliance) 기법, C-TPAT 법규준수도 관리 등도 법제화하도록 했으며 기존의 관세청 조직(U.S.Customs Service)을 이민국, 검역소의 검사기능과 국경순찰대 업무와 통합하여 국토안전기능을 담당하는 CBP(Customs and Border Protection) 조직으로 확대 개편하였다.

---

317) ITDS : International Trade Data System
318) ACE : Automated Commercial Environment

11/
모든 기억을 담아 싱글커스텀스로 간다.

영국을 포함한 EU와 호주 관세청의 경우도 과거의 세관시스템이 새로운 환경변화와 글로벌 추세의 확산 그리고 가상세관, Paperless 화, Just in time 업무처리 방식으로부터 더 이상 뒤떨어지지 않도록 전 분야의 현대화가 필요하다는 인식을 같이했다. 영국은 싱글윈도우 체제 구축에 관한 CDM, UCR 표준화를 위해 EU 내에서 주도적인 역할을 하고 있으며, 주기적 납세제도, AEO 등 '간이통관승인업체'에 대한 무역 안전과 법규준수도 향상 프로그램 등 다양한 현대화 계획을 유럽공동체 국가와 협의해서 2008년 관계법령 개정을 추진한 바 있다. 호주 관세청은 그동안 이민성의 출입국 여권심사 업무를 위탁받아 수행하고 있다가 1998년 입국신고서와 세관신고서를 통합하고 관세청을 법무부 소속으로 전환하였다. 캐나다 또한 2003년 CBSA(Canada Border Services Agency)를 설립하여 세관, 출입국, 검역관련 국경관리업무를 함께 수행하는 Single Authority 방식의 현대화계획을 추진했다.

결국 5차례나 도전했다가 실패한 우리의 세관현대화 계획은 굳이 세부 규정(안)을 예시하지 않더라도 주요 골자는 명확하다. 앞서 언급한 바 있지만, 업무개혁 면에서는 정보기술의 발전 추이에 따라 Virtual Customs 체제하에서 Single Window 시스템을 구축하고 신속 통관과 무역 안전을 위한 물품 이동통제와 기업 심사 통제에 관한 다층적 위험관리체제를 민·관 파트너쉽 공조하에 완비하며 조직운용 면에서는 국경관리에 관한 세관, 출입국, 검역 등의 업무를 세관 한 곳에서 위임받아 집중관리하는 Single Authority 체제를 법제화하고자 하는 것이었다. 이러한 내용은 기존의 관세법이라는 세법 체계하에서는 담기 쉽지 않은 것이다[319].

---

319) 현재 우리 관세법은 정보기술을 활용한 가상세관과 전자통관 관련 규정을 담을 곳조차도 마땅치 않아 마지막 '보칙'조항에 억지로 몇 개 조문을 만들어

그리고 국제추세에 맞지 않게 한국의 관세청을 언제까지 관세국경 관리업무보다 전통적인 세제업무를 다루는 재정부 소속으로 둘지도 고민해봐야 한다. '7전 8기'라는 말이 있다. 세관현대화법은 다가오는 미래에도 계속 도전해야 할 우리의 과제이다.

규정화하는 등 국제추세에 비해 너무나 낙후되어 있다.

11 /
모든 기억을 담아 싱글커스텀스로 간다.

표준화된 단일신고서

교토협약에서는 "물품 신고서의 신고내용은 세관당국이 정하며, 전자방식으로 제출되는 물품신고서의 양식[320]은 정보기술에 관한 관세협력이사회의 권고[321])에 따라 전자정보 교환에 관한 국제표준에 기초하여야 한다."라고 규정하고 있다.

WCO의 권고 취지는 국제간 무역에 있어서 똑같은 서식과 데이터를 사용하도록 표준화해서 복잡한 무역절차와 이중 서류작업을 최소화하고 자유로운 무역체제가 완성되도록 다 같이 노력하자는 뜻이다. 그동안 세관절차의 표준화는 WCO를 중심으로 EU가 주도해 왔다. 유럽국가들은 항만이 있는 스페인, 프랑스, 네덜란드, 이탈리아 등도 있고 체코, 헝가리 등과 같이 항만 자체가 없는 내륙국가도 있기 때문에 국경을 통과할 때마다 세관절차를 밟는 것이 불편했다. 특히 이웃 나라로 출퇴근, 왕래하는 인원도 빈번하기에 세관절차의 간소화와 표준화는 필수적이라 생각했다. 그래서 유럽국가들은 1988년부터 자체적으로 SAD[322] 단일신고서를 사용했으며, 총 8매로 구성되어 있었다. 3매(수입자 또는 수출자, 세관, 에이전트용)는 최초 입항지 국가의 세관에 제출하는 신고서이며 2매는 경유지 국가의 출발지 세관과 도착지 세관에 각각 제출하는 Transit 통과신고서이며 마지막 3매는 최종 목적지 국가 세관에

---

320) 교토협약 일반부속서 제3장 통관절차와 기타 세관절차중 부록Ⅱ중 부속서, '단일물품신고서(The Single Goods Declaration)'
321) 교토협약 일반부속서 제3장 통관절차와 기타 세관절차중 부록Ⅱ, 단일물품신고서에 대한 관세협력이사회의 권고. 1990. 6. 26
322) SAD : Single Administration Document

제출하는 신고서이다. 그들은 EU 통합 때까지 사용하는 화폐는 달랐지만, 경제통합 차원에서 세관신고서식은 SAD를 사용했다.

1989년 6월경 WCO 자문그룹회의(Advisory Group)에 참석했을 때의 일이다. WCO는 유럽의 SAD 사용경험을 바탕으로 전 세계가 단일신고서식(SGD[323])을 전자적으로 사용할 것을 권고하면서 구속력있는 협정으로 추진하기 위해 자문그룹을 구성하고 회원국 다수 전문가가 참여하는 공동 표준화 작업을 하고자 했다. 자문그룹회의 의장은 오스트리아에서 세관장을 역임한 후 퇴임한 전문가 한 분이 맡았다.

우선 첫 번째 논의 대상은 회원국들 대다수가 신고서에 공통으로 사용하는 데이터의 종류를 정하는 작업이었다. 약 50여 개 항목으로서 우리나라 수출입신고 서식 항목과 유사했으나, 적하목록(Manifest) 화물정보까지 관리하는 점이 그 당시 적하목록 표준화까지 되지 않은 우리와 달랐다. 두 번째는 공통데이터로 선정된 항목의 정의를 서로 통일시키는 작업이었다. 데이터의 정의는 나라마다 달라 표준화하기가 쉽지 않다. 예를 들어 '납세의무자'만 하더라도 용어의 정의를 '실제 화물의 소유자(Owner)', '수입자(Importer)', '적하목록상 수하인(Consignee)' 'B/L상 화주(Notify)'로 다르게 분류하는 나라들이 있어 이를 논의하고 조정하느라 많은 시간을 허비했다. 그리고 셋째는 표준화된 각 데이터별로 전산화에 필요한 최대 자리 수(digit)를 어느 정도 허용할 것인지 추가 논의과제로 채택해야 했다. 특히 H.S 코드는 국제적으로 10자리가 표준인데, 영국 등 일부 국가는 22자리까지 허용해야 한다고 제안했다. 왜냐하면 나라별로 상품명세를 좀 더 세부적으로 표준화[324]해야 할 필

---

323) SGD : Single Goods Declaration

요성을 반영하자는 취지였다. 또한 신고금액 단위도 U.S dollar 이외에 자국 통화기재란이 있었는데 나라마다 통화 단위가 달라 자리 수(digit)에 대한 의견이 달랐다. 예를 들면 EU 통합 전, 이탈리아 대표는 회의 석상에서 자국 통화인 리라(L) 단위가 인플레이션의 영향으로 매우 컸기 때문에 자문그룹의 제시(안)보다 훨씬 많은 자리 수(digit)를 요구했다. 또한 마지막으로는 이러한 데이터들을 신고서식 어디에 배치할 것인지 등 상세설계에 관한 논의도 진지하게 이루어졌다. 신고서마다 수입자, 납세의무자 등 통일된 High Level의 데이터들이 있고 품목별로는 세번과 품명, 수량, 가격 등 Item Level의 데이터들이 있기 때문에 이를 잘못 배치하면 하나의 신고를 여러 개로 쪼개서 신고해야 하는 문제가 생길 수 있으므로 가장 최적의 데이터 배치를 설계해야만 했다.

 그때의 표준화 작업은 WCO에서 약 2주간의 열띤 토의 끝에 이루어졌다. 드디어 마지막 날 회의에서 협정(초)안이 마련되어 자문그룹 전체회의에 상정되었다. 그런데 의외의 복병이 나타났다. 바로 미국이었다. 미국은 앞서 설명한 바와 같이 1978년부터 종전에 사용하던 하나의 신고서를 물품반출을 위한 수입신고서(Entry)와 세금납부를 위한 납세신고서(Entry Summary)로 분리해서 시행하고 있기 때문에 원천적으로 WCO 자문그룹에서 제시하는 단일신고서식을 사용할 수가 없었다. 결국 미국 측의 반대로 단일신고서식 채택에 관한 협정체결은 실패하고 말았다. 그때 서야 회의 때마다 미국대표단의 출석이 저조했던 이유를 알게 되었다. 결국 동 협정안은 WCO의 권고(안)으로 한 수위 낮게 교토협약 일반부

---

324) H.S 대표품명 '신선한 채소'라는 대분류 코드에는 오이, 당근 등을 세분류하기 위해 하위 자리 수(digit)가 필요하고 식용, 사료용 등 용도별 구분을 위해 추가 하위 자리 수(digit)가 필요하다고 했다.

속서에 채택되었다. 그리고 이러한 자문그룹의 진지한 작업 결과들은 훗날 미래의 Single Window 구현을 위한 CDM(Customs Data Model) 표준화 작업에 일부 활용되었다.

사실 국제간 세관절차 표준화는 이러한 SGD 서식의 단일화 하나로 이루어지지 않는다. 우선 국제간에는 소위 '국제관세법'으로 불리는 교토협약에 의해 세관절차의 표준화와 간소화가 규범 또는 권고사항으로 추진된다. SGD는 이러한 세관절차의 표준화 과정에서 필수불가결한 서식 표준화의 일환이다. 그리고 데이터 항목별 표준화까지 완성되면 국제간 자료교환이 가능한 글로벌 싱글윈도우(GSW[325])) 구현이 완성될 수 있다. 당시 SGD를 구속력있는 국제표준으로 반영하기 위한 WCO의 협정체결 시도는 비록 실패했지만, 교토협약 상의 권고안으로 채택되어 미래의 혁신과업인 GSW의 핵심적인 기초이론이 되었다. 그런 면에서 보면 SGD 단일화 노력은 미완의 실패작이 아니다. 향후 WCO에서는 국제간 GSW 구현을 21세기 미래과제의 최우선순위에 올려놓고 있다. 이는 여행자의 경우 APIS와 유사하게 국가별 싱글윈도우 시스템을 상호 연계해서 A국의 수출신고 데이터를 B국에서 미리 받아 사전에 위험화물을 선별하는 ACIS 시스템을 운영하고자 하는 미래의 선진화 비전이다.

우리나라 또한 국내적으로 SGD 표준항목들은 이미 UNIPASS 개발과정에서 대부분 반영되어 있으며 Single Window 인프라조차 어느 정도 완성되어있기 때문에 미래의 GSW 체제로 세관행정 쇄신을 모색하는 것은 충분히 도전할만한 가치가 있다. 설마 가능하겠냐고 의문을 제기할 수도 있겠지만 이제부터가 시작이다.

---

325) GSW : Global Single Window

11/
모든 기억을 담아 싱글커스텀스로 간다.

글로벌 싱글윈도우로 가는길

2004년 나는 「싱글윈도우(Single Window)로 가는 길」이라는 책자를 발간한 적이 있다. 누가 골프책이냐고 물었다. 싱글(Single Golf)로 가는 길? 그렇지 않다. 그 당시만 하더라도 싱글윈도우가 도대체 무엇인지, 컴퓨터프로그램의 한 종류인지, 그 내용을 잘 아는 사람이 많지 않았다.

그러나 1998년 수출입 통관과 물류 분야의 종합 EDI 전산망이 완료된 후 2004년부터 웹 기반 인터넷 시스템으로 진화하는 과정에서 검역 등 수출입관련 55개 법령의 소관 부처 및 인·허가 기관과의 원스톱 방식의 싱글윈도우 필요성을 느끼게 되었다. 그 당시 네이버, 다음 등 인터넷 포탈 또한 국내의 정보화 시장을 원스톱 방식으로 선점하기 시작했다. 그때만 하더라도 싱글윈도우는 국내적인 원스톱 통관 포털로서 세관이 중심[326]이 되는 GTP 망을 만들면 성공하는 것이라 생각했다. 그래서 「싱글윈도우로 가는길」이라는 단행본을 만들고 향후 전략 방향과 부처 간 협력 사항 그리고 사업자 간 이해관계 조정 등 필요하다고 강조했었다.

[그림11-5-1]의 UN/CEFACT 글로벌 싱글윈도우의 발전모델은 WCO 관세 정보화 서비스의 통합 정도(Integration Scope)[327]에

---
326) 손병조, '글로벌 전자무역 실현을 위한 Single Window이용에 관한 실증분석', 2007.2. p.3.
327) UN 경제사회이사회, 'UN/CEFACT의 국제전문가 그룹의 싱글윈도우 상호 운용성(Single window Inter-operability)관련 연구자료', 2004.

따라 단계별로 제시한 이행전략 중 하나이지만, 당시만 하더라도 이를 완벽하게 구현 중인 나라는 없었다. 실제보다는 이론적으로 권고하는 수준에 불과하였다. 왜냐하면 싱글윈도우 구현은 무역업무 전반이 전자화되고 사용자(User)들의 업무가 함께 연계할 수 있는 수준까지 표준화되어 있어야 하기 때문이었다. 20여 년이 흐른 지금 우리나라의 현주소는 어디쯤에 와 있을까.

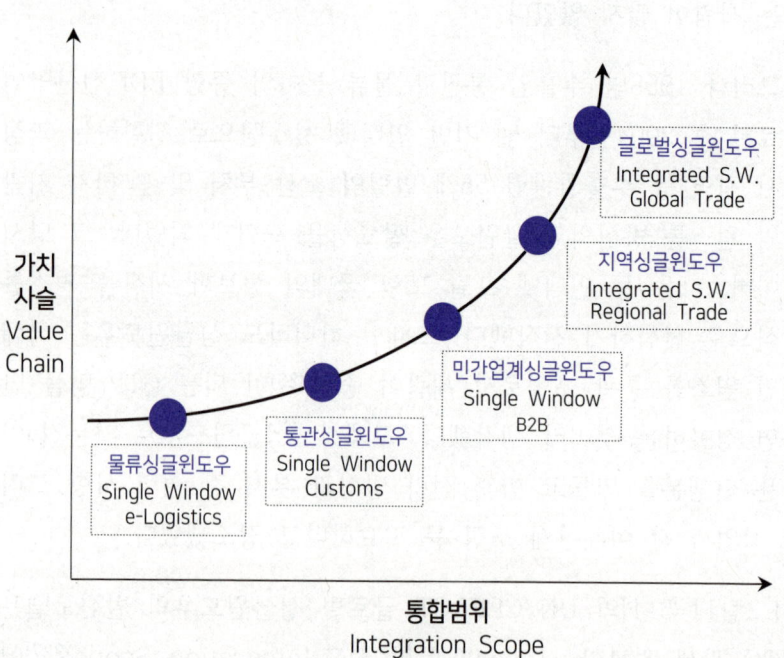

[그림11-5-1] 글로벌 싱글윈도우 발전모델

우리나라는 전 세계에서도 아주 특이하게 1단계 물류 싱글윈도우와 2단계 통관 싱글윈도우가 거의 비슷한 시기에 통합 구축되

11/
모든 기억을 담아 싱글커스텀스로 간다.

면서 3단계의 민간업계 싱글윈도우 ERP[328)]시스템까지 함께 연계된 나라이다. 어떻게 보면 전 세계에서 싱글윈도우를 가장 모범적인 모델로 구축한 나라이기도 하다. 또한 구현전략을 구사함에 있어서도 통합(Intigration)과 연계(Networking) 방식을 적절히 혼합했기 때문에 그 어느 나라보다도 부처 간 협력이 용이했다. 세관, 검역소와 같이 정보처리량(Traffic)이 많은 곳은 그들 스스로 단일 창구를 구축하여 Networking을 하고 1년에 수백 또는 수천 건 미만으로 업무량이 적은 곳은 세관 시스템 구축시 함께 통합(Intigration) 개발하는 방식을 채택했었다. 또한 한국의 물류싱글윈도우는 미국, 영국, 네덜란드, 대만의 정보화 시스템 중 장점만 벤치마킹한 시스템으로서 남미와 아프리카 그리고 중앙아시아 국가 등 세계 각지의 후발개도국으로부터 시스템 수출이 이어질 정도로 그 평가가 우수했다.

그러나 2009년 모로코(마라께시)에서 개최된 WCO IT 컨퍼런스에서 깜짝 놀랄만한 '글로벌 싱글윈도우 미래 비전과 구상'을 보고 우리는 아직도 갈 길이 멀다는 생각을 했다. 사실상 4단계와 5단계의 지역 간, 글로벌 싱글윈도우는 국가 간 정보교환을 함에 있어 표준과 보안상의 문제 때문에 쉽지 않다고 생각했었다. 구체적인 모델조차 상상이 가지 않았다. 그날 WCO 사무총장은 [그림 11-5-2]를 제시하면서 "현재 각국 정부가 국내 싱글윈도우 구현을 위해 노력 중이지만 미래에는 국가 간 Single window to Single window 모델 구현을 추진해야 가장 효율적이다."라고 주제 발표를 했던 기억이 있다.

---

328) ERP : Enterprise Resource Planning의 약자로 흔히 기업 전체를 경영자원의 효과적 이용이라는 관점에서 회사의 자금, 구매, 생산, 판매 등 모든 업무의 흐름을 효율적으로 자동 조절해 주는 전산시스템을 뜻한다.

글로벌 싱글윈도우는 국제간 수출입 데이터 송수신을 A국과 B국의 단일 시스템을 직접 연계 처리함으로써 사전에 물품 이동에 따른 ACIS 위험관리를 간소화하고 문제가 없는 무역화물은 최대한 신속히 처리하는 시스템을 만들자는 취지이다. 이는 WCO에서도 국제규범으로 권고하고 있으며 21세기 미래 비전과 전략으로서 각 체약국에 제안하고 있으며 향후 국제간 심사통제 분야로도 확산되는 계기가 될 것이다.

2010년 4월 아일랜드(더블린)에서 개최된 WCO의 IT 컨퍼런스에서 한국의 싱글윈도우 모범사례를 발표하고자 하였으나, 그해 공직을 떠나면서 우리의 성과를 세계에 알리지 못해 못내 아쉬웠다.

11/
모든 기억을 담아 싱글커스텀스로 간다.

[그림 11-5-2] Single window to Single window 모델

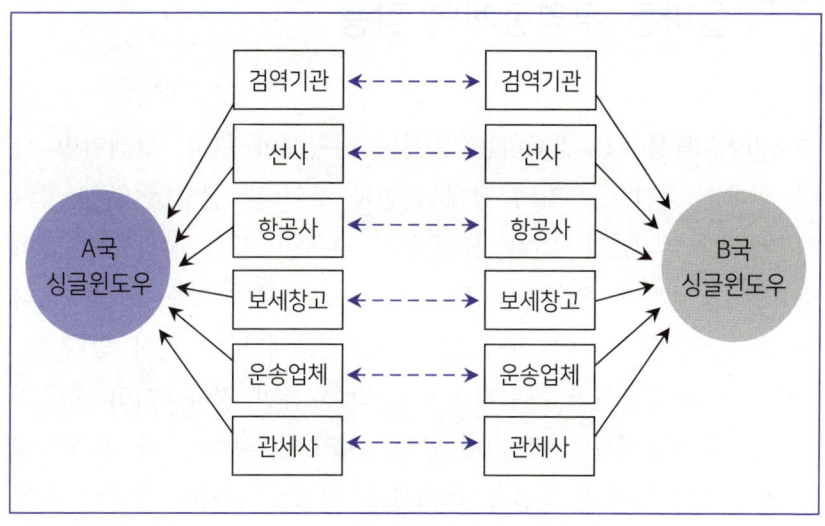

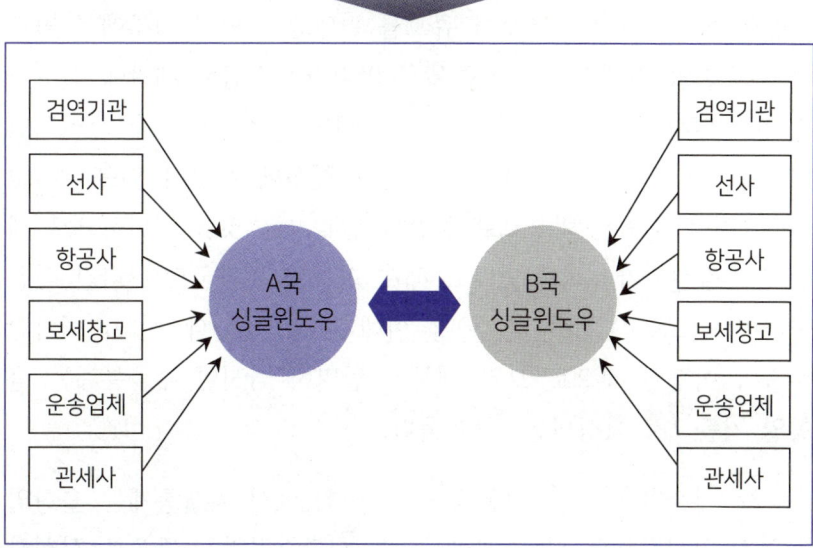

올바른 무역통계의 활용

 국가가 작성하고 발표하는 통계는 정확해야 한다. 그래야만 관련 통계를 근거로 우리의 경제 현실과 무역 및 산업 현황을 정확히 파악할 수 있다. 간혹 물가지수, 부동산 가격 상승률과 같이 중요한 경제정책 변수들이 정책적 의도에 의해 다소 변질되거나 왜곡되는 경향이 있어 정치 사회적으로 문제가 된 적이 있다. 우리나라는 대외거래와 관련하여 자금의 흐름인 경상수지와 물품의 흐름인 무역수지를 관리하고 있다. 이러한 무역지수나 통계들도 국가의 정책 결정에 영향을 미치므로 현실을 정확히 반영한 통계가 작성되고 발표되어야 하는 것은 마땅한 이치이다.

 현재 우리나라의 무역수지 규모를 판단함에 있어 정부에서 발표하는 수출입 통계의 작성기준은 무엇일까? 수입은 세관에 신고가 수리된 날짜 기준으로 작성한다. 관세법상 수입신고가 수리되면 내국물품화 된 것으로 간주하므로 그 작성에 논란이 있을 수 없다. 그러나 수출은 외국으로 물품을 반출하는 것을 의미하므로 세관에 수출신고가 수리되었다고 해서 화물까지 외국으로 나간 것은 아니며 신고수리일로부터 30일 이내에 운송수단에 적재하여야만 수출이 이행된 것으로 보기 때문에 엄밀히 따지면 수출통계는 출항일 기준으로 작성되는 것이 옳다.

 국제 기준인 「UN 무역통계 작성 지침」에서 수출통계는 출항일 기준을 원칙적으로 하고 예외적으로 신고수리일 기준으로 작성하도록 권고하고 있다. 우리의 주요 교역국인 미국, 일본, 홍콩 등도

11/
모든 기억을 담아 싱글커스텀스로 간다.

출항일 기준으로 수출통계를 작성하고 있다. 출항일 기준 수출통계는 미선적 물품의 통계 과다계상을 방지하고 실제 수출사실에 입각한 통계를 작성함으로써 무역통계의 신뢰도를 제고하며 주요 교역국 간 정확한 통계 비교가 용이한 장점이 있다. 그럼에도 불구하고 한국에서 수출통계를 신고수리일 기준으로 작성하여 공표하는 이유는 무엇일까? 역사적으로 거슬러 올라가면 우리나라는 1998년 수출입물류 EDI 전산망 사업이 완료되기 전까지 출항 적하목록 표준화를 통한 통계관리가 이루어지지 않아 출항일 기준 수출실적을 파악하는 것이 원천적으로 불가능했다. 따라서 우리나라가 무역통계를 작성한 이래 수출통계는 수출 면허(신고수리)받은 기록을 근거로 수출통계를 작성할 수밖에 없었다. 그러나 1998년 이후 출항적하목록이 표준화되고 전산관리가 가능해짐에 따라 출항일 기준 수출통계를 집계 및 활용할 수 있는 상황이 되었다. 그런데도 관행적으로 과거의 수출신고 수리일 기준 수출통계를 계속 활용해서 무역수지를 발표하고 있는 이유는 무엇일까.

2003년 초에 있었던 일로 기억된다. 관세청은 무역통계의 공표와 관련하여 그동안 꾹 눌러놓고 있던 불만이 터져버렸다. 첫째, 통계작성은 관세청이 하는데, 산자부가 무역정책 관리 차원에서 대외 발표를 독점하겠다고 계속 고집을 부렸다. 마치 무역통계 발표를 통해 그들이 주무부처로서의 역할을 대외적으로 과시하겠다는 의도가 숨겨져 있었다. 둘째는 발표되는 수출통계가 과다계상되는 측면이 있는데도 마치 수출이 잘된 것처럼 월말 집계가 끝나기도 전에 발표를 해 버리거나, 자동차, 조선업계 등에 밀어내기 수출 등을 권유해서 세관업무만 번잡하게 만드는 불합리함이 있었다. 따라서 앞으로는 무역통계의 정확성을 제고하고 UN 국제기준에 부합하도록 수출통계를 출항일 기준으로 작성해서 관세청이 직접 공표하겠다고 발표해 버렸다.

산자부 관계자들이 깜짝 놀랐던 모양이다. 그들은 수출통계를 종전처럼 신고일 기준으로 하고 그들이 무역통계를 계속 발표할 수 있도록 요구했다. 사실 우리나라는 연간 또는 월간 무역수지의 관리 여부가 국내적으로 큰 관심사이며, 정치적으로도 이슈화되는 경우가 있다. 특히 무역수지 흑자 시현을 위해 정부 차원에서 여러 가지 정책수단을 강구하는데 출항일 기준으로 무역통계를 관세청이 발표하게 되면 산자부 등은 실시간 무역동향 파악이 불가능해져 많은 정책적 수단을 실기하게 된다고 호소했다.

우선 출항일 기준 수출통계는 세관의 수출신고 수리 후 신고취하, 정정 등이 사후적으로 발생함에 따라 일정 기간 오류 정정 및 자료정리 기간이 필요하며 통상 월간통계는 10일, 연간 통계는 30일 후 확정 발표하는 것이 불가피했다. 이에 반해 신고수리일 기준 수출통계는 신고수리 익일에 바로 집계해서 일간 및 월간통계 발표가 가능했다. 통상 월말이나 연말 무역수지 동향을 발표하고 관계부처와 대책을 협의해야 하는 산자부로서는 난감한 처지가 아닐 수 없다고 했다. 또한 신고수리일 기준 수출통계는 향후 수출의 선행지표로서 산업별, 품목별 수출 동향을 예측할 수 있고 수출이 부진한 산업은 이를 독려하거나 정책적 수단을 강구해야 할 필요가 있는데 이러한 통계를 미리 구하지 못하면 여러 가지 어려움이 있다고 하소연했다.

그러나 우리나라 수출은 다단계 임가공 하청산업의 특징을 갖고 있어 모든 수출품이 한 곳에서 제조되지 않고 분산 가공되는 사례가 많았다. 신고수리 시점에서 완전히 제조 또는 집하되지 않는 사례도 다반사였다. 수출신고 수리후 정정, 취하하는 사례까지 자주 있어 출항일 기준과 신고수리일 기준 수출통계 사이에는 엄연

11/
모든 기억을 담아 싱글커스텀스로 간다.

한 오차329)가 존재하는 것이 사실이었다. 솔직히 신고수리일 기준 수출통계에는 미선적 등으로 인한 거품이 존재하며, 특히 수출금액이 큰 선박, 자동차 수출업체들은 실적 부풀리기를 위해 월말이나 연말에 밀어내기식 수출을 관행적으로 하고 있기 때문에 수출실적이 말일에 가까울수록 과다계상되는 경향이 있었다.

과연 수출입 무역통계는 무엇을 위해 존재하는 것일까. 실제 수출입과 관련한 정확한 통계는 사실에 입각한 것이어야 한다. 국가 간 무역통계 비교를 통해 상호 통계의 오류를 최소화하고 미국 등 특정 국가와의 무역적자 폭 확대를 둘러싼 통상마찰330)을 예방하기 위해서는 같은 기준으로 무역통계를 공표할 필요가 있다. 만약 정책 당국에서 수출의 선행지표로서 신고수리일 기준 통계를 활용하고 싶다면 따로 이에 관한 통계를 활용하면 되는 것이지 무역수지를 판단하는 기준자료로 활용해서는 안 된다.

앞으로 우리나라 무역수지에 관한 통계는 출항일 기준으로 수출통계를 작성하여 공표하는 것이 옳다. 지금은 관세청과 산자부 둘 다 자기 필요에 따라 무역통계를 발표하고 있지만, 이제 우리나라도 무역규모 1조 불을 넘어서고 선진 무역강국으로 입문한 상황에서 더 이상 왈가왈부할 필요가 없다.

---

329) 2002년 기준 관세청의 분석자료에 의하면 월초(1~5일)는 출항일 기준이 신고수리일 기준보다 5억 불이 더 많고, 월말(26~31일)에는 신고수리일 기준이 출항일 기준보다 4억 불이 더 많음을 알 수 있다. 그리고 출항전 수출신고 취하 금액의 규모 또한 전체의 약 0.4% 수준을 초과하고 있었다.
330) 최근 미국은 공정성을 위해 상호관세를 부과하기로 했다고 발표(2025. 2. 13)하면서 무역흑자가 가장 크고 관세율 등이 높은 국가가 포함된다고 했다.

불편한 동거의 극복

어느 날 '하버드 경영스쿨'에서 발간한 경영혁신관련 책자를 본 적이 있다. 그들의 진단에 의하면 30년 이상 꾸준히 영속한 글로벌 기업은 손에 꼽을 정도로 많지 않다고 했다. 오래전부터 글로벌 기업들은 경영혁신과 관련하여 성과 창출을 중요시하는 경제적 접근방법과 조직 구성원의 역동적인 단결과 생산성 향상을 중시하는 조직문화적 접근방법을 금과옥조처럼 사용해 왔다. 그러나 두 가지 방법을 균형있게 잘 사용하지 못하고 둘 중 하나만 추구한 기업은 오래가지 못했으며, 하물며 둘 다 잘하지 못한 기업은 성과도 내지 못하면서 모래알 조직으로 단명하고 말았다고 했다.

정부 기관 같은 공조직은 경영에 실패하더라도 민간기업처럼 망하지는 않지만, 국가사회를 위해 맡겨진 사명을 소홀히 하게 되어 결국은 국민으로부터 신뢰받지 못하는 힘없는 조직이 되어버린다. 간혹 이러한 문제를 극복하기 위해 민간기업에서는 외부 전문가를 영입하는 경우가 있는데, 정부조직도 장·차관 등이 타 부처 또는 교수사회에서 오는 경우가 있다. 다행히 전문가 소질이 풍부하고 미래를 바라다보는 식견이 풍부할 때는 흥성하나 그렇지 못할 때는 곧바로 망쇠의 길을 걷는다.

관세청도 조직의 책임자인 청장이 내부출신인 경우도 있지만, 외부출신도 다수 있었다. 관세청은 약 5천여 명이 몸담고 있는 거대한 공조직이며, 경찰, 국세청 다음으로 큰 조직에 해당된다. 이러한 조직을 잘 이끌어서 관세국경보호청으로서 제 역할을 다하기 위해서는 훌륭한 자질을 가진 인물이 조직의 수장으로 선임되어야 한다. 그럼에도 관세청장으로 부임하는 사람 중에는 몇 가지 특징이 있다. 우선 내부출신은 오랜 세월 사무관, 국·과장 시절부터 같은 업무를 다루는 직장 내에서 근무했기 때문에 조직의 특성에 알맞은 개혁을 안정적으로 할 수 있다는 장점이 있는 반면, 내부 구성원의 요구사항이나 반발을 무시하기 어려운 고충이 있다. 1993년 연말에 있었던 일로 기억된다. 청와대 경제수석실 회의를 마치고 난 다음, 비서관 한 분이 "앞으로 관세청장은 내부 발탁이 쉽지 않겠다."고 했다. 내부출신이 청장임에도 직원들 민원이 너무 많다고 했다. 어떻게 보면 리더쉽 바이러스에 더 취약한지도 모른다. 그 후로 관세청은 외부출신이 청장으로 자주 부임했다.

역사적으로 역대 청장들의 특징을 살펴보면 1970년대 관세청 발족 초기에는 밀수단속과 경제 국방이 최우선 정책과제였기에 법조계와 군 출신이 부임했었다. 1980년대 이후 경제성장을 통한 무역 확대, 서울올림픽과 대외 개방 촉진이 중요정책과제일 때에는 내부출신과 국제금융 출신 전문가가 번갈아 가며 청장으로 부임했었다. 당시 내부출신 청장은 관세청과 세관의 각종 시스템을 안정화시키고 서정쇄신에 앞장섰으며, 선진사례에 대한 벤치마킹과 실무이론 중심의 토론을 주도했었다. 이에 반해 주로 재무부 등 외부에서 온 청장은 국제금융을 전공한 분이 많았고 그들은 관세청장 소임을 마치고 나면 대부분 재무부 차관, 산자부차관, 청와대 경제수석 등으로 영전해서 재무부장관, 금융위원장, 경제 부총리직을 역임하기도 했다. 이러한 외부출신 청장의 부임은 2000년대 중반까지 이어졌다. 그들은 주요 장관직을 맡기 이전에 조직관리 경험을 쌓기 위해 외청장을 잠깐 역임하는 정도였으며, 짧은 기간임에도 많은 성과를 내기 위해 노력했다. 필요한 예산이 있으면 발 벗고 나섰고 주요성과는 청와대를 비롯해 주요 정부기관과 국민에게 알리는 홍보활동을 열심히 했다.

아마 관세청의 전성기를 말하라면 1980년대 중반부터 2000년대 중반까지 약 20여 년의 세월이 아닐까 생각된다. 그때는 내부출신 청장도 가끔 있었고, 외부 청장과의 불편한 동거를 별로 심각하게 받아들이지 않았던 시절이었다. 외부 청장은 주로 대외적인 정책과 혁신 분야에만 관심을 가졌을 뿐 내부적인 시스템 운영은 간섭하지 않았다. 어차피 1년여 뒤에는 재무부 등으로 돌아가거나 다른 장·차관직으로 영전하기 때문에 큰 줄기만 관여할 뿐, 사사로운 부분은 내부에 일임하는 경향이 있었다. 당시에는 외부출신 청장으로 인해 그동안 소외받았던 정책분야나 예산, 인력 확충 분야에 큰 성과가 있었으며, 부당한 외부 압력으로부터도 비교적 자유로운 여유가 있었다. 특히 재무부, 상공부 등 주요 정책부서에서는 그들이 후일 복귀해서 중요 직책을 담당할 것을 고려하여 정책협의에 적극적이었으며, 부처 간 업무협조 또한 매우 원활했었다.

그러나 언제부터인지 각 부처 장관들의 인사권이 자유롭지 못하게 되면서, 소속 간부들의 금융권 등 다방면의 산하기관 전출이 쉽지 않아지자, 정부 내에서는 부처 간 국·과장 등 정책 담당자 인사교류뿐만 아니라 차관급과 외청장 인사도 이상한 방향으로 전락하기 시작했다. 경제부처 차관직은 외청장을 경유하던 관행이 없어지고 내부의 1급 차관보급에서 발탁되는 새로운 보직경로가 일반화되어버렸다. 그러다 보니 관세청장 직위는 장·차관으로 발탁될 기회가 없는 실장급 중에서 마지막 보은인사로 오는 우스꽝스러운 관행이 생겨버렸다. 게다가 보은인사 때문에 내부출신이 청장이 되는 통로는 거의 막혀버렸다. 관세국경 보호업무를 담당하는 관세청의 5천여 명과 보은인사 차원의 외부출신 청장과의 불편한 동거는 이렇게 시작되었다.

11/
모든 기억을 담아 싱글커스텀스로 간다.

어쩌다 한 번이면 모를까, 계속 반복되는 것은 문제다. 왜냐하면 더 이상 영전이 쉽지 않은 외부인사가 부임해서 1년여 남짓 근무하는 경우 그들이 할 수 있는 일은 무엇이 있을까. 그들 중 누군가는 관세국경보호 업무에는 익숙하지 못하기 때문에, 미래의 백년대계를 생각하는 큰일은 벌이지 않으려 한다. 특히 리더쉽 바이러스에 감염되면 모두가 공감하기 어려운 제도 개편을 하거나 애써 만든 시스템을 없애버리기도 한다. 심지어는 간부들과의 소통을 기피하는 현상까지 보인다. 정책부처조차도 외청장으로 영전은 했지만, 본부로 다시 올 가능성은 희박하기에[331] 현안이 있어도 도와줄 생각이 부족하고 관세청 직원들은 부처 간 업무협조를 받기가 과거보다 훨씬 어려워졌다. 누구나 리더가 되면 '직원들이 말이 없다고 생각까지 없는 것'으로 착각하는 경향이 있다. 경영혁신과 관련하여 하버드 경영스쿨이 제시한 조직문화적인 접근과 경제적인 접근 둘 다 인식이 부족한 리더가 있다면 그와의 불편한 동거를 어떻게 극복해야 하나?

한때 정부혁신 최우수기관으로 선정되었던 관세청의 영광을 되찾으려면 모든 관세인이 각고의 노력을 해야 한다. 내부출신도 스스로 조직관리와 경영혁신에 관한 역량을 개발해서 외부로부터 인정받을 수 있도록 해야 한다. 그리고 외부인사가 청장으로 오더라도 조직의 역사와 전통을 존중해 주면서 관세국경보호 등 국가적 사명을 다할 수 있도록 정성을 다해주는 노력이 필요하다. 그래야만 오늘의 불편한 동거 문제가 사라질 수 있다.

---

331) 지난 십수 년간 장·차관 등 정부직으로 복귀한 사례는 없다.

리더의 성공스토리

정부혁신이 한창이던 한때, '리더쉽 바이러스'라는 책332)을 소개받은 적이 있다. 이 책은 회사는 다르지만, 정부조직같은 공조직도 늘 비슷한 증상으로 변질되고 고통받는 리더들과, 흔들리는 리더로 인해 어려움을 겪는다고 했다.

그 책에는 '누구든지 리더가 되기 전에는 평범하고 겸손한 사람이었지만, 리더가 되는 순간 두려움과 부담감으로 리더쉽 바이러스에 노출되며 병들게 된다. 리더는 자신에게 주어진 책임감(Responsibility)과 권한(Authority), 비전(Vision)에 대한 압박으로 인해, 책임감(R)을 부담감으로, 권한(A)을 권력으로, 비전(V)을 개인적인 야망으로 변질되게 하는 리더십 RAV 바이러스에 본격 노출된다'고 언급하고 있었다. '갑자기 인기에 민감하고 주변 사람을 의심하기 시작한다. 듣기 좋은 말만 골라 듣는다. 자신은 보기만 해도 다 안다고 믿는다. 고집이 세지고 반대의견이 나오면 배척하거나 책임을 부하에게 돌린다' 이런 증상은 리더십 바이러스에 감염된 리더들의 대표적인 증상으로서 현실 세계나 역사 속에서도 쉽게 찾아볼 수 있다. 가장 불행한 리더는 한센병과 같은 무감각증으로 인해 자기가 왜 그렇게 되었는지조차 모르고 있다가 주변이 모두 떠나고 난 다음, 몰락하는 경우라 했다.

관세청도 과거의 역사를 돌이켜보면 이러한 리더들이 있었다. 청장뿐만 아니라 국·실장 등 중간관리자급에도 있었다. 그들은 스

---

332) 김우형·김영수·조태영, 「리더쉽 바이러스」, 2005.

11 /
모든 기억을 담아 싱글커스텀스로 간다.

스로 바이러스를 퇴치할 수 있는 백신을 찾을 노력은 하지 않고 근무 기간이 끝나면 수많은 부작용과 혹평만 남긴 채, 그냥 흔적 없이 조직을 떠났다.

그럼에도 드물게는 리더로서의 제 역할을 다하기 위해 온갖 낭설에도 불구하고 동료들에게 비전을 제시하고 그들을 성장시키기 위해 노력한 인물이 있다. 함께 일하는 사람들은 항상 자신을 성장시켜주는 리더를 원한다.

과거 관세청에는 A라는 리더 한 분이 계셨다 그분은 매사 기본원칙에 충실하고 왜 이 일을 해야 하는지 그 이유를 분명히 알고 난 다음 의사결정을 하는 분이었다. A는 매사를 기초부터 들여다보고 본인이 이해할 수 없으면, 이해할 수 있을 때까지 들여다보는 습관이 있었다. 예를 들면 수출촉진대책을 수립하면, 수출이 무엇이며, 왜 수출을 장려해야 하는지, 수출이 장려해야 할 대상이라면 업종별로 현안은 무엇이며 우선순위는 어디에 두어야 하는지, 그리고 왜 지금 꼭 해야 하는지, 효과는 무엇이며 부작용은 없는지 등등 이루 말할 수 없을 정도로 일하기가 까다로웠다. 일을 밑바닥부터 들여다보기 때문에 과정이 어렵고 시간도 많이 걸리면서 논리적으로 명확히 해야 하는 이중고의 어려움이 있었다. 그러하기에 매번 A에게 보고하기를 꺼려했다. 한 번의 보고가 끝나고 나면 새로이 검토해야 할 숙제가 2~3개씩 늘어나서 나중에는 감당하기 어려웠다. A와 1년 6개월 함께 일하면서 모든 일은 기초부터 판단하는 습관, 항상 모든 문제를 "왜"라는 관점에서 바라보는 시각 그리고 아무리 복잡한 상황에서도 논리적으로 정리하는 치밀성을 배우는 계기가 되었다.

또 한 분의 B라는 리더는 명실공히 누구나 스타성을 인정하는 분이었다. 그는 모든 문제의 출발부터 마무리될 때까지의 시작과 전개 과정, 그리고 예상되는 갈등요인, 해결방안과 마무리 후의 반응까지 일의 전반을 예측하고 조율하며, 판단하는 능력이 탁월했다. A가 100미터 달리기를 출발 선상에서부터 거북이처럼 찬찬히 짚어가며 마무리하는 스타일이라면, B는 100미터 달리기를 100번 이상 해본 경험이 있는 선지자처럼 명확한 해석과 예측하에 일의 진행 자체를 진두지휘하며, 스스로 그 경지에 오를 때까지 밀어붙였다. 그래서 일의 추진력 하나만큼은 확실하게 철두철미했다. 같은 방향으로 오랫동안 늘 함께 생각하지 않으면 B의 판단력과 예측력, 그리고 추진력을 이해하기 쉽지 않았다. 또한 아무리 외부의 압력이 강하더라도 그때마다 옳은 말을 하고 정확한 판단을 하는 천재같은 스타성을 보유하고 있었다. 많은 사람이 B와 일하기를 어려워했지만, B와 일하는 것은 매우 재미있고 성취감이 있어 좋았다. 우리나라 정치 행정의 현실은 자기보다 훌륭한 스타성 인재를 쉽게 받아들이지 않는 문화이지만 그들을 통해 모든 일의 시작과 끝을 예측하고 대비하며 실천하는 습관을 배울 수 있었다. 왜 우리나라에서는 A나 B 같은 스타성 리더가 최고위직까지 올라가지 못하는지 현실적으로 이해하기 어렵다.

돌이켜보면, 앞서 소개한 리더로서의 A와 B는 적어도 리더쉽 RAV 바이러스에 관한 면역력을 어느 정도 갖춘 분이라 생각되었다. 그들에게는 '리더쉽 바이러스'라는 책자에서 언급하는 방식으로 설명하면, 바이러스를 퇴치할 수 있는 백신 인자를 충분히 보유하고 있다고 생각되었다. 오히려 A와 B 같은 리더에게는 RAV 바이러스가 그들을 병들게 하지 않고 긍정적인 모습으로 변화하게 한다고 믿게 되었다. 다시 말하면 그들의 책임감(Responsibility)

11/
모든 기억을 담아 싱글커스텀스로 간다.

때문에 모두들 힘들어했지만, 같이 고생한 직원들과 이룬 변화와 성과, 그리고 희생을 다 같이 인정하고 오랫동안 배려함으로써 끈끈한 동료 의식을 갖게 했다. 또한 그들은 권한(Authority)을 절대로 무리하게 행사하는 법이 없었다. 구성원들로부터 리더에 대한 존경을 바탕으로 스스로의 변화를 추구하게 했다. 비전(Vision)마저도 구성원 모두가 공감할 수 있는 공정, 경쟁 등 포괄적인 가치를 제시하고 조급한 성과보다 가치를 공유하게 함으로써 미래의 희망이라는 불씨를 지피게 했다.

우리는 누구든지 직장생활을 하면서 리더와의 상·하 관계에서 수많은 갈등과 경험을 하기 마련이다. 어떤 리더는 가끔 한센병이라는 수퍼 바이러스에 감염되어 직원들에게 비난받기도 하고 어떤 분은 존경받기도 한다. 그러나 누구의 멘토가 될 만큼 엄청난 지식과 인격으로 후배들을 성장시켜주는 리더로서의 귀감을 보여주는 성공 스토리는 많지 않다. 지금에 와서 생각해 보면 A와 B. 그들은 다시는 만나기 어려운 영원한 리더이자 스승이었다. 그리고 그들을 만난 것은 큰 행운이었다.

생각하는 소통학 개론

통상적으로 부서 내에서는 서로 보고를 하고 보고를 받는 과정을 소통이라 생각한다. 그러나 진정한 소통을 어렵게 하는 보고는 너무나 많이 있다. 특히 소통이 잘 안 될 때는 정말 이유 같잖은 이유, 핑계가 너무나 많다.

"오늘까지 해야 하는데요."
"오늘이 부과제척기간 만료일입니다. 빨리 결정해야 합니다."
"감사 때문에 해야 합니다."
"윗분 지시사항입니다."
"직원들이 싫어하는데요."
"업체에서 반발이 있는 것 같습니다."

그래서 직원들을 대상으로 「소통학 개론」을 강의한 적이 있다. 사무관으로서 가져야 할 기본자세와 대응에 관한 '사무관학'을 강의한 후 두 번째 강의였다.

과거에도 관세청은 청·차장과 국·실장, 과장 등 간부들 사이에 소통이 쉽지는 않았다. 그렇지만, 다른 의견을 제시한다고 해서 배척당하거나 불이익을 받는 사례는 거의 없었다. 관세 제도에 관한 논리적 무장이 허술하면 이에 대한 지적은 있었어도 열띤 토론은 이어졌다. 그러나 언제부터인가 소통에 문제가 생기기 시작했다. Top Down 방식의 지시사항이 내려오면 토의없이 맹목적으로 복종해야만 하는 시절이 있었다. 한때는 관세청의 영문 명칭이

11/
모든 기억을 담아 싱글커스텀스로 간다.

'Korean Customs'이냐 아니면 'Korea Customs'이냐를 두고 토론하다가 담당 간부가 보직 변경이 되기도 했다는 전언이 있었다. 이같이 달리 의견을 제시하면 반기를 든다는 오해 아닌 오해를 했던 것 같다. 그래서인지 지시사항에 대한 토론은 거의 불가능했다. 소통의 어려움은 2000년대 들어서도 계속되었다. 심지어는 전달 과정에서 오역된 지시사항도 수도 없이 많았다.

진정한 소통은 보고서 결재과정이 아니다. 현안일수록 미리 제목만 갖고 격의없이 상의하는 것이 중요하다. 그리고 소통은 사무실에서만 하는 것이 아니다. 차 안이나 식당, 길을 같이 걸어가면서 대화하는 것도 매우 중요한 소통 방법에 해당한다. 대화를 할 때에는 과거의 이력과 현실을 소상히 파악하고 미래를 예측한 의사 표현을 아주 간명하게 하는 것이 중요하다. 상당 부분의 사람들은 결재서류를 들고 사전에 아무런 논의도 없었던 특정 사안을 불쑥 들이밀고 결재를 받으려 하며 이를 정상적인 소통의 한 방법이라고 착각한다.

그러면 소통의 비율은 어느 정도가 바람직할까. 아이러니하게도 독선적인 결정을 비교적 많이 했던 어느 한 분은 역설적으로 "본인이 지시한 사항 중 약 60% 정도만 이행되면 성공한 것"이라고 했다. "자기 자신도 어떤 때에는 잠깐 생각해 본 것을 그냥 얘기하는 경우가 있는데 항상 옳다고 자신할 수 없다."고 했다. 그런데도 무조건 이행하려는 직원들이 있어 난감하다고 했다. 그런 의미에서 보면 소통은 60% 정도가 적정한 수준이 아닐까. 아무리 뛰어난 리더라 하더라도 가끔은 실수할 수 있는 법이다. 만일 소통의 비율이 100%가 되어야 한다고 하면 이는 바로 '상명하복'에 해당한다. 소통과정에서 그 어떤 열띤 토론이나 애정스러운 나무

람도 볼 수 없을 것이다. 일방적으로 리더의 장시간 열변을 토하는 지시가 난무하기 마련이고 받아쓰기하는 직원만 있을 뿐이다.

그러면 소통의 지름길은 무엇일까. 한 조직의 리더급은 항상 미래를 예측하고 이를 헤쳐 나갈 수 있는 전략과 소통하고 대화해야 한다. 중간 간부급은 현재와 소통하며 무엇이 옳고 그른지, Yes와 No를 분명히 해야 한다. 잘 모를 때에는 모호한 입장보다 솔직하게 I don't Know라 말하고 다시 한번 살펴보겠다고 하는 것이 올바른 소통의 방법이다. 그리고 실무진은 전문지식을 바탕으로 현장과 수시로 소통하면서 현안을 세세히 파악하는 역량을 키워야 한다. 그런데 각자의 위치에서 소통 방법이 거꾸로 되거나 서로 맞지 않으면 다들 소통이 잘 안 된다고 "소통이 문제다."라고 말한다.

특히 최근에는 흔한 소통 과정 중 하나였던 회식조차도 기피하는 세대가 점차 늘어나고 있다고 한다. 일과 개인을 엄격히 구분하다 보니 소통도 일의 연장으로 이어지는 것을 꺼려하는 것 같다. 게다가 그들은 "이제 더 이상 조직을 위해 일하라."고 말하지 말라 한다. 그러나 조직 전체의 성장 파이(pie)를 키우지 않고 개인의 성장이 어떻게 가능할까. 다들 알면서도 워낙 세대 간의 갈등과 소통이 힘드니까 그렇게들 말하는 것 같다.

결국 소통의 성공 요체는 리더의 자세에 달려있다고 본다. 조직을 이끌어가는 리더는 그 자신을 조직의 구성원이 만들어준 결과라고 생각하고 그들을 진심으로 배려해야 하는데 그렇지 못하고 '리더쉽 바이러스'에 취약한 경우가 있기 때문이다. 소속 직원의 마음이 떠난 기관장이나 간부가 무슨 의미가 있는가. 리더에게는 나보다 상대를 배려하는 포용심과 인내력이 절대적으로 필요하다.

11/
모든 기억을 담아 싱글커스텀스로 간다.

현재와 미래에 대한 생각과 세대 간의 인식이 다소 다르다 하더라도 그들을 성장의 길로 이끌어주기 위해 열정을 바탕으로 진지한 대화와 소통을 아끼지 않는 리더가 그들에게는 필요하다. 그래서 리더가 가는 길은 힘들고 외롭다고 한다.

그해 「소통학 개론」 강의는 여러 직원들이 지금도 많이 기억해 주고 있다. 하지만 개인적으로도 큰 의미가 있었다. 왜냐하면 소통을 잘하려면 '나 자신부터 달라져야 한다'는 명제가 있기 때문이다. 때로는 스스로를 가끔씩 되돌아보는 것도 좋은 소통의 길이다.

굿 파트너와의 동행

얼마 전 '굿 파트너'라는 드라마가 있었다. 시니어와 주니어 변호사가 로펌에서 함께 일하면서 생긴 서로의 우정을 확인하고 새 출발을 한 마음으로 도와주는 내용이었다. 그러나 이러한 '굿 파트너'는 개인 인생사에만 있는 것은 아니다.

앞서 설명한 바와 같이 WCO의 교토협약과 「신 관세경영이론」에서는 이러한 파트너쉽의 중요성을 강조하고 '굿 파트너'와의 동행을 어떻게 하는 것이 바람직한지를 계속 권고해 왔다. 우선 관세행정의 파트너가 누구인지를 분명히 구분하고 정의해서 무역업체를 포함한 선사, 항공사, 포워더, 창고, 관세사 등 9개 직군으로 제시한 바 있다. 그리고 그들과의 파트너쉽을 통해 법규준수도를 100% 수준까지 향상시키고자 하는 목표를 설정했었다. 어차피 세관 혼자서 법규준수도 향상을 다 할 수 없으니 파트너인 그들의 도움으로 법규준수도를 함께 향상시키고자 자율심사 방식의 심사통제 과정을 두고자 했다. 그리고 그중에서도 특히 법규준수도가 높은 AEO업체는 간소화된 특별한 통관절차와 자율적인 사후관리의 혜택을 주고자 했다. 그러면서 외부고객뿐만 아니라 세관직원도 소중한 내부 Partner로 봐서 인사, 회계, 감사 등 지원프로세스를 공정하고 투명하게 처리하여 그들의 사기를 진작시키고 서비스 만족도를 100% 수준까지 향상시켜 관세행정의 궁극적인 목표를 달성하고자 했다.

이제 21세기는 관세행정이 「굿 파트너와의 동행」을 일상화해야

11 /
모든 기억을 담아 싱글커스텀스로 간다.

하는 시대가 되었다. 더 이상 파트너없이 관세행정은 존재할 수가 없다. 그럼에도 불구하고 우리 모두에게는 아직도 세대별로 이러한 인식이 충분하지 않은 것 같다. 앞으로「굿 파트너와의 동행」을 위해서는 기존의 법체계부터 새롭게 정비하고, 세계의 흐름과 변화를 계속 관찰 수용해나가면서 우리의 잘못된 관행과 관습을 고쳐나가야만 한다.

우선 첫째「굿 파트너와의 동행」을 위한 WCO 등의 법률적 이론적 토대를 먼저 숙지하고 관계 규정뿐만 아니라 정보화 시스템을 이에 걸맞게 재정비해야 한다. 현재 우리의 관세법은 파트너쉽 정신이 매우 결핍되어 있다. 정신적으로 낙후된 우리의 관세법보다 2003년 9월 가입한 교토협약의 정신을 이어받아 일반부속서와 10개 특별부속서에 대한 주요 내용과 이행지침을 상세히 숙독해서 국내 관세법에 제대로 반영해야 한다. 왜냐하면 교토협약의 주요 내용은 관세인에게 있어 '국제관세법' 성격의 법전과 같은 것이기 때문이다. 미국, 캐나다, EU와 호주 등 세계 각국의 관세청이「신 관세경영이론」과 세관현대화 계획을 발표하면서 파트너쉽의 중요성을 강조하고 왜 세관현대화 촉진을 위해 관계 법률을 개정하고 정보기술을 활용하려고 했는지 그 이유를 잘 알게 될 것이다. 현재 우리의 관세법은 파트너쉽에 대한 철학과 정신이 완전 배제되어 있다. 그러다 보니 세관 혼자서 나 홀로 정보기술을 활용하는 수준에 그치고 있으며, 파트너한테는 전자신고만 요구하고 세관절차는 자기 혼자 사무자동화하는 수준에 머물러 있다. 최근의 인터넷 Web 기반 정보기술은 파트너와의 동행시스템 구축을 통해 세관의 물품 이동통제(검사, 심사 및 재고관리)와 심사통제(법규준수도 관리와 자율심사, 관세조사)에 충분히 활용되고 있으며, 굿 파트너와의 쌍방 간 일 처리 방식333)을 효과적인 수준까지 발전시켜나갈 수 있다.

둘째는 「굿 파트너와의 동행」을 주도하고 있는 WCO의 동향을 수시로 파악해서 업무 혁신에 활용해야 한다. 그들은 21세기를 전후로 세관표준화에 관한 다양한 제도를 개발하고 적극적으로 현대화 작업에 동참해 왔으며 모든 회원국이 업무에 적용할 수 있는 '21세기 세관상과 10대 전략334)'을 제시한 바 있다. 굿 파트너가 제시하는 미래전략을 우리가 쳐다보지도 않고 구습과 관행대로 일처리를 한다면 세계 10대 무역강국의 관세인으로서 취할 자세가 결코 아니다. 이에 대한 구체적인 이행전략을 지금부터라도 하나하나 재정립하고 상세설계를 업무에 반영해야 한다.

[**10대 전략**(Bulding Blocks)]

1. Globally networked Customs
2. Better coordinated border management
3. Intelligence- driven risk management
4. Customs-trade partnership
5. Implementation of modern working methods
6. Enabling technology and tools
7. Enabling powers
8. A professional knowledge-based service culture
9. Capacity Building
10. Integrity

---

333) 정보기술을 활용한 일처리 방식을 예시하면 A 입항선박에 적재된 100건의 화물은 파트너의 자율심사결과로 90건은 통관, 5건은 체화상태로 보관, 2건은 멸각처리, 3건은 범칙조사 중 등 재고상황이 실시간 확인 가능해진다. 심사통제와 관련해서는 약 1,000개 수입업체 중 1/5인 200개 업체의 자율심사 결과를 제출받아 150개 업체는 심사 종결하고 50개 업체는 추가 관세조사 후 종결하는 등 그 결과를 파트너와의 협력을 통해 확인 가능해진다.
334) 2008년 6월, WCO에서 21세기 세관상과 10대 전략은 채택되었다.

셋째는 「굿 파트너와의 동행」을 위해 한국에서 가장 중요한 것은 파트너를 바라보는 인식의 변화가 빠른 시간 내 이루어져야 한다는 점이다. 세계 속의 한국이 아직도 부패방지에 관한 김영란법 등335)의 영향으로 「굿 파트너와의 동행」을 거부한다면 이는 파트너와의 공조체제를 강조하는 국제사회의 인식에 비추어 대단히 후진적이며 부적절한 자세이다. 현재 우리의 굿 파트너 직군 중 핵심 파트너는 무역업체이며, 기타는 지원 파트너임에도 불구하고 리더의 소극적인 몸사림 때문에 그들과의 협업은 거의 불가능한 상태이다. 무역업체의 협력없이는 자율적인 통관 적법성과 세액납부의 정확성을 기할 수가 없으며 선사, 항공사, 포워더, 창고 등의 협력 없이는 입출항화물의 총량 재고관리도 불가능하다. 법무법인, 회계법인, 관세법인과 관세사 등 제3자 대리인의 협력 없이는 관세행정의 정확성 제고도 어렵고 납세자의 권리보호와 피해 구제도 쉽지 않다. 그리고 무엇보다도 파트너들의 요구사항이 무엇인지, 국제사회 변화의 흐름이 무엇인지를 제때 파악해서 업무에 반영하기 어렵다. 무엇이 겁나서 언제까지 '우물 안 개구리'처럼 관세행정을 끌고 갈 것인가.

이제 「굿 파트너와의 동행」은 관세행정을 Global standard로 선진화시키는 지름길이자 교본이다. 우리 스스로 WCO가 제시하는 미래전략을 보지 않고, 국제사회의 다수 회원국이 참여한 소위 '국제관세법'인 교토협약을 제대로 검토하지 않고, 굿 파트너와의 공조체제를 형성하지 않는다면 21세기 관세행정은 바른길로 나아갈 수가 없다. 여기서 「굿 파트너와의 동행」을 굳이 강조하는 이유가 바로 여기에 있다.

---

335) 2011년에는 공직자의 퇴직 후 일정 기간 취업을 제한하는 법률이 시행되고 2015년에는 퇴직한 공직자가 전관예우 등으로 부정한 청탁을 하지 못하도록 하는 법률이 시행되었다.

싱글커스텀스로 가는 길

「싱글 커스텀스(Single Customs)」는 무엇인가? 다들 짐작하기 쉽지 않을 것이다. 앞서 관세행정은 21세기를 대비하여 나름대로 외국 제도를 수없이 벤치마킹하여 각종 선진 시스템을 도입하고 새로운 조직체계로 구조개혁 및 새 출발을 추진했으며 그리고 정보화시대에 걸맞게 국내적으로 통관 및 물류 싱글윈도우 구축과 4세대 사업 등을 추진하여 많은 성과를 거두었다고 했다.

그러나 이러한 평가에도 불구하고 외부에서 바라본 관세행정의 역량은 계속 약화되고 있으며, 그 존재의 이유가 뚜렷이 부각되지 않고 있다. 「싱글 커스텀스」는 바로 이러한 현상들을 바로잡기 위해 시스템 자체가 방전된 것은 다시 충전시키고, 손가락, 발가락이 따로 놀고 컨트롤타워 역할을 하는 두뇌 시스템과 연결이 끊어진 것은 다시 연결하며, 연결과정에서 누락된 시스템은 복원하면서 새로운 국경관리 보호기능도 추가하여 하나의 완벽한 시스템이 되도록 벨트화하자는 구상이다.

그 옛날 20세기의 첫날. 1900년 1월 1일 시카고 트리뷴(Chicago Tribune)지의 새해 만평에는 고층빌딩이 들어서고 자가용 비행기와 지하철이 도시 곳곳을 다니는 삽화가 그려져 있었다. 1900년대 초·중반, 세계 1·2차 대전 등으로 암울한 시기를 보낼 때도 남미의 아르헨티나는 1918년경에 전철이 다니고 미국은 1930년대 중반에 엠파이어스테이트 빌딩이 들어서는 등 20세기 그때는 꿈을 꾸면 현실이 되는 시대에 살았다. 우리도 「싱글 커스텀스」의 꿈을 지금부터라도 꾸면, 언젠가는 Great Customs가 실현되는 날이 올 것이다.

이제 이 글을 마무리하면서 「싱글커스텀스」의 구현을 위해 몇 가지 제언을 하고자 한다. 여기서 언급하는 내용은 하나의 아이디어에 불과하므로 좀 더 세밀하게 다듬거나 반영 여부를 검토하는 것은 생각하고 고민하는 자들의 자유에 해당한다.

우선 가상세관을 전제로 한 「싱글커스텀스」를 위해 관세행정 전반의 ISP/BPR을 다시 해보기를 권한다. 그러면 무엇이 부족한지, 무엇을 새롭게 리모델링 해야 하는지를 분명히 알 수 있게 될 것이며, 단계별 이행계획도 수립이 가능해질 것이다.

그다음은 위험관리 업무체계의 리모델링이다. 위험관리는 선별기준도 중요하지만, 이보다 현장에서 실제 작동이 이루어지도록 체계화하는 것이 더 중요하다. 쇼윈도에 걸어둘 것이 아니라 실제 입고 다니는 옷이 되어야 한다는 것이다. 이를 위해서는 물품 이동통제와 심사통제방식의 위험관리기법을 새롭게 재정비해야 하며, 3단계(Pre-Entry, Entry, Post-Entry) 다층구조로 작동되도록 시스템화해야 한다.

또한 굿 파트너와의 동행 체제를 만들고 그들과의 파트너쉽 공조를 통해 보정, 자율심사, 관세조사를 적절히 행사해야 한다. 특히 Informed Compliance 방식의 자율심사제도는 상세설계를 다시 하여 파트너에게 관세청이 보유한 정보를 알려주고 그들이 이를 기초로 자율심사 및 정산할 수 있는 체제를 정보화시스템으로 확실히 구축해야 한다. 이는 「싱글커스텀스」로 가는 길에서 가장 중요한 중심축에 해당하는 인프라 사업이다.

그리고 심사통제 인프라와 함께 일몰통관제와 주기적신고제 등 특별통관제를 도입해야 한다. 동일 업체, 동일 품목의 신고 건은 관세사들도 업로드 방식으로 일 처리를 하고 있으므로, 이를 매건 별로 신고 처리하는 것은 바람직하지 않다. 적어도 AEO업체를 포함한 자율심사 대상업체는 특별통관절차를 적용하고 묶음 단위로 일괄심사를 하는 것이 바람직하다.

마지막으로는 빅데이터의 정제를 위한 MDCD-MS시스템을 최우선적으로 도입하고 데이터 검증사업자를 통한 사전, 사후 검증과 통관고유부호, 해외공급자부호에 관한 사후관리 업무를 보강해야 한다. 그리고 ISP/BPR 결과를 토대로 조속히 5세대 UNIPASS 개발사업에 착수하여 365일, 24시간 오픈형의 '내 손안의 세관(My UNIPASS)'을 실현해야 한다.

위와 같이 「싱글커스텀스」로 가는 길에 업무체계가 정비되면 이제는 이를 체계적으로 추진할 수 있는 관세청 조직의 리엔지니어링이 필요하다. 행정력은 말로 하는 것이 아니며, 실행될 때 비로소 그 효과가 입증되는 것이므로 본청과 일선 세관조직을 전부 실행조직으로 변모시켜야 한다.

첫째 본청의 통관감시국은 이제 각종 현안 대처도 중요하지만 이보다 MTS(중앙이동통제센터)로서 Pre-Entry와 Entry 단계의 위험관리를 체계적으로 일선에서 작동되도록 지휘 통제하며 9개 직군과의 파트너쉽을 공유하는 조직으로 변모해야 한다.

둘째 심사정책국은 STC(중앙전략심사센터)로서 일선의 자율심사와 관세조사를 총괄 지휘 통솔하는 조직으로 강화해야 하며, 구체적으로 CA, FA 등을 통해 일선의 심사행동 조직이 산업과 품목별 변화추이에 눈감지 않도록 해야 하며, 무역업체와 파트너쉽을 통해 자율심사의 결과를 분석하고 관세조사 등 사후관리하는 역할을 충실히 이행하게 해야 한다.

셋째 일선 본부세관은 통관기능을 권역 내 2급지 세관으로 이관하고 전원 심사통제(심사, 조사)에 주력하는 기관으로 변화시켜야 하며, 2급지 세관은 물품 이동통제(검사)에 주력하면서 일부 심사통제를 보완하는 역할을 수행할 수 있게 해야 한다.

특히 가상세관 체제 하에서는 직원 전문화를 뒷받침해야 하며, 위임전결 규정을 전면 재정비하여 창구 전결을 최소화하며 그리고 페이퍼리스 사무실 재정비와 창구 접수직원의 검사, 심사, 조사부서 인력 재배치도 반영해야 한다.

그리고 「싱글 커스텀스」로 가는 길에 글로벌 싱글원도우 구현은 필수적이므로 한국이 앞장서서 선도적인 역할을 해야 한다. WCO의 「21세기 10대 전략」 중 최우선 사업인 'Globally networked Customs'는 바로 글로벌 싱글원도우를 의미한다. UNIPASS 등 IT 분야에서 선두에 있는 한국이 CDM, UCR 등 글로벌 싱글원도우 데이터 표준화 사업에 적극 동참하여 미리 우리의 표준을 재정비하는 방안도 고려해야 한다. APIS처럼 ACIS가 정착되면 국제간 물류원활화를 기하면서도 무역안전 차원의 국제범죄 단속에도 큰 효과가 있을 것으로 기대된다.

끝으로 21세기 미래 한국에서 관세청이 어떤 조직으로 어떤 역할을 할 것인지도 다음 정부조직 개편 시 소관부처와 그 기능을 진지하게 고민해봐야 한다. 과거처럼 전통적인 통제 위주의 재정관리기관으로 둘 것인지 아니면 관세국경 보호기능(마약, 테러, 환경, 건강, 복지, 노동, 지재권 단속 분야의 불법 수출입 방지 등 새로운 미션)이 중시되는 대외거래법령 집행기관으로 둘 것인지에 대해 그 정체성을 심도있게 숙고하고 논의해봐야 한다. 한국은 과거와 달리 저출생 문제 등으로 외국인(노동자 포함)의 유입이 지속되고 있고 향후 이민정책의 변화가 불가피하게 모색될 것이다. 이러한 상황이 지속되면 이민업무는 별도의 집중관리가 필요하며, CIQ 출입국 관리업무는 굳이 미국, EU, 호주, 캐나다 등의 사례를 들지 않더라도 세관으로 통합되어 Single Authority화 되는 것이 바람직하다.

「싱글 커스텀스」로 가는 길은 미래의 글로벌 싱글윈도우(Single Window)를 지향하면서 가상세관 체제하에서의 업무수행체계와 조직구조를 새롭게 전면 재정비하고 향후 Single Authority화 된 관세청으로 나아가는 길이다. 이를 효과적으로 뒷받침하기 위한 '5세대 정보화 시스템'의 미래 비전이기도 하다. 다 함께 고민해 볼 가치가 있는 영역이므로 화두를 던지는 입장에서 앞으로 좋은 결과물이 있기를 기대해 본다.

싱글커스텀스로 가는
관세경영의 길

저 자: 손병조
디 자 인: 오미정
초판인쇄: 2025년 4월 1일
초판발행: 2025년 4월 8일
기 획 처: 세인북스
등 록: 제 2013-000007호
주 소: 서울특별시 서초구 서운로 138, 동아타워 2층
전화번호: 02-6011-3064
F A X: 02-6011-3089
의견제출: seinbooks@esein.co.kr

저자와의
협의하에
인지생략

본 책자는 정확한 정보제공을 목적으로 하고 있습니다.
다만, 그 완전성이 항상 보장되는 것은 아니므로
적용결과에 대해서는 본원이 책임지지 아니합니다.
따라서 실제적용에 있어서는 충분히 검토하시고,
전문가와 상의하실 것을 권고합니다.

ISBN 978-89-98761-87-5(93320) 값 **30,000원**